အသုံးချမြန်မာသဒ္ဒါ
实用缅甸语语法

汪大年 杨国影 主编

北京大学出版社
PEKING UNIVERSITY PRESS

图书在版编目(CIP)数据

实用缅甸语语法/汪大年，杨国影主编．—北京：北京大学出版社，2016.6
（新丝路·语言）
ISBN 978-7-301-27109-4

Ⅰ.①实… Ⅱ.①汪… ②杨… Ⅲ.①缅语—语法—高等学校—教材 Ⅳ.①H421.4

中国版本图书馆CIP数据核字(2016)第101136号

书　　　名	实用缅甸语语法 SHIYONG MIANDIANYU YUFA
著作责任者	汪大年　杨国影　主编
责 任 编 辑	兰　婷
标 准 书 号	ISBN 978-7-301-27109-4
出 版 发 行	北京大学出版社
地　　　址	北京市海淀区成府路205号　100871
网　　　址	http://www.pup.cn　新浪微博:@北京大学出版社
电 子 邮 箱	编辑部 zpupwaiwen@pup.cn　总编室 zpup@pup.cn
电　　　话	邮购部 62752015　发行部 62750672　编辑部 62759634
印 刷 者	北京虎彩文化传播有限公司
经 销 者	新华书店
	650毫米×980毫米　16开本　23.75印张　350千字 2016年6月第1版　2023年8月第2次印刷
定　　　价	59.00元

未经许可，不得以任何方式复制或抄袭本书之部分或全部内容。
版权所有，侵权必究
举报电话：010-62752024　电子邮箱：fd@pup.pku.edu.cn
图书如有印装质量问题，请与出版部联系，电话：010-62756370

前　言

本书是一部语法教材，从词法和句法两个方面对缅甸语的语言规律进行了归纳，使其条理化，可作为自学或初学缅甸语时的辅助教材，也可为具有一定缅甸语基础的读者做参考。

因为本书主要供中国读者参考，因此语法系统没有采用缅甸语言学界的巴利文语法体系，而是通过对汉藏语系诸语言尤其是对汉语和缅甸语的比较研究后采用了更加符合缅甸语特点的语法体系。针对缅甸语言和读者对象的特点，本书的内容有所侧重，量词和助词占用的篇幅相对较多。

语法只是对语言现象的一种理论总结和规范化，但是语言实际是丰富多彩的，语法规律并不能穷尽所有语法现象，不能把语法作为"万能"的框架来套用，汉语和缅甸语是两种不同的语言，各有不同的特点和规律，要活学活用。有些语法现象可以用语言明确表达，有些需要在多学、多接触中求得意会，多看、多想、多总结，提高分析问题和实际运用能力。

语法中有些用法是缅甸民间原有的现象，如量词中的缅文度量衡等，现在虽然很少运用，但本书仍然收集了一些类似用法，作为对缅甸文化的必要补充。

本书在编写过程中也遇到一些语法现象不能做出完满的解答，希望读者能够提供自己的宝贵意见，对于书中的不当之处也请不吝赐教。

本书是在《缅甸语概论》的基础上编写而成，为了更加便于教学，对原书内容做了较大改动，同时增加了练习部分，便于读者在课后巩固。全书的文字编写部分由汪大年教授负责，杨国影副教授负责练习编写和全书的统稿、修改和校对工作。

编者
2016 年 4 月

目　录

第一部分　词　法

第一章　词的构成（စကားလုံးဖွဲ့စည်းပုံ）…………………………1
　　第一节　字、词、词素 / 1
　　第二节　缅甸语中的单纯词 / 3
　　第三节　缅甸语中的合成词及其构词方式 / 4

第二章　词的分类（စကားလုံးအမျိုးအစား）…………………………12

第三章　名　词（နာမ်）…………………………………………13
　　第一节　名词的定义和分类 / 13
　　第二节　名词的构成 / 15
　　第三节　名词的特性和语法功能 / 24
　　第四节　名词的数和性的表示 / 28

第四章　代词（နာမ်စား）………………………………………34
　　第一节　代词的定义和分类 / 34
　　第二节　代词的作用 / 49

第五章　数量词（ပမာဏနှင့်မျိုးပြ）……………………………53
　　第一节　数量词的定义 / 53
　　第二节　数词的分类 / 54
　　第三节　量词的分类 / 67
　　第四节　数量词的语法功能和语法意义 / 87

第六章　形容词（နာမဝိသေသန）………………………………92
　　第一节　形容词的定义和分类 / 92

第二节　形容词的比较级 / 94
　　　第三节　形容词的构成 / 96
　　　第四节　形容词的特性和语法功能 / 98

第七章　动　词（ကြိယာ）··103
　　　第一节　动词的定义和分类 / 103
　　　第二节　动词的构成 / 108
　　　第三节　动词的特点与语法功能 / 111

第八章　助动词（ကြိယာေထာက်）··································114
　　　第一节　助动词的定义和分类 / 114
　　　第二节　助动词的特点和语法功能 / 130

第九章　副词（ကြိယာဝိေသသန）·····································134
　　　第一节　副词的定义和分类 / 134
　　　第二节　副词的构成 / 143
　　　第三节　副词的特点和语法功能 / 147

第十章　感叹词（အာေမဍိတ်）·······································151
　　　第一节　感叹词的定义和分类 / 151
　　　第二节　感叹词的特点和语法功能 / 157
　　　第三节　感叹词的两种特殊用法 / 158

第十一章　拟声词（မြည်သံပြု）····································160
　　　第一节　拟声词的定义和分类 / 160
　　　第二节　拟声词的特点和语法功能 / 162

第十二章　连接词（သမ္ဗန္ဓ）······································165
　　　第一节　连接词的定义和分类 / 165
　　　第二节　连接词的特点和语法功能 / 181

第十三章　助词（ပစ္စည်း）·················186
　　第一节　助词的定义和分类 / 186
　　第二节　助词的特点与语法功能 / 250

第二部分　句法（ဝါကျဖွဲ့စည်းပုံ）

第十四章　句法、句子、词组（ဝါကျဖွဲ့စည်းပုံ၊ ဝါကျ ပုဒ）·················264
　　第一节　词组的定义 / 265
　　第二节　词组的分类 / 266

第十五章　句子与句子成分（ဝါကျနှင့်ဝါကျအစိတ်အပိုင်း）·················277
　　第一节　句子的定义 / 277
　　第二节　句子成分 / 278
　　第三节　几种特殊成分 / 292
　　第四节　缅甸语句子的特点 / 297

第十六章　句子结构（ဝါကျဖွဲ့စည်းပုံ）·················299
　　第一节　单句 / 299
　　第二节　复句 / 315
　　第三节　引语句 / 332

第十七章　句子的类型（ဝါကျအမျိုးအစား）·················339
　　第一节　陈述句 / 339
　　第二节　疑问句 / 347
　　第三节　祈使句 / 357
　　第四节　感叹句 / 361

附录　标点符号·················364

第一部分 词 法

第一章 词的构成（စကားလုံးဖွဲ့စည်းပုံ）

研究词法，首先得了解"词"的意义。

词是语法里最重要的术语之一，可是它的定义却不太好下，主要因为词与非词的界线很难截然分开。除词以外，在语言中还有音节、词组。在缅甸语中有些词组可以当作一个词，有些词组则不能看作词。如 နိုးရေး 中，နိုး 是一个词，ရေး 是一个词，这两个结合可以算词组，但按意义又不该再分，所以把它看成一个词。而 တရုတ်ပြည်သူ့သမ္မတနိုင်ငံတော် 本身只表示一个意义，就是"中华人民共和国"，但它却是一个词组。因此词的定义不太好下，差别错综复杂，有时互相交错，所以只能是相对的。不过一般总是认为"词是最小的、能够自由运用的语言单位"还是一个比较好的定义。

第一节 字、词、词素

句子是由词组成的。说话的时候，每个词要用声音来传达。在写的时候每个词就要用文字来表达。文字是记录语言的书写符号。在缅甸语中一个字代表一个音节。如果它同时还能表示意义，能够独立运用，那么它已经成为词了。在这种场合下，词就是字，字就是词，两者统一了起来。因此词是一个音义结合体，同时也是最小的能够独立运用的造句单位。但是，有些字并不能表示意义，有些字也不能自由运用。只有意义但不能自由运用的字，只能算作词素，没有意义也不能独立运用，只能算作音节。一般来说，一个词素就是一个音节，书面上就是一个字，当这个字既能表达意义还能独立运用时，它就是一个词了。词和词素有交叉的情况，即一个词素也可能是一个词，在鉴别时主要考虑其是否能独立运用，能独立运用的是词，不能独立运用的就是词素了。例如：

1. 单独一个音节，没有意义。例如：

ရိုသေ ၊ တိုက်ရိုက် ၊ လင်းတ ၊ အာဏာ

这些词中都有两个音节，也就是说有两个字组成，但是如果把这些字单独拆开，那么 ရိုသေ 中的 ရို ၊ သေ 都是没有任何意义的字。即使可以有另外的意义，也与原来的词根完全无关，只能称它们为字，而两个字合成一个词 ရိုသေ （尊敬），这个词也称为单纯词。这时组成词的字 ရို 和 သေ 就是音节。

2. 有意义而不能单独运用的音节。例如：

သစ်ပင် ၊ ပန်းပင် ၊ ပင်စည် ၊ ပင်မ

这些词中都有 ပင် 音节，但是 ပင် 不能单独自由运用，在表义时不能表示明确的概念，意义也不稳定，不能担任句子的成分，它只有与其他词结合时才能表达意义。可是它本身还是有意义的，表示"植物的茎"。我们也只能把它当成词素而不作词看待。

3. 在组织功能上，词素不是句子中独立运用的单位，它不能充当句法结构中的成分，所以与词有所区别。可见，词素一般相当于语言结构中具有表义作用的音节。一个音节表示的是单音节的词素，用两个或两个以上的音节来表示的是复音节词素。在表义作用和构词作用上，词素又有不同的种类。

一种是每个词素都表示具体的词汇意义，不表示任何语法意义，每个词素在词中都作为词的主要成分。例如：မြှင့်တင် （提高）၊ ပြည်သူ（人民）၊ လှပ（美丽）。

一种是前面一个词素有具体的词汇意义，后面一个词素表示抽象概括的词汇意义，这一类词素经常加在前一词素后面，位置比较固定，在构词上是一种附加的辅助成分。例如：ကုန်သည်（商人）၊ လယ်သမား（农

第一章 词的构成（စကားလုံးဖွဲ့စည်းပုံ）

民）၊ ဆေးဆရာ（郎中）၊ ကျောင်းသား（学生）。

还有一种是前面的词素只表示特定的语法意义。如"အ"没有明确的词汇意义，但是位置固定，在构词上也是一种附加的辅助成分。例如：အပင်（植物）、အရွက်（叶子）、အရည်（液体，汁水）

可见，根据词素所表示的词汇意义和它在构词中起的作用，可以把词素分成主要成分和附加成分两种。主要部分是词的核心，称为词根；附加的辅助部分叫词缀。词缀在词中所处的位置不同，可分成前缀、中缀和后缀。缅甸语中 အ ၊ တ ၊ မ 等可作前缀，သည် ၊ ဆရာ ၊ သမား 等就可作后缀。တ ၊ မ 等可作中缀。一种语言中的词素不会太多，但是词的数量却是相当多的。在缅语中有很多词素能够充当词根，利用这些词根能组成大量的合成词，这种方法具有很强的能产性，可以满足语言交际对词汇量的需求，也便于对词汇意义的理解和掌握。例如：နေ 原意是"天、日"，可以进一步组成 ဒိနေ̤（今天）၊ နေ့လယ်（中午）၊ စနေနေ့（周六）၊ လွတ်လပ်ရေးနေ့（独立日）၊ နေ့ချင်း：（当天）၊ နေ့စား：（短工）၊ နေညီည（春分、秋分）၊ နေတာ（白昼）၊ နေ့တွက်（一日报酬）၊ နေဖွံ（生辰八字）၊ နေမြင့်ညပျောက်（易毁灭的）等，这些词都和其本意"天、日"有关。

第二节 缅甸语中的单纯词

一个字就是一个词，或者是两个或两个以上的词素构成的一个词，这词中的词素不能分开，也就是说如果分开就没有意义的这种词称为单纯词。单纯词可以是由一个音节构成的单音词，如：မိုး（雨）၊ လူ（人）၊ ကြီး（大）၊ ခုန်（跳）၊ တစ်（一）；也可以是两个音节或多个音节构成的多音词，如：ဆွေးနွေ（讨论）၊ ကြိုးစား（努力）၊ ပန်းကန်（碗）၊ ပြဿနာ（问题）၊ ရတနာ（宝贝）等。

在现代缅甸语双音词的语音形式中，可以发现有几种特殊形式，与汉语的语音形式相似，那就是双声和叠韵。

双声是指两个音节中声母相同，韵母不同。例如：

ကောင်းကင် 天空 ၊ ပီပြင် 清楚 ၊ တောက်တဲ့ 蛤蚧 ၊ ဆည်းဆာ 霞光 ၊

ကွေကွင်း 分离

叠韵是指两个音节中声母不同,韵母相同。例如:

ပြန်လှန် 反复 ၊ တန်းလန်း 拖挂着 ၊ ဆွေးနွေး 讨论

ချင်းနင် 闯入 ၊ တိုက်ရိုက် 直接

但是在语言中单纯词毕竟还不能包括所有的词,还有很大一部分是由许多词素按照一定的方式组合而成的词,如 တိုးတက်(进步)၊ ခဲတံ(铅笔)等,就与单纯词不一样了,称之为合成词。

第三节 缅甸语中的合成词及其构词方式

由两个或两个以上词素构成的词叫做合成词。在现代缅甸语词汇中,绝大多数是合成词,这些合成词从构造上来看,主要有下列几种类型。

一、**复合式**:两个不同的词素结合在一起,构成一个词,其中词素之间的关系是多种多样的。

1. 两个词素之间的关系是并列关系,二者地位平等,不分轻重。例如:

မိတ်ဆွေ 朋友　　　တောရွာ 乡村　　　လေးနက် 深刻

တိတ်ဆိတ် 宁静　　　တည်ဆောက် 建造　　　စိုက်ပျိုး 种植

2. 两个词素之间的关系是偏正关系,其中一个词素描写或限定另一个词素。一般是前一个词素修饰后一个词素,后一个词素是整个词的主要部分。例如:

သံလမ်း 铁路　　　ခဲတံ 铅笔　　　မီးရထား 火车

3. 两个词素之间的关系是支配关系,后一个词素表示动作或行为,前者为受这个词素支配或影响的事物。例如:

အမြင့်ခုန် 跳高　　　စာရေး 文书　　　ဆန်ဖွပ် 舂米

4. 两个词素之间的关系是补充关系,前一个词素表示一个动作,后一个词素表示动作的结果。例如:

ဖြည့်တင်း 充实　　　ပျောက်ကင်း 消失　　　ဖြေရှင်း 解决

第一章　词的构成（စကားလုံးဖွဲ့စည်းပုံ）

5. 两个词素之间的关系是主谓关系，一个主语跟上一个谓语，在语法关系上形成主谓结构。例如：

ခေါင်းကိုက် 头疼　　မျက်စေ့ကျိန်း 刺眼　　နားလည် 懂得

二、附加式和插入式： 一般在缅甸语中往往把一个或几个音节附加或插入到另一个词中构成一个新的词。这种新词的词义有些与词根意义有关，有些与词根意义有差别。

1. 后加式。后加的主要有以下音节，这些音节本身都有意义，但作为后缀附加在其他词后，其本意消失，只起语法作用。例如：

ကား ။　စိမ်းကား ၊ စည်ကား ၊ ရမ်းကား

စား ။　ခံစား ၊ ခဲစား ၊ တင်စား

ကြား ။　မှာကြား ၊ ပြောကြား ၊ ကျော်ကြား

တီး ။　ဖြုန်းတီး ၊ ပွန်းတီး ၊ မုန်းတီး

ပ ။　လှပ ၊ ချေပ ၊ ပျောက်ပ

ပါး ။　ဆုံးပါး ၊ နည်းပါး ၊ နွမ်းပါး

မြန်း ။　စမြန်း ၊ မေးမြန်း ၊ ကြမြန်း

ဝါး ။　ကြမ်းဝါး ၊ ကြူးဝါး ၊ စိမ်းဝါး

သ ။　ဆက်သ ၊ ပီသ ၊ ကုသ

2. 插入式。插入的音节一般有 အ ၊ တ ၊ မ 等等，它们本身也可作为一个词，包含着不同的意义。但是这些音节插入或附加到另一个词中，都不带任何词汇意义了，它们在词中只起语法上的作用。如："အ"作动词时是"哑、笨"的意思，当它前面加上音节"အ"后，变成 အအ（哑巴）。其他还有很多类似的附加法，并且附加的成分也不仅有 အ ၊ တ 还有 မ ၊ က 等音节。有时这些附加成分还可以结成一组，加在一个词中。

အ။（1）原来是形容词，加 အ 后变成名词。例如：

　　　　形容词　　　　　　　　名词

　　အ ＋ ကောင်း（好）　→　အကောင်း（好东西、好意）

　　အ ＋ လှ（美丽）　→　အလှ（美丽的外观）

　　အ ＋ များ（多）　→　အများ（大家）

အ ＋ ဝေး（远） → အဝေး（远处）

（2）原来是形容词，加 အ 后变成副词。例如：

   形容词   名词

  အ ＋ တင်း（紧） → အတင်း（强行地）

  အ ＋ မြန်（快） → အမြန်（迅速地）

  အ ＋ နိုင်（牢） → အနိုင်（牢固地）

（3）原来是动词，加 အ 后变成名词。例如：

   动词   名词

  အ ＋ လုပ်（干） → အလုပ်（工作）

  အ ＋ ပြော（说） → အပြော（口才）

  အ ＋ တွေး（想） → အတွေး（想法）

（4）原来是动词，加 အ 后变成副词。例如：

   动词   副词

  အ ＋ ရောက်（到达） → အရောက်（到达）

  အ ＋ ပြီး（结束） → အပြီး（完）

  အ ＋ ပြတ်（断） → အပြတ်（彻底地）

（5）原来是动词或形容词，加两个 အ 变成副词或名词。例如：

   动词或形容词   名词或副词

  အ ＋ နိုင်မာ（牢固） → အနိုင်အမာ（肯定地）

  အ ＋ စုံလင်（齐全） → အစုံအလင်（齐全地）

  အ ＋ ပြောဆို（讲述） → အပြောအဆို（谈吐）

  အ ＋ မှတ်သား（记录） → အမှတ်အသား（标记）

  从上述例子来看，一般变化趋向总是由动词或形容词向名词或副词方向变化。

  ၁။ တ 在构词时，同样也起着改变词性的作用。

  （1）တ 加在动词、形容词或拟声词前面时，后面往往跟着重叠形式，词性变成副词。例如：

  တကုန်းကုန်း 弯着腰地 တကွကွ 罗圈着腿 တပြုံးပြုံး 微笑着

  တများများ 垂涎三尺地 တဟားဟား 哈哈地 တခစခစ 笑嘻嘻地

（2）两个 တ 加在双音节的形容词或动词中使之变成副词。例如：

တ ＋ ယုယ（体贴） → တယုတယ（体贴地）

တ ＋ ပျော်ပါး（欢乐） → တပျော်တပါး（欢乐地）

တ ＋ ဖွဲ့နွဲ့（描写） → တဖွဲ့တနွဲ့（渲染地）

还有一种情况是，几个附加成分组成一组，分别插入一个词中间构成新的词，而这种情况大多数变成副词。例如：

မြတ်နိုး（珍视） → အမြတ်တနိုး（珍视地）

ကျွမ်းဝင်（熟练） → အကျွမ်းတဝင်（熟练地）

လွယ်ကူ（容易） → အလွယ်တကူ（轻而易举地）

ဟုတ်မှန်（正确） → မဟုတ်မမှန်（不正确地）

三、重叠式： 在缅甸语中，利用重叠的方式来构成新词的形式也比较多，它们重叠之后不仅改变了原有的词性，而且往往也改变了原有的意义。重叠的方式也很多，有的是完全重叠，有些是不完全重叠。所谓完全重叠，就是词重叠时全部音节都重叠。例如：ရိရိသေသေ၊ လှလှပပ 等。不完全重叠，表示重叠时往往是后一个音节重叠。现在分别举例说明：

1. 名词的重叠。在名词重叠中，表示多数概念的地方，有些是不完全重叠，如：အနိုင်နိုင်ငံ，有些是完全重叠 အပြည်ပြည် ，但这些重叠时都要加上一个附加成分 အ ，表示"很多"的意思。例如：

  名词   重叠形式

 မျိုး（种类） → အမျိုးမျိုး（多种多样）

 နိုင်ငံ（国家） → အနိုင်ငံနိုင်ငံ（各国）

 နယ်（地区） → အနယ်နယ်（各地）

 ဆက်（代） → အဆက်ဆက်（历代）

2. 代词重叠。这类重叠一般表示不定指的，表示所指对象不明。还有一种往往在口语中用，实际上有一定的内容，可是说话人不愿意全部讲出来，或是在疑问句中表示不肯定的意思。例如：

သူသူငါငါလိုလူပဲ။

像你我一样的人。

ဟိုဟိုဒီဒီလျှောက်ကြည့်ပြီးမှစကားဆက်ပြောလေသည်။

左右张望之后才继续说下去。

ဘယ်သူဘယ်သူရှိတယ်။

有谁…谁…的。

ဘယ်လောက်ဘယ်လောက်တွက်ပြတယ်။

算给我们看看有多少。

3. 量词重叠。量词重叠都必须加前加的附加成分，一般总是加 တစ် ，表示的意义往往有两种：

（1）表示任意一个，在重叠的量词前面加 တစ် 。例如：

တစ်ယောက်ယောက်လာပါ။

来一个人吧（不管是谁）。

တစ်ခုခုရွှေးပါ။

任选一个。

တစ်နေ့နေ့မှာသူနာမည်ကျော်စာရေးဆရာတစ်ယောက်ဖြစ်လာလိမ့်မယ်။

总有一天他会变成一位有名的作家。

တစ်ခါတစ်ခါတော့လာအုန်းမှပေါ့။

你也该来一趟嘛！

（2）表示多数中的每一个的意思，往往是数词和量词一起重复。

例如：

တစ်လုံးတစ်လုံးကြက်ဥလောက်ရှိလိမ့်မယ်။

一个个像鸡蛋那么大。

တစ်စင်းတစ်စင်းကို ၉ မိနစ်နဲ့ဘိအပြီးတပ်ဆင်နိုင်တယ်။

每一辆只要 9 分钟就可以装配完毕。

4. 形容词重叠。形容词重叠有两种功能：一种是跟随在名词后面，修饰名词，表示"比较级"的意义。例如：

ကျွန်တော်ဟာပြဇာတ်ကောင်းကောင်းကြည့်ချင်တယ်။

我想看看比较好一点的话剧。

第一章　词的构成（စကားလုံးဖွဲ့စည်းပုံ）

စက္ကူပါးပါးတစ်ရွက်ပေးပါ။
给一张薄薄的纸吧。

另一种功能是，重叠后变为副词来修饰动词。例如：

မြန်မြန်သွား။
快走！

လှလှပပမွမ်းမံထားပါ။
（把它）漂漂亮亮地装饰起来吧。

သေသေချာချာဖတ်ကြည့်ပါ။
你仔细地读一读吧。

形容词重叠后作谓语时，意思变成"不管"或"管他"。例如：

ကောင်းကောင်းမကောင်းကောင်းခင်ဗျားနဲ့ဘာဆိုင်လို့လဲ။
好不好与你何干？

မြန်မြန်မမြန်မြန်ကျွန်တော်နဲ့မဆိုင်ဘူး။
管他快不快，跟咱们没关系。

5. 动词重叠。动词重叠后，词性一般不变，意思却变了，表示"任意""不管""无论"的意思。例如：

တစ်ပုဒ်ရေးရေးနှစ်ပုဒ်ရေးရေးခင်ဗျားသဘောပေါ့။
写一段还是写两段，随你的便。

ပြောပြောမပြောပြောအရေးမကြီးဘူး။
讲不讲问题不大。

有时是句子的省略，反映在句子中就出现了重叠现象。例如：

သွားသွားတယ်မသွားမသွားဘူးပေါ့။
去了就说去了，没去就说没去好了。

表示经常或是老在发生的动作。例如：

အခုသူတို့ပြောပြောနေကြတယ်။
现在他们老在这么说。

တွေးတွေးမိတော့ကျောစိမ့်လှုတယ်။
每想起来，总感到很可怕。

当动词重叠后再加附加词 ၍ 时变成副词。（前面已讲过，如

တပြောပြော)။

6. 副词重叠。例如：

အကျ 经常 → အကအက 经常地
ပို၍ 更加 → ပိုပိုရှရှ 有富余地

上面列举的各类词重叠的例子，说明重叠后都可能变换词性，表达不同的内容。重叠形式在句子中还能起其他许多作用，能表达修辞的色彩、感情的需要等。例如：

(1) 可使语言更加生动或增加感情色彩，并在语音上增加语调的美感。例如：

လှည့်ကြည့်လှည့်ကြည့်နှင့်လိုက်သွားလေတော့သည်။
于是就一步一回头地跟着（人家）走了。

ကြိုးကြိုးစားစားစာဖတ်နေကြသည်။（ကြိုးစားစွာစာဖတ်နေကြသည်။）
正在努力读书。

从语法的角度来分析，上述例句中的 ကြိုးစားစွာ、ကြိုးကြိုးစားစား 都作为状语，修饰动词。但是一般口语体或书面体中，人们往往喜欢用重叠形式的副词作状语。

(2) 用词精炼、简洁。在缅甸语中，文章及用词，如何力求简洁而又能表达一个完整意义是很重要的。如上述例句 သွားသွားတယ်မသွားမသွားဘူးပေါ့။ 实际上省略很多，如果要全部完整地写出来则变成：

သွားခဲ့တယ်ဆိုရင်သွားတယ်လို့ပြောပါ၊မသွားခဲ့ဘူးဆိုရင်မသွားခဲ့ဘူးလို့ပြောပေါ့။

(3) 重叠后能改变词性。例如：

သူတို့သည်ပြောပြောဆိုဆိုနှင့်အခန်းထဲသို့ဝင်ကြသည်။（动词变副词）
他们边走边聊地进了房间。

အံတကြိတ်ကြိတ်နှင့်ဒေါပွနေသည်။（动词变副词）
愤怒得直咬牙。

(4) 表示动作次数的重复和经常或多数之意。例如：

ကိုခင်ညိုအားတမျှော်မျှော်နှင့်နေကြပါသည်။
大家一再盼望着哥钦纽的到来。

ပြောပြောဆိုဆိုနှင့်ပင်ရောက်လေတော့သည်။

第一章　词的构成（စကားလုံးဖွဲ့စည်းပုံ）

说着说着就到了。

（5）表示"逐渐"和"一点一点地"。例如：

သူတို့တစ်ထွာပိုပိုလောက်ရှည်တဲ့အခါမှာဝါဝါပြီးကြွေကြွေကုန်ကြတယ်။
它们长到一拃左右就发黄，凋落了。

练习

1. 举例说明缅甸语中字、词和词素的不同。

2. 将下列词语分为单纯词和合成词并指出合成词的种类。

ထမင်း	လုပ်ဆောင်	ခေတ်မီ	မောင်းထောင်း	အညာသား	ရှားပါး
အဝေးပြေး	လုပ	အပြုအမူ	အလိုလိုက်	ရေမြုပ်	သင်ကြား
သနား	ပင်ပန်း	ကဲရဲ့	ခမ်းနား	ပုတီး	ရှုစား

3. 请将下列双声和叠韵词补充完整。

双声词： တောင် (　　) ဖျူ (　　) ညီ (　　) စဉ် (　　)
叠韵词： ကမ်း (　　) အေး (　　) ဝိုင် (　　) ရက် (　　)

4. 指出下列合成词的构词方式和词性。

ကျော်စော	ချေပ	ရှားရှားပါးပါး	ရေရွတ်
ကျောက်စိမ်း	စင်မြင့်	ဆီမီးတိုင်	ရုပ်မြင်သံကြား
သတင်းစာ	မက်မက်စက်စက်	မဟုတ်မမှန်	မခံချိမခံသာ
အင်တင်တင်	ဆေးပြင်းလိပ်	ရွေးကောက်ပွဲ	အရေးတကြီး
အသေအချာ	ကပြက်ကချော်	တကွဲတပြား	ကျန်းမာရေး

第二章　词的分类（စကားလုံးအမျိုးအစား）

根据词的语法特点给词划分出来的类别叫词类。语言中的词可以从不同的角度去分类，从语音学角度来分可分成单音节词、多音节词；从词汇学的角度来分，可以分成原生词和派生词等；从语法性质的角度，依照词的不同形态、意义、功能来划分成实词和虚词两大类（各种语言的词类都可分成这两大类），或分成名词、动词等多种类别。我们划分缅甸语词类的依据是什么呢？主要是根据语法功能、词的搭配能力和词义来划分，词本身的意义只能作为参考。按照这些原则，我们把缅甸语分成下列几类：

词类	缅甸语	简写
1. 名词	နာမ်	န
2. 代词	နာမ်စား	နစ
3. 数量词	ပမာဏနှင့်မျိုးပြ	ကျ ၊ မ
4. 形容词	နာမဝိသေသန	နဝ
5. 动词	ကြိယာ	က
6. 助动词	ကြိယာထောက်	ကထ
7. 感叹词	အာမေဍိတ်	အ
8. 拟声词	မြည်သံပြ	မသ
9. 副词	ကြိယာဝိသေသန	ကဝ
10. 连接词	သမ္ဗန္ဓ	သ
11. 助词	ပစ္စည်း	ပ

练习

熟悉各词类的缅甸语说法。

第三章 名 词（နာမ်）

第一节 名词的定义和分类

一、名词的定义

名词是表示事物名称的词，"事物"的范围很广，可以指事、物、地点、人等具体东西，也可指抽象的、无形的东西，如 အာဏာ ၊ ဂုဏ် ၊ သိက္ခာ 等。有时也能表示动作或性质，如：စစ်ပွဲ ၊ သတ္တိ ၊ အတွေးအခေါ် 等。

二、名词的分类

有些缅甸语法书中将名词分成六类：

တစ်ဦးဆိုင်အမည် ၊ တစ်ခုတည်းဆိုင်အမည်	专有名词
အများဆိုင်အမည်	普通名词
အစုပြုအမည် ၊ စုပေါင်းအမည်	集体名词
ရုပ်ပြောင်းနိုင်အမည်	物质名词
အလုပ်စွဲအမည်	职务名词
စိတ္တနာမ် ၊ စိတ်မှတ်အမည်	抽象名词

1. 专有名词：指某一事物、某一个人所特有的名称，这种名词彼此不能通用。例如：

    ဗိုလ်ချုပ်အောင်ဆန်း ၊ မောင်ဘ ၊ မြန်မာပြည် ၊ ရန်ကုန်မြို့

2. 普通名词：是统称一个个具体存在的事物。例如：

    လူ ၊ ကျောင်း ၊ စာအုပ် ၊ စပါး ၊ တောင် ၊ လမ်း ၊ ရေ

3. 集体名词：统称两个以上的同类型事物的名称。例如：

    အသင်း ၊ တပ်မတော် ၊ ပြည်သူလူထု ၊ လင်မယား

4. 物质名词：统称物质或材料的名词。例如：

ရွှေ ၊ သစ်သား ၊ ကြေး ၊ သံ

5. 职务名词：专指某人所担任职务的名称。例如：

ဥက္ကဋ္ဌ ၊ စာရေး ၊ ဝန်ကြီး ၊ အတွင်းရေးမှူး ၊ ဌာနမှူး

6. 抽象名词：表示性质、状态、动作及其他无形事物的名称，它是表示从具体事物中抽象出来的东西。例如：

စိတ်ဓာတ် ၊ ငြိမ်းချမ်းရေး ၊ ယုံကြည်ကိုးကွယ်မှု ၊ မင်္ဂလာ

抽象名词中还可分五类：

（1）表示事物的性状

အမာ ၊ အမြင့် ၊ သတ္တိ

（2）表示人或事物的动作

ဆန့်ကျင်ရေး ၊ နားလည်မှု ၊ ယုံကြည်မှု

（3）表示无形事物

ချစ်ကြည်ရေး ၊ အင်အား ၊ အမြင်

（4）表示时间的概念

နောက်နောင် ၊ အတိတ် ၊ အနာဂတ်

（5）表示方位的抽象概念

ရှေ့ ၊ နောက် ၊ အထက် ၊ အထဲ ၊ ဘယ် ၊ ညာ

注：① 表示方位的名词一般都加 ဘက်。例如：

တောင်ဘက် ၊ မြောက်ဘက် ၊ နောက်ဘက်

② 在方位词词首有 အ 以及与其他名词连用时应加所有格助词 ၏ ၊ ရဲ့ ，但有时也往往省略。例如：

အိမ်၏အပေါ်တွင် ...... အိမ်ပေါ်မှာ

မြို့၏အပြင်ဘက် ...... မြို့ပြင်

မြစ်၏အညာပိုင်း ...... မြစ်ညာ၊အညာ

အိမ်၏အရှေ့ဘက် ...... အိမ်ရှေ့

实际上，我们可以将上述六类归纳成四类：专有名词、普通名词、集体名词和抽象名词，将职务名词和物质名词都归入普通名词。

第二节 名词的构成

缅甸语中的名词构成按其构成和来源可分下列几类：

一、**单纯名词** (ပင်ကိုနာမ်၊ လုံးချင်းနာမ်)：不需要附加词首或词尾等附加成分，可以单独成立的名词，它也不能分开或插入某些东西。例如：

လူ（人） နွား（牛） ပစ္စည်း（东西）
နေ（太阳） အိမ်（家） ကောင်းကင်（天空）
မီး（火） တောင်（山） ကမ္ဘာ（世界）

二、**复合名词** (ပေါင်းစပ်နာမ်)：由名词与名词或名词和其他词组成，组成名词的各成分之间的结合并不是任意的，一般是修饰或说明关系。从组成的成分来看，有下列几种：

1. 名词+名词

（1）名词+名词

မီး（火） + ရထား（车） → မီးရထား（火车）
ရေ（水） + ကန်（池） → ရေကန်（池塘）
ပျား（蜂） + ရည်（汁） → ပျားရည်（蜂蜜）
လယ်（水田） + ယာ（旱田） → လယ်ယာ（农田）
မောင်（弟） + နှမ（妹） → မောင်နှမ（弟和妹）
ကောက်（稻） + ပဲ（豆）+ သီး（果实）+ နှံ（穗）
　　　　　　　　　　　→ ကောက်ပဲသီးနှံ（五谷）

（2）名词加另一个带 အ 词头的名词组成。组成复合词后，အ 词头省略。例如：

名词 + အပင်（植物）

ထန်း（棕榈）+ အပင် → ထန်းပင်（棕榈树）
ပန်း（花）+ အပင် → ပန်းပင်（花）

名词 + အသား（肉、质地）

ဝက်（猪）+ အသား → ဝက်သား（猪肉）
ကြက်（鸡）+ အသား → ကြက်သား（鸡肉）

ကျွန်း（柚木）+ အသား → ကျွန်းသား（柚木）

名词 + အရွက်（叶子）

ဆေး（烟）+ အရွက် → ဆေးရွက်（烟叶）

ကြာ（荷花）+ အရွက် → ကြာရွက်（荷叶）

名词 + အသီး（果实）

လိမ္မော်（桔）+ အသီး → လိမ္မော်သီး（桔子）

ဖရဲ（西瓜）+ အသီး → ဖရဲသီး（西瓜）

ငှက်ပျော（香蕉）+ အသီး → ငှက်ပျောသီး（香蕉）

有时借用作形象比喻而组成新词。例如：

လက်（手）+ အသီး → လက်သီး（拳头）

ဖန်（玻璃）+ အသီး → ဖန်သီး（灯泡）

名词 + အစ（零头）

ပိုး（绸）+ အစ → ပိုးစ（绸缎）

ကြိုး（绳子）+ အစ → ကြိုးစ（绳、线头）

စက္ကူ（纸）+ အစ → စက္ကူစ（纸片）

(3) 名词加 သမား 构成复合名词，表示职务。例如：

အလုပ်（工作）+ သမား → အလုပ်သမား（工人）

လယ်（水田）+ သမား → လယ်သမား（农民）

ဆရာ（老师）+ သမား → ဆရာသမား（教师）

(4) 名词加 သည်，သည် 来自 အသည်，意为干某种职业的人。例如：

ကုန်（商品）+ သည် → ကုန်သည်（商人）

ခရီး（旅途）+ သည် → ခရီးသည်（旅行者）

မုန့်（饼）+ သည် → မုန့်သည်（卖饼者）

名词与名词结合而变成一个新的名词，表达另一种概念，在每一种语言中，这种现象很多，而且在语言实际运用中，到底哪些名词可以与另一些名词结合也是无法一概而论的。这儿我们所列举的，不过是最常见和最为明显的少数例子而已。

2. 名词+动词

(1) 名词+动词。名词与动词的关系并不相同，一般可分成两种：

一种是主谓关系，就是说前一个名词是后一个动词的施事者，而后一个动作是前一个名词的动作。另一种关系就是宾动关系，它们之间的关系是前一个名词是后一个动作的对象，或称受事，按语法术语就叫宾语。

မီး（火）+ ခြစ်（擦）→ မီးခြစ်（火柴）

သူ（人）+ ခိုး（偷）→ သူခိုး（小偷）

စာ（字）+ ရေး（写）→ စာရေး（文书）

ထမင်း（饭）+ ချက်（煮）→ ထမင်းချက်（厨师）

လက်（手）+ စွပ်（套）→ လက်စွပ်（戒指）

（2）动词+名词。这类词中间的关系，往往是前一个词修饰说明后一个词。例如：

နေ（居住）+ အိမ်（房子）→ နေအိမ်（住宅）

ထိုး（刺）+ ဆေး（药）→ ထိုးဆေး（针剂）

အိပ်（睡）+ နေရာ（地方）→ အိပ်ရာ（床铺）

သောက်（喝）+ ရေ（水）→ သောက်ရေ（饮用水）

3. 名词+形容词。这类名词组成，都是名词在前，形容词在后。例如：

အိမ်（房）+ သစ်（新）→ အိမ်သစ်（新屋）

ရေ（水）+ အေး（冷）→ ရေအေး（冷水）

ကုန်（原料）+ ကြမ်း（粗）→ ကုန်ကြမ်း（原料）

名词+形容词除了能反映形容词原来的性状外，还可表达抽象的意义或感情色彩。例如：

名词+ ကြီး 表示事物很大，或表示尊敬、强调（也有表示讨厌之意）。例如：

အဆောက်အဦကြီး 大建筑物   လူကြီး 大人、先生   ရွာသူကြီး 村长

名词+ ကလေး 表示事物很小或带喜爱之意（有时也表示蔑视的意思）。例如：

ယုန်ကလေး 小兔   အခက်အခဲကလေး 小小的困难

4. 动词+动词

ပေါက်（锛）+ တူး（挖、掘）→ ပေါက်တူး（锄头）

ကြော် （炒）+ ချက်（煮）→ ကြော်ချက်（炒菜）

ကြော်（闻名）+ ငြာ（呼喊）→ ကြော်ငြာ（广告）

5. 两个以上不同词类的词复合成名词。这类复合名词之间的关系很复杂，但总的来说也无非是前面几种关系结合在一起。例如：

ပိုး（虫）+ သတ်（杀）+ ဆေး（药）→ ပိုးသတ်ဆေး（杀虫药）

မင်（墨）+ နီ（红）+ အိုး（瓶）→ မင်နီအိုး（红墨水瓶）

ကား（车）+ မောင်း（驾驶）+ သူ（者）→ ကားမောင်းသူ（司机）

စာ（字）+ ရေး（写）+ ဆရာ（师父、匠人）→ စာရေးဆရာ（作家）

ရေ（水）+ စုတ်（抽）+ စက်（机器）→ ရေစုပ်စက်（抽水机）

三、动名词（ကြိယာနာမ်）

在缅甸语中动名词是很有特色的一类名词，语言实践中运用也很广，它的组成往往是在动词的前、后或中间加上一定的附加成分，使一些原来的动词在句子中起名词的作用。它一方面仍保留着动词的某些特征，具有动词的某些变化形式，用以表达名词所不能表达的较为复杂的意念，另一方面动名词在句子的用法及功能与名词类同，在句子中可以作主语、宾语。此外，在缅甸语中形容词的性质与动词很相似，所以将形容词称作为性状动词（ဂုဏ်ရည်ပြကြိယာ），同时将性状动词变成的"表性状的动名词（ဂုဏ်ရည်ပြကြိယာနာမ်）"也归入"动名词"中。

动名词（包括形容词变成的性状名词）的构成方式有下列几种：

1. 动词加后缀 မှု 构成动名词。后缀 မှု 源出于 အမှု（案件或某一项工作）。例如：

လုပ်ရှား（运动）+ မှု → လုပ်ရှားမှု（运动）

ယဉ်ကျေး（文明）+ မှု → ယဉ်ကျေးမှု（文化）

လုယက်（抢劫）+ မှု → လုယက်မှု（抢劫案）

ကားတိုက်（撞车）+ မှု → ကားတိုက်မှု（车祸）

2. 动词+后缀 ရေး 组成动名词。ရေး 是从 အရေး 变化而来，အရေး 指某事情或抽象的事件。例如：

လွတ်လပ်（独立）+ ရေး → လွတ်လပ်ရေး（独立）

第三章 名词（နာမ်）

ငြိမ်းချမ်း（和平）+ ရေး → ငြိမ်းချမ်းရေး（和平）

သွေးစည်း（团结）+ ရေး → သွေးစည်းရေး（团结）

ကြားနေ（中立）+ ရေး → ကြားနေရေး（中立）

还有一种情况是名词 + ရေး 变成抽象的名词。例如：

စစ်（战争）+ ရေး → စစ်ရေး（战争）

စီးပွား（经济）+ ရေး → စီးပွားရေး（经济）

နိုင်ငံ（国家）+ ရေး → နိုင်ငံရေး（政治）

တိုင်းပြည်（国家）+ ရေး → တိုင်းရေးပြည်ရေး（国事）

3. 动词+后缀 ခြင်း 变成动名词。ခြင်း 没有任何独立的词汇意义，只是纯粹起语法作用，把动词变成动名词。例如：

သွားခြင်း၊ လာခြင်း၊ လုပ်ခြင်း၊ နားခြင်း 等等。

在缅甸语中，因为动名词是由动词演变而来，它兼有动词和名词的有两种特性：一种性质与名词完全相同，在句子中起着其他名词一样的作用。另一种是它还包含动词的性质，因此在它前面可以带宾语或状语。动词+后缀 ခြင်း၊ မှု 后只是动作的抽象，当作名词来用，它没有任何实际的意义。例如：

ရေကူးခြင်းသည်ကောင်းသောကျန်းမာရေးလေ့ကျင့်နည်းတစ်မျိုးဖြစ်သည်။

游泳是很好的一项体育锻炼项目。

ဖက်ဆစ်တို့၏ကျူးကျော်ရန်စမှုများသည် ကမ္ဘာပေါ်ရှိပြည်သူပြည်သားများအားမခံမရပ်နိုင်အောင် ဒေါသဖြစ်စေသည်။

法西斯的侵略和挑衅激怒了全世界人民。

တစ်ပါးနိုင်ငံ၏ပြည်တွင်းရေးအားအတင်းအဓမ္မဝင်ရောက်စွက်ဖက်ခြင်းကိုကျွန်တော်တို့တသမတ် တည်းဆန့်ကျင်ပါသည် ။

我们一贯反对强行干涉其他国家内政。

4. 动词+ ချက် 构成动名词。ချက် 来自 အချက်，意为"项目、要点"。例如：

ပန်ကြား（呼吁）+ ချက် → ပန်ကြားချက်（呼吁）

မျှော်မှန်း（期望）+ ချက် → မျှော်မှန်းချက်（期望）

ဆုံးဖြတ်（决定）+ ချက် → ဆုံးဖြတ်ချက်（决议）

上述后缀有时为了避免在一句话中重复很多，因此在变成动名词时往往变换使用。例如：

ညူကလီယာလက်နက်များစမ်းသပ်မှုရပ်**ရေး**နှင့်ပတ်သက်သောအစည်းအဝေးကျင်းပ**ခြင်း**၏ရည်ရွယ်**ချက်**သည်ရှင်းလင်းလှပေသည်။

召开有关禁止试验核武器大会的目的是明确的。

但有些动名词经常跟几个固定的后缀结合，已成为习惯，这类动名词一般不用其他后缀替换。例如：

ငြိမ်းချမ်းရေး 和平，ယဉ်ကျေးမှု 文化，ကားတိုက်မှု 车祸

5. 动词 + ပုံ 或 ဟန်，ပုံ 表示形象、模样，ဟန် 表示姿态。例如：

ရေးပုံသို့မဟုတ်ရေးဟန်

写的情景或姿势

ကျောင်းသားများကျန်းမာရေးလေ့ကျင့်နေပုံနှင့်လယ်လုပ်နေကြပုံတို့ကိုတွေ့မြင်ရပေသည်။

我们看到学生们体育锻炼和劳动的情况。

有时也用动词加 ပုံ 和 နည်း 合成多音词。例如：

လုပ်ပုံလုပ်နည်း၊ လုပ်ပုံကိုင်ပုံ 　　做法

ပြောပုံပြောနည်း၊ ပြောပုံဆိုပုံ 　　说法

6. 动词 + စရာ，表示东西、令人……的东西（事物）。例如：

ပြော（说）+ စရာ → ပြောစရာ（可说的）

စား（吃）+ စရာ → စားစရာ（可吃的）

ကျောင်းတက်（上课）+ စရာ → ကျောင်းတက်စရာ（课程）

ကြည်နူး（心旷神怡）+ စရာ → ကြည်နူးစရာ（引人入胜的）

7. 动词 + ရာ，来自 နေရာ，意为地方或地点。例如：

အိပ်（睡）+ ရာ → အိပ်ရာ（床）

ထိုင်（坐）+ ရာ → ထိုင်ရာ（座位）

ခင်ရာဆွေမျိုး၊ မြိန်ရာဟင်းကောင်း၊ ပျော်ရာနိဗ္ဗာန်။

亲者为友，味美为上品，乐地就是天堂。

第三章 名词（နာမ်）

8. 动词 + မှု 变成动名词。后面一般要加 ပြု。例如：

ရိုသေ（尊敬）+ မှု → ရိုသေမှု（致敬）

လေးစား（尊重）+ မှု → လေးစားမှု（尊重）

အားကိုး（依靠）+ မှု → အားကိုးမှု（依靠）

9. အ 加在动词或形容词前，使其变成名词。例如：

လုပ်（做）+ အ → အလုပ်（工作）

များ（多）+ အ → အများ（多数）

ကောင်း（好）+ အ → အကောင်း（好的）

上述例子是由一个动词加一个 အ 组成，如果动词是由双音节组成，而组成部分不能分开时只能加一个 အ 变成名词。如 အကဲရဲ、အဝေဖန် 等。如果双音动词中间组成成分之间不是太严的话，这动词加 အ 时可加两个。例如：

စီစဉ်（安排）+ အ → အစီအစဉ်（程序）

ကူညီ（帮助）+ အ → အကူအညီ（帮助）

ဖွဲ့စည်း（组织）+ အ → အဖွဲ့အစည်း（团体）

စုံလင်（齐全）+ အ → အစုံအလင်（全部）

ပြုမှု（行动）+ အ → အပြုအမှု（行为）

注：①有时动词加 အ 后变成时间副词或作动词的结果补语来用，这些都不属于名词之列。例如：

သွားမည်အပြုမှာ 将要去时

လမ်းအလွန်တွင် 在穿过这条路时

မြို့အသွားတွင် 到城里去时

ရေးအပြီးတွင် 刚写完时

10. 多音节合成动名词。例如：

အားကိုးအားထား： 依靠

နို့စို့ကလေး： 婴孩

တက္ကသိုလ်ဝင်စာမေးပွဲ： 大学入学考试

11. 动词音变后变成名词。一般音变规律是清音变浊音，或者是各种声调变成轻声调。例如：

动词	动词语音	词义	名词语音	词义
သစ္စာဖေါက်	သစ်စာဖေါက်	（叛变）	သစ်ဇဖေါက်	（叛徒）
ထမင်းချက်	ထမင်းချက်	（做饭）	ထမင်းဂျက်	（炊事员）
တံခါးစောင့်	ဒဂါးစောင့်	（看门）	ဒဂါးဇောင့်	（门卫）
ဘီး	ဗီး	（梳）	ဘီး	（梳子）
ချိတ်	ချိတ်	（挂）	ဂျိတ်	（钩子）
ထောက်	ထောက်	（支撑）	ဒေါက်	（支架）

四、外来词

缅甸语中的外来词以名词为主，主要因为本国语言中缺乏相应的词汇，直接从外国语言或另一亲属语言中借来，目的是为了丰富本民族语言，因此将外来词放在名词部分。缅甸语中的外来词主要来自梵文、巴利文、英语，其次是印地语和汉语，少数来自其他语言。

1. 源出于梵文和巴利文的。这类词在缅甸语中较多，而且借用的方式也有不同。例如：

（1）直接借用的。例如：

ဥက္ကဋ္ဌ	主席
ရာသီဥတု	气候
ဥပဒေ	法律
ပညာ	学问
အမှု	强迫、暴行
လက္ခဏာ	性质、象征

（2）经过改造而借用的（缅甸语中称这种词为 ပါဠိဂျက် ）。例如：

စိတ်（心）	来自巴利文	စိတ္တ（心；意向）
ရေပုဒ်（乡村）	来自巴利文	ရေပုဒ（乡村，小村）
အန္တရာယ်（危险）	来自巴利文	အန္တရာယ（危险）
သဏ္ဍာန်（形式）	来自巴利文	သဏ္ဍာန（形式）

（3）缅甸语与巴利文混合而构成的词，有两种形式：
① 组成词的成分意义相同。例如：

အနှစ်（缅：本质、实质）+ သာရ（巴利文：本质）
→ အနှစ်သာရ（本质、实质）

နှလုံး（缅：心脏）+ စိတ္တ（巴利文：心）
→ စိတ်နှလုံး（心、心脏）

② 组成的成分之间意义不相同。例如：

အမှု（缅：案件）+ အဓမ္မ（巴利文：暴行）
→ အဓမ္မအမှု（不法暴行）

နေ့（缅：日子）+ ဥပုသ်（巴利文：斋戒）
→ ဥပုသ်နေ့（斋戒日）

ဆရာ（缅：先生）+ ဗေဒင်（巴利文：星相）
→ ဗေဒင်ဆရာ（占星家）

2. 来自英语的借词。缅甸受到英国殖民统治有百年之久，在这期间，西方文化、经济、政治都大量侵入缅甸，缅甸语中也逐渐出现了不少英语词汇，特别是在法律、政府机关、海关、银行、科学技术等方面，英语借词特别多。例如：

ပါလီမန်	国会、议会	（parliament）
ကုမ္ပဏီ	公司	（company）
ဘဏ်	银行	（bank）
ပါတီ	政党	（party）

上面例子是由英语中直接借用。在缅甸语中还有另一种借词形式，就是英语与缅甸语混合在一起的。例如：

အယ်ဒီတာ（editor 编辑）+ အဖွဲ့（组织）→ အယ်ဒီတာအဖွဲ့（编辑部）

ရှပ်（shirt 衬衫）+ အကျႌ（衣服）→ ရှပ်အကျႌ（衬衫）

ကွန်မြူနစ်（communist 共产主义）+ ဝါဒ（主义）
→ ကွန်မြူနစ်ဝါဒ（共产主义）

3. 来自其他语言。例如：
   （1）借用印地语的：ကူလီ（苦力） ဒင်္ဂါး（银元、硬币）
   　　　　　　　　　ကလောင်（蘸水笔杆） ပြတာ（勤务员）
   （2）借用汉语的 သမ္မာန်（舢板） တူ（筷子）
   　　　　　　　　လံချား（人力车） ပေါက်စီ（包子）
   （3）借用梵文的 ကြမ္မာ（命运） စကြဝဠာ
   　　　　　　　　စကြီ（走廊） သင်္ဂြိုဟ်（葬）
   （4）借用孟文的：ကုလားတက်（木鱼） ကန်တော့（叩头）
   　　　　　　　　ကူးတို့（渡口） ကနကမာ（贝壳）
   （5）借用掸语的 ကိုင်း（灯心草） စော်ဘွား（土司）
   　　　　　　　　ကျမိုင်း（土司的继承人）
   （6）借用阿拉伯语的：ကရဝေး（肉桂） ကပ္ပလီ（黑人）
   　　　　　　　　　ကတ္တီပါ（丝绒） အရက်（酒）

第三节　名词的特性和语法功能

一、缅甸语名词的特性

1. 在名词前、后可以加数量词。当数量词放在名词之前时，要加助词 သော 表示强调该名词（一般出现在书面语中）。例如：

   လူတစ်ယောက် ＝ တစ်ယောက်သောသူ 一个人
   ဘုန်းကြီးတစ်ပါး ＝ တစ်ပါးသောဘုန်းကြီး 一位和尚
   စက္ကူတစ်ရွက် ＝ တစ်ရွက်သောစက္ကူ 一张纸
   ကြက်တစ်ကောင် ＝ တစ်ကောင်သောကြက် 一只鸡

2. 名词能被形容词、动词及名词所修饰和说明。例如：

   လှပသောပန်းများ 美丽的花朵
   ခန့်ညားသောအဆောက်အဦး 宏伟的建筑
   သူဖတ်နေသောစာအုပ် 他正在看的书
   သူတွေးတောနေသောပြဿနာ 他正在考虑的问题
   နွားလှည်း 牛车

3. 名词在肯定判断句中可以作谓语。例如：

ကျွန်တော်ကကျောင်းသား၊သူကကျောင်းဆရာပါ။

我是学生，他是老师。

4. 名词有时被借用作动词，这是例外的现象。例如：

မကလေးတော့ဘူး။

不再是孩子了。

ဝံသာနုပါရစေနဲ့။

请别让我搞什么爱国活动了。

二、缅甸语名词的语法功能

1. 缅甸语中的格

在许多缅甸老的语法书中都把名词分成 8 个格（ကာရကရှစ်ပါး）来表示名词在句子中的作用，每个作用后面都有助词来区别（参见助词部分）。"格"的语法范畴是受到巴利文语法的影响，按巴利文的语法理论来分析缅甸语的产物。现在缅甸语法中已不采用这种分析方法。"格"虽然不完全适用于缅甸语，但是它却能反映名词的部分作用。因此我们简单做一介绍，以便对不同的语法体系有一个粗略的了解。

（1）主格：表示动作的发出者。例如：

မောင်ဘသည်ကျောင်းသားဖြစ်သည်။

貌巴是学生。

ကျောင်းသူကျောင်းသားများသည်ကျောင်းတက်နေကြပါသည်။

学生们正在上课。

ပေကျင်းမြို့သည်ပြောင်မြောက်သောသမိုင်းရှိသည့်မြို့တော်ဖြစ်သည်။

北京是有着光辉历史的城市。

ဒီကလေးမှာအပြစ်မရှိပါ။

这小孩无罪。

（2）宾格：表示动作承受的。例如：

စာအုပ်တစ်အုပ်ကိုဝယ်လာသည်။

买了一本书来。

နိုင်ငံခြားရုပ်ရှင်ကြည့်နေကြသည်။
正在看外国电影。

သူကကျွန်တော့်ကိုလာကူညီသည်။
他来帮助我。

当代词作宾语时，代词是低平调或代词的最后音节是低平调的话，一般要将最后一个音节变成高降调。

မောင်ဘသည်သူ့ကိုနည်းနည်းမျှမသနားပါ။
貌巴一点也不同情他。

ကျွန်တော့်ကိုသုံးနာရီမှာလာနှိုးပါ။
请在3点钟来叫醒我。

（3）间接宾格。一般存在于双宾语句子中，动作直接作用的对象为直接宾语，而动作所涉及的人常为间接宾语。常用助词 အား 表示。例如：

ကျောင်းသူကျောင်းသားများအားလက်ဆောင်ပေးလိုက်ပါသည်။
赠送礼物给学生。

ဤစာအုပ်ကိုသူ့အားပေးလိုက်ပါ။
请将此书给他。

（4）所属格：表示领属关系。例如：

ကျွန်တော့်စာအုပ်သည်ကောင်းသည်။
我的书好。

စားပွဲ၏ခြေထောက်တစ်ချောင်းသည်ကျိုးသွားပြီ။
桌子的一条腿断了。

（5）工具、缘由格：表示有什么原因或用什么工具作动作。例如：

ဆရာဝန်ဘီတွန်းသည်အဆိပ်ပိုးမွှေးကြောင့်ကွယ်လွန်သွားရှာ၏။
白求恩由于中毒而逝世了。

ခဲတံနှင့်ရေးပါ။
用铅笔写吧。

ဤနည်းဖြင့်ရောဂါကုနေကြသည်။
就用这种方法进行治疗。

第三章　名词（နာမ်）　27

(6) 方向格：表示从哪里来，离开哪儿的意思。例如：

သူတို့သည်ရှေ့တန်းစစ်မျက်နှာမှပြန်လာကြသည်။
他们从前线回来。

ရဲဘော်ဝမ်ထံမှယူလာပါ။
从王同志那儿拿来吧。

မောင်ထွန်းဝေအောက်သူကျ၏။
貌通伟底下就数他了。

(7) 方位格：表示某一事物的处所、场地。例如：

ကျောင်းသူကျောင်းသားများထဲတွင်မောင်ထွန်းရှိန်ဆိုသူကအတော်ဆုံးဖြစ်သည်။
同学中貌通兴学习最好。

စာအုပ်ထဲ၌ရှိပါသည်။
在书上。

အခန်းထဲမှာသိပ်ဆူတာဘဲ။
房间里很吵。

သူတို့သည်မိမိချို့ယွင်းချက်များကိုပြင်ဆင်သင့်ပါသည်။
他们应该改正自己的缺点。

(8) 呼格：在句首呼唤人时用。例如：

မောင်ဘရယ်–
貌巴呀！

သာလှရယ်–လာပါအုန်း။
喂，达拉来一下！

ခင်မောင်လှပါလား။
（原来是）钦貌拉呀！

2. 缅甸语中名词的语法作用。名词除了具有上列8个"格"中起作用外，还有下列几种语法作用：

(1) 名词还可以作主语或宾语的补足语。例如：

ခင်ဗျားသည်ကျောင်းသားတစ်ယောက်ဖြစ်ပါသည်။
你是学生。

ကျွန်တော်တို့အားလုံးသည်သူအားကိုယ်စားလှယ်အဖြစ်ရွေးကြသည်။

大家都选他当代表。

（2）缅甸语中的动名词还可以当被动语态用，在动词前面加 အ 变成动名词再加动词 ခံရ（受到）来表示被动语态。例如：

အချီးမွမ်းခံရသည်။
受表扬。

အဝေဖန်ခံရပါသည်။
受批评。

အရိုက်ခံရပါသည်။
挨打。

第四节 名词的数和性的表示

一、缅甸语中名词的数（ကိန်း）

缅甸语的名词中有单数（ဧကဝုစ်ကိန်း）和复数（ဗဟုဝုစ်ကိန်း），但是词汇中没有"数"的语法范畴，没有表示单数、复数、双数等的形态变化。要表示数量多，通常在名词后面加 များ၊ တို့၊ တွေ 等表示多数的名词附加成分。现在分述如下：

1. 名词加 များ。များ 本身是一个形容词，意为"多"，它附加在名词后面表示多数。例如：သစ်ပင်များ၊ ကလေးများ ၊ အခန်းများ ၊ အလုပ်သမားများ 等。

2. 名词加 တို့。တို့ 是由动词 တိုး（增加）演变而来。它附加于单数名词后表示一个以上的数量。例如：ကျောင်းသားတို့ ၊ တိုင်းရင်းသားလူမျိုးစုတို့၊ အလုပ်သမားတို့ 等。

များ၊ တို့ 虽然都是表示多数的附加成分，但意义并不完全相同。它们之间的区别在于 များ 表示同类事物中的多数，而 တို့ 则表示许多种类不同的事物的多数，因此所指范围比前者更广。例如：

ကျောင်းသားများသည်ကျောင်းသို့မလာကြချေ။
学生们不到学校里来。（表示有些学生不来）

ကျောင်းသားတို့သည်ကျောင်းသို့မလာကြချေ။
学生们都不到学校里来了。（表示都不来了）

ကျောင်းဆရာများနှင့်မကြာခဏအတူတူကစားခဲ့တဲ့သူငယ်ချင်းများတို့ကိုနှုတ်ဆက်တဲ့အခါ
ကျွန်တော်စိတ်မကောင်းဖြစ်မိ၏။

当我和老师及经常在一起玩的朋友告别时很难过。

在上列第三句中不加 တို့ 就不能成立，否则与原来意思不相符，将变成："我和经常跟老师在一起玩的朋友告别时心里非常难过"之意。

အမေတို့ဘုရားသွားဖူးကြတယ်။

母亲他们去大金塔。

ဦးခိုင်နှင့်ဇနီးတို့လာသွားသည်။

吴开和夫人来过了。

此处的 တို့ 表示吴开夫妇俩，或可能指还有别人。如果这里的 တို့ 换成 များ，则变成"吴开和他的许多妻子"之意。

များ 和 တွေ 一般不与数词、代词和专有名词连用。可见 များ 和 တို့ 并不是完全一样的。

3. 还有一种变单数为复数的形式是加 အပေါင်းတို့，常用于呼语中。例如：

ရဲဘော်အပေါင်းတို့၊

同志们！

မိတ်ဆွေအပေါင်းတို့၊

朋友们！

4. 在口语中常以 တွေ (တေ)来代替 များ 。例如：

ကျောင်းသားများ ၊ ကျောင်းသားတွေ(တေ)

ပြဿနာများ ၊ ပြဿနာတွေ

5. 名词加 အ 后重复一个音节，可以表示多数。例如：

နယ်	地区	အနယ်နယ်	各地区
ရပ်	地区	အရပ်ရပ်	各地区
ပြည်	各国	အပြည်ပြည်ဆိုင်ရာပြဿနာ	国际问题

6. 在汉语中，集合名词不能再加表示多数的"们"，但是缅文中却仍然可以加 များ 。例如：

တပ်မတော်များ	军队
လူထုများ	群众
ပြည်သူများ	人民

二、缅甸语中名词的性（လိင်）

有些缅甸语法书中，在名词部分还加入"性"的范畴，把名词分成阳性、阴性、中性、通性等四种，来表示人、物的性别的差别。这些范畴主要是借鉴巴利文的语法而来。缅甸语中并没有"性"的范畴。但是在缅甸语中表示具体生物的性别还是有一定的规律的。

为了叙述方便我们还是借用阴、阳、中、通性这几个名词，但要注意这并不是语法上的范畴，而是指生物上的分类。例如：

阳性（ပုလ္လိင်）：男、雄、牡　　中性（နပုလ္လိင်）：无所谓男女、雌雄
阴性（ဣတ္ထိလိင်）：女、雌、牝　　通性（ဒွိလိင်）：男女、雌雄都可用

1. 用于人类关系方面的，有下列几种情况。

（1）用不同的名词表示不同的性别

	阳性		阴性
ယောက်ျား	男人	မိန်းမ	女人
ဘကြီး	伯父	အရီးကြီး	姑母
ယောက်ဖ	小舅子，内弟	မရီး	嫂嫂
လင်	丈夫	မယား	妻子
ဘုရင်	国王	မိဘုရား	王后

（2）改变词中的某个词素来表示性别不同

	阳性		阴性
လူပျို	童男	အပျို	童女
ဖခင်	父亲	မိခင်	母亲
အဘိုးကြီး	老公公	အဘွားကြီး	老婆婆
အဖေ	父亲	အမေ	母亲
မင်းသား	王子	မင်းသမီး	公主
အစ်ကို	哥哥	အစ်မ	姐姐

（3）在阳性名词后加 မ 表示阴性

တူ	侄子、外甥	တူမ	侄女、外甥女
ဆရာ	教师	ဆရာမ	女教师
ဘုရင်	国王	ဘုရင်မ	女王

第三章 名词（နာမ်） 31

（4）用 သား၊ သူ 来表示的

ကျောင်းသား	学生	ကျောင်းသူ	女学生
မြို့သား	男市民	မြို့သူ	女市民
ရွာသား	村男	ရွာသူ	村女

（5）用 ကတော် 附加于表示男性名词之后，表示有名望、地位、官衔人的太太

ဆရာ	先生	ဆရာကတော်	师母
ဝန်ကြီးချုပ်	总理	ဝန်ကြီးချုပ်ကတော်	总理夫人
မင်းကြီး	司长	မင်းကတော်စိုးကတော်	官太太

2. 用于区分动物雌雄的，一般都是沿用成习惯，没有什么原因。

（1）用 ထီး၊ မ 加在通性名词后表示雄的和雌的。ထီး၊ မ 不能单用，它们是由 အထီး（雄）၊ အမ（雌）变来的。如果单问："雌的还是雄的？"就要用"အထီး၊ အမ"或者用动物名加"ထီး၊ မ"。例如：

ဒီကောင်ကအထီးလား အမလား။ 这只是公的还是母的？

ခွေးထီး	雄狗	ခွေးမ	雌狗
ဝက်ထီး	公猪	ဝက်မ	母猪
နွားထီး	公牛	နွားမ	母牛
ပါးထီး	雄青蛙	ပါးမ	雌青蛙

（2）用 ဖို (ဖို့)၊ မ 表示。例如：

ဒေါင်းဖို	雄孔雀	ဒေါင်းမ	雌孔雀
အရယ်ဖို	牡鹿	အရယ်မ	牝鹿
မြွေဖို	牡蛇	မြွေမ	牝蛇

（3）一些特殊形式，有一些表示雄性的并不属于上面几个例子，它有各自单独的名词来表示。例如：

ကြက်ဖ	公鸡	နွားသိုး	公牛
မြင်းသိုး	雄马	နွားလား	雄牛
မြင်းလား	雄马	နွားပြီး	阉过的牛
မြင်းပြီး	阉过的马		

3. 通性名词：所指范围中包括男的（或阳性）也包括女的（或阴性）。
例如：

| မိတ်ဆွေ | 朋友 | ဧည့်သည် | 客人 |
| နွား | 牛 | ခွေး | 狗 |

4. 中性：根本没有男女、雌雄、公母之别的一切名词。例如：

| ပန်း | 花 | စပါး | 米 |
| စားပွဲ | 桌子 | လှည်း | 车 |

练习

1. 熟悉各词类的缅文说法。

2. 名词有哪些种类？为每个名词种类各举两个例子。

3. 指出下列短文中的画线名词分别属于哪类名词。

ဧရာဝတီတိုင်းသည် မြန်မာနိုင်ငံ၏အောက်ပိုင်း တောင်ဖက် မြစ်ဝကျွန်းပေါ် ဒေသတွင်ရှိသည်။ မြို့တော်သည် ပုသိမ်မြို့ဖြစ်သည်။ ဧရာဝတီတိုင်းသည် ဆန်စပါးအများဆုံးထွက်သောဒေသ ဖြစ်သည်။ ငါးပိငါးခြောက်များလည်းပေါ်သည်။ မြန်မာရိုးရာပုသိမ်ထီးလည်းပြုလုပ်သည်။ ပုသိမ်မြို့ အနီးရှိချောင်းသာ နှင့်ငွေဆောင်ကမ်းခြေတို့သည်သာယာလှပသဖြင့်ထင်ရှားသည်။ ဧရာဝတီတိုင်းဖွံ့ဖြိုးတိုးတက်ရေးအတွက် တံတားများတည်ဆောက်လျက်ရှိသည်။ ညောင်တုန်းရှိဗိုလ်မြတ်ထွန်း တံတားသည်မြန်မာနိုင်ငံတွင်အရှည်ဆုံး တံတားဖြစ်သည်။

4. 在下列空格处填上 များ၊တွေ၊တို့。

၁။ ခြေလေးချောင်းသတ္တဝါ-----တွင်ဆင်သည်အကြီးဆုံးဖြစ်သည်။

၂။ မိဘပြည့်သူ-----ကလည်းတစ်တပ်တစ်အားပါဝင်ကြဖို့တိုက်တွန်းလိုက်ရပါသည်။

၃။ နောက်နှစ်ရက်အဖို့မြန်မာနိုင်ငံမြောက်ပိုင်းဒေသ-----မှာမိုးဆက်လက်ရွာပါမယ်။

၄။ ငါ-----သည်မြန်မာနိုင်ငံနှင့်တိုင်းရင်းသားလူမျိုး-----အပေါ်သစ္စာရှိပါသည်။

၅။ ဒုက္ခ-----၏ဘုရင်ကားဝဋ္ဋုန်တည်း။

၆။ ကျောင်းသားကျောင်းသူ-----၊ဆရာဆရာမ-----နှင့်ကျောင်းသားမိဘ-----တက်ရောက်ကြသည်။

၇။ ရန်ကုန်တိုင်း၊ဧရာဝတီတိုင်း၊ပဲခူးတိုင်း-----မှာနေရာကွက်၍မိုးရွာနိုင်ပါသည်။

၈၊ ဒဂုံမြို့သစ်တောင်ပိုင်းနှင့်လှိုင်သာယာ----တွင် စက်မှုဇုံ----တည်ထောင်လျက်ရှိသည်။

5. 将下列名词按阴性、阳性、中性和通性分类。

ကျွန်တော်	အဘွား	မောင်ရင်	သမင်ဖို	၄က်	မင်း	စာအုပ်
နမ	ညီ	ကြောင်မ	ခဲတံ	ခွေး	လူ	မိဘုရား
အပျို	လူပျို	ကလေး		လေ		

6. 将下列空格处填上合适的词缀使之成为动名词。

၁၊ ဘာခိုင်း----ရှိပါသလဲဆရာကြီးရှင်။

၂၊ မှတ်တိုင်မှာကားစောင့်ရင်းဦးဘခင်တဆတ်ဆတ်တုန်နေသည်။ချမ်း----ရောပန်း----ရော ပါမှာပေါ့။

၃၊ ခေါင်မိုးမတင်သူးဆို ဟူ၍ဘယ်သူမှမပြောကြ။အလိမ်ခရ-----ရှိနေကြပြီထင်၏။

၄၊ ဟန်မဆောင်နိုင်ရှာသည်။သမီး၏----နေ----ထားကိုများကြိုသိနေလေရော့သလား။

၅၊ ယွန်းထည်ပြုလုပ်----မှာအလွန်စိတ်ဝင်စားဖွယ်ကောင်းသည်။

၆၊ အမျိုးသားပြုတိုက်သည်အမျိုးသားယဉ်ကျေးမှုစုဝေး----ဖြစ်သည်။

၇၊ ရန်ကုန်မြို့တွင် လေ့လာလည်ပတ်----နေရာများစွာ ရှိသည်။

၈၊ ကုလသမဂ္ဂအဖွဲ့ကြီးသည်ဒုတိယကမ္ဘာစစ် အပြီးစတင်ဖွဲ့စည်းခဲ့ချိန်မှ၍ဖွဲ့စည်းရာတွင်ပြောင်းလဲ----မရှိသလောက်ဖြစ်နေခဲ့သည်။

၉၊ တိုက်၊အိမ်၊ခြံ၊မြေ၊စက်မှုဇုံ၊ဂိုဒေါင်များရောင်း၊ဝယ်၊ငှားရမ်း----ပြုလုပ်သည်။

၁၀၊ ငါ့သမီးဆရာဝန်မို့လို့သာ ခုလိုချက်ချင်းဆေးသောက်နိုင်တာ။သူရင်ကျပ်ရင်လည်း ဆရာဝန်ပင်----မလိုဘဲ ချက်ချင်းဆေးထိုးနိုင်တယ်။

7. 判断下列句子中的画线的词是否为抽象名词，用（√）和（×）表示。

၁၊ ထင်း၊ရေနံဆီ၊<u>မီးသွေး</u>တို့မီးလောင်ခြင်းမှရရှိသော<u>အပူစွမ်းအင်</u>ကိုထမင်းဟင်းချက်ပြုတ်ရာ၌ အသုံးပြုရသည်။（ ）（ ）

၂၊ <u>လေဖိအား</u>နည်းရာအရပ်များသို့ပတ်ဝန်းကျင်မှလေများဝင်ရောက်တိုက်ခတ်သည်။（ ）（ ）

၃၊ <u>ပန်းမျိုးစုံပင်ခြင်း</u>သည်လူတို့၏အကူအညီဖြင့်<u>ပတ်မှုန်းကူးခြင်း</u>ပင်ဖြစ်သည်။（ ）（ ）

၄၊ <u>တိုက်ဖြိုချင်စိတ်</u>မှာအရောင်၊အနံ့၊<u>အရသာ</u>မရှိချေ။（ ）（ ）

၅၊ <u>ကြိုးစားခြင်း</u>သည်အောင်မြင်ခြင်း၏လမ်းစဖြစ်သည်။（ ）（ ）

第四章 代词（နာမ်စား）

第一节 代词的定义和分类

一、代词的定义

代词是用来代替已知的或未知的事、物、行为和性状的词，它在句子中代替名词、形容词、数量词、动词、副词或句子。

二、代词的分类

一般把代词分成三类：人称代词（ပုဂ္ဂလနာမ်စား）、指示代词（အညွှန်းနာမ်စား）、疑问代词（အမေးနာမ်စား）。

（一）人称代词（ပုဂ္ဂလနာမ်စား），人称代词是用来代替人的名称词。由于缅甸社会发展过程中，封建统治长久，在语言中尤其在称呼上受到等级观念的影响特别严重。在跟不同对象谈话时，互相的称呼也都因对方的身份不同而有所区别。在长辈和小辈、上级和下级、和尚和信徒之间，就有尊称和自己卑称或谦称之别。因此形成同样说一个"我"或"你"就有各种不同的称呼。这已成为缅甸的习惯，学习缅甸语言时就应该尊重这种习惯。如果不按这些固定的称呼来相称，往往会失礼，或造成笑话。此外人称代词还有口语体、书面语体之别。同时男女之间还有差别，因此应该特别注意。人称代词可以分下列几类。

1. 自称（第一人称 ပြောသူနာမ်စား）：用来代替说话的人。

（1）对平辈、同等地位的人自称或谦称时，用 အကျွန်၊ ကျွန်ုပ် 或 ကျုပ်၊ အကျုပ်，这些词原由 ကျွန်（奴隶）和 နုပ်（小、卑贱）结合而成，所以它不是纯粹的自称代词，因此有些缅甸语法书中称其为 နာမ်စားတု。

（2）对平辈、同等地位的人讲话或与非常亲近的人讲话时用 ငါ（男女通用）或用 ကိုယ်（表示自己），对下级、晚辈以及不客气时也可用 ငါ 。

（3）小辈对长辈、下级对上级说话时，或是在平辈之间互相不太熟悉，为了表示礼貌起见，一般男用 ကျွန်တော် （口语中用 ကျနော် ）女用 ကျွန်မ （ကျမ）。在古文中可以看到 အကျွန်ုပ်、ကျုပ် 也和这相似。

（4）ကျွန်တော်မျိုး（男）、ကျွန်တော်မျိုးမ（女）一般是在法庭或皇宫、政府机关里对皇上、法官或政府官员讲话时用的自称或卑称。

（5）在缅甸语中，往往还用自己的名字、职位名称及与对方的关系等来称呼自己。例如：

ရင်ရင်လေဒီလိုစဉ်းစားတယ်။
茵茵（我）是这么考虑的。

ဒေါ်ဒေါ်မသွားတော့ဘူး။
婶婶（我）不去了。

ဆရာကရှင်းပြမယ်။
老师（我）给你讲清楚。

တပည့်တော်၊တပည့်တော်မ
弟子（我）；女弟子（我）

ဦးလေးကစီစဉ်ပေးမယ်လေ။
舅舅（我）来给你们安排。

မေမေကဝမ်းသာလိုက်တာ။
妈妈（我）多么高兴呀！

注：虽然上述各种名称用表职位或表地位的名词等来代替"我"，但并不是所有的名词都能用。例如：我们可以看到 ဆရာကရှင်းပြမယ်။，但是学生就不能说 ကျောင်းသားကနားမလည်သေးဘူး။。所以一般来说，职位自称时往往多用于上级对下级、长辈对小辈、或是平时称呼时用的词。

（6）在汉语中，第一人称可以用复数"我们"或"咱们"。它们有不同的含义。说"我们"表示包括说话人而不包括听话人在内的集体；而"咱们"就包括说话人和听话人。在缅甸语中也有这种表达方式。例如：

ကျွန်တော်တို့နက်ဖြန်မြို့ထဲသွားမည်၊ခင်ဗျားလိုက်မည်လော။
我们明天进城，你去吗？

ခင်ဗျားတို့ကျွန်တော်တို့သည်အိမ်နီးနားချင်းတည်း။

咱们是邻居。

如果不需要分得特别清楚时，为了简便起见也就用 ကျွန်တော်တို့၊ ဒို့ 等。

2. 对称（第二人称 နာသုနာမ်စား၊ ကြားနာသုနာမ်စား）：用来代替对话的人。它和自称一样，视谈话对象不同而有所不同。

（1）သင်（你）男女通用，不管长辈小辈、上级下级都可以用（书面体）。有时也用 အသင်。例如：

ကျွန်တော်သည်သင်နှင့်ခွဲခွါရပါတော့မည်။

我得和你离别了。

သင်တို့အိမ်၌ငါမနေတော့ပြီ။

我不住在你家里了。

（2）မင်း（口语）对亲密的同辈、晚辈、下级称呼时用，男女都用。过去还可以将 မယ်မင်း 用于称呼女性，မောင်မင်း 用于称呼男性，现代已很少用了。

（3）ညည်း（女用）语气较粗，有不尊重之意。

（4）မောင် 意为"兄弟"，一般年长者对年轻人讲话或年轻人之间讲话时用。它还用作女性称其兄弟时用。女性称其哥哥或丈夫为 အစ်ကို，也可称 မောင်，称弟弟为 မောင်လေး。

（5）ခင်ဗျား（男用）、ရှင်（女用）对长辈或地位高的人或是不太熟悉的人用，语气较客气。同汉语中的"您"。

（6）မောင်ရင် 称呼比自己年轻的男性时用。

（7）ကိုရင်၊ နောင်တော်：用于称呼比自己年龄稍大或不太熟悉的男性，表示尊重。

（8）နင် 对晚辈、下级的称呼，在发怒时对平辈人也用。男女均可以用。

（9）ချင်း：法庭上法官对犯人用语。

（10）ကိုယ်တော် 对和尚或高官的称呼，还有的称 ကိုယ်တော်မြတ်。

（11）对佛、国王等尊称时用 ဘုရား（佛陀）、အရှင်ဘုရား（陛下）、ကျေးဇူးရှင်ဘုရား：王（对高官显爵用）。

（12）ကွယ်၊ အကွယ် 男女通用，用于较亲密的人之间。（现不作代词

用）

注：缅甸人对对方表示尊重、亲密时，一般不用第二人称代词，而是经常根据对方的地位、职位或和自己的关系来称呼。按习惯有下列几种：

（1）用 မင်း（官员，旧称、现已不用）附加在一些官职名称之后，表示尊称。例如：

对 အရေးပိုင် （县长）称呼时用： အရေးပိုင်မင်း 县长大人
对 ဝန်ထောက် （区长）称呼时用： ဝန်ထောက်မင်း 区长大人

（2）用 လူကြီး 或 သူကြီး 附加在某种职业的人的名称后。例如：

လှေသူကြီး　　船长
ရွာသူကြီး　　村长
ကြွရောက်လာကြတဲ့လူကြီးမင်းများခင်ဗျား　　各位来宾
လူကြီးမင်းခေါ်ဆိုသောတယ်လီဖုန်းမှာဆက်သွယ်မှုရေယာပြင်ပသို့ရောက်ရှိနေပါသည်။
您拨打的电话不在服务区。

（3）对僧侣、教师、艺术家、匠人等讲话时，直接称用 ဆရာ 或把 ဆရာ 附加在专业名称之后或放在名字前。例如：

ဆရာကြီးသခင်ကိုယ်တော်မှိုင်း　　德钦哥都迈老师
စာရေးဆရာတက်တိုး　　作家岱多
ပန်းပဲဆရာ　　铁匠

（4）用 တကာ ၊ တကာမ 来称呼在佛教上有功德之人，和尚称信徒也用。例如：

ဘုရားတကာ ၊ ကျောင်းတကာ　　施主

（5）有时表示对对方尊重或亲密，还按年龄大小、性别或亲戚关系来称呼对方，表示比较文雅、有礼貌。例如：

အဘိုး(အဖိုး)　　祖父
အဘွား(အဖွား)　　祖母

（6）为了表示对对方的尊敬和亲密，还根据对方的性别、年龄等，在对方名字前加上一些附加成分以表示身份。这种名字前的附加成分，我们称之为"冠词"，冠词并不固定，根据说话人之间的地位、身份随时改变。因此，缅甸人名中，没有"姓"的标志，只有表示不同身份的冠词 ဦး ၊ ဒေါ် ၊ ကို ၊ မ ၊ မောင် 等。

ဦး 加在有地位的，或年龄大、有名望的人的名字前。例如：

   ဦးဘမောင် ၊ ဦးနု ၊ ဦးဝန် ၊ ဦးသာမြတ် 等。

ဒေါ် 称呼有地位或年龄较大的妇女时用。例如：

   ဒေါ်မြရီ ၊ ဒေါ်နုနုဆွေ ၊ ဒေါ်ပို ၊ ဒေါ်ဝီသွင် ၊ ဒေါ်လှလှအောင်

ကို 年少者对年稍长者或同辈人之间，用于称呼男性。例如：

   ကိုအေးမောင်   哥埃貌

   ကိုသိန်းဟန်   哥登汉

မ 年少者对年龄稍大于自己的妇女称呼时用，同辈人之间表示对女方尊敬时也用。例如：

   မခင်ခင် 玛钦钦   မသန်းကြည် 玛丹芝

   မသန်းမြင့် 玛丹敏

မောင် 用于年长者对年轻人。例如：

   မောင်ဘ 貌巴   မောင်တင်ထွန်း 貌丁吞

မိ 长辈对小女孩称呼时用。例如：

   မိဆန်းဆန် 米姗姗   မိခင်ညွန့် 米钦纽

（注：女人名字前加 မိ 用于卑称）

င 表示俗称和卑称，过去称农民或被认为是低贱的人在名字前加 င。例如：

   ငဘ 鄂巴   ငခွေး 鄂亏   ငညို 鄂纽。

（7）有时加 ဖိုး 表示非常熟悉和亲密的朋友，相当于中文中的老王、老张中的"老"字。

（8）由于缅甸人名没有姓，所以重名很多，为了避免重名，往往在名字前加上一些东西，表示区别。

  ① 在名字前加上自己出生的地名。例如：

   ဗန်းမော်တင်အောင်

   八莫丁昂（表示本人出生于缅北八莫市）

   ရန်ကုန်ဘဆွေ

仰光巴瑞（表示本人出生于仰光市）

② 在名字前加所得学位、参加的政党和军队、所获的称号。
例如：

ဘီအေဦးတင်ထွတ်
获得学士学位的吴丁突

ဝဏ္ဏကျော်ထင်ဦးဇော်ဝိတ်
获荣誉称号的吴佐威

သခင်ဘသောင်း
德钦巴当（凡参加德钦党的人，在名字前都冠以"德钦"）

③ 凡参军，当了军官者，名字前都冠以 ဗိုလ်。随着军衔的变动，称呼也会随之变动。例如：

ဗိုလ်အောင်ဆန်：波昂山　　　ဗိုလ်နေဝင်：波奈温

ဗိုလ်ချုပ်အောင်ဆန်：昂山将军

3. 他称（第三人称 အခြားသူနာမ်စား၊ အပြောခံနာမ်စား）：缅甸语中的第三人称比较简单，常用的有下列几种：

（1）သူ 他，男女通用，可以泛指男女，也可以代替一般人。如果 သူ 后面加上 မ 则所指的是女性。例如：

နားထောင်သောသူ 意即 နားထောင်သည့်လူ

သူလည်းသူ့စာအုပ်ကိုကြိုက်၏။ငါလည်းငါ့စာအုပ်ကိုကြိုက်၏။
他喜欢他的书，我也喜欢我的书。

（2）သင်：他、那家伙。可以指牲畜，相当于汉语中的"它"，用于人则表示对所说对象不尊敬、仇恨和轻视。男女都可以通用。例如：

သင်းဘာမျှနားမလည်ချေ။
他什么也不懂。

人称代词表

人称		我	你	他
男用	尊称		ခင်ဗျား	
	谦称	ကျွန်တော်(ကျနော်)		
	卑称	ကျွန်တော်မျိုး	နင်	သင်း
	一般	ငါ၊ ကိုယ်၊ ကျုပ်၊ ကျွန်ုပ်	သင်၊ မင်း	သူ
女用	尊称		ရှင်	
	谦称	ကျွန်မ(ကျမ)		
	卑称	ကျွန်တော်မျိုးမ	နင်	သင်း
	一般	ငါ၊ ကျုပ်၊ ကိုယ်	တော် ၊ညီး	သူ

注：按缅甸民族的习惯，一般情况下尽量避免用"我""你"等的称呼，否则显得过于见外和不礼貌。一旦了解对方的名字后，就以名字来代替"我""你"表示亲切、融洽，或者用辈分和职务的称呼来替代"你""我"。例如：

သန်းသန်းမြင့်ကဘာဘာသာအဓိကလဲ။

丹丹敏（你）是哪个专业的？

ဦးလေးနာမည်ဘယ်လိုခေါ်ပါသလဲ။

大叔（您）怎么称呼？（叫什么名字？）

ဆရာကရှင်းပြမယ်။

老师（我）来给你们解释清楚。

ကိုကိုကဒါကိုမကြိုက်ဘူး။

哥哥（我）不喜欢这个。

4. 复称（也称反身代词 ကိုယ်တိုင်ခံနာမ်စား：）：用来复指名词或其他人称代词。如：မိမိ 自己、သူဘာသာသူ 他自个儿、သူ့ကိုယ်သူ 他自己。例如：

သူသည်မိမိအိမ်မှထွက်လာသည်။

他从自己家里出来。

မိမိကိုယ်ကိုပညာပေးရမည်။

必须自我教育。

သူဘာသာသူလုပ်နိုင်ပါသည်။

他能自己做。

ခင်ဗျားဘာသာခင်ဗျားလုပ်ပါ။

你自己做吧。

ကျွန်တော်ကိုယ့်ဘာသာကိုယ်လုပ်မည်။

我自己做。

从上述例子中看出有些代词是泛指，如第二个例句。如果要指具体的人，前面还需要加人称代词或名词。现把几种反身代词分别加以说明。

① မိမိ　有两种意思，即"自己的"和"自己"。它是一个不定代词，可以代我，也可以代你或他。例如：

မိမိအလုပ်ကောင်းကောင်းလုပ်ပြီးမှသူ့ဆီသွားလည်နိုင်မည်။

把自己的工作好好地做完后才能到他那儿去玩。

（在这里的"自己"没有指定是谁）

② ဘာသာ　意思是没有或是不需要依靠别人而发生动作时用。一般情况总是在前后都加上人称代词。用在 ဘာသာ 之前的代词最后一个音节如果是低平调的话，必须变成高降调。例如：

မည်သူမျှအကူအညီမပေးနိုင်သဖြင့်မိမိဘာသာမိမိ(ကိုယ့်ဘာသာကိုယ်)လုပ်ရပါသည်။

谁也不帮忙，只能自己干。

သူ့ဘာသာသူပေါက်လာပါသည်။

它自己长出来了。

ဤအကျႌကိုကျွန်တော့်ဘာသာကျွန်တော်ဖာမည်။

我自己来补衣服。

③ ကိုယ်　表示动作的结果回过来影响到发出动作的人，这时用复指人称代词，ကိုယ် 插入两个相同的人称代词中间，第一个人称代词都变高降调。

ငါ့ကိုယ်ကိုငါပြုစုစောင့်ရှောက်တတ်၏။

我会自己照顾自己的。

နင့်ကိုယ်ကိုနင်ဟုတ်လှပြီလို့ထင်သလား။

你以为自己了不起了吗？

မိမိကိုယ်ကိုမိမိချုပ်ထိန်းစမ်းပါ။

你自己控制自己吧!

မင်းကိုယ်မင်းပြန်ကြည့်စမ်းပါ။

你自己看看自己吧!

သူတို့ကိုယ်သူတို့သူဌေးသားမှတ်နေကြသလား။

他们自以为是有钱人家的公子哥吗?

ကိုယ့်ကိုယ်ကိုတစ်မိုးအောက်တစ်ယောက်လောက်ထင်နေလျှင်မှားသွားမည်မှာမလွဲချေ။

自以为老子天下第一,肯定是错误的。

有时用名词放在两个相同的代词中间表示复指的意思。例如:

နင့်အလုပ်ကိုနင်လုပ်။

你的工作自己做。

မင်းစာအုပ်ကိုမင်းဘဲယူသွား။

你的书你拿去。

5. 互称:表示交互性的。例如:

အချင်းချင်း: 互相

တရုတ်-မြန်မာနှစ်ပြည်ထောင်ပြည်သူပြည်သားအချင်းချင်းတို့သည်ချစ်ခင်သင့်မြတ်လှ၏။

中缅两国人民非常亲密和睦。

အချင်းချင်းဆဲရေးတိုင်းထွာခြင်းမပြုအပ်ပါ။

不应互相谩骂。

ခင်ဗျားတို့အချင်းချင်းအတွေ့အကြုံများဖလှယ်ကြပါ။

你们互相交流经验吧。

表示交互性的形式还有在 ကို၊ နှင့် 前后加上数量词。例如:

တစ်ဦးကိုတစ်ဦး၊ တစ်ဦးနှင့်တစ်ဦး

相互

တစ်နိုင်ငံနှင့်တစ်နိုင်ငံမကျူးကျော်ရပေ။

互不侵略。

တစ်နိုင်ငံ၏အချုပ်အခြာအာဏာကိုတစ်နိုင်ငံကရိုသေလေးစားရမည်။

互相尊重主权。

6. 统称:指代自己以外的人或统称别人。例如:

သူများ 人家、别人

အားလုံး： 大家

အများ： 大家

（二）指示代词（အညွှန်းနာမ်စား），用来区别人和事物或代替已经讲过的事物，或是指这样或那样事物的词称指示代词。缅甸语中指示代词一般有下列几种。

近指	远指	距说话人远而距听话人近	泛指
ဤ၊ သည်၊ ဒီ	ထို၊ ဟို	အဒီ၊ အဒါ	
ဒါ	ဟိုဟာ	အဒီဥစ္စာ၊ အဲသည်	၎င်း
သည်ဥစ္စာ	ဟိုဥစ္စာ		
ဟောဒီ	ဟောဟို	အဲသည်ဟာ	ယင်း
ဟောဒါ	ဟောဟိုဟာ	အဲသည်ဥစ္စာ	သင်
သည်ဟာ	ဟိုဟာ	အဒီဟာ	ချင်း
သည်ဒင်း(ဒီဒင်း)	ဟောဟိုဒင်း	အဲဟို၊ အဲဟိုဟာ	ဒင်း
		အဲဟိုဥစ္စာ	အုပ်၊ ဟဝါ

1. ဤ၊ ဒီ 这，表示近指，所指事物离说话人较近，但有时同样远近，为了区别两样（或更多）事物时，照样用 ဤ。它与 ထို (那)是相对来说的。例如：

ဤစာအုပ်သည်ကောင်း၏၊ထိုစာအုပ်လည်းကောင်း၏။

这本书好，那本书也好。

ဤကားစကားချီးတည်း။

这就是序言。

2. ထို၊ ဟို 那，表示远指，这与 ဤ (ဒီ) 相对而言。表示更远指用 ဟောဟို 。例如：

ထိုနေရာသို့မသွားရ။

不许到那儿去。

ကျွန်တော်သည်ဤစာအုပ်ကိုမလိုချင်ပေ၊ထိုစာအုပ်လည်းမလိုချင်ပေ၊ဟောဟို
စာအုပ်ကိုမှမလိုချင်ပါသည်။

我不要这本书，也不要那本书，我要那本书。

注：指示代词 ဟို 和 ဤ 后面一定要加上所指的东西的具体名字才能放在疑问句子中用。例如：

ဤစာအုပ်သည်ကောင်း၏လော။

这书好吗？

这句子就不能用 ဤကောင်းသလော。一般情况下，如果有所专指就要加名词。例如：

ဒီအလုပ်ဟာသိပ်ပင်ပန်းတဲ့အလုပ်ပါ၊ ဒါပေမဲ့ဘယ်သူမှမငြင်းပယ်ပါ။

这工作很累，但谁也不拒绝。

如果所要表示的意思为不定指，则不一定要加所指的名字。例如：

ဟိုဟာလဲလုပ်ချင်တယ်၊ဒီဟာလဲလုပ်ချင်တယ်၊ဘာမဆိုလုပ်ချင်တာချည်းဘဲ။

这也想做，那也想做，什么都想做。

ဟို 和 ဤ 可以连用。在这里无所谓远指与近指，只表示这或那的区别。例如：

ဟိုမှဤမှပြေးလာကြသည်။

从四面八方跑来。

ဟိုမေးဒီမေးမေးလို့ကိုမပြီးနိုင်ပါ။

问这问那没个完。

ဟိုကြည့်သည်ကြည့်နှင့်၊

东看西看地。

ဟိုဟိုဒီဒီကြည့်သည်။

东看西看。

3. ၎င်း၊ ယင်း：那、它，指已经讲过的事物。例如：

၎င်း၏မိန့်ခွန်းတွင် . . .

该讲话中……

ယင်းနေရာ၌တည်ဆောက်ထားသည်။

建在那个地方。

4. အဲဒီ 这，有所指时用。例如：

အဲဒီနှစ်တွင်ပင်စပါးအထွက်ကောင်း၍လူတိုင်းကီလိုသုံးထောင်ရကြပါသည်။

第四章 代词（နာမ်စား）

就在这一年，因为收成很好，每人得了三千公斤。

有时 အဲဒီ 与 ဒီ 可以通用，但在上述例句中就不能互换。如果 အဲဒီ 换成 ဒီ 则意思不再是专指"就是那年"，而变成了"今年"之意。

ဒီ、ဒါ 都是口语中用的指示代词，ဒီ 表示"这"，ဒါ 表示"这个"（或这事物）。因此在 ဒီ 后面一定要跟名词或 ဟာ，而 ဒါ 就不要。例如：

ဒါကကွန်ပြူတာပါ။

ဒီဟာကကွန်ပြူတာပါ။

这是电脑。

ဒါကိုမမေးနဲ့တော့။

ဒီမေးခွန်းကိုမမေးနဲ့တော့။

别再问这个问题了。

指示代词 ထို、ဤ 还可以和其他词结合（如与副词结合），表示不同的意思。从作用来看是指代，从结构上来看是词组。例如：

① ဤမျှ（ဒီလောက်）表示范围、规模、程度的大小的代词。例如：

ဤမျှပြောလျှင်နားလည်လောက်ပြီထင်၏။

我想，讲了这么多也该理解了吧。

ဤမျှမကပို၍တိုးတက်လာမည်။

将进步不止这些。

② ဤကဲ့သို့（ဒီလို）"这样""如此"，代替动作方式或程度。例如：

ဤကဲ့သို့မလုပ်ရ။

不许这样做。

ထိုကဲ့သို့လုပ်ခြင်း၏အဓိပ္ပါယ်ကားသူများအပေါ်မကျေနပ်သောအဓိပ္ပါယ်ပင်ဖြစ်၏။

他这样做，就是表示对别人不满意。

ဤကဲ့သို့လှပသောပန်းများကိုမည်သည့်အချိန်ကမျှမမြင်ခဲ့ဖူးချေ။

从来没见过这么漂亮的花。

ထိုကဲ့သို့ 和 ဤကဲ့သို့ 是当作状语来用，后面一定要跟动词或形容词。如果要作定语时，一定要加 သော。例如：

ဤကဲ့သို့သောစာအုပ်ကိုလူကြိုက်များ၏။

大家都喜欢读这样的书。

③ ထိုသို့၊ ဤသို့ 单从这个指示代词与其后的助词来看这个词组的意思 "向这儿"或"向那儿"，即ထိုကို、ဒီကို。但是，它也可能是 ထိုကဲ့သို့ "那样"或 ဤကဲ့သို့ "这样"之意。因此，它代表什么意思，需要由上下文来决定。例如：

ထိုသို့သွားပါ။
到那儿去。

ဤသို့ပြောပါ။
这样说吧。

④ 其他指示代词，主要为不定代词（သေချာအညွှန်းပြမရှိနာမ်စား）。

အားလုံး： 全部，表示所指的全体。例如：

အားလုံးကောင်းပါသည်ခင်ဗျား။
全都好。

ဤစာအုပ်တွေအားလုံးယူသွားပါ။
把这些书全都拿去吧！

အချို့ 某些，指一些地方、人或其他事物。例如：

အချို့ကောင်းသည်၊ အချို့ကမကောင်းချေ။
有些好，有些不好。

ကျောင်းသားအချို့ကမြို့ထဲသို့သွားကြပြီ။
有些学生进城了。

အခြား： 其他，指除了所说明的以外。例如：

အခြားနေရာသို့မသွားချင်ဘူးလော။
你不想到其他地方去吗？

အခြားစာအုပ်ကောင်းမကောင်းဆိုသည်ကိုကျွန်တော်မသိပါ။ဤစာအုပ်သိပ်ကောင်း
သည်ဟုတော့ပြောရဲပါသည်။
其他书好不好我不知道，但这本书我敢说很好。

缅甸语中还有几个代词与汉语中的代词不同。例如：

ရာ 原由 နေရာ（地方）或 အရာ（东西）两个词而来，因此有这两种意思。尽管它们已经起了指示代词的作用，但它有时也可以在后面再加上所指的名词。例如：

သွားလိုရာသို့ရောက်သောအခါစိတ်မငြိမ်နိုင်တော့ချေ။
到了我想去的城市时，心里就平静不下来。

မင်းကြိုက်ရာယူပါ။
你喜欢什么就拿什么吧。

ဝယ်လိုရာရ၍အတိုင်းမသိဝမ်းသာလှပါသည်။
因为买到了我想要的东西，非常高兴。

လိုရာမရဖြစ်နေသဖြင့်စိတ်မကျေနပ်ဖြစ်နေသည်။
得不到想要的东西很不满意。

ခွေးသည်လွတ်ရာသို့ထွက်ပြေးသည်မှာကြာလှပါပြီ။
狗早已逃之夭夭了。

သား： 跟在动词 ပြီ: 之后，代替所指的事物。例如：

ဒါကျွန်တော်ဖတ်ပြီးသားပါ။ 这是我已经看过了的。

ဒီစကားလုံးဟာမနေ့ကဆရာရှင်းပြပြီးသားပါ။
这一个字是昨天已经解释过了的。

（三）疑问代词（အမေးနာမ်စား），表示疑问和代替不知道的事物，常用的有：အဘယ်၊ ဘယ်၊ ဘာ၊ မည်၊ မည်သည် 等。

1. 疑问代词的种类

（1）代人。用 ဘယ်သူ 或在 အဘယ် 后面加上名词。例如：

အဘယ်ကျောင်းသားနည်း။
哪个学生？

ခင်ဗျားဘယ်သူနဲ့တွေ့ချင်လို့လဲ။
你找谁？

（2）代地点。在 ဘယ် 或者 အဘယ် 后面加上地名或 နေရာ，表示"何处"。例如：

သူတို့အဘယ်နေရာတွင်နေကြသနည်း။
他们住在哪儿？

ခင်ဗျားကအဘယ်မြို့သို့သွားချင်ပါသနည်း။
你想到哪个城市去？

（3）代物。在后面加名词，表示"哪一个……"。例如：

အဘယ်စာအုပ်ပိုကောင်းသနည်း။
哪本书好？

အဘယ်နွားကပိုအားကောင်းသနည်း။
哪头牛力气大？

（4）代时间

အဘယ်အချိန်ရောက်နေပြီနည်း။ 到了什么时候了？

（5）代原因

အဘယ်ကြောင့်မလာသနည်း။ 为什么不来呢？

（6）代方式

အဘယ်သို့လုပ်ရမည်နည်း။ 怎么做？

（7）代程度

မည်မျှရှိပါသနည်း။ 有多少？

2. 疑问代词特点

（1）အဘယ် 有两种含义：一种含义表示说话人什么也不知道。在口语中就用 သာ 来表示，另一种含义是表示说话人心里有了底，但并不知道应该挑选哪一个时用，在口语体中就用 ဘယ် 来作疑问代词。而 သာ၊ဘယ် 有时也都表示说话人不知道，而意义相当于汉语中的"什么"和"哪"。

（2）疑问代词的句子中必须与表示疑问的语气助词 လော(လား)၊နည်း(လဲ) 结合才能成立，如果没有后面的语气助词，就不能单独表示疑问语气，在这一点上与汉语不一样。汉语中可以用疑问代词说：哪个好？而不用说：哪个好呢？在缅甸文中就一定要加句尾助词 လဲ 或 လား。

（3）疑问代词后面可以与不同的语气助词搭配，表示强调和反诘的语气。例如：

ဘယ်သူမှမသွားချင်ဘူး။
谁也不想去。（强调）

သေတ္တာထဲမှာဘာမှမရှိ။
箱子里什么也没有。（强调）

ဘယ်သူမှမတည်ဘူး။

跟谁都合不来。（强调）

ဘယ်သတင်းစာကိုမှမဖတ်ဘူး။

什么报纸都不看。（强调）

သူမမေးဘဲနေနိုင်ပါသလား။

他怎能不问？（反诘）

（4）疑问代词和 မဆို 连用时，不是明确指某一事物而是表示"不管什么都……"的意思。例如：

မည်သူမဆိုသိပါသည်။

谁都知道。

မည်သည့်နည်းနှင့်မဆိုလုပ်နိုင်ပါသည်။

不管用什么方法都能做。

注：မည်သူမဆို 中已有否定词 မ 存在，所以后面不能再用否定词。例如：

一般不说： မည်သူမဆိုမဝင်ရ။ 谁也不许进去。

而常说成： မည်သူမျှမဝင်ရ။

第二节 代词的作用

正如上面所说，代词能替代名、形、动、副等词或句子，因此在句子中代词就有上述各种词的作用。例如：

မောင်ဘဆိုသူသည်သူပင်ဖြစ်သည်။

叫貌巴的人就是他。（代名词）

သူ၏ညီလေးသည်အလွန်လိမ္မာသောကလေးဖြစ်သည်၊ထိုကဲ့သိုသောညီလေးမျိုးကျွန်တော်လည်းလိုချင်သည်။

他弟弟很乖巧，我也希望能有他那样的弟弟。（代形容词）

သူသည်မြန်မာစကားရေရေလည်လည်ပြောတတ်သည်။ ကျွန်တော်လည်းသူ့ကဲ့သို့ပြောတတ်အောင်ကြိုးစားမည်။

他的缅甸语讲得很流利，我也要努力争取讲得和他一样好。（代副词）

တခြားနေရာမှာလဲဒီလိုဘဲလုပ်နေကြပါတယ်။

其他地方也正在这样做。（代方式）

ကျွန်တော်တို့နေ့တိုင်းကျန်းမာရေးလေ့ကျင့်ကြသည်၊ သို့ဖြင့်ကျွန်တော်တို့၏ကျန်းမာရေး အဆင့်အတန်းကိုမြှင့်တင်ကြသည်။

我们每天锻炼身体，以此来提高我们的健康水平。（代词组、句子）

练习

1. 在下列空格处填上合适的代词。

၁။ "——————အပြင်ခဏသွားပါရစေဆရာမ" ဟုမောင်နိုင်ကခွင့်တောင်းသည်။

၂။ "လာမယ့်တနင်္ဂနွေနေ့မှာ——————ရုပ်ရှင်သွားကြည့်ချင်တယ်ကွာ၊ ——————အမေကိုပြောပါ လား၊——————တို့အတူတူသွားကြမယ်" ဟုမောင်မြင့်ကမောင်ဖြူကိုအဖော်စပ်သည်။

၃။ "မောင်ဝင်းတို့ကိုလည်းပြောလိုက်ပါလား၊ ——————လဲလိုက်ရင်ပျော်စရာကြီးနေမှာ" ဟု မောင်ဖြူကမောင်မြင့်ကိုပြောတယ်။

၄။ "——————တို့နဲ့လိုက်တော့လိုက်ချင်တယ်၊ ဒါပေမဲ့ ——————ကမောင်ငြိမ်းတို့အိမ်ကအလှူ ကိုကူဖို့ကတိပေးထားတယ်၊နောက်တစ်ခါ——————တို့သွားတော့ခေါ်ကွာ——————လိုက်မယ်" ဟု မောင်ဝင်းကမောင်မြင့်ကိုပြောသည်။

၅။ "ဒီတစ်ခါ——————မလိုက်နိုင်ရင် နောက်တစ်ခါတော့လိုက်ဖြစ်အောင် လိုက်နော်၊ ——————တို့ပျော်ပျော်ပါးပါးသွားကြရအောင်" ဟုမောင်ဖြူကမောင်ဝင်းကိုပြောသည်။

2. 改正下列句子中用得不恰当的代词。

၁။ မောင်ငြိမ်းသည်လိမ္မာသည်။ ၄င်းသည်မိဘကိုကူညီသည်။

၂။ မောင်မြင့်၊မောင်ဆန်းနှင့်မောင်သန်းတို့သည်သူငယ်ချင်းများဖြစ်ကြသည်၊ကျွန်ုပ်တို့သည် တစ်ယောက်နှင့်တစ်ယောက်အလွန်ခင်မင်ကြသည်။

၃။ "ညည်းကို ငါလာတွေ့အုံးမယ်" ဟုမောင်ခင်ကမောင်လှကိုပြောသည်။

၄။ "ကျွန်ုပ် တင်တာမှန်တယ်မဟုတ်လား" ဟုမစန်းကသူငယ်ချင်းမဝိုင်းကိုမေးသည်။

၅။ "သူငယ်ချင်း၊လာမယ့်တနင်္ဂနွေနေ့မှာငါရုပ်ရှင်သွားမလို့၊သင်ရောလိုက်အုံးမလား" ဟု မောင်ကျော်ကမောင်ခိုင်ကိုပြောသည်။

၆။ "ကျွန်တော်၏မောင်လေးသည်အလွန်စာကြိုးစားသူဖြစ်ပါသည်" ဟုမိုနိုင်ကပြောသည်။

၇။ သင်သည်မိဘစကားကိုနားမထောင်သောသားမိုက်ဖြစ်သည်။

၈။ "သင်းကိုတော့ဆုံးမရအုံးမယ်"ဟုဆရာကြီးကပြောသည်။

၉။ "မင်းတို့ကိုရုပ်ရှင်သွားကြည့်ကြရအောင်"ဟုရွှေစင်ကမောင်သောင်းဒန်ကိုပြောသည်။

၁၀။ နွေရာသီကျောင်းပိတ်ရက်တွင်အညာသို့ဘုရားဖူးသွားမည်။ဟို မှတစ်ဆင့်ရှမ်းပြည်သို့ သွားမည်။

3. 选择合适的代词填空。

၁။ ဦးဘချစ်က သဘာပတိအဖြစ်ဆောင်ရွက်ပြီး------ကအခမ်းအနားမှူးအဖြစ် ဆောင်ရွက်ပါမည်။(ကျွန်တော်၊ ခင်ဗျားတို့)

၂။ -----ကိုယ်ကိုကောင်းအောင်ကြိုးစားသင့်သည်။ (ကျွန်ုပ်၊ မိမိ)

၃။ ညီလေးကမုန့်ဟင်းခါးကြိုက်၍-----ကခေါက်ဆွဲကြိုက်သည်။ (ကျွန်မ၊ ကျွန်တော်)

၄။ အဘွားသည်အလွန်ပုံပြောကောင်းပါသည်။ကျွန်တော့်ကိုနတ်သမီးပုံပြင်များပြောပြပါသည်။ ------တို့ကိုကျွန်တော်နှစ်သက်ပါသည်။ (၎င်း၊ သူ)

၅။ အရှင်ဘုရားအား------မေးလျှောက်လိုပါသည်။ (သူ၊ တပည့်တော်)

၆။ ကျွန်တော်ပြောသည့်အတိုင်း------လုပ်သင့်သည်။ (ရှင်၊ ခင်ဗျား)

၇။ "------နက်ဖြန်မောင်ရင်တို့အိမ်ကိုလာခဲ့အုံးမယ်"ဟုဖိုးအေးကပြောသည်။ (ခင်ဗျား၊ ကိုယ်)

၈။ "-----ကျောင်းမှန်မှန်တက်ဖို့ကောင်းသည်"ဟုမဝိုင်းကမောင်ရဲကိုသတိပေးသည်။ (ရှင်၊ နင်)

၉။ အစားအစာများတွင်သင်-----ကိုအနှစ်ခြိုက်ဆုံးနည်း။ (ဘယ်၊ ဘာ)

၁၀။ ဈေးဝယ်လာသူများသည်-----မှ-----မှသွားလာဝင်ထွက်ကြသည်။ (ထို-ညို၊ ဟို-ဒီ)

4. 在空格处填上合适的疑问代词。

၁။ မင်းဘာစားမလဲ၊ဘာသောက်မလဲ။ မင်းပဲမှာလိုက်ပါကွာ၊--------（什么都行）ရပါတယ်။

၂။ -------------（不管怎么说）ငါတို့မိသားတစ်စုလုံးသူ့ကျေးဇူးနဲ့မကင်းပါဘူး။

၃။ ငါ့ကလေးသားအတွက်ငါ-----------နာကျင်မှုမျိုး-------（何种疼痛）မျက်စိ မှိတ်ခံမယ်။

၄။ သူ၏အတွေ့အကြုံများအရ -------စောစီးစွာ----------（无论知道得多么早）၊ ------အစွမ်းထက်သောဆေးများပင်---------（无论用多么有效的药来治）၊ ---------စနစ်တကျဓာတ်ရောင်ခြည်ကုခြင်း-------------（无论接受多么系统的

放疗）၊ အမြန်အထက်အသက်ကိုလုပ်ကြသောဒီရောဂါ…။

၅၊ ----------- （无论何种原因）အချုပ်အလုပ်ပညာသင်ယူတဲ့လူငယ်တွေက တိုးပွားလာနေပါတယ်။

5. 改正下列句子中的错误。

၁၊ မိမိကိုယ်တိုင်သူစောင့်ရှောက်သည်။

၂၊ သူဘာသာငါသွားသည်။

၃၊ ကိုယ့်ကိုမိမိကြည့်ရှုသည်။

၄၊ ကိုယ့်လမ်းသူသွား။

၅၊ ဆရာကိုယ်တိုင်သူပြောသည်။

၆၊ ကျောင်းသားဘာသာကိုယ်တိုင်ပြေးသည်။

၇၊ ငါ့စာအုပ်ကိုသူဘာသာဖတ်သည်။

၈၊ ငါ့ခဲတံကိုသူကိုယ်တိုင်ယူသည်။

第五章 数量词（ပမာဏနှင့်မျိုးပြ）

第一节 数量词的定义

数量词是数词和量词的统称。数词是用来表示事物的多少、数目的词；量词是表示事物或动作单位的词，它总是与数词结合在一起。由于量词很少单独使用，在句子中常常与数词结合在一起作句子成分，因此我们将数词与量词放在一起，称为"数量词"。实际上，数词和量词是不同的词，各自是独立的一类，结合在一起时，数量词便只能算作词组。在有些缅甸的语法书中，将它列入形容词中。但是我们认为有单独列出的必要，原因如下：

1. 数量词不能单独作句子中的谓语。缅甸语中的数量词在语法上确实有形容词的性质。例如：它可以用定语助词 သော 来修饰名词。如：တစ်ယောက်သောသူ（一个人）、တစ်ခုသောအိမ်（一幢房子）等等。同时它也能放在名词后面表示名词的数量，这和缅甸语中部分定语后置的情形相似。例如：

လူ	တစ်ယောက်	一个人
人	一个	
ခွေး	နှစ်ကောင်	两只狗
狗	两只	
အကြံ	တစ်ခု	一个主意
主意	一个	

从这些用法来看，数量词与形容词相同，但是数量词与形容词有着根本的区别，那就是数量词不能像形容词那样直接用作谓语。

2. 量词是汉藏语系语言的显著特征之一，不同事物要求用不同的量词来表示单位名称，这与印欧语言及其他没有量词的语言明显区差别，有必要单独列出，并作重点介绍。

3. 在有数量词的语言中，数词与量词的结合方式也都不相同。汉语中说"一亿"，缅甸语中习惯说 ဆယ်ကုဋေ（十个千万）或 သန်းတစ်ရာ（一百个百万）。汉语中用"几天"，缅甸语中常说 ၃-၄-၅ ရက် 等。

4. 从语言历史发展来看，量词的出现有一个从无到有,从简单到复杂的过程。因此，为了更好地了解缅甸语的特点，特将数量词单独列出。从语法作用、语法特点以及词汇意义等诸方面来看，数量词是由数词和量词结合成的词组，但是为了更好地分析它们的特性和作用，我们将数量词有分有合地加以说明。

第二节 数词的分类

数词可分基数词、序数词、分数词、小数词、倍数词、概数词、问数词等七种。

一、基数词

基数词是用来计算物体单位或动作单位的数量大小或多少的词，也就是代表一个数目的词。世界各民族的称数法不是一样的。有的以"二"为单位，说"四"时就用"2 加 2"或"2 乘 2"来表示。而缅甸语中的数词与汉语中的数词相同，都是以十进位为标准。最基本的数为：

一　၁ (တစ်)　　二　၂ (နှစ်)　　三　၃ (သုံး)
四　၄ (လေး)　五　၅ (ငါး)　六　၆ (ခြောက်)
七　၇ (ခုနစ်)　八　၈ (ရှစ်)　九　၉ (ကိုး)
十　၁၀ (ဆယ်)　零　၀ (သုည)

上面是基数词中的单纯数词，它再与 ဆယ်၊ ရာ၊ ထောင်၊ သောင်း၊ သိန်း၊ သန်း၊ ကုဋေ 等组合起来，组成合成的数词。例如：

သုံးကုဋေငါးသန်းလေးသိန်းနှံငါး
三千五百四十万零五

第五章 数量词（ပမာဏနှင့်မျိုးပြ）

နှစ်ရာ့ခြောက်ဆယ်ရှစ်
二百六十八

说明：

（1）当我们单独念单纯数词时，分别照上列标出的发音来念。但是，在这几个基数词中有几个音比较特殊：

① ၁ 单念时读 တစ်，当这个"一"在多位数的个位时不管在 တစ်ရာ၊ တစ်ဆယ် 还是在 တစ်ကုဋေ 后都念 တစ်。但是当 တစ် 放在 တစ်ယ်၊ ရာ 等位数词前面就念轻声(də)。例如：တရာ (də ja) တထောင် (də taũ) တသိန်း (də tθẽĩ)。它与量词结合时也读轻声。例如：ပန်းအိုးတစ်လုံး၊ ကြယ်တစ်ပွင့်၊ ကျောင်းတစ်ကျောင်း 中都念 " də"。即使在十位数、百位数或多位数后面，တစ် 之后如有量词，总读轻声。例如：

နှစ်ဆယ်တစ်ခု　　二十一个

လွန်ခဲ့သောငါးဆယ်တစ်နှစ်အတွင်း　　过去五十一年中

② နှစ် 的发音情况与 တစ် 一样。单独发音为 နှစ်，念轻声时为（nə）。

③ ခုနစ် 单独时发 ခုနစ် 音，但是它还有不同的变化：在位数词之前时发 ku'nə 音。例如：ခုနစ်ဆယ်၊ ခုနစ်သောင်း等；在多位数的个位时，念 kun。例如：

ဆယ်ခွန်　　十七

တရာ့ခွန်　　一百零七

如果 ခုနစ် 后面加量词时念作 ku'nə 而不念 kun。例如：

ဆယ်ခုနစ်ခု　　十七个

ထောင်ကိုးရာငါးဆယ်ခုနခုနစ်　　1957 年

（2）当单纯数词和十位数结合时，在缅甸语中读法也有改变。

① 从十至二十时发音为：

တဆယ် ၊ တဆယ်နှင့်တစ် ၊ တဆယ်နှင့်နှစ် ၊ တဆယ်နှင့်ကိုး ၊ နှဆယ်

但是在口语中往往不加 တ 和 နှင့် 而将 ဆယ် 变成高降调 ဆယ့်。从二十到一百之间的数都照此例结合和发音。例如：

သုံးဆယ့်ငါး　　三十五

လေးဆယ်ခုနစ်(ခွန်)　　四十七

ခုနစ်ဆယ်ခွန်　七十七

② 当数目超过三位数时，按习惯位数词要加 အောက်မြစ်သံ。例如：

တစ်ရာသုံးဆယ်ငါး：　一百三十五

တစ်ထောင်လေးရာခုနစ်ဆယ်ကိုး：　一千四百七十九

တစ်သောင်းငါးထောင်ခြောက်ရာရှစ်ဆယ်ငါး：　一万五千六百八十五

从上例中可以看出，一般数字位数时总是一隔一地变高降调，而有些原来单独用时要加 အောက်မြစ်သံ（变成高降调），例如：သုံးဆယ်ငါး在"一百三十五"的数中就变成 တစ်ရာသုံးဆယ်ငါး，十位的字降调没有了。

③ 当三位数以上中间有零时，零位数用 နှင့်（口语中用 နဲ့）来代。例如：

တစ်ရာနဲ့ခွန်　一百零七

တစ်သောင်းနဲ့ငါးဆယ်ခြောက်　一万零五十六

သုံးထောင်နဲ့ငါး　三千零五

④ 在叙述年份时要注意：如在"1949年"中，原应该发：တထောင်ကိုးရာလေးဆယ်ကိုးခုနှစ်，但是往往总把 တ 省略，读成 ထောင်ကိုးရာလေးဆယ်ကိုးခုနှစ်，而当它是单纯的数字时 တ 就不能省。

⑤ 虽然缅甸语中的数从 ခု၊ဆယ်၊ရာ၊ထောင် 直到 ကုဋေ 都是十进位，တစ်ရာ၊ဆယ်ခုသောတစ်ဆယ် 一百等于十个十，但一般不把"一百五十"说成"十五个十"。但是，当数字超过十万就可以以"十万"为单位计数。例如：

တစ်သန်းငါးသိန်း：可以说成 ဆယ်ငါးသိန်း

တစ်ကုဋေခြောက်သန်း：可以说成 ဆယ်ခြောက်သန်း

缅甸语中没有字代表"亿"的数目，要表示一亿就要说 ဆယ်ကုဋေ 或者说 သန်းတစ်ရာ，而后一种说法更为普通。这种情况下基数单位千、万、十万、百万、千万等好像一个量词一样了。

⑥ 数词与量词结合一般是先数词，后量词。但在数词为整数时，量词要提到数词之前。例如：

လက်မှတ်ငါးစောင်

五张票

ပန်းသီးဆယ်ငါးလုံး

第五章　数量词（ပမာဏနှင့်မျိုးပြ）

十五个苹果

စားပွဲအလုံးငါးဆယ်ရှိတယ်။
共有五十张桌子。

အနှစ် ၂၀ ကြာပြီ။
约有二十年了。

二、序数词

表示次序先后的词称为序数词。缅甸语中的第一到第十有三种表示方式（参见下页表）：（1）借用巴利文中的序数词而来，可以直接加在名词之前；（2）是纯缅甸语表示法，用一个词组表示，词组是由数字加量词再加动词 မြောက် 组成；（3）将数字放在名词后，表示序数。例如：

表序数	表数量
（名词+数词）	（数词+量词）
ကျွန်တော်အခန်းသုံးကိုဖတ်ပြီးပြီ။	ကျွန်တော်သုံးခန်းဖတ်ပြီးပြီ။
我看完第三章了。	我看完三章了。
စွယ်စုံကျမ်းအတွဲ(၈)ကိုဝယ်လာတယ်။	စွယ်စုံကျမ်းဝတွဲဝယ်လာတယ်။
买了百科全书第八卷。	买了八本百科全书。
သူဟာယက်ကန်းစက်ရုံအမှတ်၃သို့သွားသည်။	စက်ရုံသုံးခုသို့သွားရောက်လည်ပတ်ကြည့်ရှုသည်။
他到第三纺织厂去。	参观了三座工厂。
စာမျက်နှာသုံးကိုကြည့်ပါ။	သုံးမျက်နှာရေးပြီးပြီ။
请看第三页。	写了三页了。
အဆောင်(၃၁)တွင်နေပါသည်။	လက်မှတ်တစ်စောင်သာကျန်သည်။
住在三十一楼。	只剩下一张票了。

序数词对照表

汉语序数	缅甸语习惯用序数词	缅甸语本身组成序数词	巴利文中的序数词
第一	ပဌမ	တစ်ခုမြောက်သော	ပဌမ
第二	ဒုတိယ	နှစ်ခုမြောက်သော	ဒုတိယ

第 三	တတိယ	သုံးခုမြောက်သော	တတိယ
第 四	စတုတ္ထ	လေးခုမြောက်သော	စတုတ္ထ
第 五	ပဉ္စမ	ငါးခုမြောက်သော	ပဉ္စမ
第 六	ဆဌမ	ခြောက်ခုမြောက်သော	ဆဌမ
第 七	သတ္တမ	ခုနစ်ခုမြောက်သော	သတ္တမ
第 八	အဌမ	ရှစ်ခုမြောက်သော	အဌမ
第 九	နဝမ	ကိုးခုမြောက်သော	နဝမ
第 十	ဒသမ	ဆယ်ခုမြောက်သော	ဒသမ
第十一		ဆယ့်တစ်ခုမြောက်သော	ဧကာဒသမ
第十二		ဆယ့်နှစ်ခုမြောက်သော	ဒွါဒသမ
第十三		ဆယ့်သုံးခုမြောက်သော	တေရသမ
第十四		ဆယ့်လေးခုမြောက်သော	စတုရာဒသမ

说明：

① 现代缅甸语中"第十"以前的序数词常用第一种方式表示，也就是说常用巴利文借词表示，有时也用第二种方式表示。

② 缅甸语中第十以后的序数词一般不用巴利文借词，而习惯采用缅甸语本身组成的序数词。这种序数词的表示方式，实际上是数量词加上表示"到……"的动词 မြောက် 结合而成。例如：

ဆယ့်သုံးစင်းမြောက်သောလေယာဉ်ပျံ 第十三架飞机

၃ ရက်မြောက်သောနေ့ 第三天

နောက်တစ်နေ့ 第二天

နောက်ငါးရက်မြောက်သောနေ့ 第五天

အနှစ် ၆၀ မြောက်ပြည်သူ့အောင်ပွဲနေ့ 六十周年国庆

在表示第几届（会议）时，也可以加 မြောက် 或 ကြိမ်မြောက် 。例如：

စတုတ္ထကြိမ်မြောက်ကမ္ဘာ့လူငယ်နှင့်ကျောင်းသားများညီလာခံ

第4届世界青年和学生代表大会

如果序数词为第十以上的整数时，则用下列形式表达：

အကြိမ် ၃၀ မြောက်အစည်းအဝေး 第三十次会议

အကြိမ် ၄၀ မြောက်သင်တန်း 第四十期学习班

third ③ 有时在表示第十以后的序数时，也常用数字来表示。例如：

ညာဘက်ကစတွက်ရင် နံပတ် ၁၃ မှာထိုင်နေတယ်။

从右数起，他坐在第十三位置上。

④ 有些地方虽然表示先后、大小次序，但不用序数词来表示。如：大哥、二姐、三妹、四姑、五叔等。有些序数较大时，也借助于序数词来区别。如：八哥、九弟等就用 ကျွန်တော်၏အဋ္ဌမအစ်ကို（我的八哥）、နဝမညီလေး（九弟）等。但是如果兄弟三人，就不用 ပဌမအစ်ကို၊ ဒုတိယအစ်ကို，而是用 အစ်ကိုကြီး၊ အစ်ကိုလတ်၊ အစ်ကိုလေး等。如果表示大女儿、二女儿、三女儿也同样说成 သမီးကြီး၊ သမီးလတ်၊ သမီးထွေး等。

⑤ 在缅甸语中，年、月、日的称谓上也有它的特点。

a. 纪元的表示法：缅甸的纪元常用三种方式表示，第一种是采用佛历（သာသနာသက္ကရာဇ်၊ သာသနာနှစ်）纪元，以释迦牟尼涅槃的那一年为第一年，到公元 1956 年时，佛历正好是 2500 年。另一种是缅甸民间习用的缅历（မြန်မာသက္ကရာဇ်）。缅历比佛历晚 1183 年。因此，1956 年缅历就是 1318 年。第三种是近代缅甸也采用的公历（ခရစ်သက္ကရာဇ်）纪元，缅历与公历相差 638 年。现在缅甸通行的历法是公历和缅历。

b. 月份的表示法：在缅历中，一年有十二个月，它们不是以序数词来称呼而是有专门的名称。例如：

တန်ခူးလ	一月	သီတင်းကျွတ်လ	七月
ကဆုန်လ	二月	တန်ဆောင်မုန်းလ	八月
နယုန်လ	三月	နတ်တော်လ	九月
ဝါဆိုလ	四月	ပြာသိုလ	十月
ဝါခေါင်လ	五月	တပို့တွဲလ	十一月
တော်သလင်းလ	六月	တပေါင်းလ	十二月

缅历一月时正值公历四月。缅历还把每个月分成两大部分：月盈期 လဆန်း（上半月），月亏期 လဆုတ်（下半月）。十五日称为月圆日（လပြည့်နေ့），每月最后一天称月晦日（လကွယ်နေ့）。例如：

| ကဆုန်လဆန်း ၅ ရက်နေ့ | 二月初五 |
| ကဆုန်လဆန်း ၁၂ ရက်နေ့ | 二月十二 |

ဝါခေါင်လပြည့်နေ့		五月十五
ကဆုန်လဆုတ် ၁ ရက်နေ့		二月十六
ပြာသိုလဆုတ် ၆ ရက်နေ့		十月二十一

公历的月份名称是借用英语月份名称的音译加上缅甸语 "လ" 而成：

ဇန်နဝါရီလ	一月	ဇူလိုင်လ	七月
ဖေဖော်ဝါရီလ	二月	ဩဂုတ်လ	八月
မတ်လ	三月	စက်တင်ဘာလ	九月
ဧပြီလ	四月	အောက်တိုဘာလ	十月
မေလ	五月	နိုဝင်ဘာလ	十一月
ဇွန်လ/ဂျွန်လ	六月	ဒီဇင်ဘာလ	十二月

c. 星期的表示法：星期的称谓在缅甸语中有专门名称。例如：

တနင်္ဂနွေနေ့	星期日	တနင်္လာနေ့	星期一
အင်္ဂါနေ့	星期二	ဗုဒ္ဓဟူးနေ့	星期三
ကြာသပတေးနေ့	星期四	သောကြာနေ့	星期五
စနေနေ့	星期六		

d. 缅文日期的表示法：一般先写日子，再写月份，最后为年份。例如：

1994 年 8 月 18 日：တစ်ထောင့်ကိုးရာကိုးဆယ့်လေးခုနစ်ဩဂုတ်လဆယ့်ရှစ်ရက်နေ့

2010 年 5 月 1 日：နှစ်ထောင့်နဲ့တစ်ဆယ်ခုနစ်မေလတစ်ရက်နေ့

简写如下：၁၈-ဩဂုတ်-၁၉၉၄ ၊ ၁၈-၈-၁၉၉၄

၁-မေ-၂၀၁၀ ၊ ၁-၅-၂၀၁၀

三、分数词

用来计算事物或动作单位百分比的大小或占原物的若干份时用的词。可分下列几类：

1. 百分率：在缅甸语以ရာခိုင်နှုန်း为百分号。它可以放在基数的前面，也可以放在基数的后面。例如：

ယခုနှစ်၏စပါးအထွက်သည်မနှစ်ကထက်ရာခိုင်နှုန်း၃၀ဝန်းတိုးလာသည်။

今年的稻谷产量比去年增加了百分之三十。

第五章 数量词（ပမာဏနှင့်မျိုးပြ）

သဘောတူကြသောလူသည်ရာခိုင်နှုန်း၄၀ရှိ၏။
有百分之四十的人同意。

2. 分数：在表示几分之几时，缅甸语中要看叙述的对象而定，可以用 ပုံ ၊ ပိုင်း ၊ စု 等词。前一个数字为分母，后一个数字才是分子。例如：

（1）ပုံ 原意为"堆"，表示地盘大小或物体的分量时用。例如：

ဤဒေသ၏၅ပုံ၁ပုံသည်တိုင်းထွာရေးအလုပ်ပြီးစီးသွားပါပြီ။
五分之一的地区完成了测量工作。

သူက၄ပုံ၃ပုံလောက်ယူသွားသည်။
他拿去约四分之三。

（2）ပိုင်း 原意为"分、割"之意，表示数学上的分数或物体的部分。例如：

၄ပိုင်း၃ပိုင်းထည်းတွင်၊ ၂ပိုင်း၁ပိုင်းနုတ်လိုက်လျှင်၄ပိုင်း၁ပိုင်းသာကျန်တော့သည်။
3/4 减去 1/2 只剩下 1/4。

（3）စု 表示组、群的分量。例如：

ကျောင်းသား၄စု၁စုသည်တောဆင်းသွားကြပြီ။
四分之一的学生下乡去了。

（4）ချို့ 表示成分比例的多少。例如：

ဒီနွားနို့မစစ်ဘူး၊ရေ၃ချို့၁ချို့ရောထည့်လိုက်သည်။
这牛奶不纯，已经掺了三分之一的水在里头了。

在这里顺便提一下"半"这个概念，表示这个概念的缅文词有两个，ခွဲ 和 တစ်ဝက် 都相当于汉语中的"一半"。如：တစ်ဝက်ပေးပါ။ 给一半吧。这是指把整个或是一大堆事物分成二等份，တစ်ဝက် 就是指其中的一份。而 ခွဲ 是从动词"分开"而来，它不能单独说 တစ်ခွဲလောက်ပေးပါ။，只能与具体的数量词连用，同时它总是在一个以上的数才用。在口语中 ခွဲ 都变成浊音，发 ွဲ 音。例如：တစ်နာရီခွဲလောက်ကြာတယ်။ 一个半小时之久。如果只说"半个小时"则要说 နာရီဝက်လောက်ကြာတယ်။

在缅甸语中还有用不同的方式表达四分之一的意思，如：တစ်စိတ်(၁/၄)，如果是 အစိတ် 就成为一百的四分之一，也即是二十五了；在汉语中说时间，1/4 小时说成"一刻钟"，缅甸语中也有类似的说法，即

"တစ်မတ်"။

四、小数词

缅甸语中用 ဒသမ 表示小数点。小数词的念法与汉语相似。例如：

တစ် ဒသမ ကိုး   1.9
တစ် ဒသမ ငါးလေး   1.54

五、倍数

表示一个数目比基数大多少倍，缅甸语中用 ဆ 来表示。应该注意的是，如何算基数与增加后的数之间的关系。我们可以说 15 是 5 的 3 倍，但是如果说我们工厂上月生产的棉布共 5 万米，这月生产了 15 万米。那么本月生产品的布匹应该说比上月增加了 2 倍而不是 3 倍。

另外，我们说减少时，不能说减少了几倍，只能说减少了"几分之几"。这是一般常识，与语法关系不大。

六、概数词

所指事物多少不是非常确切，只是作估计。缅甸语中的概数通常在数量词后加上助词来表示。

1. 对前面数量表示强调，通常用 တိတိ၊ ကျ။ စီ၊ ကျစီ၊ လုံး၊ စလုံး၊ တည်း၊ ကို၊ လျှင် 等。

တိတိ 通常表示"正好""整整"等。例如：

အမေသည် ငါးခြောက် တစ်ပိဿာတိတိ ဝယ်လာသည်။
妈妈买了整整一缅斤鱼干。

မန္တလေးအမြန်ရထား(၆)နာရီတိတိတွင်ဆိုက်သည်။
曼德勒来的快车在六点整到达。

ကြိုးကြီးသည်(၃၅)တောင်တိတိရှည်သည်။
这根绳子整整三十五肘尺长。

ကျ။ စီ၊ ကျစီ 表示平均分配。例如：

အဘိုးက ကျွန်တော်တို့ကို တစ်ယောက် တစ်ကျပ် စီ မုန့်ဖိုးပေးသည်။

第五章 数量词（ပမာဏနှင့်မျိုးပြ）

爷爷给我们每人一块钱零花钱。

လူတစ်ယောက်လျှင်ရုပ်ရှင်လက်မှတ်(၂)စောင်ကျစီရောင်းမည်။

每个人只卖给两张电影票。

လုံး၊ ၈လုံး 表示"全体都……"，前面需要有数量词。例如：

တစ်အိမ်သားလုံးရုပ်ရှင်သွားကြည့်ကြသည်။

全家都去看电影了。

နှစ်ယောက်စလုံး စာမေးပွဲကို ဂုဏ်ထူးနှင့် အောင်ကြသည်။

两个人都取得了优异的成绩。

တည်း 放数量词后，表示数量少，还可以表示"同一……"或"只，仅"。例如：

တစ်တန်းလုံးမှ သူတစ်ယောက်တည်း စာမေးပွဲကျသည်။

全班就他一人考试没过。

ဒီစာအုပ်ကိုတစ်အုပ်တည်းပုံနှိပ်တယ်။

这本书只印了一册。

သူနဲ့ကျွန်တော်နဲ့တစ်နှစ်တည်းမှာပဲမွေးတယ်။

我和他同年出生。

ကို၊ လျှင် 放数量词后，表示"划分的单位"。例如：

သူသည် ကားကို တစ်နာရီလျှင် မိုင်(၆၀)နှုန်းဖြင့် မောင်းသည်။

他以六十英里的时速开车。

နှစ်နှစ်ကို တစ်ခါလောက်ပဲ သွားနိုင်တယ်။

两年才能去一次。

2. 表示数量的范围不是很确定，通常用下列助词或副词：ကျော်၊ ကျော်ကျော်၊ လျော့လျော့၊ ခန့်၊ လောက်၊ နီးနီး၊ နီးပါး၊ ဝန်းကျင်၊ အချို့၊ တချို့၊ အနည်းငယ်၊ အများကြီး၊ အမြောက်အများ 等。例如：

ကျော် 一般放在十以上的数词后，不放在十以下的数量词后。例如：

ဆယ်ကျော်သက်

十多岁

(၁၀၀)ကျော်ရှိသည်။

有一百多。

လူနှစ်ဆယ်ကျော်လာသည်။
来了二十多人。

ကျော်ကျော် 表示"……多一点"；လျော့လျော့ 表示"不到"。例如：

သူ ငွေ (၄၀)ကျော်ကျော် ပါလာသည်။
他带了四十多块钱。

စာအုပ်တစ်အုပ်လျှင် ငွေ (၃)ကျပ်လျော့လျော့ ကုန်ကျသည်။
一本书不到三块钱。

ခန့်၊ လောက်၊ ဝန်းကျင် 表示"大约""左右"。例如：

ဤအခန်းကြီးတွင်လူတစ်ရာကျော်ခန့်ရှိသည်။
这房间里大约有一百多人。

ပီကင်းတက္ကသိုလ်တွင်ကျောင်းသူကျောင်းသားဦးရေပေါင်း၃သောင်းခန့်ရှိသည်။
北京大学约有三万多学生。

အစည်းအဝေးကိုတက်ရောက်လာကြသူမှာသုံးထောင်လောက်ရှိမယ်ထင်တယ်။
我想来参加会的人数将近三千人。

သူမှာ အသက်(၆၀)ဝန်းကျင်ရှိသည်။
他年纪在六十岁左右。

နီးနီး၊ နီးပါး 表示"接近"。例如：

ပန်းချီကားကလည်း ပြီးသလောက်နီးနီးရှိနေပါပြီ။
画作接近完成。

ဒီမှာနေတာ နှစ်နှစ်နီးပါးရှိပါပြီ။
在这儿住了快两年了。

အချို့၊ တချို့ 表示"一些""有的"。例如：

ကျောင်းသားအချို့သည် အိမ်ပြန်ကြသည်။
一些学生回家了。

တချို့အသီးချိုတယ်၊ တချို့ကတော့ချဉ်တယ်။
一些果子甜，一些果子不甜。

၈ 本意为"零头"，放在数量词后，表示少量的、寥寥无几的。例如：

တစ်ယောက်စနှစ်ယောက်စလောက်သာလာသေးသည်။
还只来了一两个人。

第五章 数量词（ပမာဏနင့်မျိုးပြ）

တစ်ခွန်းစနစ်ခွန်းစလောက်သာပြောလိုက်ရသေးသည်။
还只讲一两句话。

3. 表示"很多"或"不少"的有：များစွာသော၊ အမြောက်အများ၊ များပြားလှသော，例如：

သန်းပေါင်းများစွာသောတရုတ်ပြည်သူပြည်သားများသည်မိမိတို့အမိနိုင်ငံတော်ကိုထူထောင်လျက်ရှိနေကြပေသည်။
千百万中国人民正在建设自己的祖国。

ထိုနိုင်ငံများ၌လူအမြောက်အများကားများစွာဆင်းရဲနွမ်းနယ်လှပေသည်။
这些国家里许多人都正处在贫困的境地中。

များပြားလှသောခရီးသည်များသည်ပီကင်းတက္ကသိုလ်သို့လာရောက်လည်ပတ်ကြည့်ရှုကြပါသည်။
很多游客到北京大学来参观。

4. 表示"很少""一些"的有：နည်း၊ အနည်းငယ်，例如：

သူနှင့်အတူနေထိုင်ခဲ့ရသောရက်အနည်းငယ်အတွင်းတွင်ကျွန်တော်တို့နှစ်ယောက်သည်ပို၍ခင်မင်လာကြပါသည်။
在我跟他一起生活的那些日子里我们的关系更加亲密了。

ဆရာမရှင်းပြသည်ကို ကျွန်မအနည်းငယ်မျှသာ နားလည်ပါသည်။
老师解释的内容我只听懂了一点儿。

5. 表示"全部""所有""全体"的有：အားလုံး၊ ခပ်သိမ်း，例如：

ခပ်သိမ်းသောငြိမ်းချမ်းရေးချစ်မြတ်နိုးသူတို့သည်သွေးစည်းညီညွတ်လာကြပါသည်။
所有爱好和平的人民团结起来。

6. 用相邻的单纯数字连用来表示概数。汉语中一般是用"几"字表示概数，如："去几天就回来"，意思是不超过十天，而"几百人"意思是不上千。在缅甸语中没有与汉语中的"几"字对应的词，往往只能靠估计具体情况，说一个相近的数字来表达。例如：

၃-၄-၅ရက်အတွင်းမှာ၌ဒေသတွင်မိုးအသည်းအထန်ရွာတော့မည်။
近几天内，这地区将下大雨。

၄-၅-ဆယ်နှစ်အတွင်းကျွန်တော်တို့သည်လောကဓာတ်ပညာဘက်တွင်ခေတ်မီလာအောင်ကြိုးစားရမည်။
我们必须努力在十年之内把自然科学提高到世界水平。

按习惯，一般连用的数字有 ၃-၄ ၊ ၃-၄-၅ ၊ ၄-၅ ၊ ၄-၅-ဆယ် 等，其他如 ၁-၂ 连用很少，၂-၃ 也不能连用。如果一定要连用量词必须有两个，说成 နှစ်ယောက်-သုံးယောက်，而且这类连用常与上述的方式结合，后面总加上一个表示不定数的词 ခန့် ၊ လောက် 等。

5. 用 ပိုင်း 表示时间的概数。ပိုင်း 本是"部分"的意思，缅甸语中将 ပိုင်း 放在 နှစ်၊လ၊ရက် 等名词后，表示不太长的时间。例如：

နှစ်ပိုင်း 　　几年
လပိုင်း 　　几个月
ရက်ပိုင်း 　　几天
နာရီပိုင်း 　　几小时

七、问数词

是询问数目多少的词。缅甸语中常用 ဘယ်လောက် ၊ ဘယ်နှစ် ＋ 量词。

ဘယ်လောက် 表示"多少"，一般是问数目。例如：

ဘယ်လောက်လဲ။

多少？

မင်းအသက်ဘယ်လောက်ရှိပြီလဲ။

你多大年纪了？

有时 ဘယ်လောက် 后面加上形容词，这时变成副词性质，回答时不能用数量词来回答。例如：

ဘယ်လောက်ကောင်းလိုက်မလဲနော်။

多好啊！

ဘယ်နှစ် 后面一定要加量词，口语中读成 ဘနှ，例如：

သွားတာဘယ်နှစ်နှစ်ရှိပြီလဲ။

去了有几年了？

ဘယ်နှစ်လုံးရသလဲ။

得了多少个？

第三节　量词的分类

量词大致可以分成两大类，即表示事物单位的"名量词"和表示动作单位的"动量词"。名量词比动量词数目要多。

一、名量词

名量词可以分为定量词和范词两类。

1. 定量词：有一定系统与标准的量词，即度量衡等单位，它是一种由政府法律所规定的，或是民间所习用的计算物体的单位，所以它在一定的时期是不变的。定量词可分下列几种：

（1）长度：早先缅甸民间所习用的表示长度的量词，都是以人体的关节作度量单位，方法原始，也无精确度可说。随着时代的发展，逐渐转变为采用英制和公制度量衡。为了了解缅甸的历史，也有必要了解缅甸过去的度量衡情况。过去最小的长度单位是以"指节"（一指节的长度，缅甸语为 လက်သစ် ၊ အသစ်）为基准的。再向上就是以"拳头"（大拇指握在手掌内，仅留一拳头的长度，缅甸语为 မုတ်）来表示。这些计算长度还可以用符号来表示。为了按长短说清楚前后排列，现列表如下：

顺序	长度单位名称	说明	代用符号
①	အသစ် ၊လက်သစ်	一指节的长度	တစ်သစ် – ၁
②	မုတ်	大拇指握在拳内，仅留一拳头的长度	တစ်မုတ် – ၃
③	မိုက်	大拇指伸直，加上一拳的长	
④	ထွာ	一虎口的长度	တစ်ထွာ – ၂၁
⑤	တောင်	从肘到中指端的距离	တစ်တောင် – ၅
⑥	လ	一庹的长度（两手平伸从左手中指末端到右手中指末端的长度）	
⑦	တာ	等于七个或八个 တောင်	
⑧	တိုင်	等于一千个 တာ，相当于两英里 နှစ်မိုင်	တစ်တာ – ၅ ၈

缅甸民间所习用的表示不同长度的单位之间有一定的比例。现列表如下：

၁။ ငါးသစ်(၅) . . . . တစ်မှတ်
၂။ ရှစ်သစ်(၈) . . . . တစ်မိုက်
၃။ ဆယ်နှစ်သစ်(၁၂) . . . . တစ်ထွာ
၄။ တစ်ထွာ(၁) . . . . နှစ်မိုက်
၅။ နှစ်ထွာ(၂) . . . . တစ်တောင်
၆။ လေးတောင် . . . . တစ်လံ
၇။ ခုနစ်တောင် . . . . တစ်တာ
၈။ တာတစ်ထောင် . . . . တစ်တိုင်၊နှစ်မိုင်
၉။ တာ၆၄၀၀ . . . . တစ်ယူဇနာ
၁၀။ တာနှစ်ဆယ် . . . . တစ်ဉသာဘ
၁၁။ ဉသာဘနှစ်ဆယ် . . . . တစ်ကောသ
၁၂။ လေးကောသ . . . . တစ်ဂါဝုတ်
၁၃။ လေးဂါဝုတ် . . . . တစ်ယူဇနာ
၁၄။ တစ်ယူဇနာ . . . . ဆယ်သုံးမိုင်ခွဲ

英国侵入缅甸以后，在计算长度单位上有以英制来计算的。这两者的比率列表如下：

၁။ လေးလက်မခွဲ . . . . တစ်မိုက်
၂။ ကိုးလက်မ . . . . တထွာ
၃။ ဆယ်ရှစ်လက်မ . . . . တစ်တောင်၊တစ်ပေခွဲ
၄။ သုံးဆယ်ခြောက်လက်မ . . . . . . သုံးပေ
၅။ ခြောက်ပေ . . . . . . နှစ်ကိုက် . . . . တစ်လံ
၆။ ဆယ်ပေခွဲ . သုံးကိုက်တစ်ပေခြောက်လက်မ . တစ်တာ
၇။ ကိုက်၃၅၀၀ . . . . တစ်မိုင်
၈။ နှစ်မိုင် . . . . တစ်တိုင်
၉။ ဆယ်သုံးမိုင်ခွဲ . . . . တစ်ယူဇနာ
၁၀။ တစ်ဂိုက် . . . . နှစ်တောင်

（2）重量：缅甸民间习用的最小的秤衡重量的单位是以一种红色

第五章　数量词（ပမာဏနှင့်မျိုးပြ）

的相思子的重量为基准，即 ချင်ရွေး（一颗相思子的重量约 0.1 克重）和 ရွေးကြီး（二颗相思子的重量）。在秤衡物体的重量时，特别是在古时秤衡金银时，就以这种树籽的重量为基本单位。此外，在以往缅甸银币的铸造上，也是以此为标准的，它以 144 个 ရွေး 的总重量铸造出一个银币，就是说：144 个相思子的重量等于一盾（ကျပ်）的重量。为了书写简便，有些秤衡重量的单位名称可以用符号来代替。缅甸的重量单位与公制折合列表如下：

	缅文名称	汉语名称	等值	折合公制
၁။	ရွေးကလေး(ငွေ)	四分之一安	၁/၁၂၀ကျပ်	0.137 克
၂။	ရွေးကြီး ၊ နှစ်ရွေးကလေး	半安	၁/၆၀ကျပ်	0.274 克
၃။	ပဲ(ခဲ)	安	သုံးငွေ	1.028 克
၄။	မူး(၃)	两安	နှစ်ပဲ	2.06 克
၅။	မတ်	四分之一缅两	နှစ်မူး	4.115 克
၆။	ငါးမူး	半缅两	၁/၂ကျပ်	8.23 克
၇။	ကျပ်(ဒိ)	缅两（钱）	လေးမတ်	16.46 克
၈။	တစ်ဆယ်သား	10 缅两		164.6 克
၉။	အဝက်သား	1/8 缅斤	၁/၈ ပိဿာ	205.75 克
၁၀။	အစိတ်သား	1/4 缅斤	၁/၄ ပိဿာ	411.5 克
၁၁။	ငါးဆယ်သား	半缅斤	၁/၂ ပိဿာ	823 克
၁၂။	ပိဿာ	缅斤	၁၀၀ကျပ်	1.646 公斤
၁၃။	ခွက်တဆယ်	10 缅斤		16.46 公斤
၁၄။	ဆွဲဝက်	12 缅斤半		20.58 公斤
၁၅။	ခွက်အစိတ်	25 缅斤	၂၅ပိဿာ	41.15 公斤
၁၆။	ခွက်၅၀	50 缅斤		82.3 公斤
၁၇။	ခွက်တစ်ရာ	100 缅斤		164.6 公斤

၁-၅ 的秤衡单位一般只用于秤金、银、钻石、珍珠等贵重物品。၆-၁၆ 用于秤衡一般物体的重量上。

十缅斤（၁၀ ပိဿာ）以上的物体，有时候可以用 အခွက် 这个词来替代 ပိဿာ。例如：

အခွက်တစ်ဆယ် ＝ ဆယ်ပိဿာ 十斤

အခွက်နှစ်ဆယ် ＝ ပိဿာနှစ်ဆယ် 二十斤

除上述的缅用秤衡单位外，也还有用英制的秤衡单位。如：ပေါင် 磅、တန် 吨等，英制与缅制重量折合比率是：

တစ်ပေါင် 一磅 ＝ 27.5 ကျပ်သား 缅两

တစ်တန် 一吨 ＝ 622 ပိဿာ 缅斤

（3）容量：在缅甸民间一般常用的容量单位有两种，即固体物容量单位液体物容量单位。

① 固体容量单位：主要用于称量谷物的数量上。缅用容量的最小单位是 စလယ်（相当于英制容量单位的一品脱）。其次有 ပြည်（等于 လေးစလယ်）和 တင်း（等于 ၁၆ ပြည်）等容量单位。民间家用的容量谷物器往往是以炼乳罐（နို့ဆီဘူး）为单位来计算的，每罐米折合重量为 0.586 磅或 0.531 市斤。

现在将缅甸的容量单位及其重量跟中国及公制的容量单位、重量单位作比较，列表如下：

缅文名称	汉语名称	等值	折合中制	折合公制
နို့ဆီဘူး၊လမယ်	缅合	၁/၁၂၈ တင်း	＝3.196 合	＝3.196 公斤
စလယ်	两缅合	၂ လမယ်		
ခွက်	四缅合	၂ စလယ်		
ပြည်	缅升	၂ ခွက်	＝2.557 升	＝2.557 公斤
စရွတ်	两缅升	၄ ပြည်		
စိတ်	四缅升	၄ ပြည်		
ခွဲ	半缅斗	၂ စိတ်		
တင်း	缅斗，箩	၁၆ ပြည်	＝4.0914 斗	＝40.914 公斤

（注：一缅斗稻谷＝46 磅，一缅斗米＝75 磅）

② 液体物容量单位：主要用于称量煤油、汽油等液体物的数量上。如：

第五章 数量词（ပမာဏနှင့်မျိုးပြ）

၁ ကပ် . . . . . . ၁၈တ် . . . . . . 四分之一瓶

၁ အာတာ . . . . 二分之一瓶

၁ ပုလင်း . . . . 一瓶

၃ ပုလင်း . . . . . . ဂါလံတ် . . . . . . 三瓶=半加仑

၃၆ ပုလင်း . . . . . . ၆ဂါလ . . . . . . 六加仑

၁ ပီပါကြီး . . . . . . ၄၄ဂါလ . . . . . . 大桶=四十四加仑

၁ ပီပါလေး . . . . . . ၃၂ဂါလ . . . . . . 小桶=三十二加仑

（4）面积：缅甸现用衡量土地的面积单位一般都采用亩（英亩）。缅甸语称为 ဧက，但今日仍然有用 ငါးတင်းကြဲ 为土地面积的计算单位。ငါးတင်းကြဲ 意即播种 5 箩种子的土地面积，也可叫做 တစ်ပယ်，它等于英制 1.75 英亩。

（5）货币：缅甸古时用海贝作钱币。元代航海家汪大渊写的《岛夷志略》中还记载着当时中国以丝绸、瓷器等去换取缅甸的象牙、胡椒、稻米等情景。同时详细地记录了当时缅甸的货币贝子（海贝）与中国纹银的兑换率。到英国统治缅甸时期货币单位是跟英国统治印度所用的货币单位"卢比"（ကျပ်）相同。ကျပ် 是一种用银子铸造的银币。၁ ကျပ် 相当于英国的一先令六便士（1940.8 汇率）。除 ကျပ် 以外，它还有 1/2 ကျပ်、1/4 ကျပ် 、1/8 ကျပ် 和 1/16ကျပ် 等辅币四种。

在纸币中有 1、5、10、100 卢比四种票额，它们之间的折合比率是：

၁ ကျပ် = ၁၆ ပဲ   ၁ ပဲ = ၄ ပြား   ၁ ပဲ = ၃ ပိုင်

1 盾（也称为缅元）称为 ကျပ်，代用符号为 ∴。例如：

တစ်ကျပ် = ၃

1/2 盾等于 8 个 ပဲ   称为 ငါးမူး

1/4 盾等于 4 个 ပဲ   称为 တစ်မတ်

1/8 盾等于 2 个 ပဲ   称为 တစ်မူး

1/16 盾等于 1 个 ပဲ   称为 တစ်ပဲ

1/4 ပဲ 等于 1 个 ပြား   称为 တစ်ပြား

1/12 ပဲ 等于 1 个 ပိုင်   称为 တစ်ပိုင်，其代用符号为 ∴。例如：

ပဲ = တစ်ပိုင်

以前缅币单位在折算上是比较繁杂的。1934年8月日本侵占缅甸后，曾经改用过"卢比"和"分"两种货币单位。100 分为一卢比。日本投降后缅甸又一度恢复使用旧币制。约1953年缅甸所用货币单位改为：一缅元（盾）=100分。有纸币和硬币两种，面额有：

纸币：1 缅元（ တစ်ကျပ် 英文代号为 K）、5 缅元、10 缅元、15 缅元、45 缅元、90 缅元、200 缅元。1994 年又发行 500 缅元，100 缅元，50 缅元，10 和 50 分币。

硬币：တစ်ပြား: 1 分　　ငါးပြား: 5 分　　ဆယ်ပြား: 10 分
　　　၂၅ပြား: 25 分　　၅၀ပြား: 50 分　　တစ်ကျပ် 一元

（6）计时：缅甸现代也采用国际通用的计时单位。它们分别为：

　　နာရီ　　　小时，点
　　မိနစ်　　　分
　　စက္ကန့်　　　秒

在说"一刻"时可以说 ဆယ့်ငါးမိနစ်（15 分），也可以说成 တစ်မတ်（一刻）。在缅甸农村里也还有以敲鼓来报时计的。把一天分为八段，每隔三个小时敲鼓一次，例如：

တစ်ချက်တီး：
　（敲一下鼓）表示上午 9 时

နှစ်ချက်တီး：
　（敲二下鼓）表示中午 12 时

သုံးချက်တီး：
　（敲三下鼓）表示下午 3 时

လေးချက်တီး：
　（敲四下鼓）表示下午 6 时

在缅甸农村里，除敲鼓报时外，在计时方面还有用各种不同的比喻方法来表示。例如：

ကြက်ဦးတွန်ချိန်
　（第一次鸡叫）表示凌晨 2 时

ကြယ်နီပေါ်ချိန်

第五章 数量词（ပမာဏနှင့်မျိုးပြ）

（红星升起时）表示黎明时刻

အာရုဏ်တက်ချိန်

（黎明）表示天亮时刻

သူငယ်အိပ်ဆိတ်ချိန်

（小孩静睡时）表示晚上9时

လူပျိုလှည့်ချိန်

（未婚男子求爱时）表示黄昏时刻

ထမင်းတစ်လုံးချက်

（煮一锅饭的时间）表示不长的时间

ဆေးတစ်အိုးကျွမ်း

（抽一袋烟的时间）表示不长的时间

မျက်စေ့တစ်မှိတ်

（一眨眼间）表示短暂的时间

2. 范词。范词是指没有一定系统与标准的量词，它可分下列几种：

（1）原本是名词或动词，被借用来临时当作量词的，称为兼类量词。例如：

ဆန်တစ်အိတ်	一"口袋"米
စပါးတစ်တင်း	一"箩"稻谷
ဆီတစ်ပုလင်း	一"瓶"油
ရေတစ်အိုး	一"壶"水
ထမင်းတစ်ပန်းကန်	一"碗"饭
အရက်တစ်ခွက်	一"杯"酒
ပန်းတစ်အိုး	一"盆"花
ဆေးလိပ်တစ်ဗူး	一"盒"烟
အကျီတစ်ကိုယ်စာ	一"身"衣料
ဆပ်ပြာတစ်သေတ္တာ	一"箱"肥皂
ရေတစ်လုတ်	一"口"水
လက်ဖက်ရည်တစ်ကျိုက်	一"口"茶
ရေတစ်ထမ်း	一"挑"水

| ထင်းတစ်ထမ်း | 一"担"柴 |
| ဆေးတစ်ထုပ် | 一"包"药 |

（2）缅甸语特有的量词：它是一种用物体的形象、事物的形状、实物名词、集体单位等来计算数量的单位词。它们大都是由普通名词转来，也有一部分是特有的。这类量词的数量很多，在此选择其最常用的举例说明。

ဦး 用于有地位，有名望或比自己年长的人，表示尊重或客气。例如：

လူကြီးလူကောင်းတစ်ဦး	一"位"绅士
ရှေ့နေတစ်ဦး	一"位"律师
ဝန်ကြီးချုပ်တစ်ဦး	一"位"总理

အုပ် 用于群体的动物，相当于汉语的"群"。例如：

နွားတစ်အုပ်	一"群"牛
ကုလားအုပ်တစ်အုပ်	一"群"骆驼
ဝက်တစ်အုပ်	一"群"猪

ကုံး 用于以绳子或带子贯穿起来的物体，相当于汉语里的"串""连""列"等。例如：

ပုတီးတစ်ကုံး	一"串"佛珠
လည်ဆွဲတစ်ကုံး	一"串"项链
ပန်းတစ်ကုံး	一"串"花（缅甸人会把花串成花串戴在头上或挂着做装饰）

ကောင် 用于一切飞禽走兽，有时候也用于对小孩或表对他人的侮辱、蔑视方面，相当于汉语里的"只""头""尾""条"等。例如：

ခွေးတစ်ကောင်	一"只"狗
ကျားတစ်ကောင်	一"只"虎
ကြက်တစ်ကောင်	一"只"鸡
ငါးတစ်ကောင်	一"尾"鱼
မြွေတစ်ကောင်	一"条"蛇
မြင်းတစ်ကောင်	一"匹"马

第五章　数量词（ပမာဏနှင့်မျိုးပြ）

| နွားတစ်ကောင် | 一 "头" 牛 |
| ဝက်တစ်ကောင် | 一 "口" 猪 |

ကြောင်း：用于伸展的长条形物体，有时候也可用引申意义，表示一条理由、一种原因等抽象内容，相当于汉语里的"条""行"等。例如：

ခရီးတစ်ကြောင်း	一 "条" 旅途
စာတစ်ကြောင်း	一 "行" 字
ဥပဒေတစ်ကြောင်း	一 "条" 法律

ကွင်း：用于圆圈、圆环或轮圈形的环状物，它大都只用于饰物上，相当于汉语里的"只""枚"等。例如：

လက်စွပ်တစ်ကွင်း	一 "枚" 戒指
နားကွင်းတစ်ကွင်း	一 "枚" 耳环
ခြေကျင်းတစ်ကွင်း	一 "只" 脚镯
လက်ကောက်တစ်ကွင်း	一 "只" 手镯

ကွက် 用于格子、斑点等方面，相当于汉语里的"格""滩""块"等。例如：

| အကွက်တစ်ကွက် | 一 "个" 格子 |
| သွေးကွက်တစ်ကွက် | 一 "滩" 血迹 |

ခု 用于没有固定形状或形状难以说清的事物，相当于汉语里的"张""个""只""把""件""套""座""颗"等。例如：

ခုံတစ်ခု	一 "张" 凳子
ကုတင်တစ်ခု	一 "张" 床
နောက်မှီကုလားထိုင်တစ်ခု	一 "把" 椅子
ပုခက်တစ်ခု	一 "个" 摇篮
ကိစ္စတစ်ခု	一 "件" 事情
သတင်းတစ်ခု	一 "条" 新闻
အစွမ်းအစတစ်ခု	一 "套" 本事
တံတားတစ်ခု	一 "座" 桥
စိတ်တစ်ခု	一 "颗" 心
ပြက္ခဒိန်တစ်ခု	一 "本" 日历

နှင် 用于两个以上联结在一起的枝叶、花果或类似的物品，相当于汉

语里的"串""枝"。例如：

ငှက်ပျောသီးတစ်ခိုင်	一"串"香蕉
အုန်းသီးတစ်ခိုင်	一"扎"椰子
စပျစ်သီးတစ်ခိုင်	一"串"葡萄
ပန်းတစ်ခိုင်	一"枝"花

ချပ် 用于扁而平、扁而薄的物体方面，相当于汉语里的"张""面""处""幅""扇""只""块"等。例如：

ဖျာတစ်ချပ်	一"张"草席
မှန်တစ်ချပ်	一"面"镜子
ပန်းချီကားတစ်ချပ်	一"幅"画
တံခါးတစ်ချပ်	一"扇"门
ပန်းကန်ပြားတစ်ချပ်	一"个"盘子
ဓာတ်ပြားတစ်ချပ်	一"张"唱片

ချောင်း 用于细长的物体，相当于汉语里的"枝""条""根"等。例如：

ခဲတံတစ်ချောင်း	一"枝"铅笔
သံချွန်တစ်ချောင်း	一"枚"钉子
ခြေထောက်တစ်ချောင်း	一"条"腿
အပ်တစ်ချောင်း	一"根"针
တုတ်တစ်ချောင်း	一"根"棍子
ကြိုးတစ်ချောင်း	一"条"绳子
ကျစ်ဆံမြီးတစ်ချောင်း	一"条"辫子

ခွေ 用于能卷绕围捆起来的物体方面，如绳索等，相当于汉语里的"卷""团"等。例如：

ကြိုးတစ်ခွေ	一"卷"绳子
ချည်တစ်ခွေ	一"团"线

ခွန်း 用于语言方面，相当于汉语里的"句"。例如：

စကားတစ်ခွန်း	一"句"话

စီး 用于载人或物的车辆或象、马匹等，相当于汉语里的"辆""匹""头"等，例如：

第五章　数量词（ပမာဏနှင့်မျိုးပြ）

နွားလှည်းတစ်စီး:　　　　　一"辆"牛车
မြင်းတစ်စီး:　　　　　　一"匹"马
ဆင်ကောင်းတစ်စီး:　　　一"头"好象
စက်ဘီးတစ်စီး:　　　　　一"辆"自行车

စင်：用于能在一条直线上伸长的、长而直的物体。例如："雨伞""箭"等，也可以用于非机动或机动船只、车辆、飞机等方面，相当于汉语里的"辆""架""枝""把""条""只"等。例如：

မော်တော်ကားတစ်စင်း:　　一"辆"汽车
လေယာဉ်ပျံတစ်စင်း:　　　一"架"飞机
မြားတစ်စင်း:　　　　　　一"枝"箭
ဓားတစ်စင်း:　　　　　　一"把"刀
လှေတစ်စင်း:　　　　　　一"条"船
နေတစ်စင်း:　　　　　　 一"轮"太阳

စည်：用于聚集在一起的长条物体，相当于汉语里的"捆""束""把"等。例如：

ထင်းတစ်စည်း:　　　　　一"捆"柴
ပန်းတစ်စည်း:　　　　　　一"束"花
မြက်တစ်စည်း:　　　　　一"把"草

စောင်　用于书信、报刊或票据等，相当于汉语里的"本""册""张""封""份"等。例如：

မဂ္ဂဇင်းတစ်စောင်　　　　一"本"杂志
သတင်းစာတစ်စောင်　　　一"份"报纸
စာတစ်စောင်　　　　　　一"封"信
ကျမ်းတစ်စောင်　　　　　一"册"经典
လက်မှတ်တစ်စောင်　　　一"张"票

စုံ　用于成对成双的动物或物体，它是一个集体单位词，相当于汉语里的"对""双""套"等。例如：

တူတစ်စုံ　　　　　　　一"双"筷子
အကျီတစ်စုံ　　　　　　一"套"衣服

ပန်းအိုးတစ်စုံ	一"对"花瓶
ခြေအိတ်တစ်စုံ	一"双"袜子
စက်တစ်စုံ	一"套"设备

ဆူ 用于佛教的佛像、佛塔等，相当于汉语里的"尊""座"等。例如：

ဘုရားတစ်ဆူ	一"尊"佛
စေတီတစ်ဆူ	一"座"佛塔
ပုရပိုက်တစ်ဆူ	一"册"折子（类似折页书）
ပိုက်တစ်ဆူ	一"张"网

ဆောင် 用于建筑方面，相当于汉语里的"幢""座"。例如：

အိမ်တစ်ဆောင်	一"幢"房子
ကျောင်းတစ်ဆောင်	一"座"寺庙
ဇရပ်တစ်ဆောင်	一"座"亭子

တက် 用于植物的嫩枝、幼苗或一个球状物中的一部分，相当于汉语里的"根""枝""瓣"等。例如：

| ကြက်သွန်နီတစ်တက် | 一"头"洋葱 |
| ချင်းတစ်တက် | 一"块"姜 |

တန် 用于旅途、道路方面表示类别的意思，相当于汉语里的"道""条"等。例如：

မင်္ဂတစ်တန်	一"条"途径或小道（指通往天堂的路）
ရေတစ်တန်	一"道"水路
ကုန်းကြောင်းတစ်တန်	一"道"陆路
မြစ်တစ်တန်	一"条"河流

တုံး 用于凝聚成块或块状物体，相当于汉语里的"块"。例如：

ဆပ်ပြာတစ်တုံး	一"块"肥皂
ကျောက်တုံးတစ်တုံး	一"块"石头
ဝက်သားတစ်တုံး	一"块"猪肉

တွဲ 用于累累的果实、系结在一起的人、物、车辆段节或其他物体，相当于汉语的"挂""扎""节""段"等。例如：

第五章 数量词（ပမာဏနှင့်မျိုးပြ）

သပျစ်သီးတစ်တွဲ	一"挂"葡萄
နာနတ်သီးတစ်တွဲ	一"挂"菠萝
သရက်သီးတစ်တွဲ	一"扎"芒果
မီးရထားတွဲတစ်တွဲ	一"节"车厢
ဇနီးမောင်နှံတစ်တွဲ	一"对"夫妇

ထည် 用于服装，相当于汉语里的"件""条""块"等。例如：

ထဘီတစ်ထည်	一"条"纱笼（女用）
ပုဆိုးတစ်ထည်	一"条"纱笼（男用）
ဘောင်းဘီတစ်ထည်	一"条"裤子
မျက်နှာသုတ်ပုဝါတစ်ထည်	一"条"毛巾
လက်ကိုင်ပုဝါတစ်ထည်	一"块"手帕

ထပ် 用于一个物体在另一个物体上面，表示一层层的东西，相当于汉语里的"层""道"等。例如：

အုတ်တစ်ထပ်	一"层"砖
တစ်ထပ်အိမ်	一"层"楼房（指平房）
ကျုံးတစ်ထပ်	一"道"壕沟
မြို့ရိုးတိုင်းတစ်ထပ်	一"道"城墙
တိမ်တစ်ထပ်	一"片"云

ပါး 用于：① 对神、佛、王、伴侣或其他需要尊敬的人物。
② 佛经上的抽象名词。
③ 表事物种类的统称。相当于汉语里的"位""样"等。例如：

ဘုန်းကြီးတစ်ပါး	一"位"和尚
မင်းတစ်ပါး	一"位"官员
သီလဆယ်ပါး	十"戒"
မြို့အင်္ဂါလေးပါး	城市的四种标志

ပင် 用于根、茎类植物、绳线、毛发等物体，相当于汉语里的"根""株""棵"等。例如：

သစ်ပင်တစ်ပင်	一"棵"树

ချည်တစ်ပင်	一"根"线
ဆံပင်တစ်ပင်	一"根"头发
မြက်တစ်ပင်	一"棵"草

ပုံ 用于不可计量的物体，它是一个表集体的单位词，相当于汉语里的"堆""份"等。例如：

သဲတစ်ပုံ	一"堆"沙
ကျောက်စရစ်ခဲတစ်ပုံ	一"堆"鹅卵石
မီးတစ်ပုံ	一"堆"火
ပိဋကတ်သုံးပုံ	三藏经

ပုဒ် 用于文章、诗歌等，相当于汉语里的"篇""首"等。例如：

| ဆောင်းပါးတစ်ပုဒ် | 一"篇"文章 |
| ကဗျာတစ်ပုဒ် | 一"首"诗 |

ပြား 用于扁平而薄的物体，也用于钱币的"分"上，相当于汉语里的"块""只""分"等。例如：

ပျဉ်ပြားတစ်ပြား	一"块"木板
ပန်းကန်ပြားတစ်ပြား	一"个"盘子
ပိုက်ဆံတစ်ပြား	一"分"钱

ပြည့်နှစ် 用于年历方面，表整数年。例如：

| ခရစ်သက္ကရာဇ်ထောင့်ကိုးရာခြောက်ဆယ်ပြည့်နှစ် | 公元1960年（整年） |

ပွင့် 用于花朵或类似花朵的东西，相当于汉语里的"朵""颗"等。例如：

ကြာနီတစ်ပွင့်	一"朵"红莲花
နှင်းဆီတစ်ပွင့်	一"朵"玫瑰花
မှိုတစ်ပွင့်	一"朵"蘑菇
ကြယ်တစ်ပွင့်	一"颗"星星

ဖီး 一般用于香蕉，相当于汉语里的"把"。例如：

| ငှက်ပျောသီးတစ်ဖီး | 一"把"香蕉 |

ဖြာ 用于根、茎、树枝类物体及抽象名物，相当于汉语里的"件"等。例如：

第五章　数量词（ပမာဏနှင့်မျိုးပြ）

ကောင်းခြင်းငါးဖြာ	五"件"好事或"五好"
ကိုယ်စိတ်နှစ်ဖြာကျန်းမာရှင်လန်းပါစေ။	祝你身心愉快！

ဘက်(ဖက်)用于孪生物体里的一个，或本来成双的物体中的一个。相当于汉语里的"只"等。例如：

လက်နှစ်ဘက်	两"只"手
ခြေတစ်ဘက်	一"只"脚
နားရွက်တစ်ဘက်	一"只"耳朵
လက်ကောက်တစ်ဘက်	一"只"手镯

မျိုး 用于人或物的品种，相当于汉语里的"种""样""类"等。例如：

လူတစ်မျိုး	一"种"人
ပစ္စည်းတစ်မျိုး	一"样"东西
သဘောထားတစ်မျိုး	一"种"态度
အရောင်တစ်မျိုး	一"种"颜色

ယောက် 用于普通人的量词，相当于汉语里的"个"。应该注意，当指人去世后的尸体时，不能用此量词，而要用 ကောင် 。例如：

လူတစ်ယောက်	一"个"人
ကျောင်းသားတစ်ယောက်	一"个"学生
လယ်သမားတစ်ယောက်	一"个"农民
အလောင်းတစ်ကောင်	一"具"尸体

ရံ 用于成双成对物体，相当于汉语里的"双""对"等。例如：

ဖိနပ်တစ်ရံ	一"双"鞋子
ခြေအိတ်တစ်ရံ	一"双"袜子
လက်အိတ်တစ်ရံ	一"副"手套

ရပ် 用于风俗、习惯、语言、礼节、条文等方面，相当于汉语里的"处""门""项""个"等。例如：

ပြဿနာတစ်ရပ်	一"个"问题
ထုံးတမ်းတစ်ရပ်	一"种"习惯
စကားနှစ်ရပ်	两"种"话

ပညာတစ်ရပ်	一"门"知识
လုပ်ငန်းတစ်ရပ်	四"个"项目
မင်္ဂလာကိစ္စတစ်ရပ်	一"件"喜事
အခမ်းအနားတစ်ရပ်	一"项"仪式

ရှဉ်း：用于成双配对或常在一起搭配使用的牲畜，相当于汉语里的"对"等。例如：

နွားတစ်ရှဉ်း	一"对"黄牛
ကျွဲတစ်ရှဉ်း	一"对"水牛

လက်：用于工具、枪支等用手执握的物体，相当于汉语里的"把""支""门"等。例如：

ဆောက်တစ်လက်	一"把"凿子
ဓားတစ်လက်	一"把"刀
သေနတ်တစ်လက်	一"支"枪
အမြောက်တစ်လက်	一"门"炮
ထီးတစ်လက်	一"把"伞
အလံတစ်လက်	一"面"旗

လုံး：用于圆形或球形物体。相当于汉语里的"个""口""颗""顶""盏"等。例如：

စာတစ်လုံး	一"个"字
စည်အိုးတစ်လုံး	一"口"缸
မျက်စိတစ်လုံး	一"只"眼睛
ဗုံတစ်လုံး	一"面"鼓
ဆန်တစ်လုံး	一"粒"米
ကြယ်တစ်လုံး	一"颗"星
ပုတီးတစ်လုံး	一"颗"念珠
ပုလဲလုံးတစ်လုံး	一"颗"珍珠
သကြားလုံးတစ်လုံး	一"块"糖
မောင်းတစ်လုံး	一"面"锣
ခြင်ထောင်တစ်လုံး	一"顶"蚊帐

第五章 数量词（ပမာဏနှင့်မျိုး၆）

ဓာတ်မီးတစ်လုံး	一"盏"灯
တောင်တစ်လုံး	一"座"山
လက်ပတ်နာရီတစ်လုံး	一"块"表
နာရီတစ်လုံး	一"座"钟
တိုက်တစ်လုံး	一"座"楼房
ကုတင်တစ်လုံး	一"张"床
ငှက်ပျောသီးတစ်လုံး	一"根"香蕉

လွှာ 用于薄片状物体，相当于汉语里的"片""层"等。例如：

လက်ဖက်ခြောက်တစ်လွှာ	一"片"茶叶
စက္ကူတစ်လွှာ	一"层"纸
တိမ်တစ်လွှာ	一"片"云

သွယ် 用于细长而狭小的物体。相当于汉语里的"条"。例如：

မြစ်တစ်သွယ်	一"条"河
ကြေးနန်းကြိုးတစ်သွယ်	一"条"电话线
သံလမ်းတစ်သွယ်	一"条"铁路
မြောင်းတစ်သွယ်	一"道"沟

（3）特殊的量词：它是一种非特定的量词，用重复它原来的相关名词来计算物体数量单位的词。例如：

ကျောင်းတစ်ကျောင်း	一"所"学校
မြို့တစ်မြို့	一"座"城市
အိမ်တစ်အိမ်	一"幢"房子
ရွာတစ်ရွာ	一"个"乡村
အမှုတစ်မှု	一"件"案子
မျက်နှာတစ်မျက်နှာ	一"张"脸
အပုပ်နံ့တစ်နံ့	一"股"臭味
ကျောက်တိုင်တစ်တိုင်	一"座"纪念碑
တပ်တစ်တပ်	一"支"军队
နည်းတစ်နည်း	一"个"方法
အောင်ပွဲတစ်ပွဲ	一"个"胜利

有时候，由两个词素组合而成的一个复合名词，它的后一个词素或后一个音节跟数词和量词连用时往往可以省略。例如：

မြင်းတပ်တစ်တပ် ＝ မြင်းတစ်တပ်　　一"支"马队

လက်သစ်တစ်သစ် ＝ လက်တစ်သစ်　　一"节"手指

从以上表物体的量词来看，大部分量词是由名词转来的。例如：

ကွင်း	是由	အကွင်း	（圆圈，圆环）变来的
စုံ	是由	အစုံ	（对、双）变来的
ခွန်း	是由	အခွန်း	（句子）变来的
ဆောင်	是由	အဆောင်	（是楼房）变来的
တွဲ	是由	အတွဲ	（悬挂物）变来的
ထပ်	是由	အထပ်	（层）变来的
ပင်	是由	အပင်	（树木）变来的
ဘက်	是由	အဘက်	（一双或一对中的一个）变来的
လက်	是由	လက်	（手臂）变来的
သွယ်	是由	အသွယ်	（细长物）变来的

也有从动词转来的，但在数量上没从名词转来的那么多。例如：

ထင်းတစ်ထမ်း	里的	ထမ်း	来自动词"挑"
ဆေးတစ်ထုပ်	里的	ထုပ်	来自动词"包"
ဆေးလိပ်တစ်လိပ်	里的	လိပ်	来自动词"卷"
ဆန်တစ်ဆုပ်	里的	ဆုပ်	来自动词"攥、握"

（4）外来语量词：它是一种借用外国语言（多数为英语）中的量词作为本国的计算物体数量的单位词。这类词大多属于度量衡方面，也有的是属于容器的。例如：

ပေါင်	磅
တန်	吨
ကိုက်	码
ဒါဇင်	打
မီတာ	米
ဂါလံ	加仑

第五章　数量词（ပမာဏနှင့်မျိုးပြ）

二、动量词

动量词是用来计算动作或行为数量的单位词，它往往附着在数词和动词之间作动词的修饰语。缅甸语里的表动作或行为的量词没有汉语那样复杂。一般它只用 ခါ（အခါ）"时间""次数"、ကြိမ်၊ခေါက် "次"、ချက် "次""下"等依据动作或行为的次数来计算动作或行为的数量。例如：

လက်ဖက်ရည်တစ်ခါသောက်	喝一"回"茶
သွားတစ်ခါတိုက်	刷一"回"牙
တစ်ခါလာ	来一"次"
သူ့ကိုတစ်ခါလှောင်	取笑他一"次"
တစ်ခေါက်သွား	去一"次"
တစ်ခေါက်ဖတ်	念一"遍"
မျက်နှာတစ်ကြိမ်တစ်ခါသစ်	洗一"把"脸
တစ်ချက်ရိုက်	打一"下"
တစ်ခါတွေ့	见一"面"
တစ်ချက်ကန်	踢一"脚"
သေနတ်တစ်ချက်ပစ်	打一"枪"
ပါးတစ်ချက်ရိုက်	打一"巴掌"
ဓားတစ်ချက်ခုတ်	砍一"刀"
တစ်ချက်ဆွဲ	拉一"把"
တစ်ချက်ရယ်	笑了一"声"
မျက်စောင်းတစ်ချက်ထိုး	白了一"眼"
သက်ပြင်းတစ်ချက်ချ	叹了一"口"气
သူ့ကိုတစ်ချက်ကြည့်	看他一"眼"

如同上述情况一样，汉语里有多种不同的表示动作或行为的量词，但在缅甸语里只有 ချက် 和 နှီ。动作、行为也有个体单位和集体单位之分。缅甸语中 ချက် 常用在表示个体单位上，相当于汉语里的"次、回、下"等。而 နှီ 虽可表示单数的动作行为，也可用在表示复数的动作方面，相当于汉语的"顿、阵、番"等。汉语中"打一顿"，绝不止"打一下"。同样，在缅甸语中 တစ်နှီဆဲသည်（骂一顿）也绝不止只骂一句。在表

示动作或行为的量词上，缅甸语和汉语显然有很大的不同。

三、数量词在运用时应该注意的事项

1. 量词的运用需根据各种事物的不同而用不同的量词。

2. 数量词修饰名词时，其位置要随着数字变化，这是缅甸语中数量词的一个特点。变化形式如下：

（1）凡数词在十以下或多位数的个位不是零时，量词放在数词后面。例如：

နွားနှစ်ကောင်　　两头牛

လူငါးယောက်　　五个人

ကျောင်းသားဦးရေပေါင်းထောင်ငါးရာခုနှစ်ဆယ်ခြောက်ယောက်။
学生共 1576 人。

（2）凡数词是十的整倍数时，量词要放在数词前，并且必须在量词前加"အ"，或者在整数后不加量词。例如：

မြင်းအကောင်၅၀　　五十匹马

လူ ၁၉၀ ရှိသည်။ (လူ အယောက် ၁၉၀ရှိသည်။)　共有 190 人。

（3）在量词或名词后面加 ပေါင်း 再加数词，表示总共有多少。例如：

သံဃာအပါးတစ်ရာ(သံဃာတော်ပေါင်းတစ်ရာ)　　一百位僧侣

ကျောင်းသားပေါင်းတစ်သောင်းငါးထောင်ရှိသည်။
有一万五千学生。

ကိုယ်စားလှယ်ပေါင်း ၃၅၀ ညီလာခံတွင်တက်ရောက်ကြပါသည်။
有 350 位代表参加了会议。

4. 有些物量词本身就很清楚地表示它的含义时，前面的名词可以省略。如：ခွန်း 是表示语言的量词，它本身含义很明确，前面的名词可以省略而不会使人误会。如：တစ်ခွန်းဆိုင် 不二价商店。

5. 凡表示时间的名词本身可以作量词，无需再加量词。例如：တစ်နာရီ၊ နှစ်ရက်၊ သုံးလ၊ ၁၅နှစ် 。

6. 在度量衡方面还可以用比拟的方法来表示。它没有一定的大小、长短只是一个比拟而已。例如：

第五章 数量词（ပမာဏနှင့်မျိုးပြ）

ကွမ်းတစ်ယာညက်	嚼一口槟榔那样长的时间
ထမင်းတစ်အိုးချက်	煮一锅饭之久
ခဲတစ်ပစ်လောက်ဝေး	扔一块石子那么远
ဝါးတစ်ရိုက်လောက်အကွာ	一竹竿打得到的距离
မျက်စေ့တစ်မှိတ်လျှပ်တစ်ပြက်	一刹那间

第四节 数量词的语法功能和语法意义

一、数量词在句子中可作主语、宾语。一般来说数量词总是修饰名词的，表示事物的数量，修饰动词，表示动作的次数。例如：

တစ်ယောက်ကတစ်ယောက်ကိုရန်စခြင်းမပြုရ။
不得互相挑衅

ဒီတစ်အုပ်နဲ့ဟိုတစ်အုပ်မတူဘူး။
这本与那本不同。

二、数量词特别是由物量词和数词组成的数量词，基本语法功能是作定语，修饰、限定名词，当它放在名词前面一定要加 သော，古文中较常见。在这一点上数量词的性质与形容词相同。例如：

တစ်ယောက်သောသူ	一个人
ငါးကောင်သောနွား	五头牛

数量词一般情况下总是放在名词后面（尤其是量词与名词相同时）如果一定要放在前面时，量词都得变成 ခု。例如：

ကျောင်းတစ်ကျောင်း	一座学校
တစ်ခုသောကျောင်း	一座学校

但是这种情况有时并不表示"一个"，而是表示"某一个"的意思。例如：

တစ်ခုသောနေ့ 有一天，它不能说成 နှစ်ခုသောနေ့ 有两天

三、数量词也可以作为状语修饰和说明动作，尤其是动量词和数词结成的数量词。例如：

တစ်ချက်ခုတ်၊နှစ်ချက်ပြတ်

一举两得（原意：砍一刀，断成两段）

တစ်နေ့လုပ်တစ်နေ့စား။

做一天，吃一天。

在第一个例子中，两个数量词从语法意义上来看，上半句中的 တစ်ချက် 表示状语，说明动作的次数，在下半句中的 နှစ်ချက် 是动作的结果起着补语的作用。

四、量词经过重叠与数词 တစ် 结合表示"某一个"的概念，语法上相当于名词。例如：

တစ်ခုခုတော့ဖြစ်နေပြီ။

大概发生了一件事了。

တစ်ယောက်ယောက်လာရင်ပြီးနိုင်ပါတယ်။

来一个（任意一个）就行。

တစ်နေ့နေ့တော့ကလဲ့စားချေရမယ်။

总有一天要报仇。

五、数量词重复使用，表示"每一个"，这里表示一个个抽出来说明而不是指集体中的每一个。例如：

ကားတစ်စင်းတစ်စင်းကိုမိနစ်၂၀လောက်ပြင်ယူရတယ်။

每辆车需要修理 20 分钟。

အဆောင်တစ်ခုတစ်ခုရှေ့တွင်ရပ်ပြီးကြွေးကြော်ကြသည်။

在一座座楼前都停下来喊口号。

六、数量词放在专有名词或代词后面表示强调。例如：

ကျွန်တော်တစ်ယောက်လုံးရှိသားဘဲ။

有我呢！（怕什么）

မောင်လှတစ်ယောက်သည်မနှစ်ကအောင်သွားပြီ။

貌拉去年毕业了。

七、数量词可作补语。动量词与数词结合的词组在句子中常常还作补语用，尤其在包含 ထက် 的比较句里，一般格式是：数量词+形容词。例如：

第五章 数量词（ပမာဏနှင့်မျိုးပြ）

ငါးချက်တီးလိုက်သည်။
敲了五下。

ကျွန်တော်ကသူ့ထက်ငါးနှစ်ကြီးသည်။
我比他大五岁。

အဲဒီနေရာထက်တစ်ဆလောက်ပိုကျယ်တယ်။
比那个地方大一倍。

ဒီဟာကဟိုဟာထက်တစ်ပေနီးပါးလောက်ပိုရှည်တယ်။
这个比那个长一英尺左右。

由此可见，数量词在不同场合具有不同的语法功能，它既与名词有相同之处，也与形容词、副词等有相同之处。

练习

1. 在空格处填上合适的量词。

   အိုးတစ်------   ဖျာတစ်-------

   ထီးတစ် -------   မျောက်ဝံတစ်-------

   ဘုရားတစ်-------   ဘုန်းကြီးတစ်-------

   စကားတစ်-------   အုန်းသီးတစ်-------

   ခဲတံတစ်-------   ကုလားထိုင်တစ်------

2. 根据括号中的中文意思填上合适的数量词。

   --------- （一朵）   -------- （一只）

   ပန်း --------- （一束）   ငှက်ပျောသီး --------- （一把）

   --------- （一串）   -------- （一串）

   --------- （一头）   -------- （一杯）

   နွား --------- （一群）   ရေ -------- （一加仑）

   --------- （一辆）   -------- （一瓶）

   ၁၊ မောင်မြင့်သည်--------------အထက်တန်းကျောင်းကကျောင်းသားဖြစ်သည်။

   （第三高中）

၂၊ -------------မီးရထားသည်ဘူတာရုံမှစတင်ထွက်ခွာပြီ။（第 4 辆火车）

၃၊ ညီမလေး၏------------မွေးနေ့ညီခံပွဲကျင်းပမည်။ （10 岁生日）

၄၊ ------------စကားရည်လုပွဲကိုကျောင်း၌ယနေ့ကျင်းပသည်။（第 2 届）

၅၊ ကျွန်တော်တို့ရွာ၌---------လေ့ပြိုင်ပွဲကိုလွတ်လပ်ရေးနေ့၌ကျင်းပမည်။（第 5 届）

၆၊ ကျောင်းဝင်းထဲ၌ငှက်ပျောပင်------------ ရှိသည်။ （50 棵）

၇၊ ဦးလေးမှာနွား--------------မွေးထားသည်။ （25 头）

၈၊ ထိုသားရေဖိနပ်ကလေးကိုစင်ဒရဲလား၏ဖန်သားဖိနပ်------လောက်သူမြတ်နိုးပါသည်။（100 双）

၉၊ ကိုကိုသည် သူ့အတွက် ကောက်ရိုး-----တောဖြစ်ခဲ့ပါသည်။ （1 根）

၁၀၊ ခေါင်းလောင်းကြီး၏အပြင်ဘက်သည်အချင်း ------------ရှိသည်။（16 英尺 3 英寸）

၁၁၊ ခေါင်းလောင်းကြီး၏အထုမှာ ------------ ရှိသည်။ （6—12 英寸）

၁၂၊ မင်းကွန်းခေါင်းလောင်းကြီး၏အလေးချိန်ကို မင်း၍နန်မှန်မြေ ဟူ၍နန်သင်္ဂဏန်းမှတ်သားခဲ့သည်။ ကြေး------------- ရှိသည်။ （55555 缅斤）

၁၃၊ မိုးရေချိန် ----------(80-120 英寸之间)ရွာပြီး -----(3000 英尺)ခန့်မြင့်သော ဒေသများတွင်ကျွန်း၊ ပျဉ်းကတိုး၊ သစ်ရာ၊ အင်ကြင်း၊ ပိတောက်၊ သက်ခန်းစသောသစ်မာများပေါက်သည်။

၁၄၊ အင်းလေးကန်သည်------------------ကျယ်သည်။ （长 12 英里、宽 7 英里）

၁၅၊ ထိုင်နိုင်ငံတွင်ရေလွှမ်းမိုးမှုများကြောင့်-----------（40 个省）ကျော်ရှိလူဦးရေ ---------- （180 万）ခန့် ထိခိုက်ခဲ့ရသည်။

၁၆၊ --------（第 58 届）ဖရန့်ဖု(တ်)စာအုပ်ပြပွဲမှာ----------（共 100 个国家）ကျော်က ထုတ်ဝေသူတွေစီးပွဲရေးစားကျက်ရှာရင်ပါဝင်ပြသကြသည်။

၁၇၊ --------（全世界）မှာရှိတဲ့အရွယ်ရောက်ပြီးစာမတတ်သူ--------（700 万）ကို ကူညီဖို့ ယူနက်စကိုနဲ့ပူးပေါင်းပြီးစာတတ်မြောက်ရေးလုပ်ရှားမှုပြုလုပ်မယ်။

၁၈၊ ပန်းသီးပင်တစ်ပင်မှာပန်းသီး---------（300 个） လောက်သီးမှည့်စေခြင်းမှာအကောင်းဆုံး ဖြစ်သည်။

၁၉၊ ကျွန်းပင်သည် ------------------ （150 年） အသက်ရှင်သန်နိုင်သည်။

၂၀၊ ပြိုင်ပွဲဝင်လိုသူ--------(60 人)ထဲက--------(28 人)ပြန်ရွေးထုတ်ထားပြီးတစ်ဦးချင်းစီ အတွက်ယှဉ်ပြိုင်ချိန် ---------- （30 分钟） ရရှိပါတယ်။

၂၁၊ ကျွန်တော်ရဲ့ ရုပ်ရှင်ထဲက-----------（5 部影片） ကိုဒီပွဲမှာပြထားတယ်။

၂၂၊ ရေမဝင်အောင်ပြင်ဆင်ပြီးဆိုရင် ------------ （60 万） လောက်ရှိတယ်။ ရှယ်ပြင်ပြီးသား ဆိုရင်တော့ -------------- （80 多万） တယ်။

第五章　数量词（ပမာဏနှင့်မျိုးပြ）

၂၃။ အာဆီယံအဖွဲ့ကြီးသည်၊ ၂၀၀၇ခုနှစ်၊ ဩဂုတ်လ၈ရက်နေ့တွင်အာဆီယံတည်ထောင်ခြင်း
---------（满 40 年）ပြီဖြစ်သည်။

၂၄။ ယည်စီးခနန်းများအနေဖြင့်------（25 站）နှင့်အောက်စီးမည်ဆိုပါက------
（100 缅元）ပေးမည်။

၂၅။ ကားတွေအရင်က----------（每天一辆）ထွက်ကြတာပါ။ အခုတစ်နေ့ကို ကား
-------------（二三辆）အထိထွက်တယ်။

၂၆။ --------------（45 名成员）ပါဝင်သော သီရိလင်္ကာဗုဒ္ဓသာသနာပြုအဖွဲ့တစ်ဖွဲ့သည်
--------------（本月 5 日）မြန်မာနိုင်ငံသို့ရောက်ရှိကြကြောင်းသိရသည်။

၂၇။ ဒီလဆုံပိုတိုးချဲ့မှုပြီးသွားရင်တစ်နှစ်ကိုခရီးသည် ---------（270 万）ဝင်ထွက်သွားလာ
နိုင်ပြီးတစ်နာရီကိုအဝင်လူ-----（900）နဲ့ အထွက်လူ--------（900）ဝင်ထွက်နိုင်မယ်။

၂၈။ ဂိုဒေါင်းဘေးမှာ ဂုန်နီအိတ်စုတ်ခင်းပြီး ---------မှေးလိုက်သည်။ （打了个盹）

၂၉။ မြဝတီမင်းကြီးဦးစကောင်းကြီး----------（13 根弦）အထိတီထွင်ဖန်တီးနိုင်ခဲ့သည်။

၃၀။ စောင်းကောက်သည်ညခန်းများတွင်နယားခံစင်ဖြင့်တင်တယ်ဝင်ထည်စွာနေရာယူလျက်ရှိ
သည်မှာအလွန်လှပသော-------------（一道风景）ဖြစ်ပေတော့သည်။

၃၁။ လမ်းထိပ်ကဝင်လာလျှင်----------------（第 3 栋房子）မှာကျွန်တော်တို့အိမ်
ဖြစ်သည်။

၃၂။ ဖေဖေမေမေတို့၏-------------------（25 周年）မင်္ဂလာနေ့၌ဘုန်းတော်ကြီးများကိုဆွမ်းကပ်
ပါသည်။

၃၃။ ၂၀၀၆ခုနှစ်မှာ သက်တမ်း ---------------（整整182 年）ရှိနေပြီဖြစ်သည်။

၃၄။ ပထမအဆင့်အဖြစ်အမျိုးသားဦးလာခံကို ၂၀၀၄ခုနှစ်မေလမှစတင်ကာပြန်လည်ကျင်းပခဲ့
ရာ ယခုအကြိမ်မှာ-----------（第 4 次）ဖြစ်သည်။

第六章 形容词（နာမဝိသေသန）

第一节 形容词的定义和分类

一、形容词的定义

形容词是用来区别同类事物或同类动作的性质、形象、状况、程度或范围的词。有些缅甸语法书中认为描写与突出名词的词就是形容词。从这个意义上来看，形容词的范围就很大，因为名词、动词、数量词都可以描写名词，所以这个定义还不太确切。有人认为缅甸语中形容词极少，主要语法作用与动词相同。因此，将它归入动词之列，称为"性状动词"。我们认为形容词虽然有些方面与动词相同，例如它经常在句子中作谓语用；它可能受副词的修饰；可以受到助动词的补充语说明等等。但是它的主要语法功能是用来修饰与描写名词的，它与名词的结合方式与动词不同，应该作为单独的词类列出。例如：

① ရဲရင့်သောတပ်မတော်သား
　勇敢的战士
② ရှုပ်ထွေးလှသောပြဿနာကိုမည်ကဲ့သို့ဖြေရှင်းရမည်နည်း။
　这个非常复杂的问题要怎么来解决？
③ ပြည်သူလူထုတို့သည်ဆိုးဝါးသောမိုးခေါင်ရေရှားဘေးဒုက္ခများကိုတိုက်ဖျက်လိုက်ကြပေပြီ။
　人民战胜了严重的旱灾。

上列例句中，①表示性质，②表示性状，③表示程度、范围，这些都是形容词的性能。

二、形容词的分类

在缅甸语法书中按其性质分成四类：性状形容词（ဂုဏ်ရည်ပြနာမဝိသေသန）、

第六章　形容词 (နာမဝိသေသန) 　93

数量形容词（ပမာဏပြနာမဝိသေသန）、指示形容词（အညွှန်းနာမဝိသေသန）、疑问形容词（အမေးနာမဝိသေသန）。在本书中已经将数量词单独划分出来（详见本书第五章），分成数词和量词，因此不再放在形容词中。

（一）性状形容词：表示事物的性质、状态的形容词。

1. 表示性质的，例如：

နီ　红　　　　　　　ရိုင်းစိုင်း　野蛮
ယဉ်ကျေး　文明　　　　ရဲ့　勇敢

2. 表示事物的状态和程度的，例如：

တိုတောင်းသောအချိန်ကာလအတွင်း
在短短的时期中……

တုတ်ခိုင်သောလက်မောင်း
很粗的胳膊

3. 表示事物活动的状况，我们称之为谓语形容词，因为在大多数情况下作谓语用。例如：

နောက်ကျ　落后　　　　နှေး　慢
ခန့်　雄伟（建筑）　　　မြန်　快

（二）指示形容词：这类词往往与前面代词相混，因为在形式上都差不多，但是从语法分析来看，代词是代替某一事物，它可以单独充当主语、宾语等成分，而指示形容词则只能附着于名词之前表示指示或疑问。例如：

近指：ဤ၊ ဒီ၊ သည်၊ ဟောဒီ
远指：ထို (ဟို၊ ဟောဟို)
再远指：ဟိုး (အဒီ၊ အဲဟို)
不定指：အကြင်သူ၊ တစ်ခုသော၊ တစ်စုံတစ်ယောက်သော
其他：ယင်း၊ ၎င်း၊ တစ်ပါးသော

ဤစာအုပ်ကိုဖတ်ပြီးပြီလား။
你看完这本书了吗？

ဟိုစာအုပ်ကိုကျွန်တော်မကြိုက်ပါ။
我不喜欢那本书。

ဟောဒီစားပွဲမှာလာထားပါ။
放到这张桌子上来。

ဟောဟိုတောင်ကုန်းပေါ်မှာဘယ်သူတွေရှိသလဲ။
谁在那座小山岗上?

အဲဒီနေရာကကျောက်တုံးကြီးကိုမြင်သလား။
你看见那儿的大石头了吗?

တခြားစာအုပ်ပြစမ်းပါ။
请你将其他的书给我看看。

ဒီပြင်မေးစရာတွေရှိသေးသလား။
还有其他问题吗?

ဉာဏ်ကြိုးသူသည်ကြိုးစားပါက၊ ထိုသူသည်အောင်မြင်မှုများရရှိပါလိမ့်မည်။
谁努力,谁就会获得成功。

တစ်စုံတစ်ယောက်သောသူကသင့်အားလာကူညီမည်။
有人将会来帮助你。

တစုံတခုသောကြမ္မာကြောင့်ကျွန်တော်သည်ဤနေရာသို့ရောက်လာပါသည်။
某种命运促使我来到这里。

（三）另外还有一类算是疑问形容词的,它也与疑问副词很像,有:အဘယ်(ဘယ်)၊ အဘယ်မျှ(ဘယ်လောက်)၊ မည်သည်(ဘာ)၊ မည်မျှ(ဘယ်လောက်)၊ မည်ကဲ့သို့(ဘယ်လို) 等。例如:

ခင်ဗျားကဘယ်လိုစာအုပ်မျိုးဝယ်လာခဲ့သလဲ။
你买了什么样的书来了?

မောင်ဘကဘယ်လို(မည်ကဲ့သို့သော)ကျောင်းသားနည်း။
貌巴是什么样的学生?

သူသည်မည်သည့်အရာကိုကြိုက်သနည်း။
他喜欢什么东西?

第二节 形容词的比较级

表示事物的性状,有三种程度上的差别:那就是一般级（သာမန်အဆင့်၊အနိမ့်စား）、比较级（သာလွန်အဆင့်၊ အလတ်စား）、最高级（အသာလွန်ဆုံးအဆင့်၊ အမြတ်စား）。这种形容词的程度差别，各种语言有不同的表示方法。英语是靠变化词尾，或加附加成分来表示。缅甸语中没有词尾变化，跟汉语一样，只是依靠附加别的成分来表示。

1. 一般级：用形容词加定语助词 သော（တဲ့）在名词前面来表示。例如：

ကောင်းသောဖောင်တိန်	好钢笔
ရိုင်းစိုင်းသောတိရစ္ဆာန်	野蛮的野兽
သာယာတဲ့ရှုခင်းများ	美丽的风景
မိုးခေါင်ရေရှားသောဒေသ	干旱区

2. 比较级：表示比较级时，只要形容词前面加上副词 ပို၊ ပိုပြီး သာ၍၊ တိုး၍ 等词，相当于汉语中的"较、更、相当"。例如：

အခုတလော သူသည်ပို၍ကျန်းမာလာသည်။
最近他更加健康了。

သာလွန်၍ကောင်းမွန်လာပါသည်။
更好了。

ဤစာအုပ်သည်ဟိုစာအုပ်ထက်ပို၍ထူသည်။
这本书比那本书更厚。

3. 最高级：表示最高级的形式是把形容词放在 အ ... ဆုံး 的格式中。例如：

ဤပန်းချီကားသည်အလှဆုံးပန်းချီကားဖြစ်သည်။
这幅画是最美的画。

ဟိုရုပ်ရှင်ကားဟာအညံ့ဆုံးဘဲ။
那部电影最差。

သူသည်ကျွန်တော်တို့အတန်းတွင်စာအတော်ဆုံးကျောင်းသားပင်တည်း။
他是我们班上学习最好的人。

သူကအသက်အငယ်ဆုံး။
他最年轻。

ရန်ကုန်မြို့သည်တရုတ်ပြည်ရှိအကြီးဆုံးမြို့ဖြစ်သည်။

上海是中国最大的城市。

စိန်သည်အမာဆုံးကျောက်ဖြစ်သည်။

钻石是一种质地最硬的矿石。

ဒီနေ့ဟာအပျော်ဆုံးနေ့ဖြစ်တယ်။

今天是最欢乐的日子。

形容词的最高级形式有时可作名词来用。例如：

မဝေဝေသည်အတော်ဆုံးကျောင်းသူဖြစ်သည်။

玛薇薇是最好的学生。（作形容词）

ကျွန်တော်တို့အတန်းတွင်အတော်ဆုံးသည်မဝေဝေဖြစ်သည်။

我们班里最好的（学生）是玛薇薇。（作名词）

ကျွန်တော်တို့အတန်းကမဝေဝေသည်အတော်ဆုံးဖြစ်သည်။

我们班里玛薇薇是最好的（学生）。（作名词）

第三节　形容词的构成

1. 由一个词素构成的单纯形容词(ပင်ကိုနာမဝိသေသန)。例如：

ရှည် 长　　　　တို 短

ချော 光滑　　　ဝေး 远

2. 合成法：由两个词组合起来构成的合成形容词(ပေါင်းစပ်နာမဝိသေသန)，表示一个新的概念。合成形容词有联合式和附加式两种结构。

（1）由两个意义相同的或接近的词素组成，它们的地位和重要性是相同的，这类称之为联合式。例如：

သာယာ（优雅）＋ လှပ（美丽）

➡ သာယာလှပသောရှုခင်း 优美的风景

တောင့်（强）＋ တင်း（紧）

➡ တောင့်တင်းသောကိုယ်ခန္ဓာ 强壮的身体

သေး（细小）＋ နပ်（碎小）

➡ သေးနပ်သောကိစ္စ 小事

（2）形容词附加上另外的附加成分，使它的性质带有感情色彩和其他意义，在描写时更加生动形象，这类称附加式。例如：

နီရဲရဲ	红红的	ဝါတာတာ	黄黄的
ချိုတိုတို	甜丝丝	ငံတံတံ	咸咸的
ဝင်းဝင်းဝါ	黄澄澄	ချဉ်တင်တင်	酸溜溜

从上面的例词可以看出，形容词后面带上附加成分之后，一种情况是表示"略有些"，就是程度上有所减轻；另一种情况是加深程度。在单音节形容词后面加上两个声母为 တ 的叠韵音节构成的附加成分，表示程度上的减轻。当然还有一些形容词表示"略有些"的意义时，附加成分并不规则。例如：

မဲတူးတူး　漆黑漆黑的　　　ယဉ်ေေ　较文雅的

相近意思的形容词重叠后作前缀，表示程度更加深。有些前缀在意义上没有什么联系。例如：

ရဲရဲနီ　鲜红的　　　　　ဆွတ်ဆွတ်ဖြူ　白皑皑，雪白的

还有一种是形容词前面加上附加成分 ခပ် 表示"比较、有些"的意思。（另外这种形式还可以作副词用）。例如：

အရပ်ခပ်ပုပု　　个儿比较矮小

မျက်လုံးခပ်ဝိုင်းဝိုင်း　　眼睛圆圆的

另有一类附加在名词或数量词后面表示修饰的有：

ကလေး	表示"小"的意思。如：ရွာကလေး ၊ မြို့ကလေး
တော်	表示"尊敬"的意思。如：ညီသည်တော် ၊ ကျောင်းတော်
မ	表示"主要"的意思。如：ခန်းမ ၊ လမ်းမကြီး
တည်း	表示"只、单、唯一"的意思。如：တစ်ယောက်တည်း

3. 重叠法（နှစ်ကြိမ်ထပ်နည်းဖြင့်ဖွဲ့စည်းသောနာမဝိသေသန）。这种形容词重叠后一般都放在名词后面，而且仅限于单音节的形容词，起加重语气的作用。例如：

လက်ဖက်ရည်ချိုချိုတစ်ခွက်ပေးပါ။
给一杯甜茶吧。

ရုပ်ရှင်ကောင်းကောင်းကြည့်ချင်သည်။
想看个好的电影。

အကျီဖြူဖြူတစ်ထည်ပေးပါ။
请你给一件白衣服吧！

4. 借用巴利文中的形容词。例如：

အနန္တ　　　无限的
ထာဝရ　　　持久的、永久的
သပွယ်　　　美观的

有些形容词是借用巴利文的形容词经过改造而形成的。例如：

သပွယ် 美观的，是由 သပွယ 转化而来。

ကန်း 瞎的，是由 ကာဏ 转化而来。

第四节 形容词的特性和语法功能

1. 它可修饰名词，有下列几种情况：

（1）一般形容词后面都加 သော 之后来修饰名词或代词，在口语中 သော 变成 တဲ့。例如：

နီရဲသောနေမင်းကြီး： 红艳艳的太阳

ခန်ညားထယ်ဝါသောပြည်သူ့ခန်းမဆောင်ကြီး： 宏伟的人民大会堂

（2）有一部分形容词不加 သော 就可以直接放在名词前面修饰名词。例如：

ထာဝရငြိမ်းချမ်းရေး： 持久和平

မဟာတံတိုင်းကြီး： 伟大的长城

သာမန်အရပ်သား： 普通居民

（3）形容词可以加 စွာ 后作状语来修饰动词，还可以加上 စွာသော 作定语修饰名词。例如：

ဤသတင်းများကိုကြားရတော့များစွာဝမ်းသာ၏။
听到这消息后很高兴。

ချိုသောစွာပြော၏။
说话说得很甜蜜。

ချစ်လှစွာသောရဲဘော်အပေါင်းတို့

第六章　形容词 (နာမဝိသေသန)

亲爱的同志们

မြောက်များစွာသောပရိသတ်များသည်လက်ခုပ်တီးကြလေသည်။
很多观众都鼓掌。

（4）形容词在一般场合下，都加 သော 放在名词前面来修饰名词。但有时也可不加 သော，放在名词后面来作修饰语，以单音节的居多。例如：

ခဲတံတို	......	တိုသောခဲတံ	短的铅笔
တံတားရှည်	......	ရှည်သောတံတား	长桥
လူလိမ္မာ	......	လိမ္မာသောသူ	很乖的孩子
လူဝ	......	ဝသောလူ	胖人
ကြွက်ဖြူ	......	ဖြူသောကြွက်	白鼠

2. 形容词可以重叠，重叠后有两种作用：

（1）作定语，这种重叠一般是单音节的形容词重叠后放在名词后面作修饰名词用。例如：

ခဲတံတိုတိုယူခဲ့ပါ။
拿一支短的铅笔来。

အသံကျယ်ကျယ်ပြောပါ။
讲大声一些。

（2）形容词重叠后可变为副词，用来修饰动词。例如：

လှလှပပဝတ်ဆင်ထားသည်။
穿得很漂亮。

ကားမြန်မြန်မောင်းမှနောက်မကျမှာ။
车要开得快一些才能不迟到。

3. 形容词可以作谓语。例如：

ဤပြဿနာဖြေရှင်းရန်မခက်ပါ။
要解决这问题并不难。

သူလုပ်တာမြန်တယ်။
他做得快。

形容词单独作谓语是有一定的限制，并不是每个形容词都能作谓语。

例如加重叠后缀的一类形容词，一般不作谓语用，常常作为补语成分。后面的 ဖြစ် 作主要谓语动词。例如：

ဝါတာတာဖြစ်သွားတယ်။
变成黄黄的。

ရွှေပြောင်ပြောင်ဖြစ်လာသောလယ်ခင်းကိုကြည့်၍ဝီတိဖြစ်ကြပါသည်။
看着这些逐渐变成金黄色的田地，心中不由高兴起来。

4. 形容词可受副词修饰。例如：

မကောင်းဘူး။
不好。

ဤဘုရားသည်အလွန်သပ္ပါယ်၏။
这佛塔真漂亮。

ခရီးတော်တော်ဝေးသည်။
路途遥远。

များစွာခန့်ညားလှပပါပေသည်။
真是宏伟壮观啊！

练习

1. 将下面两列的形容词和名词进行恰当地搭配。

ကျယ်လောင်သော	ပုဆွာ
စိမ်းလန်းသော	အာဇာနည်
သပ္ပါယ်သော	ည
ရဲရင့်သော	မြစ်
နီမြန်းသော	မြက်ခင်း
ကောက်ကွေ့သော	ရန်
လေးလံသော	စေတီ
ခက်ခဲသော	နှုတ်ခမ်း
မွှေးကြိုင်သော	ဆိုင်းသံ
မှောင်မိုက်သော	ခြင်းတောင်း

第六章　形容词 (နာမဝိသေသန)

2. 找出下列句子中的形容词并指出其构成方式。

၁။ ဒီလမ်းမှာ ဒီကားတစ်စီးတည်းရှိတာ မဟုတ်ဘူး။

၂။ တန်ခူးလဆိုလျှင် နှစ်ဟောင်းကုန်၍ နှစ်သစ်ကူးသည့်အချိန်ဖြစ်သည်။

၃။ အဖြူရောင်ပါးလွှာလွှာတိမ်မျှင်တိမ်စတွေကလည်းကောင်းကင်မှာဦးတည်ရာမဲ့လွင့်မျော နေကြသည်။

၄။ မျက်မှန်အကောင်းစားတပ်ပြီးသားသားနားနားဝတ်ဆင်ထားသောလူတစ်ယောက်ကိုတွေ့ ရသည်။

၅။ အမေတကောပြေးလာခဲ့ရဟန်ဖြင့်, သန်မာထွားကျိုင်းလှသောအမွေးရှည်တဖွားဖွား နှင့်မြင်းညိုကြီးသည်ကျောက်လိုဏ်ဂူကလေးအဝမှာတုံ့ခနဲရပ်လိုက်သည်။

၆။ ခပ်မှောင်မှောင်လိုဏ်ဂူကလေး၏အတွင်းပိုင်းကိုအားစိုက်၍ကြည့်သည်။

၇။ ပို၍သေချာသည်ကတော့, **မိလှစုး**（人名） ဘဝမှာ မင်္ဂလာအရှိဆုံးအသံကိုကြားလိုက် ရခြင်းပင်ဖြစ်လေသည်။

၈။ အမျိုးသမီးလက်ကိုင်အိတ်ကောင်းကောင်းလေးတွေအမှတ်တရယခဲ့နော်။

၉။ သူသောက်နေကျဘီစီဆိုင်ထက် အဆတစ်ရာသာလွန်ကောင်းမွန်သော စားသောက်ဆိုင် ၏သီးသန့်အခန်းထဲဝင်လိုက်သည်နှင့် တစ်ကိုယ်လုံးအေးမြသွားသည်။

၁၀။ တဖျစ်ဖျစ်မြည်သံတို့က ပို၍ပို၍ ကျယ်လောင်လာသည်။

3. 根据所给中文在空格处填上合适的缅文。

၁။ ငါ့ခြေထောက်တွေကသူငယ်ချင်းတွေကြားထဲမှာ------------------------------------။
　　（最长、最健壮、跑得最快）

၂။ ----------------（最烦心、最不想做的）အလုပ်ကလင်ကွာမယားကွာကိစ္စဖြစ်သည်။

၃။ အဖြူရောင်--------（薄薄的）တိမ်မျှင်တိမ်စတွေကလည်း ကောင်းကင်မှာဦးတည်ရာမဲ့ လွင့်မျောနေကြသည်။

၄။ ကလေးများအားလုံးသည်--------------------------（更香、更甜、更有味道）ပန်းသီးနီနီများကိုဝယ်စားကြပါလိမ့်မည်။

၅။ မိသုကာမြောက်သောကျွန်းသားအိမ်တစ်လုံးကိုရန်ကုန်မြို့လယ်နှင့်-------------（稍有些远）နေရာတစ်နေရာမှာကျွန်တော်တွေ့ဖူးသည်။

၆။ ---------------（宽松的）ချည်ထည်များကိုသာဝတ်ဆင်ပါ။

၇။ ဟောဒီမေမေရဲ့မေတ္တာဟာအဲဒါတွေ------（更）ကျယ်ပြန့်နက်ရှိုင်းတယ်ဆိုတာပဲ။

၈။ ဘဝမှာ----------（最想实现）ဆန္ဒ ဘာလဲ။

၉။ ဘာပဲပြောပြောဒီလက်ဟန်စကားမှာတော့တူအောင်---------（尽最大可能）လုပ်ကြရမှာပါ။

၁၀။ ကချင်ပြည်နယ်တွင်-----------------（最有名的）ထွက်ကုန်မှာကျောက်စိမ်းဖြစ်သည်။

第七章 动词（ကြိယာ）

第一节 动词的定义和分类

一、动词的定义

动词是叙述事物（句子的主语）的动作、行为、变化、状态或功能的。它是组成句子中谓语的主要组成部分。在缅甸语中，谓语一般是不能省略的，因此，动词显得特别重要。例如：

ခင်များကဒီစာအုပ်ကိုဖတ်ချင်သလား။
你要看这本书吗？

ဒီနေ့တော်တော်ပင်ပန်းသွားကြပေမဲ့အားလုံးကဝမ်းသာကြပါတယ်။
今天大家都很累，但是都很高兴。

ခိုဖြူသည်ငြိမ်းချမ်းရေး၏အထိမ်းအမှတ်ဖြစ်၏။
白鸽是和平的象征。

ကျွန်တော်တို့ရဲ့အခန်းမှာစားပွဲတင်နာရီတစ်လုံးရှိသည်။
我们房间里有一个座钟。

以上例句中的动词不仅各有意义上的区别，而且在句子中要求与别的词、成分结合时也有不同。例如：第一个例句中的 ဖတ် 要求有宾语；第二例句中的动词就不要；第三、第四例句中的 ဖြစ် 前面都有说明主语的成分，没有这些成分，句子也不成立。因此动词比较复杂。

二、动词的分类

根据动词的词义和特点，我们基本上可以把缅语动词分成三类：动作动词（ပြုခြင်းပြကြိယာ）、存在动词（ရှိခြင်းပြကြိယာ）、连系动词（ဖြစ်ခြင်းပြကြိယာ）。

（一）动作动词：这类动词主要是表达事物的各种动作、行为，它

可以分为两类：不及物动词（သုဒ္ဓကြိယာ）和及物动词（ကာရိုက်ကြိယာ）

1. 不及物动词：又称自动词或内动词，它前面不能带宾语。例如：

ကလေးငိုသည်။
小孩哭。

ငှက်တွေပျံသန်းနေကြသည်။
鸟儿在飞翔。

တုတ်ကျိုးသွားပြီ။
棍子断了。

ရန်သူသည်ထွက်ပြေးသွားကြလေသည်။
敌人逃跑了。

以上例句中的 ငို、ပျံသန်း、ကျိုး、ထွက်ပြေး 都是叙述主语本身动作、性质或状态的，不涉及另一事物。因此它不能带任何宾语。

2. 及物动词：又称他动词或外动词，它前面可以带宾语。例如：

အမျိုးသားအောင်ပွဲနေ့ကိုထောပနာပြုကြပါသည်။
庆祝国庆。

ကျွန်တော်တို့သည်လေဆိပ်၌ဧည့်သည်တော်များအားလိုက်လိုက်လှဲလှဲကြိုဆိုကြ၏။
我们在机场热烈欢迎贵宾。

တရုတ်ပြည်တွင်ဂျက်လေယာဉ်ပျံကိုထုတ်လုပ်နိုင်ပြီ။
中国能制造喷气式飞机了。

上述例句中的 ထောပနာပြု、ကြိုဆို、ထုတ်လုပ် 等动词都有各自涉及的对象。

不及物动词与及物动词并不能决然分开，有些动词既可以当及物动词，也可以当不及物动词。有些不及物动词加上助动词或经过语音变化后就能变成及物动词。

在及物动词中又可分成三种类型：完全及物动词、不完全及物动词和双宾语及物动词。

（1）完全及物动词：这种及物动词，它所叙述的主语的动作，仅仅影响别的事物本身，而不引起别的事物的动作及变化，所以它只有一个宾语。这个宾语可以是一词或一个短语。

ကျွန်တော်(က)ရုပ်ရှင်(ကို)ကြည့်သည်။

我看电影。

သူ(က)သတင်းစာ(ကို)ဖတ်နေသည်။
他正在看报。

上述例句中，表示的意思非常明确，所以主语与宾语后面的助词都可以省略。

（2）不完全及物动词：这类动词虽然也像普通及物动词那样，只是涉及另一个事物而没有引起其他事物的动作或变化，但是在句子中还必须要用别的词来补充说明动作，才能表达完整的意思，这种动词称为不完全及物动词，虽然在缅语中为数不多，但要注意。常用的有：ခန့်（任命）、ခေါ်ဝေါ်（称呼）、လုပ်（制成）、ထင်（想、以为）等。例如：

ဥက္ကဋ္ဌသည်သူ့အားလယ်ယာစိုက်ပျိုးရေးဝန်ကြီးအဖြစ်ခန့်အပ်လေသည်။
主席任命他为农业部长。

ပန်းထိမ်ဆရာသည်ရွှေကိုလက်ကောက်လုပ်သည်။
首饰匠把金子制成手镯。

ခင်ဗျားကသူ့ကိုကျောင်းဆရာထင်သလား။
你以为他是老师吗？

例句中及物动词前面不仅有直接宾语，而且还有宾语补足语，这些补足语是补充说明动作所直接涉及的宾语意义还不够完整的部分。如上述第 1 例句中的"主席任命他"这句话表达的意义并不完整，一定要加上补足语才算完成。同样，在上述第 2 例句中的"将金子制成手镯"如果没有"手镯"这一补足语，就无法理解句子的意思。

（3）双宾语及物动词：这种动词往往同时影响到两个相关的事物，所以必须把两个相关的事物都说出来，整个句子的意义才能完整。因此，它前面必须带有两个宾语。例如：

ကျွန်တော်ကသူ့အားအကျိုးအကြောင်းများကိုပြောပြလိုက်သည်။
我给他讲了情况。

ဆရာကြီးသည်ကျွန်တော်တို့အားသဘောတရားရေးရာပညာများကိုသွန်သင်ပေး၏။
老师给我们进行了理论教育。

သူကကျွန်တော့်အားသတင်းကောင်းတစ်ခုပြောပြလိုက်ပါသည်။

他告诉了我一个好消息。

上述例句中有两个宾语，一个叫直接宾语（ပကတိကံ），一般是承受动作的事物；另一个叫间接宾语（ဝိကတိကံ），一般由承受动作的人来充当。

3. 动词的转换：在缅甸语中的及物动词与不及物动词可以互相转换和变化。一般规律如下：

（1）将不及物动词里的不送气的清辅音，变成相对应的送气清辅音，则不及物动词就变成为及物动词。例如：

က	落下	→	ခ	摘下、放下
ကြေ	碎	→	ခြေ	弄碎
ပျက်	毁坏	→	ဖျက်	破坏
ပြိုပျက်	毁灭	→	ဖြိုဖျက်	使毁灭
ကြောက်	害怕	→	ခြောက်	恫吓

（2）将不及物动词里的鼻辅音 c၊ ည၊ ဏ၊ န 和边音 လ 加上 ဟထိုး 变成清化音，即成及物动词。例如：

မြုပ်	沉没	→	မြှုပ်	埋没
နိုး	醒	→	နှိုး	唤醒
လွတ်	解脱	→	လွှတ်	释放
လျော့	松懈	→	လျှော့	放松

（3）不及物动词加上助动词 စေ 变成及物动词。实际上也就是将自动变为使动意义。例如：

ကြေ	碎	→	ကြေစေ	使粉碎
လွတ်မြောက်	解放	→	လွတ်မြောက်စေ	使解放
နစ်	沉没	→	နစ်စေ	使沉没
လွတ်	解脱	→	လွတ်စေ	使解脱

（二）存在动词（ရှိခြင်းပြကြိယာ）：这类动词表示事物的存在，并非表示动作。在缅甸语中这类动词只有一个 ရှိ，表示"具有"或"存在"。

在句子中，存在动词 ရှိ 前面不能加宾语，因为它是个不及物动词。当存在动词 ရှိ 的意义纯粹是作"有"解释时，则句子中的主语（逻辑主语）后面的助词一定要用 တွင်(မှာ) 而不用 သည်၊ က 等，并且在 တွင်(မှာ)

前的名词和代词如果是低平调的，则都变成为高降调。例如：

သူ့မှာသားသမီးလေးယောက်ရှိတယ်။

他有 4 个孩子。

ကျွန်တော့်မှာပိုက်ဆံတစ်ပြားမှမရှိပါ။

我一分钱也没有。

ချင်းတောင်မြို့တွင်အပန်းဖြေဆေးကုစခန်းနှင့်အနားယူစခန်းအမြောက်အများရှိသည်။

在青岛有很多疗养院和休养所。

သူ့မှာဘာစာအုပ်မှမရှိဘူး။

他没有任何书。

存在动词 ရှိ 还可以当"在"讲。例如：

ရွှေတိဂုံဘုရားသည်ရန်ကုန်မြို့တွင်ရှိသည်။

大金塔在仰光。

သူသည်အိမ်မှာမရှိချေ။

他不在家。

另外，存在动词在句子中还能起语法作用，我们在句法中再详谈。

（三）连系动词(ဖြစ်ခြင်းပြုကြိယာ)：连系动词是表示主语是"什么"或不是"什么"的词。在缅甸语中有 ဖြစ် 和 ဟုတ် 两个，中文意义都是"是"但它们并不一样。

ဖြစ် 表示"是"什么，说明主语的性质，而且一定要加主语的补足语，我们不能说：ကျွန်တော်ဖြစ်သည်။ 而一定要说：

ကျွန်တော်သည်ကျောင်းသားတစ်ယောက်ဖြစ်သည်။

我是一个学生。

တရုတ်မြန်မာနှစ်နိုင်ငံသည်သင့်မြတ်သောအိမ်နီးချင်းနိုင်ငံဖြစ်ကြပါသည်။

中缅两国是友好的邻邦。

一般情况下 ဖြစ် 这个动词都是直陈语气，表示主语"是什么"。当表示否定或疑问表示"是不是"时就不能用 ဖြစ် 加否定副词，而是用ဟုတ် 加否定副词。例如：

တရုတ်ပြည်သူတို့သည်အိန္ဒိယပြည်သူများ၏ရန်သူမဟုတ်ဘဲနှစ်ရှည်လများချစ်ကြည်ရေး
အစဉ်အလာရှိသောမိတ်ဆွေဖြစ်ပါသည်။

中国人民自古以来就是印度人民的朋友而不是敌人。

ခင်များလည်းသွားမည်မဟုတ်လား။

你不是也去吗？

当回答这类否定句或反问句时，表示"是"或"对"时，不用 ဖြစ် 而用 ဟုတ် 。例如：ဟုတ်ပါသည်၊ ဟုတ်ကဲ့ 。

如果 ဖြစ် 加上否定副词 မ 时，意义变成为"不行""不可以"。例如：

ဤသို့လုပ်လျှင်မဖြစ်နိုင်။

这样做不行。

တပါးသူအားအရမ်းဝေဖန်၍မဖြစ်ပါ။

不能乱批评别人。

ဖြစ် 还有普通不及物动词的性能，它表示"发生""完成""适合"的意思，不能带宾语。例如：

ပထမကမ္ဘာစစ်ကြီးသည်၁၉၁၄ခုနှစ်တွင်ဖြစ်၏။

第一次世界大战发生在 1914 年。

ရန်မဖြစ်မီကသူတို့နှစ်ယောက်သည်အလွန်ချစ်ခင်ကြပါသည်။

未发生冲突之前他们俩人很亲密。

ဖြစ် 在句子中有时还起"肯定"的作用。例如：

သူလာလိမ့်မည်ဖြစ်၏။

他将会来。

ဟုတ် 当不及物动词时，表示"确实""真的""了不起"。例如：

သူပြောသောစကားသည်ဟုတ်ပါသည်။

他讲的话是对的。

သူ့ကိုယ်သူဟုတ်လှပြီဟုထင်နေသည်။

他自以为了不起。

第二节　动词的构成

一、单纯词：这种动词是由一个词素构成的，大多数是单音节的。例如：

第七章 动词(ကြိယာ)

အိပ် 睡	ထိုင် 坐	သေ 死	ကူး 渡
ပြေး 跑	သွား 去	ရိုက် 打	ဖတ် 念
စား 吃	လာ 来	ကြည့် 看	လုပ် 做

二、复合动词：它是由几个成分结合而成的动词，这类动词可分并列、偏正、复合等几种结构形式。

1. 并列形式：是由两个动词地位平等地结合在一起。

   （1）两个意义相近或相同的动词组成

   ပြော（说）+ ဆို（讲、唱）→ ပြောဆို（说讲）
   စောင့်（等）+ ထိန်း（照看）→ စောင့်ထိန်း（照顾）
   လုပ်（做）+ ကိုင်（掌握）→ လုပ်ကိုင်（做）
   ကြည့်（看）+ ရှု（看）→ ကြည့်ရှု（观察）
   ရပ်（停）+ ခ（散）→ ရပ်ခ（停止）

   （2）两个意义相反或是不同的动词并列组成

   ရောင်း（卖）+ ဝယ်（买）→ ရောင်းဝယ်（买卖）
   သွား（去）+ လာ（来）→ သွားလာ（来往）

2. 偏正：两个不同的词结合在一起组成复合动词，它内部关系也有各种各样，一部分它本身内部关系有主谓关系与宾动关系两种。总的称其为 နာမ်ပေါင်းကြိယာ（名动词）。

   （1）主谓结构：由一名词与动词结合，名词是后者的施事，结合后是一个动词。如果没有前面的名词，这动词意思完全改变。因此，我们不能把这一类词看成词组。例如：

   နား（耳朵）+ ထောင်（竖立）→ နားထောင်（听）
   နှုတ်（嘴）+ ဆက်（接）→ နှုတ်ဆက်（问候）
   ရေ（水）+ ယို（漏）→ ရေယို（漏水）

   （2）宾动结构：它也是由一个名词与一个动词，不过名词在整个词中受动词的支配，作动作的承受者，因此是宾动结构。例如：

   ထမင်း（饭）+ ချက်（煮）→ ထမင်းချက်（做饭）
   အမြင့်（高）+ ခုန်（跳）→ အမြင့်ခုန်（跳高）

မိန့်ခွန်း（演讲）+ ပြော（说） → မိန့်ခွန်းပြော（演讲）

注：主谓结构、宾动结构的动词，它们成分之间的结合并不紧密，所以在它们中间经常可以加入一些数量词、副词等，这也是缅甸语动词的一个特点。例如：

ဂရုပင်မစိုက်၊နားပင်မထောင်။

也不注意，连听都不听。

ထမင်းမြန်မြန်ချက်ပါ။

快点做饭。

（3）还有一种结构是由一个主要动词和一个次要的动词组成，主要动词的意义分明，可以单独使用，它起着复合动词的主要作用，次要动词意义不明，不能单独使用，主要动词既可以在前，也可以在后。例如：ပျက်စီး၊တွေးတော၊ရယ်မော 前面的 ပျက်（坏）、တွေး（想）、ရယ်（笑），都是主要成分，可以单独使用，而后半部分则不能单独使用，意义也不明确；ပပျောက် 消失，ဝင့်ကြွား 骄傲，主要动词 ပျောက်（消失）、ကြွား（骄傲）在后面，可以单独使用，而前面的部分意义不太明确。

3. 多个动词结合成一个动词。例如：

လုပ်（做）+ ကိုင်（掌握）+ စား（吃）+ သောက်（喝）
→ လုပ်ကိုင်စားသောက်（生活）

စုံစမ်း（打听）+ မေးမြန်း（询问）→ စုံစမ်းမေးမြန်း（打听、调查）

ဆည်းပူး（搜集）+ လေ့လာ（研究）→ ဆည်းပူးလေ့လာ（研究）

三、由巴利文和缅文合成的动词

1. 巴利文中的名词与缅甸语中的动词结合而成。例如：

အာမ（巴利文，保证）+ ခံ（缅文，承受）→ အာမခံ（保证）

မေတ္တာ（巴利文，好心）+ ပို့（缅文，送）→ မေတ္တာပို့（致意）

2. 缅化巴利文名词（ ပါဠိပျက် ）加缅甸语动词而成。例如：

ဒဏ်（由巴利文 ဒဏ္ဍ 转化而来，意为罪）+ ပေး（缅甸语，给）
→ ဒဏ်ပေး（责罚，判刑）

第七章　动词(ကြိယာ)

စိတ်（由巴利文 စိတ္တ 转化而来，意为心）+ ဆိုး（缅甸语，坏）
→ စိတ်ဆိုး（发怒）

第三节　动词的特点与语法功能

1. 在缅甸语中，动词可以变成动名词，可以变成使动形式。但是这种变化都是靠附加某个"助词"或其他成分来实现，动词本身不像其他许多语言那样，有各种形态变化。要表示数、时态、体等语法范畴都是依靠附加成分（我们称其为谓语助词）来表达。例如：

လေတိုက်သည်။
刮风。

လေတိုက်နေသည်။
正在刮风。

မနေ့ကလေတိုက်ခဲ့သည်။
昨天刮过风。

လေတိုက်နေပြီ။
已经刮风了

နက်ဖြန်လေတိုက်လိမ့်မည်။
明天将有风。

နက်ဖြန်သူတို့လာလိမ့်မည်ဖြစ်၏။
明天他们将来这里。

2. 动词在句子中主要是作谓语。例如：

ကျွန်တော်စာတိုက်ကိုသွားမယ်၊လိုက်မလား။
我去邮局，你去不去？

နေ့လယ်စာကို၁၂နာရီမှစားကြသည်။
12 点才吃午饭。

ကျွန်တော်တို့သည်အဖိနှိပ်ခံပြည်သူလူထုများ၏တရားသောတိုက်ပွဲကိုပြတ်ပြတ်သားသားထောက်ခံပါသည်။
我们坚决支持被压迫人民的正义斗争。

3. 动词还可以加 သည် 来修饰名词，同时还可以不加任何助词与名词结合成一个名词，来说明名词。例如：

ဖတ်နေသည့်သတင်းစာ 正在看的报纸

သူတို့စိုက်ခဲ့သည့်သစ်ပင် 他们过去种的树

နွားထွား 耕牛

နို့စားနွားမ 奶牛

4. 动词可以重叠改变词性及表示各种感情色彩。这类情况在词的构成中已经讲过。此处从略。

5. 缅甸语中动词的联用是一个特点，几个动词可以不加任何成分而连用，还可以在每个动词后面附加助词后连用。例如：

သူသည်မူးယစ်ပြီဆိုလျှင်မိမိ၏သားသမီးများအားဆူပူကြိမ်းမောင်းရိုက်နက်တတ်၏။
他酗酒后常打骂孩子。

နည်းအမျိုးမျိုးဖြင့်ချေပ ရှင်းလင်းခဲ့ပါသည်။
他用尽各种方法去解释和进行反驳。

ဤစကားလုံးကိုပြော ပြခဲ့ ရှင်းခဲ့ လင်းခဲ့ပြီဖြစ်၍နောက်ထပ်ပြောရန်မလိုတော့ချေ။
这词已经讲过了，不用再说了。

6. 动词的复数形式不像英语那样用动词的形态变化来表示，而是在动词后面加上助动词或助词 ကြ ၊ ကုန် 表示。例如：

သူတို့အားလုံးလာကြသည်။
他们全来了。

မီးငြိမ်းကုန်ပြီ။
灯全熄了。

练习

1. 在下列空格处填上合适的动词。

၁၊ ကိုယ်ချင်းစာနာစိတ်ကို-------ပါ။

၂၊ ကြိုးစားခြင်းသည်အောင်မြင်ခြင်း၏လမ်းစ-----သည်။

၃၊ စာဖတ်ခြင်းသည်ပညာဗဟုသုတကို-----စေသည်။

၄၊ ကိုယ်လက်လှုပ်ရှားကစားခြင်းသည်လူကို-----စေသည်။

၄။ ချိုသောစကားကိုလူတိုင်း------သည်။

၅။ ဧရာဝတီမြစ်သည်မြောက်ဘက်မှတောင်ဘက်သို့-------သည်။

၆။ မြန်မာပြည်၏အရှေ့ဘက်တွင်ရှမ်းကုန်းပြင်မြင့်-------သည်။

၇။ ကျောင်းစည်းကမ်းကို--------ပါ။

၈။ အပြစ်ရှိသူသည်ထိုက်တန်သောအပြစ်ဒဏ်ကို-------ရမည်။

၉။ မူးယစ်ဆေးဝါးသုံးလျှင် လူမျိုးပါ-------မည်။

၁၀။ မိမိကိုယ်ကိုကောင်းအောင်--------ပါ။

2. 分析下列动词的构成方式。

လွတ်လပ်	ပြင်	အုပ်ချုပ်	ညီညွတ်	ဂရုစိုက်
ဟောပြော	စုပေါင်း	ဆန့်ကြယ်	ရေကူး	စိတ်တို
ပြောဆို	ရောင်းဝယ်	ပြုပြင်	ကြည့်ရှု	စာရေး

第八章 助动词（ကြိယာထောက်）

第一节 助动词的定义和分类

一、助边词的定义

助动词是帮助动词说明动作的性能和状态的词，经常放在主要动词之后。

二、助动词的分类

根据助动词的含义大致可以分成以下几类：表示可能、表示意愿、表示必须和需要、表示估计或程度等。

1. 表示可能的助动词（包括可能、事实和性状）常用的有：တတ်၊ နိုင်၊ အား၊ ပိုင်၊ လွယ်၊ ခဲ၊ ဖြစ် 等。

（1）တတ် 原动词意义为"会""懂""善于"等。例如：

တတ်ပြီလား။ မတတ်သေးဘူး။ တတ်ပါပြီ။

会了吗？还没会。会了。

当 တတ် 作助动词时，仍保留了原动词的"会""懂"等意义。另外 တတ် 还表示自然规律、习惯和动作者的能力（熟练程度）。

① 表示自然规律。例如：

ရေနံဆီသည်အလွန်မီးလောင်တတ်သည်။

煤油易燃。

မပြည့်သည့်အိုးဘောင်ဘင်ခတ်တတ်သည်။

半瓶子醋容易晃荡。

အိပ်ရေးပျက်လျှင်ခေါင်းကိုက်တတ်သည်။

失眠易引起头疼。

② 表示习惯。例如：

သူသည်မျက်မှောင်ကုပ်တတ်၏။
他习惯皱眉头。

အစပ်ကိုစားတတ်သလား။
习惯吃辣吗？

သူအားတိုင်းအခြားသူများကိုကူညီတတ်သည်။
他一有空就去帮助其他人。

③ 表示能力。例如：

သူသည်သာယာသောကျေးလက်သီချင်းများဆိုတတ်သည်။
他会唱优美的民歌。

သူလာမလာဆိုတာကျွန်တော်မပြောတတ်ပါ။
他来不来我说不好。（表示没把握）

（2）နိုင်: 原动词意义是"胜利""战胜""胜任"。当它作助动词时，表示有"能""可以"等意思。例如：

၂၇ ကြိမ်မြောက်ကမ္ဘာပင်ပေါင်ပြိုင်ပွဲတွင်တရုတ်ပင်ပေါင်အသင်းကဂျပန်ပင်ပေါင်အသင်းကိုနိုင်ခဲ့သည်။
在第 27 届世界乒乓球赛中，中国队战胜了日本队。（动词）

သူသည်မည်သည့်အခက်အခဲကိုပင်တွေ့သည်ဖြစ်စေ၊အေးအေးဆေးဆေးရင်ဆိုင်၍ဖြေရှင်းနိုင်ခဲ့ပေသည်။
他无论遇到什么困难，都能冷静地对待和解决。（助动词）

ဤကျောက်တုံးကြီးကိုသူက မ နိုင်သည်။
他能举起这块大石头。（助动词）

၂၀၁၀ခုနှစ်ရှမ်ဟိုင်းမြို့တွင်ကျင်းပသည့်ကမ္ဘာကုန်စည်ပြပွဲသို့လူတိုင်းဝင်ကြည့်ခွင့်ရနိုင်ပါသည်။
人人都有机会参观 2010 年上海的世界博览会。（助动词）

（3）အား: 原动词意义是"空闲"。作助动词时表示"可能"，意思依然和"空闲"有关系。例如：

နက်ဖြန်တစ်နေ့လုံးအားမယ်။အချိန်ရှိရင်ကျွန်တော့်ဆီလာလည်ပါ။
明天我整天有空，你有空的话来玩吧。（动词）

ယနေ့အလုပ်တာဝန်လုပ်မပြီးသေးသဖြင့်ညတွင်ရုပ်ရှင်မကြည့်အားတော့ချေ။

今天工作任务还未完成，因此晚上没空去看电影了。（助动词）

此外，အား作助动词时也可表示"敢于""竟敢"的意思。例如：

ဟိုကောင်ကငါ့မျက်မှောက်တွင်ငါ့ညီကိုကျိန်ဆဲအားသည်။

那家伙竟敢当着我的面咒骂我弟弟。（助动词）

（4）ပိုင် 原动词意义为"属于""占有"表示所属性质，作助动词用时当"有……把握"来讲。例如：

ကုန်ထုတ်ကိရိယာမုန်သမျှနှင့်ကုန်ပစ္စည်းမုန်သမျှကိုလုပ်သားပြည်သူတစ်ရပ်လုံးက
ပိုင်ကြပါသည်။

一切生产资料和产品都属于全体劳动人民所有。（动词）

သူမှာအထောက်အထားအခိုင်အလုံရှိသဖြင့်ဤကိစ္စနှင့်ပတ်သက်၍သူပြောပိုင်ပါသည်။

他有充分可靠的根据，所以他完全有权讲话。（助动词）

（5）လွယ် 原形容词意义是"容易"，作助动词时表示一种可能和表示事物的难易。例如：

ပန်းချီကောင်းကောင်းဆွဲရတာမလွယ်ပါ။

画一幅好画不太容易。（形容词）

မသန့်ရှင်းသောအစားအစာများစားမိလျှင်အလွန်ဖျားလွယ်သည်။

吃了不干净的食物容易得病。（助动词）

သူရှင်းလင်းသင်ပြသောနိုင်ငံရေးဘောဂဗေဒသဘောတရားကိုအလွန်ပင်
နားလည်သဘောပေါက်လွယ်သည်။

他讲的政治经济学原理很容易理解。（助动词）

（6）ခဲ 原形容词意义为"难"，它作助动词时，意为"难得""不易"，表示由于某种原因使动作者感到困难。例如：

ဤပုစ္ဆာကားခဲလှစွာ၏။ 这题目真难。（形容词）

ချို့ယွင်းချက်အလျဉ်းမရှိသောသူကိုအလွန်တွေ့ရခဲသည်။

一点缺点都没有的人是很少见的。（助动词）

ရထားနယ်၊လာခဲလိုက်တာ။

火车真是，怎么还不来。（助动词）

သူသည်အလုပ်အတော်များသောကြောင့်ကျွန်တော်ထံလာခဲသည်။

他因工作很忙，很少到我这儿来。（助动词）

（7）ဖြစ် 动词意义为"是""成功""行、可以"等意思。当它作助动词时，表示动作完成的可能性。例如：

ဆရာမလာရင်ဘယ်ဖြစ်မလဲ။
老师不来怎么行呢？（动词）

ကြိုးစားရင်ဘုရားတောင်ဖြစ်နိုင်တယ်။
有志者事竟成。（动词）

လာဖြစ်အောင်ကြိုးစားပါ။
努力争取成行。（助动词）

မနေ့ကအလုပ်များသောကြောင့်မသွားဖြစ်ခဲ့ချေ။
昨天因为太忙，没去成。（助动词）

ဖောင်တိန်လည်းမရှိ၊စက္ကူလည်းမရှိ၊အဘယ်မှာလျှင်စာရေးဖြစ်အံ့နည်း။
没有钢笔也没纸，怎么能写信呢？（助动词）

从上例中可以发现，助动词 ဖြစ် 和 နိုင် 意义相近，都是指动作的可能性。但是一般情况下，ဖြစ် 强调的是客观原因较多，表示环境允许不允许。而 နိုင် 则强调主观能力较多。有时二者都可以用来表示可能性，但 ဖြစ် 比 နိုင် 的语气更强。

2. 表示意愿的助动词。常用的有：ရဲ၊ဝံ့၊ဖျော်၊ချင်၊လို၊ရက်၊ကြည်၊စမ်း 等。

（1）ရဲ 原来是由形容词"勇敢""大胆"变化而来。作助动词时表示动作者的勇气。例如：

ဤကလေးသည်အလွန်ရဲသည်။
这孩子很勇敢。（形容词）

ကျွန်တော်တို့သည်တွေးရဲ၊ပြောရဲ၊လုပ်ရဲဟူသောလုပ်နည်းလုပ်ဟန်များကို
မွေးထုတ်ပျိုးထောင်ပေးရမည်။
我们应该培养敢想、敢说、敢做的作风。（助动词）

ငါမသွားရဲဘူးလို့ထင်နေသလား။
（你）以为我不敢去吗？（助动词）

（2）ဝံ့ 与 ရဲ 一样，是形容词变来的，它当形容词时一般不单独用。

经常与 ရဲ 连在一起当"勇敢"解。当它作助动词时，意思也表示"敢于……"。例如：

သူသည်ရန်သူများရှေ့တွင်ပင်အမှန်တရားများကိုပြောဝံ့ပါသည်။
他在敌人面前也敢于阐述真理。（助动词）

ကျွန်တော်တို့သည်တိုက်ခိုက်ဝံ့သည်၊အောင်ပွဲကိုလည်းခံယူဝံ့သည်။
我们敢于战斗，也敢于胜利。（助动词）

အစမှာမောင်မောင်ကဆရာကိုမမေးဝံ့ပါ။
开始时貌貌不敢向老师提问。（助动词）

（3）ပျော် 原动词表示"愉快""高兴"，常与ရွှင် 连用。它作助动词时，表示"值得""乐于"等意思。例如：

မနေ့ကကျွန်တော်တို့သည်ရွှေရာသီနန်းတော်သို့သွားလေ့လော်ခဲ့ကြသည်။အလွန်ပျော်ရွှင်ကြပါသည်။
我们昨天到颐和园去划船了，大家都很愉快。（动词）

အမိနိုင်ငံတော်နှင့်ပြည်သူလူထုများအတွက်ကျွန်တော်သေပျော်ပါသည်။
我为祖国人民而死，死也甘心。（助动词）

ဟိုပြဇာတ်ကိုကြည့်ပျော်၏။
那话剧值得一看。（助动词）

上一例句中 ပျော် 意思表示剧情又好，票价又便宜，很值得一看的意思。又如：

ဒီမုန့်တစ်ခုတစ်ကျပ်ဆိုတော့စားပျော်ပါတယ်။
这糕点一元钱一个，真值得一吃。（助动词）

ဒီအိမ်ခန်းတစ်လကို၈၀ကျပ်ဆိုနေပျော်ပါတယ်။
这房间每月房租才 80 元，很合算的。（助动词）

（4）ချင် 用作动词时，表示"愿望""需要"，作助动词时也表示同样的意思或某种倾向。例如：

ကလေးများသည်ပုံပြင်များနားထောင်ချင်သည်။
孩子们很想听故事。（助动词）

ဒါတွေကျွန်တော်မပြောချင်ဘူး။
我不愿意讲这些。（助动词）

第八章　助动词（ကြိယာထောက်）

သူသည်အလုပ်သိပ်ပင်ပန်းလို့ခါးလည်းကုန်းချင်ပြီ၊ဆံပင်လည်းဖြူချင်လာပြီ။
他工作很劳累，头发也白了，腰也有些弯了。（助动词）

မီးခွက်တွင်ဆီကုန်ခါနီးလို့မီးငြိမ်းချင်လာတယ်။
油快尽了，灯快灭了。（助动词）

上述头两个例句是表示意愿，后两个例句则表示一种倾向。另外在猜测时也用 ချင，把放在两个重叠的动词之间，表示一种可能。例如：

လာချင်လာလိမ့်မယ်။
可能会来。

（5）လို 原动词意义为"需要""想"。当它作助动词时，意义仍作"需要"讲，表示动作发出者或主要叙述者的愿望和要求。例如：

ကျွန်တော်သည်မြန်မာသဒ္ဒါစာအုပ်တစ်အုပ်လိုချင်သည်။
我想要一本缅甸语语法书。（动词）

မြန်မာပြည်တွင်လည်ပတ်ကြည့်ရှုနေစဉ်အတွင်း၊ပျူပျူငှါငှါစည်းခြင်းခံရသည်အတွက် တရုတ်ပြည်သူများကိုယ်စားမြန်မာပြည်သူများအားကျေးဇူးတင်ကြောင်းဖော်ပြလိုပါသည်။
在访缅期间，我们受到了缅甸人民热忱的款待，为此，我（愿意）代表中国人民向缅甸人民表示感谢。（助动词）

သာဓကအနည်းငယ်ထုတ်ဆောင်ပြလိုပါသည်။
需要一些引证。（助动词）

（6）ရက် 它由形容词 ရက်စက် "残忍、残酷"变化而来。它作助动词时，表示当事者忍心或舍得做某件事。例如：

ဂျပန်ဖက်ဆစ်တို့သည်အလွန်ရက်စက်ပေသည်။
日本法西斯非常残酷。（形容词）

သူကသာမိမိ၏ချစ်ဆွေအပေါ်စိမ်းစိမ်းကားကားသဘောထားရက်သည်။
只有他才忍心冷言冷语地对待自己的亲友。（助动词）

ဆွေမျိုးများနှင့်မခွဲချင်မခွဲရက်ပါ။
舍不得与亲人离别。（助动词）

（7）ကြည့် 原动词为"看"，作助动词时，表示"尝试""试试看"。例如：

ဤဝါကျသည်မည်သည့်အဓိပ္ပါယ်ရှိသနည်း၊ဆရာ့ကိုသွားမေးကြည့်ပါ။

这句是什么意思？去问问老师看。

မှန်ဘီလူးနှင့်အဝေးသို့အသေးစိတ်ကြည့်ကြည့်စမ်း။

你用望远镜仔细看看远方。

ဒီစာအုပ်ကောင်းမကောင်းခင်ဗျားကိုယ်ဘာသာဖတ်ကြည့်ပါ။

为了了解这本书好不好，你自己看一遍吧。

ဒီဖောင်တိန်သိပ်ကောင်းတာဘဲ၊မယုံရင်ခင်ဗျားကိုယ်တိုင်ရေးကြည့်ပါ။

这钢笔很好，不信你写写试试。

（8）စမ်း：原动词为"尝试"，作助动词时，表示"试""尝试"，常与 ကြည့် 连用。例如：

ကျွန်တော်ဖွင့်ကြည့်စမ်းမယ်။

我开开试试看。

စမ်း：在祈使句句尾还作祈使语气，表示命令或请求。例如：

ဒီစားပွဲကိုဟိုဘက်နံနံရွှေ့စမ်း။

把桌子搬到那边。

ဒီစာအုပ်တွေစားပွဲပေါ်မှာထားလိုက်စမ်း။

将这些书放在桌子上。

မင်းမှန်မှန်ပြောစမ်း။

老实说！

3. 表示情理上、习惯上或事实上的需要的助动词。常用的有：သင့်၊ ရာ၊ အပ်၊ ထိုက်၊ တန်၊ ကောင်း၊ သာ 等。

（1）သင့် 原动词为"适当""适合"或"遇到"，当它作助动词时，变成"应该""应当"的意思。例如：

အခွင့်သင့်ရင်မင်းဆီကိုသွားမယ်။

有机会我将到你那儿去。（动词）

အကြောင်းမသင့်လို့နောက်ကျလာတယ်။

因为不凑巧而迟到了。（动词）

နိုင်ငံတော်သားတစ်ယောက်အနေနှင့်တိုင်းပြုပြည်ပြုအခြေခံဥပဒေများကိုလိုက်နာ
စောင့်စည်းသင့်သည်။

作为一个公民，就应该遵守宪法。（助动词）

第八章 助动词（ကြိယာထောက်）

ဒီလိုစကားမျိုးမပြောသင့်ပါ။
不应该讲这些话。（助动词）

（2）ရာ 原动词意为"适合"，作助动词时，当"应当""应该"等讲，但一般用在书面语体中。例如：

ငါ့သမီးနှင့်တန်သလား၊ရာသလား။
跟我女儿配吗？（动词）

အပြန်ပြန်အလှန်လှန်ဆင်ခြင်ပြီးမှလုပ်ရာ၏။
应该三思而行。（助动词）

တရုတ်မြန်မာနှစ်နိုင်ငံပြည်သူများသည်သားစဉ်မြေးဆက်ထာဝချစ်ခင်သွားရာ၏။
中缅两国人民应该世世代代友好下去。（助动词）

နောက်ကျသောရဲဘော်များအားစိတ်ရှည်လက်ရှည်ကူညီရာ၏။
应该耐心地帮助落后的同志。（动词）

（3）အပ် 原动词意为"合适""恰当"，当它作助动词用时其意义就变成"该""应该"。例如：

မုသားစကားများသည်အပ်ပါ၏လော။
说谎话，应该吗？（动词）

ရဲဘော်အချင်းချင်းအပေါ်အာဃာတမထားအပ်ချေ။
同志之间不应抱有成见。（助动词）

သူတို့ကိုကျွန်တော်တို့ကအားပေးထောက်ခံအပ်ပါသည်။
我们应该支持他们。（助动词）

အတိတ်ကိုမမေ့အပ်ပါ။
不应忘记过去。（助动词）

注：အပ် 在动词之后除了可以当助动词用以外，还有表示礼貌的作用，可算是敬语一类。例如：

ကြွရောက်ပါရန်လေးမြတ်စွာဘိတ်ကြားအပ်ပါသည်။
敬请光临。

ကျွန်တော်တို့အပေါ်ခင်မင်ပေါ်ရွှေစွာညှိုးခံပြုစုသည်အတွက်၊လိုက်လိုက်လဲ့လဲ့
ကျေးဇူးတင်ကြောင်းပြောကြားအပ်ပါတယ်။
衷心地感谢你们对我们这样殷勤的招待。

ရိုသေစွာလျှောက်ထားအပ်ပါသည်။

谨此申请。

（4）ထိုက် 原动词意义为"值得"，往往与 တန် 连用，当它作助动词时，其含意为"值得、应该，合适"等。例如：

အဘိုးထိုက်တန်သည်။

很值钱。（动词）

လူစိမ်းရှေ့တွင်ဤသို့မပြောထိုက်ပါ။

在陌生人面前不应该这样说。（助动词）

အခြားနိုင်ငံ၏နယ်နိမိတ်ပြည့်စုံရေးနှင့်အချုပ်အခြာအာဏာပိုင်မှုတို့ကိုလေးစားထိုက်သည်။

应该尊重别国的主权和领土完整。（助动词）

သူရဲကောင်းဟုခေါ်ထိုက်ပါပေသည်။

称得上是一个英雄。（助动词）

（5）တန် 原动词的意思是"值得、配得上"，作助动词时当"应该，值得"讲，常常用在重叠的形式中。例如：

ဒီဖောင်တိန်ဟာ ၇ ဘဲ့ တန်သလား။

这支钢笔 7 元钱，值吗？（做动词）

တစ်ကိုယ်ကောင်းကြံတတ်သောလူသည်လူရည်ချွန်ဟူသောဂုဏ်ထူးဘွဲ့နှင့်မတန်ချေ။

一个自私自利的人是与"优秀者"的称号不相称的。（助动词）

ပြောတန်ပြောပါ။

该说就说。（助动词）

တောင်းပန်တန်တောင်းပန်ရ၏။

该去赔罪的就该去赔罪。（助动词）

ပြောတန်ရာပြော၊မပြောတန်ရာမပြောနဲ့။

该说的说，不该说的别说。（助动词）

တန် 除了作"应该"以外，还表示一种可能性，常用 တန်ရာ。例如：

သူသည်ကျွန်တော်တို့အိမ်သို့လာသည်ညသည်မဟုတ်တန်ရာ။

他不可能是我们家的客人。

အကြောင်းထူးမရှိလျှင်မလာတန်ရာချေ။

没有特殊的原因不会（该）来。

သူလာတန်ပါရဲ့။

他该来了吧。

အကယ်၍သူ့အဖေသည်လွတ်လပ်ရေးတိုက်ပွဲတွင်ကျဆုံးမသွားခဲ့လျှင်၊အခုအချိန်တွင်နိုင်ငံတော်ခေါင်းဆောင်ကြီးဖြစ်တန်ရာ၏။

如果他父亲没在独立战争中牺牲的话，现在该是一位国家领导人了。

（6）ကောင်：原是由形容词"好"变来，当助动词时当"该"讲，表示在情理上应不应该。它又往往与 ။ 结合成 ။ကောင်း။ 例如：

ငယ်ကပေါင်းအနှစ်တစ်သောင်းမမေ့ကောင်း။

从小结下的友情（青梅竹马）永志难忘。（成语）

သူ၏နှလုံးကိုမဖျက်စကောင်းပါ။

不应去伤他心。

လိမ်ညာ၍မပြောကောင်းပေ။

不该说谎。

လူကြီးနှင့်စကားပြောသောအခါ"မင်း","ငါ"ဟုမပြောကောင်းချေ။

对大人不应该称"你、我"的。

（7）သာ 原动词意义为"超过、优于、好"。当它作助动词时，表示某种客观的条件的存在，允许或不允许做某种动作（在某种程度上也有表示理性、习惯上的允许不允许）。因此中文解释就成为"能、便于、可以"等。例如：

လက်ရှိအခြေအနေသည်ကျွန်တော်တို့အဘို့အလွန်အခွင့်သာပါသည်။

目前形势对我们非常有利。（动词）

သူသည်ရေကူးသည်ဘက်၌ကျွန်တော်ထက်သာသည်။

他在游泳方面比我好。（动词）

ဤအခန်းတွင်မအိပ်သာချေ၊မောင်မောင်တို့အိမ်၌မူအိပ်သာမည်ထင်သည်။

这房间睡不下，我想貌貌家里倒可以睡下的。（助动词）

ကျွန်နော်ပြောမည့်စကားသည်အလွန်အရေးကြီးသည်၊ဤနေရာတွင်မပြောသာချေ။

我要说的话非常重要，在这儿不便说。（助动词）

သူတို့၏အပြစ်မတင်သာ၊အဘယ်ကြောင့်ဆိုသော်သူတို့ကဤကဲ့သို့မလုပ်လျှင်မဖြစ်

သောကြောင့်ပင်တည်း။
这不应怪他们，因为他们也是不得不这样做的。（助动词）

တစ်ယောက်ကောင်းလို၍အများဆင်းရဲမဖြစ်သာ။
不应一人致富万家贫。（助动词）

(8) ရ 原动词意思是"获得、得到"，常与 ရှိ၊ ယူ 等连用，组成复合动词。作助动词时，表示"得，必须""无可奈何""只得"的意思。例如：

သူသည်မနေ့ကစာတစ်စောင်ရရှိခဲ့ပါသည်။
昨天他收到一封信。（动词）

လွန်ခဲ့သောနှစ်အနည်းငယ်အတွင်းတရုတ်ပြည်သူတို့သည်ကြီးမားသောအောင်မြင်မှုအသစ်ရရှိခဲ့ကြပြန်သည်။
几年来中国人民又取得了新的伟大成就。（动词）

လူတိုင်းအလုပ်လုပ်ရမည်။
人人必须工作。（助动词）

စစ်မှန်သောသူတစ်ဦးသည်ပွင့်လင်းရမည်၊သစ္စာရှိရမည်၊လှုပ်ရှားတက်ကြရမည်။
一个真正的人，必须襟怀坦白、忠诚、积极。（助动词）

ကျောင်းစည်းကမ်းမဖေါက်ဖျက်ရဘူး။
不许违反校规。（助动词）

ပိုက်ဆံမရှိ၍အကျႌကိုပေါင်လိုက်ရ၏။
没有钱，只能将衣服当掉。（助动词）

它与否定副词结合表达禁止语气。例如：

မသွားရ။
不许去。

ဆေးလိပ်မသောက်ရ။
不许抽烟。

当它放在动词后面表示动作的结果或趋向，与汉语中的趋向补语意思相近，如：မြင်ရ၊ တွေ့ရ၊ ကြားရ 等。

(9) ထား 原动词意思为"放""搁"，作助动词时，表示动作后保持的状态和结果，有时相当于汉语的"着"。例如：

第八章 助动词（ကြိယာထောက်）

ကျောက်သင်ပုန်းကြီးပေါ်တွင်မြန်မာစာရေးထားသည်။
黑板上写着缅文。

တံခါးကိုဖွင့်ထားပါ။
把门开着吧。

ပန်းချီကားကိုနံရံပေါ်တွင်ချိတ်ထားပါ။
将画挂在墙上。

ကျွန်တော့်လက်ကိုဆွဲထားပါ။
拉着我的手。

ကြိုတင်ပြင်ဆင်ထားရမည်။
必须事先准备好。

（10）နှင့် 作助动词表示"比某人先……"，作助动词时的 နှင့် 不变音。例如：

ကျွန်တော်သွားနှင့်မယ်နော်။
我先走啦。（比别人，或对方）

ငါလုပ်စရာရှိသေးတယ်၊မအိပ်သေးဘူး။ မင်းအိပ်နှင့်ပါ။
我还有事干，先不睡呢！你先睡吧。

ဒါကျွန်တော်သိနှင့်ပြီ။
这我早已知道了。（用不着你来告诉我）

（11）ဦး(အုန်း) 用作助动词时表示"再""还要"。例如：

ကျွန်တော်ပြောရအုန်းမယ်။
我还要讲。

နက်ဖြန်ကျွန်တော်သူတို့ဆီသွားရအုန်းမယ်။
明天我还要到他们那儿去。

နက်ဖြန်ကျောင်းတက်ရအုန်းမလား။
明天还要上课吗？

4. 表示估计、程度和数量。常用的有：လောက် ၊ လွန် ၊ ကုန် ၊ လှ 等。

（1）လောက် 原动词表示"够"的意思，当它作助动词时就有"够了、足以、值得"等意思，表示估计动作的数量或可能性。例如：

လူတစ်ယောက်သာသွားလျှင်လောက်ပါပြီ။
只要去一个人就够了。（动词）

တစ်လအတွက်တော့ဖတ်လောက်ပါပြီ။
够我看一个月了。（助动词）

ကျွန်တော်တို့လုပ်ခဲ့တာဟာဘာမှမဖြစ်လောက်ပါဘူး။
我们所做的算不了什么。（助动词）

ကိုးနာရီတောင်ထိုးနေပြီ၊သူရောက်လောက်ပြီဟုအားလုံးကခန့်မှန်းနေကြလေသည်။
都9点钟了，大家都估计说他该到了。（助动词）

သူဘာသဘောလဲဆိုတာမင်းလည်းသဘောပေါက်လောက်ပြီပေါ့။
你也该了解他的意思了。（助动词）

（2）လွန် ၊ လွန်းအားကြီး 表示"过分"的意思。例如：

သူသည်ဒေါသကြီးလွန်းသည်။
他的火气太大。

များလွန်းအားကြီးသည်။
太多了。

ဒီမေးခွန်းဖြေရတာခက်လွန်းအားကြီးတယ်။
要回答这问题太难了。

（3）ကုန် 原动词意义为"完"，作助动词时，表示许多人均发出动作。相当于汉语里的"都"。例如：

သူတို့အားလုံးသွားကုန်ကြပြီ။
都走了。

အရွက်တွေကြွေကျကုန်ပြီ။
叶子全凋落了。

ဆိုင်တွေကလည်းဖွင့်ကြကုန်ပြီ။
商店全都开张了。

（4）လှ 表示"极其、分外的、极、很"。例如：

ဝေးလှသည်။
太远了。

အိပ်လှချည်လား။

第八章 助动词（ကြိယာထောက်）

你真能睡呀。

မောင်ခင်ပြေးတာပြန်လှတယ်။

貌钦跑得快极了。

5. 其他：除了上述四种以外，还有一些助动词，也可以说明和补充动词内容的，如：ပစ်၊ ခိုင်း၊ ပေး၊ ပြီ၊ မိ၊ သွား၊ လာ 等。

（1）ပစ် 原动词意为"扔、射"，当它作助动词时，表示"大肆……"或"毫不留情地"。例如：

ကျောက်ခဲနှင့်ပစ်သည်။

扔石头。（动词）

သေနတ်နှင့်ပစ်သည်။

用枪射击。（动词）

ဤသတင်းဆိုးကြားရ၍ချို့ပွဲချင်ပစ်လိုက်သည်။

听到了这坏消息，大哭了一场。（助动词）

သူ့အားဆဲပစ်လိုက်သည်။

把他痛骂了一顿。（助动词）

ကျွန်တော်အလွန်ဒေါပွ၍သူ့အားပြောပစ်လိုက်သည်။

因为我生气了，把他说了一顿。（助动词）

ဒီဟင်းတွေကိုအကုန်စားပစ်လိုက်။

把这些菜全部吃了。（助动词）

（2）ခိုင်း 原动词意为"使唤""让……干"，作助动词时意为"让……""叫……"。例如：

သူ့ကိုဘောပင်တိနဲ့ရေးခိုင်းပါ။

让他用钢笔写。

မမကမောင်ခိုင်အားကြက်ဉဝယ်ခိုင်းသည်။

姐姐让貌开买鸡蛋。

ကျောင်းသားများကိုသတင်းစာဖတ်ခိုင်းသည်။

让学生读报纸。

မေမေကမေးခိုင်းတာပါ။

是妈让问的。

（3）စေ 原动词意为"使唤"，作助动词时表示"使""让"。例如：

ဆရာကကျောင်းသားများအားစာပြန်ကျက်စေသည်။
老师让学生们复习功课。

ဒီသတင်းကောင်းများဟာသူကိုဝမ်းသာစေနိုင်တာပေါ့။
这消息当然能让他高兴。

သတိထားရမယ်နော်၊အအေးမမိစေနဲ့။
要注意，别感冒了。

（4）ပေး 原动词为"给"的意思，作助动词时意为"为某人干某事""替……"。例如：

ကျွန်တော်သင်ပေးမယ်။
我教给你。

ညီလေးအတွက်စာအုပ်တစ်အုပ်ဝယ်ပေးသည်။
给弟弟买了一本书。

အကျီလျှော်မပေးနဲ့၊သူ့ဘာသာလျှော်ခိုင်းပါ။
别给他洗衣服，让他自己洗。

ကြိုးစားပေး။
努力呀！

ကျွန်တော်ပို့ပေးလိုက်မယ်။
我替你去送。

စိတ်သာချ၊တော်ကြာငါသွားပြောပေးမယ်။
放心，一会儿我替你说去。

（5）ပြ 原动词意为"展示""示"，作助动词时，意为"给别人看（或听）"。例如：

ကျွန်တော်သတင်းစာဖတ်ပြမယ်၊နားထောင်မလား။
我给你念报纸，你听吗？

အိတ်ထဲမှာဘာတွေထည့်ထားသလဲ၊ထုတ်ပြစမ်းပါ။
口袋里装着什么？拿出来给我看看。

（6）မိ 原动词意为"抓住"，作助动词时，表示心情上有某些内疚，或表示不该发生而发生了。例如：

第八章 助动词（ကြိယာထောက်）

မိပြီ၊ မိပြီ။
抓住了！抓住了！（动词）

ရန်သူမိသွားရင်လျှို့ဝှက်ချက်များကိုဖော်ပြောမှာကုတ်။
就是给敌人抓住了，也不会暴露秘密。（动词）

ဒီအကြောင်းတွေကိုသူ့ပြောမိလို့ဝမ်းနည်းမိပါတယ်။
我非常遗憾，跟他讲了这些话。（助动词）

သူ့နာမည်မမေးမိခဲ့ဘူး။
没问及他叫什么名字。（助动词）

有时表示动作触及或抓住另一事物时也用 မိ。例如：

ညကကျွန်တော်မြန်မာ့အသံကိုဖမ်းမိတယ်။
昨晚我收到了缅甸的广播。

（7）လာ丨သွား：表示动作离说话人远去或接近，或表示说话人的一种感情倾向，讨厌时用 သွား，喜欢时用 လာ。例如：

တံခါးပိတ်သွားပြီ။
门关上了。

တံခါးပွင့်လာတယ်။
门开了。

အရောင်တဖြေးဖြေးဖျော့သွားတယ်။
颜色逐渐浅了。

ရောဂါပျောက်သွားပြီ။
病好了。

သူတို့လဲတက်လာပြီ။
他们也上来了。

（说话人在山上，所指对象在向说话人的方向爬上来）

သူတို့လဲတက်သွားပြီ။
他们也上去了。

（说话人在山下，所指对象离说话人而去，向山顶爬去）

ရေနည်းသွားတော့ကျောက်တုံးကြီးပေါ်လာတယ်။

水少了，石头露出来了。

ရေကြီးလာတော့ကျောက်တုံးကြီးရေထဲမြုပ်သွားတယ်။

水大了，石头就消失了。

还有一些放在动词后面，说明动词或作动词的补充的，或表示一种语气的词，它们并不是从动词或形容词变化而来，我们把这些放入助词一类中。

第二节　助动词的特点和语法功能

1. 缅语中的助动词绝大部分都是从动词与形容词变化而来。它们在作助动词时仍然保持着原有的词汇意义。如："ရက်" 是从 ရက်စက် （残酷、残忍）发展而来，作助动词时表示真舍得干或忍心干某件事的意思。

2. 助动词必须紧跟着动词，不能分开。如果在动词与助动词之间插入另一个词，则助动词往往失去其他作用而恢复成为动词的性质。例如：

ဤသို့လုပ်သင့်သည်။

应该这样做。

句中 သင့် 是助动词，说明动作的性质。

ဤသို့လုပ်မှသင့်သည်။

这样做才恰当。

句中的 သင့် 不再是助动词，而是独立的动词了。

3. 助动词与动词结合作句子谓语时，助动词只是动词的附加成分，起辅助作用。因此，要否定一个意义时，只能否定主要动词而不能否定次要成分。否定副词 မ 一是要加在动词前面，不能插到动词与助动词中间。例如：

မြန်မာစကားပြောတတ်သည်။

会说缅甸话。

မြန်မာစကားမပြောတတ်ပါဘူး။

不会说缅甸话。

不能说成：မြန်မာစကား ပြော မ တတ်ပါဘူး။

下列两例句表示两种不同的情况。例如：

တက္ကသိုလ်၌ပညာရရှိနိုင်ရုံသာမကအတွေးအခေါ်ကိုပြောင်းလဲစေနိုင်သည်။

在大学里不仅能学知识，而且能转变思想。

例句中主要动词是 သင် 和 ပြောင်း，助动词 နိုင် 只起辅助作用。可是在下列例句中就不一样了。

ဒီလူကပြောမနိုင် ဆိုမရနိုင်တော်တော်ခက်ပါတယ်။

说他他不听，真难办。

这句中 နိုင် 已不是作次要成分，而是说明动作的结果，所以并不是助动词了。

4. 在缅语中动词可以重叠而助动词一般情况下不能重叠。可以说 ရပ်ရပ်ကြည့်ကြည့်ဝတ္တုဖတ်ဖတ်ခင်ဗျားသဘောပေါ့။，但不能说 ရပ်ရပ်ကြည့်ချင်ချင် ဝတ္တုဖတ်ချင်ချင်။ 只有在不完全重叠选择句中可以用，实际上也只是动词重叠的一种形式或可看作是省略形式。例如：

ပြောသင့်မပြောသင့်၊

该不该说。

လုပ်တတ်မလုပ်တတ်၊

会不会做。

ကြည့်ချင်မကြည့်ချင်တော့မသိပါ။

不知道想看不想看。

5. 助动词一般是不能单独回答问题的。但是在一定的语言环境中，助动词可以单独回答问题，实际上，这种情况下，助动词已恢复了动词（或形容词）的性质。例如：

လုပ်တတ်ပြီလား။ တတ်ပြီ။

会做了吗？会了。

练习

1. 选择合适的助动词填空。

> ကြည့်၊ ရက်၊ ပြန်၊ သင့်၊ ဖြစ်၊ သွား၊ တတ်၊ လာ၊ ရှာ၊ ခဲ့၊ လွယ်၊ ပျော်၊ လိုက်၊ ရစ်၊ ရ၊ နှင့်၊ ထား၊ နိုင်၊ ရဲ့၊ ပေး၊ ဝံ့၊ ကုန်။

၁။ တဖျစ်ဖျစ်မြည်သံတို့ကပို၍ပို၍ကျယ်လောင်လာသည်။ထို့ထက်ပို၍ပို၍ကျယ်လောင်လာ
------သည်။

၂။ သူ့ကိုယ်သူ ပိန်-----သလား၊ ဝ-----သလားပင်သတိမထားမိချေ။

၃။ တစ်ပတ်အချိန်ပေးမယ်။မင်းစိတ်ကြိုက်ဆုံးဖြတ်--------ပေါ့။

၄။ မိလှစူးကဝေဒနာကြားမှအားယူ၍ပြော--------သည်။

၅။ ဖေဖေသည် စောင်းသာမက ပတ္တလားပါ တီး-------- သည်။

၆။ လှလှသည်နပ်ခါးလိမ်းထားသည့်အပြင်ပန်းလည်းပန်--------သည်။

၇။ ကျွန်မထိုင်းနိုင်ငံကိုတစ်နှစ်နှစ်ခေါက်သုံးခေါက်လောက်ရောက်--------တယ်။

၈။ ဒီလောက်ချစ်ဖို့ကောင်းတဲ့ကလေးတွေကိုဘယ်သူတွေကစွန့်ပစ်--------သလဲ။

၉။ တစ်နေ့ကိုနှစ်စီးထွက်------တယ်။

၁၀။ လောကမှာဗဟုသုတဆိုတာရှာလို့မကုန်-----ဘူး။

၁၁။ သူ ထိုဖိနပ်ကလေးကိုမစီး------စီး------ ပထမဦးဆုံးအကြိမ်စီးသည်။

၁၂။ မင်း ငါ့အမိုအိုမရှိရာမှာနေ--------လိုလား။

၁၃။ ငါ့မြေးလေးမပို့ခင် ငါ့အတွက် ဆိုက်ကားငှား-------- ကြပါဦး။

၁၄။ ကျွန်တော်ကျောင်းတက်စရာရှိသေးလို့သွား-----မယ်နော်။

၁၅။ မဝိုင်းသည်ဆရာမကိုလိမ်မပြော-----ပါ။

၁၆။ ရေခဲသေတ္တာမှာရှိသမျှအစားအစာကိုစား-----ပြီ။

၁၇။ မိမိတာဝန်ကို ကျေပွန်စွာထမ်းဆောင်------သည်။

၁၈။ လူ့သဘာဝအရ ချမ်းသာခြင်း၏ ဒဏ်ကို ခံနိုင်-----သည်။

၁၉။ အရက်သောက်ခြင်းသည်အပူ၏အန္တရာယ်ကိုဖြစ်ပေါ်------စေသည်။

၂၀။ ဦးမြသည် သားသမီးများကို အလိုလိုက်------သည်။

၂၁။ ဆက်ဆက်လာပါမည် ဟုသူကပြော-----သည်။ （又）

第八章　助动词（ကြိယာထောက်）

၂၃။ ဤစာအုပ်ကို(၂)ကျပ်နှင့်ရောင်းလျှင် ဝယ်------သည်။

၂၄။ သူသည် မလိုအပ်သောစာအုပ်တွေကို ရောင်း------သည်။

၂၅။ လူကြီးများအလှူသွားကြသဖြင့်ကျွန်မသည်အိမ်စောင့်အဖြစ်ကျန်------သည်။

၂၆။ မမြဲခက်သည် ဆင်းရဲ------သည်။

၂၇။ ကျောင်းသူကျောင်းသားအချင်းချင်း တစ်ဦးကိုတစ်ဦးလေးစား------သည်။

၂၈။ သူ့အမေက ဒဏ်ရာကိုဆေးထည်------သည်။

၂၉။ သူ၏အရှိန်ကိုသူကိုယ်တိုင်ထိန်းမ------တော့ပါ။

第九章 副词（ကြိယာဝိသေသန）

第一节 副词的定义和分类

一、副词的定义

副词是用来修饰或限制说明谓语的词，它不能单独用，一般都放在被修饰词之前。例如：

လူတစ်ယောက်သည်လျှင်မြန်စွာသွားနေသည်။
有一个人正在很快地走着。

ထိုနေရာတွင်ပြင်းပြင်းထန်ထန်တိုက်ပွဲဆင်နေသည်။
那儿正在进行着激烈的战斗。

二、副词的分类

根据词义缅甸语中的副词可以分成下列几类：程度副词（ဂုဏ်ရည်ပြကြိယာဝိသေသန）、范围副词（ပမာဏပြကြိယာဝိသေသန）、时间副词（အချိန်ပြကြိယာဝိသေသန）、然否副词（ဆန့်ကျင်ဘက်ပြကြိယာဝိသေသန）、性状副词（နည်း၊ဂုဏ်၊ဘာဝပြကြိယာဝိသေသန）、疑问副词（အမေးကြိယာဝိသေသန）。

在缅甸语中，有些词的界线要划分得很清楚是比较困难的。我们只能从各种词的语法作用、词的意义和逻辑意义等各个方面把它们分成副词、连接词或助词等等。有些词有着双重性或多重性，也即词的兼类性。有的可以作连接词，又可以作助词。这种情况下，我们在两种词类中都加以分析。

1. 程度副词是表示谓语的程度的词，常见的程度副词有下列几种。

（1）表示"相当"的有：တော်တော်၊အတော်၊အတော်အတန်。例如：

第九章　副词（ကြိယာဝိသေသန）

ဒီဖောင်တိန်တော်တော်ကောင်းကယ်။
这支钢笔相当好。

ကျွန်တော်တို့သည်သူနှင့်တော်တော်ခင်ကြသည်။
我们和他很亲密。

(2) 表示"还可以"的有：အသင့်အတင့်。例如：

ဤစာအုပ်သည်အသင့်အတင့်ကောင်း၏။
这本书还可以。

ထိုရုပ်မြင်သံကြားစက်သည်သိပ်ကောင်းသည်ဟုမပြောနိုင်၊ အသင့်အတင့်ကောင်း
သည်ဟုသာဆိုနိုင်သည်။
这台电视机并不是很好的，只是一般而已。

(3) 表示"很、挺、十分、非常"的有：အလွန် ၊ အလွန်အလွန် ၊ လွန်စွာ ၊ အင်မတန် ၊ အင်မတန်အင်မတန် ၊ သိပ် ၊ အားကြီး ၊ အများကြီး。例如：

ဒီဝတ္ထုအလွန်ကောင်းသည်။
这本小说非常好。

အားကြီးကောင်းတယ်။
特别好。

မမြင့်သည်စာအလွန်ကြိုးစားနေလေသည်။
玛敏正在努力地学习。

ပြည်သူတို့သည်အလွန်ချမ်းသာကြယ်ဝသည်။
人民生活非常富裕、幸福。

အားလုံးကသူ့အတွက်များစွာဝမ်းနည်းကြပါသည်။
大家为他感到很遗憾。

(4) 表示"太、过分地、极"等意思的（一般表贬义）有：အလွန်အကျွံ ၊ အလွန်အကျွံ ，一般用在书面语中。在口语中为了尽量简单，一般用助词 လွန်း 放在形容词或动词之后，表示过分之意。例如：

ဤဘောင်းဘီသည်အလွန်အကျွံရှည်နေသည်။
这裤子太长了。

ဒီဘောင်းဘီဟာရှည်လွန်း(အားကြီး)တယ်။
这裤子太长了。

(5) 表示"更加、更"的意思的有：ပို၊ ပိုရှိ၊ သာ 等。例如：

ယခုနှစ်တွင်စပါးပိုထွက်မည်ထင်သည်။
我想今年稻子会丰收。

ဒီလိုပြောလိုက်ရင်သူကပိုဝမ်းသာမှာပေါ့။
这样说的话他一定会更加高兴。

ဒီလိုလုပ်ရင်သာမကောင်းဘူးလား။
这样做不更好一些吗？

(6) 表示"特别""尤其"的有：အထူး၊ အထူးသဖြင့်၊ အထူးတလည်။ 例如：

ထိုနေ့တွင် ရန်ကုန်မြို့သည် ခါတိုင်းနှင့်မတူ အထူးလှပတင့်တယ်ပေသည်။
那天仰光不同平常，显得特别美丽。

2. 范围副词表示规模、范围大小，常用的有以下几种：

(1) 表示"总共""全部""全体"意思的有：အားလုံး၊ အကုန်လုံး၊ လုံး၀၊ အကုန်အစင် 等。

အားလုံး 常用来总括它前面提到的人或事物的全部，可以作代词，也可作副词，说明所限定的事物没有例外地发生或具有动词或形容词所表达的行为和性状时，应将它归入副词。例如：

အားလုံးနားလည်ပါပြီ။
全懂了。

မနေ့ကကျွန်တော်တို့တစ်ယောက်မကျန်အားလုံးသွားသည်။
昨天我们都去了。

ဒါတွေ(ကို)အားလုံးယူသွားပါ။
把这些全拿去吧。

ကျွန်တော်မွေးထားသောကြက်မ(၈)ကောင်သည်အားလုံးကြက်ဥဥနေပြီ။
我养的八只鸡都生蛋了。

有时 အားလုံး 所概括的是人还是事物，需要看具体语言环境才能确定。上述例句中第一句的 အားလုံး 就有两种可能：一种是指人，表示凡是在场的人，没有一个人不懂，全体都理解了；另一种可能是指事物，表示对所指的许多事物内容全都理解了。如对老师讲的许多内容、某人说

第九章　副词（ကြိယာဝိသေသန）

的话全部都懂了。အား:လုံ:究竟是指人还是指事物要看具体的语言环境而定。

（2）表示"很少""少量""稍微"等意思的有：အနည်းငယ်၊ စိုးစဉ်းမျှ၊ နည်းနည်းပါးပါး၊ နည်းနည်း。例如：

ကျွန်တော်နည်းနည်းပါးပါးဖတ်ပြမယ်။
我给你念一点儿吧。

အနည်းငယ်သာကျန်တော့သည်။
只剩了很少的一部分。

（3）表示"很多""大量"等意思的有：များများ၊ အမြောက်အများ၊ အများအပြား 等。例如：

ဆောင်းရာသီမှာရေများများသောက်ပါ။
冬天多喝水。

3. 时间副词表示动作发生的时间，也可作名词。

（1）具体时间副词

表示现在：ယခု၊ ခု၊

表示目前：မျက်မှောက်၊ လက်ရှိ၊ လောလောဆယ်

表示今天：ယနေ့၊ ယခုနေ့၊ ဒီကနေ့၊ ဒီနေ့

表示过去时间：ယမန်နေ့(မနေ့က)၊ တနေ့က၊ ခုနက

表示将来：နက်ဖြန်၊ နောင်၊ နောက်၊ သန်ဘက်ခါ၊ ဖိန်းခွဲခါ

（2）抽象时间副词，表示抽象的时间，不表示具体的时间。

① အရင် 先，例如：

ခင်ဗျားအရင်သွားပါ။
你先去吧。

ဒါအရင်ရေးပါ၊ ပြီးတော့မှဟိုဟာရေးပေါ့။
先写这个，然后再写那个。

② ပထမဦးဆုံး၊ ရှေးဦးစွာ၊ ဦးစွာ 首先。例如：

အိမ်ရှင်ကိုကျေးဇူးတင်ကြောင်းရှေးဦးစွာပြောပါရစေ။
首先请允许我向主人表示感谢。

③ မူလက၊ နဂိုက 本来，原来，原本。例如：

နဂိုက ကျွန်တော် ရုပ်ရှင် သွားကြည့်မလို့ပါ၊ နောက်တော့ အလုပ်များလို့ မသွားဖြစ်တော့ဘူး။
本来我打算看电影，后来因为有事去不成了。

④ စောစော 早早地。例如：

သူ့ အိမ်ကို စောစော သွားပါ၊ အခု သူ စောင့်နေတယ်။
早点到他家去吧，现在他等着呢!

မနက်စောစော ကျောင်းကို သွားတယ်။
清早就到学校去了。

⑤ မကြာခဏ ၊ ခဏခဏ ၊ မကြာမကြာ 常常、经常。例如：

ဒီ စကားလုံးကို ခဏခဏ တွေ့နေရလို့ မှတ်မိတာပါ။
因为经常看到这生字，所以记住了。

အားရင် ခဏခဏ လာ လည်ပါ။
有空常来玩。

⑥ ထပ်တလဲလဲ ၊ ထပ်ခါထပ်ခါ ၊ ထပ်ခါတလဲလဲ 一再，几次三番，屡次。例如：

ရုပ်ရှင်က ကောင်းလို့ ထပ်တလဲလဲ ပြနေပေမဲ့ ပရိသတ် များနေတုန်းပါဘဲ။
这电影很好，所以几次三番放映，来看的人仍很多。

⑦ ပြန်လည် 重新，ထပ်မံ 再次。例如：

ဘေကျင်းမြို့တော်တွင် ခင်များနှင့် ပြန်လည်တွေ့ဆုံရသည့်အတွက် အလွန်ဝမ်းသာပါသည်။
在首都北京又遇到你非常高兴。

အမျိုးသားစည်းလုံးညီညွတ်ရေး ပြန်လည် ရရှိခဲ့သည်။
各民族再次团结在一起。

⑧ အမြဲ ၊ ထာဝရ ၊ အစဉ်တစိုက် 一向，永远。例如：

မမက မောင်ခကို အမြဲ ပြုစုစောင့်ရှောက်တယ်။
姐姐一向照顾貌卡。

ဤမူများသည် ထာဝရ ဖြစ်သည်။
这些原则是永恒的。

သူ့အား အစဉ်တစိုက် ကြည်ညိုလေးစားခဲ့သည်။
对他一向很敬重。

⑨ နောက်ဆုံး 最后。例如：

နောက်ဆုံးပန်းတိုင်ဝင်သည့်လူကလဲအမှတ်တရဆုတံဆိပ်ရခဲ့သည်။
最后一名也得了一枚纪念章。

⑩ ချက်ချင်း 立刻，即刻，马上。例如：
ချက်ချင်းသွားပါ၊ နို့မဟုတ်နောက်ကျသွားမယ်။
马上去吧，不然要迟到了。

⑪ ရုတ်တရက်၊ တမဟုတ်ခြင်း 一下子，突然。例如：
မြစ်ရေသည်ရုတ်တရက်လျှံတက်လာသောကြောင့်လူနှင့်နွားတို့သည်
ရေထဲမျောပါသွားသည်။
因为河水突然上涨，人和牛都被水冲跑了。

⑫ ရှောင်တခင် 偶然、意外地。例如：
ဒါရှောင်တခင်ဖြစ်ပေါ်လာသည့်ကိစ္စမဟုတ်ပါ။
这不是偶然发生的事情。
တစ်နှစ်မှာရှောင်တခင်ခွင့်ဆယ်ရက်ရတယ်။
一年有10天事假。

⑬ တဖြေးဖြေး၊ တဖြည်းဖြည်း 慢慢地。例如：
ရောဂါသည်တဖြေးဖြေးပျောက်သွားသည်။
这病慢慢地好了。
ဒီအရေးအခင်းဟာတဖြည်းဖြည်းငြိမ်းသွားပြီ။
这场风波慢慢平息了。

⑭ ခေတ္တ၊ ယာယီ 暂时、临时。例如：
သူ့ကိုမန်နေဂျာအဖြစ်ယာယီခန့်အပ်ထားပါသည်။
暂时任命他为经理。
ကျွန်တော်တို့သည်ဤနေရာ၌ပင်ခေတ္တနေရမည်။
我们必须在这儿暂时住几天。

4. 然否副词表示肯定与否定的意思

（1）要表示否定意义时一般要否定副词 မ（不、没、别、未、没有）。例如：

မသွားချင်ဘူး။
不想去。

ကျွန်တော့်မှာပိုက်ဆံမရှိဘူး။
我没钱。

ဒီအလုပ်မျိုးကိုဘယ်တုန်းကမှမလုပ်ခဲ့ဖူးဘူး။
我从没做过这种工作。

注：中文中表示否定的有"没""不""没有"等，所代表的意思不相同。"不"代表否定的判断，是对行为动作、性状进行否定。多用于现在、将来，也可用于过去。缅甸语中一般用 မ ... ဘူး 的形式表示否定。

① 表示对现在或将来的行为动作、心理状态、意愿爱好或可能性的否定。例如：

သူကတစ်နေ့လုံးအနားမယူဘူး။
他整天不休息。

ဘတ်စ်ကားနဲ့မသွားချင်ဘူး။
不想乘公共汽车去。

သူနက်ဖြန်လာမှာမဟုတ်ဘူး။
他明天不会来。

② 表示否定经常性或习惯性的动作或情况时，也用 မ ... ဘူး。例如：

အဲဒီနေရာမှာတစ်နှစ်ပတ်လုံးမိုးမရွာဘူး။
这里一年到头都不下雨。

သူအရက်လည်းမသောက်ဘူး၊ဆေးလိပ်လဲမသောက်ဘူး။
他不喝酒也不抽烟。

③ 否定事物性状时用 မ ... ဘူး。例如：

သူအလုပ်မအားဘူး။
他很忙。

လမင်းကြီးကမဝိုင်းဘူး။
月亮不圆。

သူ့အသံကသိပ်မဆိုးဘူး။
他的嗓子不错。

注：没（有）在汉语中用于否定行为动作的发生或完成，即表示动

第九章　副词（ကြိယာဝိသေသန）

作尚未完成。在缅甸语中虽然也用 မ，然而句尾助词前还必须用 ခဲ့၊ သေး၊ဘူး 等表示。

① 否定行为动作的发生或完成。例如：

မနေ့ကမိုးမရွာခဲ့ဘူး။
昨天没下雨。

ကျွန်တော်ဂျပန်စာမသင်ဖူးဘူး။
我没有学过日语。

ကျွန်တော်ပြန်စာမရသေးဘူး။
我还没有接到回信呢。

② 用在形容词前，表示性状变化尚未发生或尚未完成。例如：

မိုးမလင်းသေးဘူး။
天还没亮。

ဒီအက်ျီမြောက်သေးဘူး၊ ဝတ်လို့မရသေးဘူး။
这衣服还没干，还穿不了。

一般来说，用 မ...ဘူး 表示否定意愿或判断，用 မ...သေးဘူး၊ မ...တော့ဘူး 表示否定发生或变化。例如：

ကျွန်တော်စာမရေးဘူး။
我不写信。（否定意愿，性状）

ကျွန်တော်စာရေးမပြီးသေးဘူး။
我还没写完信。（否定变化）

ခရီးသိပ်မဝေးဘူး။
不远。（否定判断）

မဝေးတော့ဘူး(ရောက်တော့မယ်။)။
快到了。（否定变化）

မနေ့ကကျွန်တော်ဒီလိုမပြောခဲ့ပါဘူး။
我昨天没这么说过。（否定发生）

（2）表示肯定无疑的副词

① အမှန်　其实。例如：

အမှန်ဝါအကုန်သိပြီ။

其实我全知道了。

② ကန် ၊ ကန္တ 肯定。例如：

သူသည်ကောင်းတစ်ယောက်ကန်ဖြစ်ပါလိမ့်မည်။
他肯定会成为一个好干部。

သူကန္တသိပြီးဖြစ်မှာဘဲ။
他肯定知道了。

③ မုချ 一定。例如：

မရမကတောင်းလိုက်ရင်မုချပေးပါလိမ့်မယ်။
你拼命要的话，他一定会给你的。

④ မချွတ်မလွဲ 一定，与 မချွတ် 相同。例如：

ယခုအတိုင်းလုပ်သွားရင်မချွတ်မလွဲအောင်မြင်မှာဘဲ။
照现在这样努力下去，一定能成功。

⑤ စင်စစ် 其实。例如：

ကျွန်တော်စင်စစ်မလုပ်ခဲ့ပါ။
我真的没做过。

5. 性状副词：表示谓语的性质与状态。这类词很多，构成也很复杂，有的原来是副词，有的则由形容词、动词转变而来。例如：

动词或形容词		副词	
ပူပြင်း	着急→	အပူတပြင်း	着急地
လိုက်လှဲ	热烈→	လိုက်လိုက်လှဲလှဲ	热烈地
ရဲဝံ့	勇敢→	ရဲရဲဝံ့ဝံ့	勇敢地
ဝမ်းသာ	高兴→	ဝမ်းမြောက်ဝမ်းသာ	高兴地
ပြုံး	微笑→	တပြုံးပြုံး	微笑地

ဤပစ္စည်းကိုသူကအပူတပြင်းလိုလားနေပါသည်။
他迫切需要这东西。

သူသည်ကပ်သီးကပ်သတ်မေးတတ်သည်။
他总会问一些古里古怪的问题。

6. 疑问副词：表示对谓语的性状有所怀疑的词，一般有：မည်သို့(ဘယ်လို) ၊ ဘယ်နည်၊ ဘယ်နစ်၊ မည်မျှ(ဘယ်လောက်) ၊ အဘယ်(ဘယ်) ၊ အဘယ်မျှ(ဘယ်လောက်)。例如：

第九章　副词（ကြိယာဝိသေသန）

မည်သို့လုပ်ရမည်နည်း။
该怎么办呢？

ဤသတင်းများကိုသိရတော့သူကမည်မျှဝမ်းသာလိုက်ရပါမည်နည်း။
他知道这消息后，不知要怎样高兴呢！

သင်သည်သူ့ကိုမည်မျှသိပါသနည်း။
你了解他多少？

မန္တလေးမြို့သို့ဘယ်နှစ်ခါ(ခေါက်)ရောက်ဖူးခဲ့သနည်း။
他到过曼德勒几次？

တစ်လကိုလခဘယ်လောက်စီရနိုင်ပါသလဲ။
每个人每月工资多少？

第二节　副词的构成

构成副词的方法很多，现在归纳如下：

1. 本身就是副词，它不是由其他词变化而来，可以不加任何附加词而直接修饰谓语的。例如：

မုချ　　　　肯定
ရုတ်တရက်　　突然
ချက်ချင်း　　马上
ကန်　　　　一定

2. 重叠而成的，在缅甸语中形容词、动词都可以重叠构成副词。重叠的方法又分完全重叠与不完全重叠两种。例如：

形容词重叠：

ခက်ခဲ	困难	→	ခက်ခက်ခဲခဲ	困难地
မှန်ကန်	正确	→	မှန်မှန်ကန်ကန်	正确地
နှေး	慢	→	နှေးနှေး	慢慢地
ညီညာ	整齐	→	ညီညီညာညာ	整整齐齐地
ပေါ့ဆ	马虎	→	ပေါ့ပေါ့ဆဆ	马马虎虎
လိမ္မာ	乖	→	လိမ္မလိမ္မာမာ	乖乖地

ထိရောက် 有效 → ထိထိရောက်ရောက် 有效地
တိကျ 精确 → တိတိကျကျ 精确地

မြန်မြန်သွားပါ။
快些走吧。

ကောင်းကောင်းရေး။
好好地写。

ထူးထူးဆန်းဆန်းမလုပ်ပါနဲ့။
别别出心裁了。

动词重叠：

အကြောင်ကြောင်ဖြစ်နေသည်။
正若痴若呆。

ပြောပြောဆိုဆိုရှိလာပြီ။
开始（肯和人）接触了。

ခွေးပြေးဝက်ပြေးထွက်ပြေးသွားသည်။
一溜烟地跑掉了。

ကြက်ပျောက်ငှက်ပျောက်သွားသည်။
消失得无影无踪了。

3. 附加法：在名词、形容词或动词前后加上 အ ၊ မဲ့ 等成分，变成副词。

（1）单音节形容词前加 အ。例如：

တင်း	紧	→	အတင်း	强硬地
မြဲ	牢固	→	အမြဲ	一贯地
ပြင်း	激烈	→	အပြင်း	加紧
ဝ	饱	→	အဝ	饱饱地

（2）加 မဲ့ 表示"没有"。例如：

အကြွင်း	余数	+ မဲ့	→ အကြွင်းမဲ့	绝对地
အမှတ်	记号、看法	+ မဲ့	→ အမှတ်မဲ့	无意间，不注意
အခ	费用	+ မဲ့	→ အခမဲ့	免费地

（3）加 ခဲ့ 。例如：

第九章　副词（ကြိယာဝိသေသန）

| နာ | 疼 | → | ခပ်နာနာ | 使劲地 |
| တည် | 严肃 | → | ခပ်တည်တည် | 严肃地 |

（4）加后缀，成叠韵式的词，叠韵音节的声母大部分为 တ，这种形式构成的副词表示词义的减弱。例如：

ပြုံး	微笑	→	ပြုံးတုံးတုံး	笑眯眯地
အ	呆	→	အတတ	呆呆地
ဝါ	黄	→	ဝါတာတာ	黄乎乎

（5）单音节形容词或动词前加前缀 တရ 构成副词，表达的语气更为强烈。例如：

ကြမ်း	粗糙	→	တရကြမ်း	猛烈地，粗暴地
စပ်	连接	→	တရစပ်	不间断地
ဟာ	空	→	တရဟာ	空旷地
နှံ့	到处	→	တရနှံ့	到处
ပွ	宽松	→	တရပွ	杂乱无章地

4. 附加和重叠结合。有时在动词前加 တ 或 အ 再加动词的重复构成副词。例如：

အကျီအထပ်ထပ်ဝတ်ဆင်ထားသည်။
穿了很多衣服。

စကားတပြောပြောနှင့်လမ်းလျှောက်နေကြသည်။
一边谈论着，一边散步。

5. 插入法：这一类构词法比较复杂，形式很多，主要的有下列几种：

（1）在双音词中插入两个 အ 或 တ 构成副词。

ပြင်းထန်	严厉	→	အပြင်းအထန်	严厉地
လျှင်မြန်	迅速	→	အလျှင်အမြန်	迅速地
ပျော်ပါး	愉快	→	တပျော်တပါး	愉快地
ခမ်းနား	隆重	→	တခမ်းတနား	隆重地

（2）在双音词中第一音节前加 အ，第二音节前加 တ。

| လွယ်ကူ | 容易 | → | အလွယ်တကူ | 容易地 |
| ပူပြင်း | 热烈 | → | အပူတပြင်း | 热烈地 |

（3）在双音词的各音节中间，分别插入否定的 မ 。

သာယာ	和悦	→	မသာမယာ	不悦地
ကျေနပ်	满意	→	မကျေမနပ်	不满地
ထင်ရှား	明显	→	မထင်မရှား	不明显地
ရိုသေ	尊重	→	မရိုမသေ	不礼貌地

（4）在单音节动词或形容词的重叠形式中分别加上 မ၊တ ，表示"不是完整的""半……不……"的意义。例如：

တတ်	会	→	မတတ်တတတ်	半会不会
ကျက်	熟	→	မကျက်တကျက်	半生半熟
ပြုံး	微笑	→	မပြုံးတပြုံး	似笑非笑
လုံ	挡得严实	→	မလုံတလုံ	半袒露

（5）在意义相近的两个单音节动词或形容词之前加 တ ，然后重叠第二个动词或形容词。例如：

| ပျော် 愉快 + ပြုံး 微笑 | → | ပျော်တပြုံးပြုံး | 眉开眼笑 |
| ထပ် 叠 + လဲ 换 | → | ထပ်တလဲလဲ | 再三地 |

（6）在双音节或多音节形容词之间中入 အ ၊ မ 。例如：

| မှတ်ထင် 清楚 | → | အမှတ်မထင် | 没想到 |

（7）加 က 。例如：

| တိမ်းပါး | 摇晃 | → | ကတိမ်းကပါး | 摇摇晃晃地 |
| တုန်ရီ | 颤抖 | → | ကတုန်ကရီ | 颤颤巍巍地 |

（8）其他形式：在单音节形容词前加两个 ဧိုး 的叠韵音节，在单音节形容词后加上声母 တ ၊ လ 的叠韵音节，构成双声叠韵音节的四音节副词。例如：

ဝါး	模糊	→	ဝိုးတိုး ဝါးတား	模糊不清地
ရူ	骚动	→	ရှိုးတိုး ရူတ	心情不平静地
မတ်	垂直	→	မိုးတိုးမတ်တတ်	矗立着
ရှန်	羞涩	→	ရှိုးတိုး ရှန်တန်	不好意思地
ကျဲ	稀疏	→	ကျိုးတိုး ကျဲတဲ	稀稀落落地
ခု	垫	→	ခိုးလိုးခုလု	不顺地

第九章　副词（ကြိယာဝိသေသန）

此外还有 မနေးအမြန်（尽快），မယုံတဝက်ယုံတဝက်（半信半疑）等构词方式。

除了上述几种构词法外，缅甸语中还有许多特殊的构词法，但其意义差不多全都是从词根意义引申出来的。这里不再赘述。

第三节　副词的特点和语法功能

1. 副词的作用主要是修饰谓语，因此，它常与动词、形容词搭配使用。副词一般位于形容词或动词之前，在合成词做谓语时，副词可以放在主谓关系或者宾动关系的谓语动词或形容词中间。

2. 大部分副词不能单独回答问题。

3. 少量的副词可以被另外的副词修饰，如 သိပ် 可以放在否定副词 မ 之前，成为 သိပ်မကောင်းဘူး။，这与汉语中"不太好""不很好""不十分喜欢"中否定副词修饰说明另一个副词"太""十分"等情况相似。只不过缅甸语中的否定副词和另外的副词之间的位置正好与汉语相反。

4. 有时副词加上状语助词 ဖြင့် နဲ့，可作句子的结尾，它实际上是一种倒装句形式，表示的意义和感情色彩较强。例如：

ဘာဖြစ်လို့လဲဒီလောက်အရေးတကြီးနဲ့။
干什么这样慌慌张张的？

5. 在文章体中，一般在形容词后加 စွာ 作状语用，而在口语体中则经常用重叠的副词。例如：

လျှင်မြန်စွာဖြေရှင်းလိုက်စေချင်ပါသည်။（文章体）
မြန်မြန်ဖြေရှင်းလိုက်စေချင်ပါတယ်။（口语体）
希望你很快解决。

6. 在缅甸语中，用副词修饰动词来表示动作的结果或程度，翻译成汉语往往采用补语形式。例如：

သူသည်ဤကိစ္စကိုအရေးတကြီးအရေးယူနေသည်။
他把这事看得很重要。

သူကဝကြီးစားခဲ့ပါတယ်။
他吃得很饱。

7. 副词的运用，有着感情色彩的区别，因此为了音色的美和更生动、细致，往往采用四音节的副词。例如：

အမြဲတစေသတိရလျက်…
永远纪念着……

အပတ်တကုတ်ကြိုးပမ်းအားထုတ်၍အလုပ်ပြီးမြောက်အောင်ဆောင်ရွက်နေကြသည်။
他们正在努力完成这项工作。

8. 缅甸语中副词往往与名词兼类，有时名词与副词形式相同。例如：

缅甸语词	名词	副词	缅甸语词	名词	副词
အဆုံး	结尾	全部	အစေ့အစပ်	调解	仔细
အပြေး	跑	急忙	အစဉ်အလာ	传统	代代相传
အစောကြီး	清早	很早	အဆန်းအကျယ်	新奇	新奇的
အစုံ	成对	齐全	အမှန်အကန်	正确	正确地
အပုံ	堆	非常	အပျော်	娱乐	娱乐性地
အတို့အလှည့်	回报	相互地	အလုံအခြုံ	安全	安全地
အလွယ်	容易	容易地	အလျင်	速度	先,尽早
အသေ	死亡	拼死地	အစုံအလင်	详细内容	详细地
အသည်းစွဲ	心肝	牢记地	အရအမိ	能背诵的	切实地

练习

1. 选择合适的副词填空。

အပြတ်၊ ရှိသေစွာ၊ တစိမ့်စိမ့်၊ တစီစီ၊ ကန့်လန့်၊ တကောက်ကောက်၊ ဖိုင်းခန့်၊ တဝ၊ သည်းထန်စွာ၊ တစ်ခဲနက်

၁။ မိခင်သည်သားငယ်၏မျက်နှာကို--------ကြည့်သည်။

၂။ ညအိပ်ရာဝင်ချိန်၌ဉ္ဇီအစာကို------စားလျှင် အစာမကြေဖြစ်တတ်သည်။

၃။ ကလေးငယ်သည်ကြမ်းပေါ်သို့--------လဲကျသွားသည်။

၄။ လူထုကြီးသည်ပြည်ထောင်စုနေ့အခမ်းအနားသို့------ချီတက်လာသည်။

၅။ မိုးဦးကျအခါတွင်ပုရစ်တို့သည်-----အော်မြည်ကြသည်။

第九章　副词（ကြိယာဝိသေသန）

၆၊ အောင်နက်သည်သူသခင်သွားလေရာသို့--------လိုက်သည်။

၇၊ "မင်္ဂလာပါဆရာ" ဟုကျောင်းသားကျောင်းသူများကဆရာကို --------နှုတ်ဆက်ကြသည်။

၈၊ သစ်ပင်ကြီးတစ်ပင်သည်လဲ၍လမ်းမကြီးပေါ်၌--------ခံနေသည်။

၉၊ အနီရောင်အသင်းကအဝါရောင်အသင်းကို--------နိုင်လိုက်သည်။

၁၀၊ မိုး--------ရွာသည်။

2. 将下列副词和动词进行合适的搭配。

တခစ်ခစ်　　　　　ဆောင်ရွက်သည်
ရိုသေစွာ　　　　　မ သည်
ချစ်ချစ်တောက်　　တောက်လောင်သည်
တရှုပ်ရှုပ်　　　　　စို သည်
ညီညွတ်စွာ　　　　ရယ် သည်
ရဲရဲ　　　　　　　 ပူ သည်
မနိုင်တနိုင်　　　　 သီဆိုသည်
တဟုန်းဟုန်း　　　 ကန်တော့သည်
သာယာစွာ　　　　 စား သည်
ပလုတ်ပလောင်း　　 ငို သည်

3. 将下列副词进行分类并指出其构词方式。

ဖြည်းညှင်းစွာ ချက်ချင်း မုချ ကချော်ကချွတ် တိတ်တိတ်ဆိတ်ဆိတ် မြန်မြန် မကြာခဏ ပြီးတုံးတုံး တစုတဝေး ဝဲကာဝိုက်ကာ တရကြမ်း အလောတကြီး အလုံအလောက် ဘယ်လောက် မယုံတယုံ အလွန် ဇော် အနည်းငယ်

4. 将下列句子译成中文并指出句中副词的用法。

၁၊ ပြောပြောဆိုဆိုနှင့်သူတို့ညသာစွာထွက်ခွာသွားကြလေသည်။

၂၊ ဘီယာနဲ့တထောင်းထောင်းထနေသည်။

၃၊ ကျွန်မအမေတို့ဆီအပြီးပြန်လာတာ။

၄၊ မှတ်တိုင်မှာကားစောင်ရင်းဦးဘခင်တဆတ်ဆတ်တုန်နေသည်။ချမ်းတာရော ပန်းတာရော ပါမှာပေါ့။

၅။ မတ်တတ်ရပ်ပြီးကြာကြာမနေနိုင်။

၆။ လူကြီးတွေရော၊ကလေးတွေပါပန်းသီးကိုပျော်ပျော်ပါးပါး၊အားပါးတရ၊မြိန်ရေရှက်ရေ ကိုက်စားနေကြပါပြီ။

၇။ ၁၉ ရာစုက တရုတ်လက်ဖက်သဘော်သည်တရုတ်ပြည်မှဥရောပနိုင်ငံများသို့အခေါက်ခေါက် အခါခါ ကူးသန်းခဲ့သည်။

၈။ ခုဆို ညည်းအဖေက မမာနေတာ ကြာလှပြီ။

၉။ ရွာအနောက်ဘက် ဧရာဝတီမြစ်ရေဟာ တရိပ်ရိပ် တဖွေးဖွေး တက်လာဆို ရွာကလူတွေ အကုန် ခေါင်းနားပန်းကြီးလာတယ်။

၁၀။ အချစ်ဝတ္ထုသာရေး၍ အချစ်နှင့်ဝေးကွာစွာ နေလာခဲ့သောကျွန်တော်သည် မခင်မေစကား ကြောင့် ကောင်မလေးအပေါ် ထားရှိသော သဘောထားကိုမဖော်က်မပြန် မှန်ကန်ပါရဲ့လား ဟုဇဝေဇဝါတွေးနေမိပါတော့သည်။

第十章 感叹词（အာမေဋိတ်）

第一节 感叹词的定义和分类

一、感叹词的定义

感叹词是表示强烈的感情或者用以表示应答的词。这是一种比较特殊的词，它没有确切的词汇意义，也没有语法意义。

二、感叹词的分类

缅甸语中的感叹词为数不多，大致可分下列几类：表示惊讶、惊叹或醒悟；表示伤感、痛苦、或焦急；表示愤怒、厌恶、轻蔑（讥嘲）或命令；表示赞同；表示欢乐；表示呼唤、答应；其他。

1. 表示惊讶、惊叹或醒悟

（1）ဟေ 啊！（表示惊讶）。例如：

ဟေ-ဟုတ်လား။

啊！真的吗？

如果变成浊音时"ဟေ"表示大人答应孩子呼喊时的声音。例如：

သမီး။ ဖေဖေ-　　　　အဖေ။ ဟေ-

မြေး။ ဘိုးဘိုး-　　　　အဘိုး။ ဟေ-

（2）ဟင် 嗯？咦！（表示惊奇）。例如：

ဟင်-သူဘာပြုလို့မလာသလဲ။

咦！为什么他没来呢？

（3）အလို 咦！唷！（表示惊讶）。例如：

အလို- ငါဒီလိုမပြောခဲ့ပါလား။

咦！我不是这样说的。

အလို-တယ်လှပါကလား။

哟！真漂亮！

（4）ကြော် 喔！哦！（表示惊讶、醒悟）。例如：

ကြော်-ဒီလိုကိုး။

哦，原来是这样。

ကြော်-လက်စသတ်တော့ဒီလိုလုပ်ရသကိုး။

哦，原来要这样做。

（5）လား-လား 唷！（表示醒悟、惊叹）。例如：

လား-လား၊ လက်စသတ်တော့သူကိုး။

唷，原来是他。

လား-လား၊ ပခုံးပေါ်အရေပြားပြုန်ပြီကိုး။

呀！原来肩上皮都擦破了。

（6）ကောင်းပ 好！好！（表示赞叹）。例如：

ကောင်းပ၊ ဒီကလေးကြီးလာတော့ဘောလုံးအသင်းလက်ရွေးစင်ဖြစ်မှာဘဲ။

好，好！这小孩大了一定会成为足球队员。

（7）ဟော-ဟော 啊！啊！瞧！（表示惊奇或提醒人注意）。例如：

ဟော-ဟော၊ ဟိုမှာသာအိညီကဇင်နှင့်ဘိုးကများတို့ပေါက်လာကြပြီ။

啊！你瞧！那又来了达意的弟弟格藏和波加两个人。

（8）ဩ-ဩ 噢，噢（表示惊奇）。例如：

ဩ-ဩ၊ ဒီလိုကိစ္စမျိုးတောင်ဖြစ်ဖူးသေးသလား။

噢，噢，竟发生过那种事哪！

（9）အာပါ 哟，（表示惊奇，原属土语）。例如：

အာပါ-တယ်မြင့်ပါကလား။

哟，真高呀！

（10）ဟ 哎！嘿！（表示惊叹）。例如：

ဟ-မင်းကဘာကြောင့်ဒီလိုပြောရသလဲ။

哎！你为什么这么说呢？

ဟ-မနဲတဲ့ငါးပါလား။

嘿，鱼真不少啊！

第十章 感叹词（အာမေဋိတ်）

2. 表示伤感，痛苦、惋惜或焦急。

(1) အင်၊ အဲ 唉！（表示惋惜）。例如：

အဲ-ဒီလိုဖြစ်လိမ့်မယ်လို့ငါမပြောလား၊အခုဒုက္ခရောက်ကုန်ပြီမဟုတ်လား။

唉！我不是早说了吗！这样干下去会出事的。你看，现在遇到麻烦了吧？

(2) ကျွတ်-ကျွတ် 啧！啧！（表示惋惜）。例如：

ကျွတ်-ကျွတ်။ ဒီလူရဲ့အဖြစ်ကသနားစရာဘဲနော်။

啧！啧！这人的遭遇真可怜。

(3) အမယ်လေး 哎呀！我的妈呀（表示痛苦）。例如：

အမယ်လေး နာလိုက်တာ။

哎呀！（我的妈呀）真疼。

(4) အမေရေ-အမေရဲ့ 哎唷，我的妈呀！（表示痛苦）

(5) အလယ်အလယ် 哎哟！（假装痛苦）。例如：

အလယ်အလယ်-နာလိုက်တာ။

哎哟，真疼。

အလယ်အလယ် 加上 အောက်မြစ် 还可表示讽刺。例如：

အလယ်အလယ့် လှလိုက်တာ။

哎唷，真漂亮呀！

(6) ဖြစ်မှဖြစ်ရလေ 唉！真是……（表示惋惜，同情，无可奈何，啼笑皆非的感情）。例如：

က။ မနေ့ကသူဖျားပြီဆိုဘဲ။

听说他昨天生病了。

ခ။ ဖြစ်မှဖြစ်ရလေ။

唉！真是……

3. 表示愤怒、鄙视、厌恶、讥讽或命令。

(1) ထွီ 呸！（表示鄙视、厌恶）。例如：

ထွီ။ ဒီအကောင်မျိုးပြောဘဲမပြောချင်ဘူး။

呸！这种家伙提都不愿提他。

（2）အောင်မယ်၊ အောင်မာ 哼！哟！唷！（表示惊奇、愤怒、厌恶、讽刺等）。例如：

အောင်မယ်၊သူကဒီလိုပြောသလား။
哼！他是这么说的吗？

အောင်မယ်၊ခင်ဗျားဘဲရှိတယ်လို့အောက်မေ့နေသလား။
哟！你以为只有你有吗？

အောင်မာ၊တယ်လူပါးဝပါလား။
哼！真滑头！

（3）အေ 咳！（表示禁止、劝阻）。例如：

အေ-မင်းကလဲ ဒီလိုမပြောနဲ့။
咳！你不要这么说。

（4）သယ် 哼！（表示愤怒、威胁）。例如：

သယ်- ငါရိုက်ရ။
哼，我打了啊！

（5）တောက် 打舌响（表示愤怒）。例如：

တောက်-ဒီကောင်ကတယ်ရက်စက်ပါကလား။
哼，这家伙真残酷！

（6）ဟေ့ 嗨！（表示提醒或呼喊）。例如：

ဟေ့၊ကောင်လေး မလုပ်နဲ့လေ။
嗨，小家伙，别这样干！

（7）ဟဲ့ 嗨！（表示斥责、威吓）。例如：

ဟဲ့-ကောင်လေး၊ မြန်မြန်စား။
嗨，小家伙，快吃！

（8）တကတဲ 咳，你真是（表示埋怨）。例如：

တကတဲ-ဟိုဘက်နဲနဲရွှေ့လိုက်ပါ။
咳，真是，你移过去一点嘛！

（9）ဟာ 唉！（表示厌烦）。例如：

ဟာ-သီချင်းမဆိုနဲ့တော့။
咳，你别唱歌了。

第十章 感叹词（အာမေဋိတ်）

4. 表示赞同的

(1) အိမ်း-အိမ်း 嗯！嗯！（长辈对小辈表示赞同）。例如：

အိမ်း-အိမ်း အဲလိုလုပ်မှပေါ့ကွဲ့။

嗯！嗯！就得这样做嘛！

(2) အေး -အေး 嗯！嗯！（表示应诺、赞同）。例如：

အေး -အေး၊ သွားတော့သွားတော့။

好！好！去吧，去吧。

အေး -အေး၊ ငါလာခဲ့မယ်။

好！我来。

(3) အဲ -အဲ 嗯！嗯！（长辈对小辈表示赞同）。例如：

အဲ အဲ၊ ဟုတ်ပြီ၊ဟုတ်ပြီ။

嗳！嗳！（嗯嗯）对了，对了。

(4) ဟော 瞧！（表示欢喜）。例如：

ဟော-သူလာပြီ၊သူလာပြီ။

瞧，他来了。

(5) အေးဟယ် 是啊！可不是吗！（表示同意）

5. 表示得意、高兴、欢乐的

(1) ဟား-ဟား 哈哈（表示高兴）。例如：

ဟား-ဟား ရယ်စရာကောင်းလိုက်တာ။

哈哈，太可笑了。

(2) ဟီး-ဟီး 嘻嘻（表示得意）。

(3) ဟဲ-ဟဲ 嘿嘿（表示得意）。

(2) 和 (3) 多用于直接引语中，有时形容笑声。

6. 表示呼唤、应答

缅甸语中表示呼唤和应答时，都要看对话对象不同情况，用不同的感叹词呼唤或应答。

(1) ဒီမှာ 一般招呼对方时用。例如：

ဒီမှာ-ကျွန်တော်မေးစရာတစ်ခုရှိယ်။

我说，我想问你一个问题。

（2）ဖြို့ 限男用，招呼对方用。

ဖြို့ကိုဘခက်လာစမ်းပါအုန်း။

喂，哥巴开你来一下。

（3）ရှာ၊ ရှင် 在应答时，缅甸语中有男用和女用不同的应答词。如女的答应长辈或别人呼唤时，用ရှင်，男的应答时用 ခင်ဗျား。当没听清对方的话，想请对方再重复一遍时，女的也用 ရှင်，男的用 ခင်ဗျား 或 ဗျာ。例如：

က။ မကြည်ရေ

甲：玛基！

မကြည်။ ရှင်

乙：哎！

（4）ကိုင်း၊ ကဲ ၊ ဒါဖြင့် 说话人要转换话题时用。例如：

ကိုင်း-သွားကြရအောင်။

好了，咱们走吧！

ဒါဖြင့်- ဒီတိုင်းဘဲစမ်းကြည့်ကြရအောင်။

那么，就这么试一试吧。

7. 其他情感

（1）ရော့ - ရော့ 喏！喏！（表示给予）。例如：

ရော့-ရော့ ပိုက်ဆံ။

喏，给你钱！

（2）အို 哦（表示招呼）。例如：

အို-မောင်တက်တိုးလား။

哦！是貌德多呀。

（3）ဟေ့ 嗨，喂（表示招呼）。例如：

ဟေ့- မောင်ဘ၊မြန်မြန်လာခဲ့။

喂，貌巴，快来！

（4）ဟယ် 嘿！（表示疑问）。例如：

ဟယ်-ငါ့စာအုပ်ဘယ်သူယူသွားပြီလဲ။

嘿！我的书谁拿去了？

（5）သာဓု-သာဓု 善哉，善哉（表示称赞）。例如：

သာဓု- သာဓု-
善哉，善哉！

အမျှ-အမျှ
同享善果，同享善果（表示回答）。

（6）အို 哎！（表示不太同意）。例如：

အို- မလုပ်နဲ့။
哎，你别这么干！

在语言实际中，感叹词远不止这些，而且不少场合，都因感情不同，感叹词意义也有改变。这里只能收集比较常用的作一介绍，其中还有许多感叹词译成中文并不完全确切，还要看上下文，具体语言环境来确定这个感叹词与汉语哪个意义相近，这样才能更确切地理解原意。

第二节　感叹词的特点和语法功能

1. 感叹词词是句子中的独立成分，它和其他词不发生组合关系。例如：

အမယ်လေး-လန့်လိုက်တာ။
哎呀，吓了我一跳！（惊叹）

အလို-မောင်ဘပါလား။
唷，是貌巴呀！（惊讶）

တကယ်-မဆိုင်တာတွေချည်းပြောတယ်။
真是的！尽瞎扯。（不满）

2. 一般都用在句首，只是个别的插入句子中间或放在句尾。

3. 它本身没有独立的意义，只是用来表示声音而已。同一个感叹词，由于感情不同，发音也不相同，它会发生音的高低、轻重、清浊等变化。例如：

စာတစ်စောင်မှမပေးဘူး၊တကယ်-နေနိုင်လိုက်တာ။
连封信也不写，真有能耐。

ဟော-ဟုတ်ကဲ့လား။

噢，是吗？

ဟေ(ဟောသသံ)-ဘာကိစ္စရှိလို့လဲ။

哎！有什么事吗？

4. 它往往与语气助词连用，表示一种感情。

第三节　感叹词的两种特殊用法

1. 单独用，表示一个完整的意思，这时可把它看作是一个句子。例如：

က။ မင်းနက်ဖြန်ကားနဲ့သွားကြားလား။

甲：你明天乘车去，听见没有？

ခ။ အေ-(သို့မဟုတ်) အိမ်း။

乙：噢。（或回答：嗯）

က။ ဘကြီး--ကျွန်တော်တို့သွားခွင့်ပြုပါခင်ဗျား။

甲：大伯，我们就告辞了。

ခ။ အေ- အေ။

乙：好，好。

2. 在句子中充当句子成分

（1）作谓语。例如：

အိမ်းမနေနဲ့၊သဘောတူရင်ပိုက်ဆံထုတ်ရမယ်နော်။

你别嗯嗯的，要是同意就得掏钱！

ဟားမနေနဲ့၊ (=ရယ်မနေနဲ့)

别打哈哈！

（2）作状语。例如：

သူကအမယ်လေးအမယ်လေးနဲ့အော်လာတော့တယ်။

他哎哟哎哟地叫了起来。

第十章 感叹词（အာမေဋိတ်）

练习

1. 指出下列句中的感叹词表达了怎样的情感。

    ၁။ အမယ်လေး–ကယ်ကြပါအုံး။

    ၂။ ဟင်၊ မဖြစ်ဘူး၊ငါပြန်မှဖြစ်မယ်။

    ၃။ ဟော–ဖေဖေပြန်လာပြီ မေမေရေ။

    ၄။ ဟော–တယ်တော်တဲ့ငါ့သားကြီးပါလားကွာ။

    ၅။ အော်–ဖြစ်မှဖြစ်ရလေ။

    ၆။ တယ်–သနားပါတယ်။

    ၇။ ဟာ–ပိုင်တာပဲ။

    ၈။ အလို–ဘာသံပါလိမ့်။

    ၉။ ဟိုက်–ဖောင်တိန်ပါသွားပြီ။

    ၁၀။ ခါးပိုက်နိုက်ဟော့–ခါးပိုက်နိုက်–ဖမ်း–ဖမ်း။

2. 将下列句子补充完整。

    ၁။ အား၊ ————————————။

    ၂။ ဟာ၊————————————။

    ၃။ ဟော၊ ————————————။

    ၄။ ဟေ့ဟေ့————————————။

    ၅။ တယ်၊ ————————————။

    ၆။ ————————————သူကွယ်လွန်သွားရှာပြီကို။

    ၇။ ————————————သတိထား၊သတိထား။

    ၈။ ————————လိုက်ဟ၊လိုက်ဟ။

    ၉။ ————————ဟုတ်ရဲ့လား။

    ၁၀။ ———————————— ဟိုမှာတွေ့ပြီ။

第十一章 拟声词（မြည်သံပြု）

第一节 拟声词的定义和分类

一、拟声词的定义

拟声词是用语音来模拟事物或自然界的声音及描写事物情态的词。例如：

ဒိုင်း	砰（枪声）
ချက်ချက်	滴答滴答（钟表声）
အူဝဲ	哇（婴儿哭声）
အွံအံ	呱呱（青蛙叫声）
ချင်ချင်	叮当（金属碰击声）
တဝေါဝေါ	哗哗（流水声）

拟声词的主要作用是用语音来模拟事物的声音，以增添事物的实感和语言的生动性。但是，拟声词有时用声音对事物情态进行描绘，并不都是模拟事物或自然界的声音。例如：

သူ့ရုပ်ကိုဖျတ်ကနဲမြင်ယောင်မိတယ်။

突然间好像看到了他。

这里 မြင်ယောင်မိတယ်။ 意思是"仿佛看见"，并不能发出声音，但用拟声词 ဖျတ်ကနဲ 不过是形容形象的出现是那样地迅速和突然，生动地描绘思维的敏捷和突然，使描写事物的过程更加增添了声音的效果。因此，拟声词的修辞作用比其他词类更加突出。

二、拟声词的分类

从拟声词的运用来看，它可以分定型的非定型的两种。定型的拟声

第十一章　拟声词（မြည်သံပြ）

词大多是古代沿用下来，多为双声叠韵词，它代表的声音比较固定，无需语言环境就能知道它指的什么声音。非定型的拟声词，大多是由说话人模拟声音而写成，往往书写形式与语音不太固定，适用范围也广。没有一定的语言环境，有时无法理解它代表的是什么声音。

定型的拟声词如：

လေဟူးဟူးတိုက်နေသည်။
风在呼呼地刮着。

ချောင်းရေသည်တသွင်သွင်စီးဆင်းနေသည်။
溪水哗啦啦地流淌着。

တချွင်ချွင်မြည်နေသောဆည်းလည်းသံ
叮当作响的风铃声

不定型的拟声词：ဒန်း၊ ဒိုင်း၊ ဂျုန်းဂျုန်း 等。

拟声词代表的声音尽管是客观事物和自然界的声音，但是这些声音传到不同民族的耳中，反映出的声音及模拟后的拟声词相差甚远，有些甚至互相无法想象。将缅甸语与汉语的拟声词对比一下即可明显看出他们的差别。

汉语拟声词	缅甸语拟声词
哇（孩子哭声）	အူဝဲ
哞（牛叫声）	ဝတ်ထရိန်
呱（蛙叫声）	အုံအံ
咯（母鸡叫声）	ကတော်ကတော်
汪！汪！（狗叫声）	ဂုတ်ဂုတ်
布谷（布谷鸟叫声）	ဥဩ-ဥဩ
光棍好苦（谑）	ယောက်ဖခွေးခေါ်
咕咕（斑鸠叫声）	ကူကူ
哒哒哒（机枪扫射声）	တဒက်ဒက်တဒိုင်းဒိုင်း

可见，各民族对同一种声音有着不同的模拟方法和习惯。要想学到地道的外语，应该了解学习和尽量使用该语言中通行的拟声词，避免随意创造，否则将使人无法理解。

第二节　拟声词的特点和语法功能

1. 在缅甸语中拟声词主要作状语，修饰谓语动词。拟声词作状语应用时，常有下列几种方式：

（1）在拟声词后加后缀 ကနဲ ၊ ခနဲ ，表达各种不同的急促的声音或突然的动作。例如：

ဒိုင်းကနဲသေနတ်သံကြားရသည်။
听到了"砰！"的一声枪响。

ဂုန်းကနဲလဲသွားတယ်။
轰隆一声倒了下来。

ဝေါကနဲအော့အန်လာသည်။
哇地呕吐了出来。

ဝေါခနဲဆုတ်ခွါထွက်ပြေးသွားတော့သည်။
呼啦一下子都往后逃跑了。

စွန်သည်ကြက်မြီးပေါက်ကောင်လေးကိုကျွန်ခနဲအုပ်ချီသွား၏။
老鹰"嗖"的一声将小鸡抓走了。

ဝုံခနဲကြာပွတ်သံတစ်ချက်ထွက်လာသည်။
啪的一声，传来了皮鞭声。

ဒိန်းခနဲဒိုင်းခနဲမိုင်းပေါက်ကွဲသွားလေသည်။
"轰隆"一声炸药包爆炸了。

ချာခနဲလှည့်ထွက်သွားသည်။
猛地回过身子走了出去。

ဖြူးခနဲ
"扑棱"的一下。（表示鸟飞走了）

ဒုံခနဲ
"轰"的一下。（表示炮声）

（2）把不同的拟声词重叠，前面再加上 လ，表示各种有生命和无生命的事物接连不断地发出的声音，在句中常做状语。例如：

ကြောင်တမြောင်မြောင်အော်သည်။
猫正在"喵喵"地叫。

ခွေးတဝုတ်ဝုတ်ဟောင်နေသည်။
狗在"汪汪"的叫.

လေသည်တဟူးဟူးတိုက်နေသည်။
呼呼地刮着大风。

တဂျူးဂျူးတဂျိမ်းဂျိမ်းနှင့်ချိန်းလိုက်သောမိုးချိန်းသံ
轰隆轰隆的打雷声

မိုးတဝုန်းဝုန်းရွာသည်။
雨哗哗地下。

သေနတ်တွေကတဒိုင်းဒိုင်းပစ်ခတ်နေသည်။
枪声正在砰砰地响着。

သံချောင်းတွေကိုတဒေါင်ဒေါင်ခေါက်သည်။
正在铛铛地敲着铁棍。

ကားဘီးတွေကတဝီဝီလှိမ့်နေသည်။
车轮在唰唰地转动着。

တံခါးကိုတဒေါက်ဒေါက်ခေါက်နေသည်။
把门敲得咚咚响。

（3）用重叠而成的四音词表示发出的声响。例如：

မဲ့မဲ့-မဲ့မဲ့
嘟嘟嘟嘟（表示汽船的笛声）

ရူးရူးရှဲရှဲ
咝咝（吃辣椒后，因辣而发出的声音）

ဟောဟဲ့ဟောဟဲ့
呼哧呼哧（表示喘气很急）

ချောက်ချက်ချောက်ချက်
表示机器声

ဟား-ဟား
哈哈！

ဟီး–ဟီး

嘻！嘻！

ဟီး–ဟီး

哀！哀！呜！呜！

အူဝဲ–အူဝဲ

表示婴孩哭声。

ခစ်ခစ်ခစ်ခစ်နဲ့

格格的笑声。

  2. 拟声词可以作定语，不过在作定语时，往往要加"ဆို"来连接名词。例如：

ဒိုင်းဆိုသေနတ်သံကြားရ၏။

听到了"砰"的一声枪响。

တဒက်ဒက်ဆိုစက်သေနတ်သံရတ်တရက်ပေါ်ထွက်လာတယ်။

突然响起了哒哒哒的机枪声。

练习

1. 将下列句子译为中文并注意其中拟声词的用法。

၁။ **တဖျစ်ဖျစ်**မြည်သံတို့ကပို၍ပို၍ကျယ်လောင်လာသည်။ထို့ထက်ပို၍ပို၍ကျယ်လောင်လာပြန်သည်။

၂။ သစ်ပင်တွေက**ရိပ်ခနဲရိပ်ခနဲ**လမ်းဘေးမှာအပြေးအလွှားကျန်နေခဲ့သည်။

၃။ နှာမုတ်သံ**တရှူးရှူး**ပြုသည်။

၄။ စပယ်ယာကလေး၏အမိန့်**အတိုင်း** လူနှစ်ယောက်သည်ခေါင်မိုးပေါ်သို့ **စွဲခနဲ**တက်သွားကြ၏။

၅။ မနေတတ်မထိုင်တတ်နှင့် သူ့ဝှးသွားဖြူဖြူကိုသာအစွမ်းကုန်ဖြပြကာ **တဟဲဟဲ**နှင့်မင်္ဂလာခန်းမ ပေါက်ဝမှာရပ်လျက် ည်ကြိုနေ၏။

၆။ပြောပြောဆိုဆိုကွမ်းတံတွေးကို**ဖြန်းခနဲ**ထွေးပြီးကားထဲဝင်သွားတယ်။

第十二章 连接词（သမ္ဗန္ဓ）

第一节 连接词的定义和分类

一、连接词的定义

连接词是用来连接词、词组、句子的词。连接词并不是句子中的主要成分，但是两个或两个以上的词、句子之间或者两个义段之间有什么关系，除了用助词之外就只有用连接词来表明，也只有用连接词之后才能使整段整篇文章融会贯通，表达连贯的思想。例如：

ကိုစိန်ဝင်းနှင့်ကိုသောင်းသည်သူငယ်ချင်းဖြစ်သည်။
哥盛温和哥当是朋友。

ကိုစိန်ဝင်း 和 ကိုသောင်း 都是名词，用连接词 နှင့် 连接，当作句子的主语，指明谁跟谁是朋友。

မောင်ကြည်ဖြူသည်သဘောကောင်းသည်။
貌基漂性情温和。

ကျောင်းသားများသည်သူနင့်ခင်ကြသည်။
学生们都亲近他。

上述两句用连接词连接后变为：

မောင်ကြည်ဖြူသည်သဘောကောင်းသောကြောင့်ကျောင်းသားများကသူနင့်ခင်ကြသည်။
因为貌基漂脾气好，学生们都跟他很亲近。

ယနေ့မိုးရွာသည်။
今天下雨。

မောင်ဘသည်ကျောင်းသို့သွားသည်။
貌巴到学校去。

上述两句用连接词连接后变为：

ယနေ့မိုးရွာသော်လည်း မောင်ဘသည်ကျောင်းသို့သွားမြဲတိုင်းသွားသည်။

虽然今天下雨，貌巴还是一如既往地到学校去了。

上述两组句子分开来看，可以说是意义各不相干的四个句子，但是通过连接词 သော်ကြောင့်၊ သော်လည်း 将它们分别连起来，就成为融会贯通的两个意思。

二、连接词分类

连接词可以按不同的标准划分成不同的类型：按连接词使用的方式来分，可分为单式连接词和复式连接词两种；按被连接的两个句子成分之间的关系来分，又可分为并列连接词和主从连接词等。

1. 单式连接词（တစ်လုံးချင်းသမ္ဗန္ဓ）：指连接两个词或词组时，一般只有一个连接。例如：နှင့်၊ ၍၊ ပေမဲ့၊ သို့မဟုတ် 等。例如：

မောင်ဘနှင့်မောင်ခိုင်သည်အတန်းတူကျောင်းနေဘက်ဖြစ်ပါသည်။

貌巴和貌开是同班同学。

မောင်ဘ သို့မဟုတ် မောင်ခိုင်လာမည်။

貌巴或者貌开会来。

2. 复式连接词（နှစ်လုံးတွဲသမ္ဗန္ဓ）：指连接词成双或配对结合使用，这种复式连接词不能拆开单独使用。例如：ဖြစ်ဖြစ် . . . ဖြစ်ဖြစ်၊ ဖြစ်စေ . . . ဖြစ်စေ၊ ရင်း . . . ရင်း 等。例如：

မြို့တွင်ပင်ဖြစ်စေ၊ တောတွင်ပင်ဖြစ်စေ အငြိမ့်ကိုကြိုက်ကြသည်။

无论是城市还是农村，都喜爱"阿迎"歌舞演出。

သူဟာကျောင်းမှာပဲဖြစ်ဖြစ်၊ အိမ်မှာပဲဖြစ်ဖြစ် စာကြိုးစားပါတယ်။

他无论在学校或者在家里都努力学习。

သမင်မွေးရင်း ကျားစားရင်း။

（成语）鹿不断生，老虎不断吃。（边生产，边消耗，手头无剩余之意）

按被连接的成分之间的关系来分，可分为两大类：并列连接词（ယှဉ်တွဲပြသမ္ဗန္ဓ）(或称等列或对等连接词) 和主从连接词（အဓိကရနှင့်သာမညပြသမ္ဗန္ဓ）（或称从属连接词）

第十二章　连接词（သမ္ဗန္ဓ）

1. 并列连接词：

连接两个或两个以上的词、词组、句子时，被连接部分之间的关系，在句子中是处于平等地位，这种连词，称为并列连接词。从被连接部分内容的关系分，又可分成等列、反义、选择等几种。

（1）等列关系（ယှဉ်တွဲပြသမ္ဗန္ဓ）：表示各成分之间，等列地连接起来或是累积起来的意思。常用的连接词有：နှင့် ၊ ၍ 等。

① နှင့် "和、跟、与"，一般用来连接名词、代词，口语中用 နဲ့ 。例如：

ကျွန်တော်နဲ့သူဟာအင်မတန်ခင်တဲ့သူငယ်ချင်းပါ။
我和他是很好的朋友。

ခင်ဗျားနဲ့ကျွန်တော် တူသလား။
你和我一样吗？

ကိုခင်မောင်ဟာစာအုပ်နဲ့စာရေးစက္ကူဝယ်လာတယ်။
哥钦貌买了书和信纸。

ရန်စီမြစ်နဲ့မြစ်ဝါမြစ်ဟာတရုတ်ပြည်အရှည်ဆုံး မြစ်နှစ်သွယ်ဖြစ်ပါတယ်။
长江和黄河是中国最长的两条江河。

ပြီးခဲ့တဲ့အောက်တိုဘာလနဲ့ဒီနှစ်စက်တင်ဘာလမှာ သူဖျားခဲ့တယ်။
去年 10 月和今年 9 月他都生过病。

在用法上，缅甸语中的 နှင့် 和汉语中的"和"有不同的地方，汉语中的"和"可以直接联系两个动词或形容词，而缅语中的 နှင့် 不能直接连接两个动词或形容词。如果一定要表示这种意思时，必定先把动词变成动名词。例如：

ကျွန်တော်တို့အရေးတော်ပုံသည်တစ်ကမ္ဘာလုံးပြည်သူပြည်သားများ၏စာနာမှုနှင့်ထောက်ခံမှုကိုခံခဲ့ရပါသည်။
我们的革命受到全世界人民的同情和支持。

ကိုဘနိုင်ဟာရေကူးခြင်းနဲ့အမဲလိုက်ခြင်းကိုဝါသနာပါပါတယ်။
哥巴开对游泳和打猎很感兴趣。

在汉语中，连接两个短句时也用"和"，但是在缅语中却不是用 နှင့် ，要结合具体情况选择连接词。

还有一些易和 နှင့် 相混的，如：ဖြင့် ，在说明动作的方式这个义项上两者是相同的，但是 နှင့် 的使用范围更广。缅甸语中 နှင့် 是一个兼类词，它除了作连接词以外，还能作状语助词、助动词，与表否定的副词 မ 连用。我们把这些作用分别列入有关部分去讲。

② ၍ ၊ပြီး ၊ က ၁ 是连接动词、形容词、短句的连接词。它的主语往往是一个，在汉语中很难找到一个词与它们相对应，所以要根据上下文的意义决定。这一组连接词的成分从意义上来分析有各种关系。有时纯粹表示连接两个成分，有时表示一个动作完成后又做另一动作，有时两个动作由同一个主语发出，有时则由不同的主语发出不同的动作。例如：

မောင်မောင်သည်ပိန်၍အရပ်မြင့်သည်။

貌貌又瘦又高。（并列）

သူသည်စာအုပ်များကိုလက်ကားဝယ်ပြီးရောင်းသည်။

他趸书后出售。（连动）

ကျောင်းသားများသည်စကြည့်တိုက်သွားပြီးစာဖတ်ကြသည်။

同学们都到图书馆去看书。（连动）

ထိုအချိန်မှစ၍ကျွန်တော်တို့သည်မိမိတို့၏လက်နက်ကိုင်တပ်များရှိရန်သူများနှင့်တိုက်ပွဲဆင်ခဲ့ကြသည်။

从那时起，我们有了自己的武装，来跟敌人作斗争。（承接）

၍ 和 က ၁ 是文章体，ပြီး 常在口语体中用。但是由于 ၍ 本身有多种作用，不是所有地方都能用 ပြီး 替代。例如：၍ 有时作表示原因的连接词用，而在口语体中则要用 လို့ ，而不用 ပြီး 。

၍ ၊ပြီး ၊က ၁ 等在连接两个句子时，使用上有不同的特点。首先，当 ၍ ပြီး 连接两个分句，无论两个分句的主语是否相同，前一个分句都能省略句尾助词。例如：

မောင်ဘသည် ၇ နာရီမှာလမ်းလျှောက်ထွက်၍ ၈ နာရီမှာရုံးဆင်းသွားသည်။

貌巴 7 点钟出去散步，8 点去上班。

မမြအေးသည်ကြက်သားများကိုဈေးမှဝယ်၍အိမ်သို့တိုက်ရိုက်ပြန်လာသည်။

玛妙埃在市场上买了鸡肉后直接回家来了。

မောင်ခိုင်ကကျောင်းသို့သွား၍မလှကမုဈေးရောင်းနေလျက်ရှိသည်။

第十二章 连接词（သမ္ဗန္ဓ）

貌开上学去了，而玛拉却正在售货。

တရုတ်ပြည်ဆိုလျှင်ဇူလိုင်လမှာအပူဆုံးဖြစ်ပြီးဇန်နဝါရီလမှာအအေးဆုံးဖြစ်သည်။
在中国，7月最热，1月最冷。

၍၊ ၍: 有时表示伴随动作，与 ယင်း၊ လျက် 等相同。例如：

မောင်ထွန်းမြင့်သည်ထမင်းစား၍စာဖတ်လေသည်။
貌吞敏一边看书，一边吃饭。

မမြင့်ကစာအုပ်များပိုက်ပြီးပြန်လာသည်။
玛敏抱着书回来了。

မောင်မောင်သည်စားပွဲပေါ်မှာထိုင်ပြီးစာဖတ်နေလျက်ရှိသည်။
貌貌乃坐在桌子上看书。

所以，"၍"可以在不同场合，表示不同的意思。究竟是表示因果关系还是伴随动作关系，要看上下文来决定。口语体中就用不同的连接词来连接。

③ လည်းကောင်း: 它可以连接两个或两个以上的名词或各种词组，表示"无论""或者"，包括所提的内容都在内。一般还与其他许多助词或连接词结合。例如：ကိုလည်းကောင်း၊ မှာလည်းကောင်း၊ အရလည်းကောင်း၊ ရန်အတွက်လည်းကောင်း 等，在句子中只起连接作用。不管它连接多少内容，最后总要有一个总的句子结尾。例如：

ကျွန်တော်တို့အစိုးရကိုင်ငင်း၊ ကျွန်တော်တို့ကိုယ်စားလှယ်အဖွဲ့ဝင်များကိုင်ငင်း၊ ကျွန်တော့်ကိုယ်ကျွန်တော်ကိုင်ငင်းကိုယ်စားပြု၍မိတ်ဆွေများအားနှုတ်ခွန်းဆက်အလေးပြုပါရစေ။
请允许我代表我国政府和我们代表团团员并以我个人名义向朋友们致敬。

နိုင်ငံရေးအရင်င်း၊ စီးပွါးရေးအရင်င်းမှန်ကန်သောပေါ်လစီများကိုချမှတ်ရပါသည်။
根据政治、经济情况，制定正确方针。

ထိုအချိန်ကာလတွင်တရုတ်လူမျိုးတို့၏အဓိကရန်သူဖြစ်သူဖက်စစ်ဂျပန်ခုခံတိုက်ခိုက်ရန်အတွက်င်င်းတစ်ပြည်လုံးရှိဂျပန်ခုခံရေးအင်အားများစည်းရုံးရန်အတွက်င်င်းတိုင်းရင်းသားလူမျိုးစုတပ်ပေါင်းစုဖွဲ့စည်းခဲ့ပါသည်။
在这个时期，为了抗击中华民族主要敌人日本法西斯，为了组织全国抗日力量，曾经组织了民族统一战线。

မြန်မာပြည်တွင်လည်ပတ်ကြည့်ရှုနေစဉ်အတွင်းလူထုအစည်းအဝေးတွင်ဖြစ်စေ၊ကျောင်းကန်ဘုရားများသို့ဖူးမြော်ရာတွင်ဖြစ်စေ၊ကျွန်တော်တို့ရောက်လေရာအရပ်တိုင်မှာမြန်မာမိတ်ဆွေတို့၏လိုက်လိုက်လဲ့လဲ့ကြိုဆိုခြင်းများခံစားခဲ့ရပါသည်။

在访缅期间，无论在群众大会上或是在朝拜佛塔和寺庙时，我们到哪儿都受到了缅甸朋友们热烈的欢迎。

④ ထို့နောက် "此外，然后……"。一般由两个独立的分句组成，各自单独成句，ထို့နောက် 放在第二个句子的开头，表示两个动作的先后。例如：

ညည်သည်တို့သည်ကျောင်းဝင်းထဲတွင်လည်ပတ်ကြည့်ရှခဲ့ကြပါသည်။
ထို့နောက်မြို့ထဲသို့ကားနှင့်ထွက်သွားပါသည်။

客人们参观了校园，然后就乘车回城里去了。

⑤ အပြင် ၊ သည်အပြင် 都是由 အပြင် "之外" 转化而来，表示 "除……之外，还……"。例如：

သူသည်ဓာတုဗေဒသင်ရသည်အပြင်ရူပဗေဒလည်းသင်ရပါသည်။
他不仅学习化学，还要学习物理。

စက်ရုံကြီးများအပြင်စက်ရုံငယ်များကိုလည်းထူထောင်လိုက်ပါသည်။
除了建立大工厂外还建立了很多小工厂。

⑥ မှလွဲ၍ 口语体中用 လွဲလို့ ၊ ကလွဲလို့ "除了……之外"。他与 အပြင် 不同，မှလွဲ၍ ၊ ကလွဲလို့ 表示除了某些东西以外，意思是所说对象并不包括除掉的部分。例如：

အင်္ဂလိပ်စာအပြင်အခြားသောသင်တန်းများကိုလည်းသင်ယူရပါသည်။
除了学英文外还要学其他课程。（包括英文在内）

အင်္ဂလိပ်စာကလွဲ၍အခြားဘာသာများကိုအားလုံးသင်ယူရပါသည်။
除了英文，其他什么都得学。（不包括英文在内）

⑦ သာမက "不仅……而且" 表示递进关系，前面一定要放名词或名词性的词组和句子。经常与 လ 或助动词 သေး 搭配使用。例如：

သူသာမကကျွန်တော်လည်းသွားခဲ့ဖူးသည်။
不仅是他，连我也去过。

ခင်မောင်လွင်သည်ငှက်ပျောသီးသာမကမုန့်များကိုလည်းစားပစ်လိုက်သည်။
钦貌伦不仅将香蕉吃了，而且将点心吃掉了。

第十二章 连接词（သမ္ဗန္ဓ）

⑧ ရုံမက "不仅……而且"。前面是动词，意思是不仅做了前面的动作，而且也做了后面的动作。ရုံမက 中间可以加 သာ ၊ မျှ 变成 ရုံသာမက 或 ရုံမျှသာမက ，表示"不仅如此"，承接上句时用。例如：

သူကကျွန်တော့်အားကူညီရုံသာမကခဏခဏအားပေးခဲ့ပါသည်။
他不仅帮助我，而且还经常鼓励我。

မေဒေးနေ့မှာသူကစီတန်းလှည့်လည်ပွဲတွင်ပါဝင်ရုံသာမကညပျော်ပွဲရွှင်ပွဲတွင်လည်းပါဝင်ခဲ့ပါသည်။
在"五一"节他不仅参加了游行，也参加了晚上的联欢。

ကျွန်တော်တို့သည်မြန်မာ့ဝတ္ထုတိုပေါင်းချုပ်တစ်အုပ်ဘာသာပြန်ရုံသာမကဝေဖန်ရေးဆောင်းပါး နှစ်ပုဒ်လည်းရေးခဲ့သည်။
我们不仅翻译了一本缅甸短篇小说集，而且还写了两篇评论。

⑨ …ယင်း…"一边……一边……"，它连接两个动词，表示两个动作同时进行。例如：

ထိုမိန်းကလေးသည်သီချင်းဆိုယင်းကနေသည်။
那个女孩一边唱歌，一边在跳舞。

သူကဆရာဝန်ဆီပြယင်း၌ဖြစ်ရပ်များကိုတွေ့မြင်ခဲ့ရပေသည်။
当他去看病时，看到了这个情景。

⑩ လည်း 也，表示同样要进行某一动作时用。它可以放在不同的句子成分后面，表示对不同对象的强调。例如：

ကျွန်တော်လည်းဤစာအုပ်ကိုဖတ်ခဲ့ဖူးသည်။
我也看过这本书。（强调主语）

ဤစာအုပ်ကိုလည်းဖတ်ဘူးပါသည် ။
这本书也看过了。（强调宾语）

ဤစာအုပ်ကိုဖတ်လည်းဖတ်ပြီးပြီ။
这本书看也看完了。（强调谓语动词）

ထိုစာအုပ်ကိုကျွန်တော်တို့ကျောင်းတွင်လည်းရောင်းနေပါသည်။
我们学校里也在卖这本书。（强调状语）

上述四个例句中， လည်း 在不同的位置，表示不同的意思。虽然这四个句子的意义，并不完整，但是已经知道主要的意思了。

လည်း: 不仅可以单用，也可以有好几个连用。例如

သူသည်ရုပ်လည်းချောသည်သူများအပေါ်လည်းနားလည်မှုရှိသည်။

他既漂亮又善解人意。

သူပြောတာမြန်လည်းမြန်၊ဝီလည်းပီသပါတယ်။

他既讲得快，咬字又清楚。

（2）反义关系（ဆန့်ကျင်ဖက်သမ္ဗန္ဓ）：它表示前后成分按内容来说是同样重要，但是意思却相反。一般有 သော်လည်း ၊ ပေမဲ့ ၊ ပေမင့်၊ ဒါပေမဲ့ 等。

① ပေမဲ့ "虽然……但是……"，书面语 သော်လည်း。例如：

ပထမအကြိမ်အရေးနိမ့်ခဲ့ပေမဲ့သူကစိတ်မပျက်ခဲ့ချေ။

第一次虽然失败了，但是他并不灰心。

ထိုသူသည်ရုပ်ချောသော်လည်း၊စိတ်ရင်းစေတနာကတော့မရှိချေ။

那人徒有一副堂堂的外表，心地却并不善良。

သူကမည်သို့ပင်တောင်းပန်သော်လည်းသူမိဘကမည်သို့မျှသဘောမတူပါ။

不管怎么请求，他父母坚决不同意。

② ဒါပေမဲ့ "但是"，书面语为 သို့သော်လည်း၊ သို့သော်ငြားလည်း ，用在最后一个分句头上，表示转折的意思。有时也在复句中引出表示让步的分句，即表示承认某事为存在的事实，后面用转折的连接词，引出主句，表示另一事不因前一事的存在而不发生。例如：

သူမှာဘာအတွေ့အကြုံမှမရှိဘူး၊ဒါပေမဲ့ကြိုးစားလို့အောင်မြင်မှုရှိခဲ့ပါတယ်။

尽管他没有经验，但是因为努力所以取得了成功。

သူကလုပ်ရည်ကိုင်ရည်ရှိသည်၊သို့သော်လည်းမာနကြီးလွန်း၍အလုပ်မဖြစ်ခဲ့ချေ။

他虽然有工作能力，就是太骄傲了,事情没成功。

သူအလွန်ကြိုးစားသည်။သို့သော်လည်းနည်းမမှန်၍မအောင်မြင်ခဲ့ချေ။

他很努力，但是因为方法不当（所以）没能取得好的效果。

有时在主句中常用 ကမူ 等助词。例如：

လူကပင်ပန်းသော်လည်းစိတ်ကမူပျော်ရွှင်ပါသည်။

尽管人累了，但心情却是愉快的。

ကျွန်တော်တို့သည်တက္ကသိုလ်ကျောင်းတစ်ခုထည်း၌ပင်စာပြုကြသော်လည်း၊အချင်းချင်းကမူတွေ့ရခဲ့သည်။

第十二章 连接词（သမ္ဗန္ဓ）

虽然我们同在一个大学教书，可是很少有机会见面。

有时表示承接关系。用 သို့သော် 来连接分句或句子，常常是对前句的内容进一步阐述。例如：

သူသည်ဤတစ်သက်လုံးမှားရိုင်းးးးအဖြစ်လုပ်ရဟောဘမည်၊သို့ပါသော်လည်းသို့ဖြစ်၍လည်းမဆိုးလှချေ။
他这一辈子要当司机了，不过这样也不错。

ပညာသည်အရေးကြီးသည်၊သို့သော်လည်းအကျင့်စာရိတ္တလည်းအရေးကြီးပေသည်။
知识是重要的，品德也很重要。

③ အခြားမဲ့၍ကား：表示"反之""而"之意。例如：

အဓိပ္ပါယ်ကိုရှင်းလင်းပြီးသည်။အခြားမဲ့၍တပေကုလားဟူသောအကြင်တံငါရွာကလေး၏တဏှရာအခြေအနေနှင့်သာယာပုံကိုရေးမည်။
意思解释清楚后，还要将德北格拉村的优美景色描绘一番。

④ အစား၊ မည့်အစား：意为"没有……反而……""以……为代替"等。表示取舍选择的意思。အစား：前面接名词或代词，မည့်အစား：前面接动词。例如：

လူထုကိုလှုံ့ဆော်ရမည့်အစားတစ်ယောက်တည်းသွားလုပ်လျှင်အရေးနိမ့်ရစမြဲပင်။
没有发动群众而只有一个人去干的话总是要失败的。

ရုပ်ရှင်ကြည့်မည့်အစားပြဇာတ်သွားကြည့်သည်။
没有去看电影而去看话剧了。

သူ့အစားကျွန်တော်သွားသည်။
我代他去了。

⑤ မည့်အတူတူ ၊ သည့်အတူတူ 表示"与其……还不如……"，也是一种表示选择的连接词。前一分句为舍的一面，后面接的分句为取的一面。从深层意思来讲，这两个选择都不够理想，只不过相比之下取其后者而已。这两个连接词的区别在于动作发生的时间不同。例如：

ရုပ်ရှင်ကြည့်မည့်အတူတူပြဇာတ်ကိုသွားကြည့်ပါ။
与其看电影不如去看话剧。

ဈေးချင်းတူသည့်အတူတူဟိုဟာကိုဝယ်မည်။
既然价格一样，不如买那个。

⑥ မ……ဘဲ 一般用在口语中，表示所连接部分之间为转折关系，

相当于汉语的"而""不是……而是……"。例如：

မြက်ဦးထုပ်နှင့်လာသူသည်မောင်ဘမဟုတ်ဘဲမောင်ထွန်းဖြစ်ပါသည်။
戴着草帽来的那个人不是貌巴而是貌通。

သူအကျီမချွတ်ဘဲအိပ်သည်။
他不脱衣服就睡了。

မ...ဘဲနဲ့ 常常用于强调动词。例如：

သူ့ကိုမခေါ်ဘဲနဲ့သူလာတယ်။
没人叫他，他来了。

ဒီစကားလုံးကိုကျွန်တော်မသိဘဲနဲ့ဘယ်လိုလုပ်သုံးတတ်နိုင်ပါမလဲ။
我又不懂这个词的意义，怎么会用呢？

သူသာမဟုတ်ဘဲကျွန်တော်လည်းရုပ်ရှင်သွားကြည့်သည်။
不仅他，我也去看了电影。

⑦ လျက်နှင့်၊ လျက်သားနှင့် 用于动词后（口语中为 ရက်နဲ့၊ ရက်သားနဲ့），意为"明明……却……"。例如：

ကြိုးစားလျက်နှင့်ဆုမရခဲ့ပေ။
尽管做了努力还是没有获奖。

မင်းကအကြောင်းရင်းများကိုသိရက်သားနဲ့ဘာဖြစ်လို့မပြောသလဲ။
你明明知道原因，为什么不讲呢？

（3）选择关系（ရွေးချယ်ပြသမှုနတ္တ）：它是表示不能同时并举的并列连接词。一般有ဖြစ်စေ၊ သော်၎င်း，口语体为 ဖြစ်ဖြစ်。

① သော်၎င်း၊ ဖြစ်စေ 表示任选其中之一。例如：

မောင်ဘဖြစ်စေ၊မောင်လှဖြစ်စေတစ်ယောက်ယောက်တော့သွားရမည်ဖြစ်သည်။
不管貌巴还是貌拉反正得去一个。

မောင်ဘသော်၎င်းမောင်လှသော်၎င်းသွားရမည်။
貌巴或貌拉两个中间必须去一个。

ဒီတစ်ခါသွားရင်ကျွန်တော့်အတွက်စာအုပ်ဖြစ်ဖြစ်၊ဒစ်စခ်ဘဲဖြစ်ဖြစ်ဝယ်ခဲ့ရမယ်။
这次去一定要给我买回书或光盘来。

② ဖြစ်စေ...ဖြစ်စေ "无论……无论……"，一般放在名词或句子后面表示条件关系，常用于复句中，在后面的词语都表示无条件的。例如：

သွားသည်ဖြစ်စေ၊မသွားသည်ဖြစ်စေအကြောင်းတော့ပြန်ကြားရမည်။

不管去还是不去都得答复。

注：a. 当 ဖြစ်စေ 前面带疑问词时，可以不重叠而单用一个 ဖြစ်စေ，意思是"不管"。例如：

မည်သို့သောဖောင်တိန်ဖြစ်စေ စာရေးနိုင်လျှင်ယူခဲ့ပါ။

不管什么样的钢笔，只要能写字就拿来。

မည်သို့ပင်အရေးကြီးသည်ဖြစ်စေ၊ဒီနေ့တော့မသွားဖြစ်တော့ဘူး။

不管怎么重要，今天去不了了。

上述例句改为口语体时由特殊疑问代词加上动词重叠或部分重叠构成。例如：

ဘယ်လိုဖောင်တိန်ဖြစ်ဖြစ် စာရေးနိုင်ရင်ယူခဲ့ပါ။

不管什么样的钢笔，只要能写字就拿来。

ဘယ်လောက်ဘဲအရေးကြီးကြီး ကျွန်တော်မသွားနိုင်ပါဘူး။

无论多么重要，我也不能去。

b. ဖြစ်စေ 单独用时还表示"至少……""哪怕……"的意思。例如：

ငါးရက်သာဖြစ်စေကျွန်တော့်ကိုငှါးပြီးဖတ်ပါရစေ။

哪怕就是五天，你也借给我看。

တစ်ယောက်ပင်ဖြစ်စေ၊စေလွှတ်ရမည်။

至少总得派一个人去。

③ မရွေး၊ မည်သည် ... မဆို，表示统指。မရွေး: 加在名词后面，表示"不管什么……""无论……"之意。မဆို 加在名词后面，前面还要加疑问代词，表示"不管任何情况……"。例如：

မည်သည့်အချိန်မဆိုလာနိုင်ပါသည်။

不管什么时候都可以来。

ခင်ဗျားအချိန်မရွေးလာနိုင်ပါသည်။

你随时都可以来。

④ သို့မဟုတ်၊ နို့မဟုတ် 在句子中起连接作用时，可作"或者"讲。但是在连接句子时后面加 လျှင် 意思则变为"否则，不然"例如：

ခဲတံသို့မဟုတ်ဖေါင်တိန်တစ်ချောင်းယူလာပါ။

你拿一支铅笔或者是钢笔来。

မြန်မြန်သွားရအောင်၊နို့မဟုတ်ရင်နောက်ကျလိမ်မယ်။

快走，要不就迟到了。

2. 主从连接词（အဓိကရနှင့်သာမညပြသမ္ဗန္ဓ）

被连接的成分之间关系是一个成分说明或限制另一成分的，这种句子中起连接作用的词称为主从连接词。一般分为下列几种：

（1）表示时间关系的主从连接词（အချိန်ပြသမ္ဗန္ဓ），它是一种用来表示动作发生的时间先后或关系的词。

① ရာ "在……过程中……"。例如：

သူဘူတာရုံသို့သွားရာမောင်ဘနှင့်တွေ့လိုက်ရပါသည်။

他到火车站去时，遇到了貌巴。

还可以连接两个或两个以上词组，表示后面成分进一步补充前面的意思。例如：

မြို့တော်ဘေကျင်းသည်ရှေးဟောင်းမြို့တစ်မြို့လည်းဖြစ်ခေတ်မီသောမြို့တစ်မြို့လည်းဖြစ်ရာ၊ရှေးဟောင်းအဆောက်အဦများရှိသကဲ့သို့ခေတ်မီသောအဆောက်အဦလည်းအမြောက်အများရှိပါသည်။

首都北京是古老的城市，也是一座现代化的城市，她既有许多古代建筑，又有许多现代化的建筑。

ဟိုအဘိုးကြီးမှာသားသုံးဦးရှိရာသားအကြီးကိုမောင်ထွန်းမြဟုခေါ်သည်။သားအလတ်ကိုမောင်စိန်ဟုခေါ်သည်။သားအငယ်ကိုမောင်ချန်းဟုခေါ်ပါသည်။

那老头有三个儿子：大儿子叫貌通茗，二儿子叫貌盛，小儿子叫貌强。

② သော် "在……时候"，相当于 သောအခါ 或 လျှင် ，它还可表示假设的意思。例如：

ကျွန်တော်သည်ဘူတာရုံသို့သွားသော်မမျှော်လင့်ဘဲနှင့်မောင်ဘနှင့်တွေ့လိုက်ရပါသည်။

我到火车站时正巧碰到了貌巴。

ခေါင်းကိုက်သော်ဤဆေးကိုမီဝဲ။

头疼的时候服这种药。

③ ... လျှင် ... ချင်း 中间放入两个相同的动词或形容词，表示动作一

第十二章 连接词（သမ္ဗန္ဓ）

开始就怎样了。相当于汉语中"一……就""每当……便"。在口语中，把动词重复，加上 ချင်း 即可。例如：

ကုန်စည်ပြပွဲကိုဝင်လျှင်ဝင်ချင်းမီးအိမ်ကြီးများကိုမြင်ရပါသည်။
一走进商品贸易展览会就见到了很多大灯笼。

သတင်းရလျှင်ရချင်းခင်ဗျားကိုပြောပြလိမ့်မယ်။
一得到消息就会告诉你。

သတင်းရရချင်းခင်ဗျားကိုပြောပြလိမ့်မယ်။
一得到消息就会告诉你。

④ မ...မီ၊ မ...ခင် "未到……之前"。例如：

မကြာမီ၍နေရာကလူထုနေထိုင်စားသောက်မှုအလွန်ဆင်းရဲခဲ့လှပါသည်။
不久前，这里的人民生活非常贫困。

မ...မီ 可以表示不久之前，也可以表示不久的将来，主要是取决于后面的状语助词和句尾助词。例如：

မကြာမီကကျွန်တော်တို့သည်စက်ယန္တရားထုတ်လုပ်ရေးစက်ရုံသို့အလုပ်ဝင်လုပ်ခဲ့ပါသည်။
不久前我们到机械厂去劳动过。

မကြာမီမှာကျွန်တော်တို့ဇာတိအရပ်မှာစက်ရုံကြီးတစ်ရုံတည်ဆောက်ပါမည်။
不久（的将来）在我们家乡将建造一座大工厂。

⑤ သည်နှင့် (တပြိုင်နက်)，它在词组后面起连接作用，表示后面的动作与前面的动作在同一时间（တစ်ချိန်တည်း）或同时一起（တပြိုင်နက်တည်း）进行。例如：

မီးနီလင်းသည်နှင့်ကားလည်းရပ်လိုက်သည်။
红灯一亮，汽车也同时停了下来。

ဒီဘက်ကရုပ်ရှင်ပြသည်နှင့်တပြိုင်နက်ဟိုဘက်ကပြဇာတ်လည်းစတင်လိုက်ပါသည်။
这边电影一开映，那边话剧也启幕了。

（2）表示目的的连接词（အကျိုးမျှော်ပြသမ္ဗန္ဓ），为了表示动作的目的用 ရန်(ဖို့)၊ ရန်အတွက်၊ ရန်အလို့ငှာ 作连接词。例如：

ပြည်သူလူထု၏ဘဝအဆင့်အတန်းမြှင့်တင်စေရန်ကုန်ထုတ်လုပ်မှုအကျိုးအကျယ်လုပ်ကိုင်ကြရမည်။
为了提高人民的生活水平，必须大力发展生产。

သူမသွားရန်အားလုံးကဝိုင်းတားကြပါသည်။

大家都阻止他去。

နေ့ကြီးရက်ကြီးအခမ်းအနားသို့တက်ရောက်ပါရန်ဘိတ်ကြားအပ်ပါသည်။
请您参加节日的典礼。

အားလုံးနားလည်ကြရန်အတွက်နည်းလမ်းအမျိုးမျိုးဖြင့်ရှင်းပြပါသည်။
为了让大家都能弄懂，采取各种方式进行讲解。

（3）表示原因的连接词（အကြောင်းပြသမ္ဗန္ဓ）。表示原因和因果关系的主从句，常用下列几种连接词：

① ၍၊ သောကြောင့်၊ လို့၊ သဖြင့်၊ တာနဲ့၊ သည်အတွက်၊ ရကား 等，都表示原因，并且与动词连用，ရကား 不能用在否定式中。例如：

သူကထမင်းစားနေသောကြောင့်သူ့ကိုသွားမခေါ်ပါနှင့်။
他正在吃饭别去叫他。

ကျောင်းသားတို့ကဘယ်လိုဖြေရမှန်းမသိ၍ဆရာအားမေးကြပါတော့သည်။
学生因为不知道如何回答，所以便问老师。

သူက နေ့တိုင်းလမ်းလျှောက်သဖြင့် ကျန်းမာရေးအခြေအနေအလွန်ကောင်းမွန်ပါသည်။
他每天散步，所以很健康。

မကြည်စာသိပ်ကြိုးစားသောကြောင့်ပထမဆုကိုဆွတ်ခူးရရှိပါသည်။
玛绮学习很努力，所以得了一等奖。

သူနေမကောင်းသဖြင့်ကျောင်းသို့မလာခဲ့ချေ။
他身体不舒服，所以没到学校来。

ယခုနှစ်ကောက်ပဲသီးနှံများအထွက်အောင်၍လယ်သမားများကမ်းသာလှပါသည်။
今年庄稼丰收，农民都很高兴。

② ထိုကြောင့်၊ သို့ကြောင့်၊ ထိုအတွက်ကြောင့် "因此"，放在第二分句之前表示结果。例如：

ဒီနေ့မိုးရွာတော့မည်၊ထိုကြောင့်မြို့ထဲမသွားတော့ပေ။
今天将下雨，（故而）不去城里了。

ဤသင်ခန်းစာသည်ရှည်လည်းရှည်၊ခက်လည်းခက်သည်၊ဒါကြောင့်စတုတ္ထတန်းဖတ်စာထဲသည်ထည့်လိုက်မည်။
这课文又长又难，所以将把它放在四年级课本中。

ကနေ့ရာသီဥတုသိပ်အေးတယ်၊ဒါကြောင့်အားလုံးကဓပ်ထူထူဝတ်ထားကြပါတယ်။
今天很冷，大家都穿得厚厚的。

③ သို့ဖြင့် "以此、就这样、于是"，实际上只有一个起决定作用的就是 ဖြင့,意思表示以上面所说的行为或动作来达到下面要讲的结果。例如：

သူမကကိုယ်အသက်မငဲ့ပဲဖစ်ခြစ်ပူကောက်လောင်နေသောမီးကိုသွားသတ်သည်၊သို့ဖြင့် အသက်ဆုံးရှုံးခဲ့ရပါသည်။

她奋不顾身地去扑灭熊熊烈火，不幸牺牲。

ကျွန်တော်တို့သည်နေ့တိုင်းတာရှည်ပြေးကြပါသည်၊သို့ဖြင့်မိမိတို့၏ကျန်းမာရေးအခြေအနေမြှင့်တင်လိုက်ပါသည်။

我们每天进行长跑，以此来提高自己的健康水平。

（4）对比或相应关系（နှိုင်းယှဉ်ပြသမ္ဗန္ဓ၊ သို့မဟုတ်အထိုက်အလိုက်ပြသမ္ဗန္ဓ）。在缅甸语中表示对比的有：ထက်၊ လောက် ，表示相应意义的有：သလောက် 。

① ထက် ၊ လောက် 表示比较关系的连接词，如果前面用 ထက်, 后面往往加上比较级的副词 ပို 。如果表示主语与对象对比时并不超过，但也并不差时也用 ထက် 。例如：

ကျွန်တော်သိတာကသူသိတာထက်များတယ်။ （ကျွန်တော်ကသူထက်ပိုသိတယ်။）

我知道得比他多。

ကျွန်တော်ကသူထက်ပိုမသိပါဘူး။

我知道得并不比他多。

လောက် 可以表示"达到怎样的程度"。如果主语比对象差或最多差不多时也用 လောက် 。例如：

ကျွန်တော်ဖတ်တာသူလောက်ရှိသည်။

我也念得与他差不多。（意思是他念多少，我也念多少。）

ကျွန်တော်ကသူလောက်အရပ်မမြင့်ပေ။

我没他那么高。

当这两个连接词连接两个句子时，用 တာထက်၊ သည်ထက်၊ တာလောက်၊ သည်လောက် 。要注意的是被比的对象总放在 ထက်၊ လောက် 前面，否则意义就颠倒了。例如：

သူသွားလုပ်တာကခင်ဗျားသွားလုပ်တာထက်ပိုကောင်းလိမ့်မယ်ထင်တယ်။

我想他做比你去做更好一些。

သလောက် 还可以起另一种作用，它表示两个相比的对象正好相反。例如：

အပြောလွယ်သလောက်လက်တွေ့တွင်ပြဿနာပေါင်းစုံကြုံရသည်။
说起来容易做起来却问题多多。

ဒီနှစ်စပါးအထွက်သည်ရာသီဥတုဘေးဒုက္ခဆိုးဝါးသလောက်ဆုံးရှုံးမသွားခဲ့ပေ။
今年稻子没有因为严重的天灾而损失很多。

② နှင့်အညီ၊နှင့်အမျှ "和……一致"，前面接名词或名词性的词组、句子。例如：

လူထုတို့၏ဘဝအဆင့်အတန်းမြင့်တက်လာသည်နှင့်အညီ၊ယဉ်ကျေးမှုအဆင့်အတန်းလည်း တစ်နေ့ထက်တစ်နေ့မြင့်တက်လာသည်။
群众的生活水平提高后，文化水平也日益提高。

（5）表示假设或条件(တွေးဆချက်ပြသမုဒ္ဒါ၊သို့မဟုတ်ကန့်သတ်ချက်ပြသမုဒ္ဒါ)，一般常用的有：လျှင် ၊ က ၊ ရင်၊ အကယ်၍ . . လျှင် 等。

① လျှင်(ရင်) "如果……" "……的话……"。例如：
မိုးရွာလျှင်ကျွန်တော်မလာတော့ချေ။
如果下雨我就不来了。

② ပါက 在对比或加强语气时用。例如：
ခင်ဗျားဤသို့လုပ်ပါကဆရာသဘောတူမည်လော။
你这样做的话，老师会同意吗？

③ အကယ်၍ "假如" "要是……"，放在句首表示假设。例如：
အကယ်၍နောက်ကျပါကမီးရထားမီတော့မည်မဟုတ်ပါ။
要是迟到了，就赶不上火车。

④ မှ "……才……"，表示要求、条件。例如：
သူရှင်းပြပြီးမှအားလုံးနားလည်ကြတော့သည်။
他做了解释之后，大家才理解了。

မှ 后还可以加上表示强调的语气助词，变成 မှသာ "只有……才"，也是限定条件。例如：

ဤပုံစံမျိုးကိုမှသာသူကနှစ်သက်သည်။
只有这种式样他才喜欢。

第十二章 连接词（သမ္ဗန္ဓ）

ဤသို့လုပ်မှသာအောင်မြင်နိုင်ပေသည်။
只有这样做才能成功。

⑤ ပေလို့သာ "全亏……"。例如：

သူလာပေလို့သာသူတို့ကရဲပြည်မှလွတ်မြောက်နိုင်တော့သည်။
全亏他来，才使他们从地狱中解脱出来。

（6）表示让步(အလျှော့ပေးပြသမ္ဗန္ဓ)。表示让步关系的连接词，前面承认某事为存在的事实，后面表示转折，说明另一事不会受前面存在的事实而有所改变。

သည်တိုင်အောင် "尽管……""即使是……"。例如：

သူဖျားနေသည်တိုင်အောင်ဤတာဝန်ကိုမမေ့ခဲ့ချေ။
尽管他病了，还是没忘记这项任务。

သူကကျွန်တော်တို့အပေါ်အထင်လွဲမှုရှိသည်တိုင်အောင်ကျွန်တော်ကသူအားဆက်လက်
ကူညီမြှောက်ပီသွားပါမည်။
即使他对我有误解，我也要继续帮助他。

အိမ်မှာပစ္စည်းများသည်တိုင်အောင် နေ့တိုင်းသန့်ရှင်းရေးလုပ်လို့သပ်သပ်ယပ်ယပ်ရှိပါသည်။
尽管屋里的东西很多，但是因为每天打扫，显得很整洁。

第二节 连接词的特点和语法功能

1. 连接词中不少都是由动词转化而来，因此理解时可以从组成这词的成分意义去考虑。例如：အလိုက်၊ အရ၊ သို့ဖြစ်လျှင် 等。

2. 连接词经常和助词 သာ၊ ပင်၊ တောင် 等结合。这时只是在原有的意义上加上这些助词的强调语气。例如：

လွတ်လပ်ရေးမရရှိမီသာဆိုလျှင်ဤဒေသတွင်စာသင်ကျောင်းမရှိခဲ့ပေ။
要是独立前，这里连学校都没有。

3. 连接词有时形式与副词一样，但是它的意义和所起的语法作用不同。例如：

① ဒီလိုစာအုပ်မျိုးမရှိ။ 没有这种书。
② ဤသို့လုပ်ရသည်။ 要这样做。

③ သူတို့လုပ်သလိုသွားလုပ်ပါ။　　像他那样去做吧。

例①为定语性质②为副词性质③才是连接词。

4. 有些连接词是直接与动词结合，有些是在句首出现，有些连接词一定要放在名词之后，这些一定要很好地注意。例如：

သူသွားချင်ပေမဲ့ကျွန်တော်ကတော့မသွားချင်ဘူး။

虽然他想去，我可不想去。

သူကသွားချင်သည်၊သို့သော်ကျွန်တော်ကမသွားချင်ပေ။

他想去可是我不想去。

သူတို့ကညီရင်းအစ်ကိုကဲ့သို့ပင်ချစ်ခင်ကြသည်။

他们像亲兄弟一样亲密。

5. 有些连接词与助词很难区别，可看作兼类词。这些词，可以从连接词的角度分析，也可以从助词的角度来分析。例如：

အထွက်တိုးရန်အတွက်စိုက်ပျိုးသောဧရိယာများကိုတိုးချဲ့ရမည်။

为了增加生产，必须扩大耕种面积。

စက်မှုနိုင်ငံထူထောင်နိုင်ရန်အတွက် ၊ နိုင်ငံခြားသို့ပညာတော်သင်တော်တော်များများ စေလွှတ်ခဲ့ပါသည်။

为了建设一个工业国家，曾向国外派遣许多留学生。

上述两个例句中的 ရန်အတွက် 将它看成一个整体，作连接词用，与 ရန် 作用相同。连接两个分句，表示强调目的性。也可将其看作助词，与其前面部分组成名词性词组，作为目的状语助词，这一个句子便可不作为复句，而作为单句来分析。

又如：သလောက် 可以作为状语助词用，也可作连接词，连接两个互为相反对比的分句。例如：

ခင်ဗျားရေးချင်သလောက်ရေးပေတော့။

你想写多少就写多少好了。（做助词）

ကျွန်တော်တို့သွေးကြွပြီး တက်တက်ကြွကြွလုပ်ရှားနေသလောက် သခင်တင်မောင်တို့ကတော့ အေးတိအေးစက်နင့် မည်သို့မျှမလုပ်ရှားချေ။（做连词）

我们热血沸腾，正在积极行动，可德钦丁貌却是那样的冷漠、无动于衷。

第十二章　连接词（သမ္ဗန္ဓ）

还有 ကဲ့သို့၊ ပမာ၊ သမျှ၊ အရ၊ အလျောက်၊ အညီ 等，也都可以归入助词类，或归入连接词中。尤其是它们前面用句子时，变成 သကဲ့သို့၊ သည်အလျောက် ၊ သည်ပမာ၊ သည်အတိုင်း၊ သလောက်၊ သည်ထက်(သထက်)等，则常用作连接词。在它们前面不是句子时则常常被看作助词。为了避免重复，我们将这些词放入助词中作介绍。

练习

1. 什么叫连接词？
2. 连接词怎么分类？
3. 选择合适的连词填空。

> ကႏြင့်၊ သို့မဟုတ်၊ လျှင်၊ မှ၊ ဖြစ်စေ...ဖြစ်စေ ၊ သာမက၊ နှင့်တစ်ပြိုင်နက်၊ သော်လည်း၊ ရော...ပါ၊ သောကြောင့်၊ မှတစ်ပါး၊ ရင်း၊ ရန်၊ တုန်း၊ ၍၊ လျှက်နှင့်၊ အပြင်

၁။ မင်း------ငါအတူသွားကြမည်။

၂။ မင်း-----ငါ-----သွားဖြစ်အောင်သွားရမည်။

၃။ မိုးရွာ------သစ်ပင်များစိမ်းလန်းစိုပြည်ကြသည်။

၄။ ကြိုးစား-----အောင်မြင်မည်။

၅။ ပျင်းရိ------ကျရှုံးတတ်သည်။

၆။ မိဘ-----ဆရာတို့ကိုရိုသေပါ။

၇။ စာကြည့်တိုက်-----စက်ရုံ၌လုပ်အားပေးကြမည်။

၈။ သားသမီးလိမ္မာ-----မိဘစိတ်ချမ်းသာသည်။

၉။ မိုးကုတ်မြို့မှပတ္တမြား--------နီလာလည်းထွက်သည်။

၁၀။ လူချစ်လူခင်များလို------ချိုသာသောစကားကိုဆိုကြရသည်။

၁၁။ မိုးသံကြားသည်----------လယ်သမားတို့သည်ထွန်တုံးကိုပြင်ကြသည်။

၁၂။ သုံး-----သုံးပေါင်းလျှင် ခြောက်ရသည်။

၁၃။ သူသည်ချမ်းသာ------မကျွန်းမာပါ။

၁၄။ ဤအသီးသည် အနံ့-----အရသာ-----ကောင်းသည်။

၁၅။ ကိတ်မုန့်-----မုန့်ဟင်းခါး----စားမည်။

၁၆။ ကျွန်တော်အစ်ကိုနေကောင်း-------အစ်မဖျားနေသည်။

၁၇။ ကျွန်တော်အမြန်မပြေး-------မီးရထားမမီလိုက်ပါ။

၁၈။ ရုပ်ရှင်လက်မှတ်ကုန်သွားလိမ့်မည်။ထို့ကြောင့်ကျွန်တော်တို့ရုပ်ရှင်လက်မှတ်ကိုကြိုတင်ဝယ်ထား------ဖြစ်မည်။

၁၉။ ညီမလေး------ကျွန်တော်တို့အားလုံးဘုရားသွားဖူးကြပါသည်။

၂၀။ ဘကြီးဖြိုးဝေသည်ပက်လက်ကုလားထိုင်ပေါ်တွင်ထိုင်-------စာဖတ်နေသည်။

၂၁။ နွေရာသီ၌ရေမပြတ်-------ရေကိုချွေတာသုံးစွဲသင့်ကြ၏။

၂၂။ စာသင်နေ-----စကားမပြောရ။

၂၃။ သူခိုးသည်ခိုးရာပါပစ္စည်းများကို ပစ်ချ-------ထွက်ပြေးသွားသည်။

၂၄။ ကျော်ကျော် စာကြိုးစားသည်-------ဇော်ဇော်က ပိုကြိုးစားသည်။

၂၅။ သူသည် နေကောင်း-------နေမကောင်းချင်ယောင်ဆောင်နေသည်။

၂၆။ မြဝတီမင်းကြီးဦးစသည်လက်ရုံးရည်-------နှလုံးရည်နှင့်လည်းပြည့်စုံသည်။

၂၇။ မခင်ခင်သည်ကျောင်းနောက်ကျမှာစိုး-------လျှင်မြန်စွာပြေးသွားသည်။

၂၈။ ကောက်စိုက်သမတစ်သိုက်သည်သီချင်းတကြော်ကြော်ဆို------ကောက်စိုက်နေကြသည်။

၂၉။ (၈)နာရီထိုး-------ညီလေးသည်အိပ်ရာက မထသေးပါ။

၃၀။ ဒီနေ့တော့လခထုတ်ရက်-------ဘီယာသောက်ချင်သည်။

၃၁။ ဖေဖေဝေါက်ကွင်းကပြန်လာရင်-------၊ ညည်းခံပွဲတွေကပြန်လာရင်------- အရက်နဲ့. နံနေတယ်။

၃၂။ လူတစ်ယောက်ရဲ့သေရေးရှင်ရေးသတင်းကို တီဗွီအကြည်-----ပျက်-----ပြောနိုင်ရက်သောမျက်နှာတစ်ခုသည် လူသားစင်စစ်မဟုတ်ပါလေစ။

၃၃။ မြန်မာပြည်ထွက်ကျောက်စိမ်းသည် အရည်အသွေး----- အသားအနှစ်-----ကောင်းမွန်သည်။

၃၄။ မမ------သူငယ်ချင်းများသည်ပုဂံသို့ရောက်ဖူးသည်။

၃၅။ ကုလသမဂ္ဂအဖွဲ့ကြီးသည်ဒုတိယကမ္ဘာစစ်အပြီးစတင်ဖွဲ့စည်းခဲ့ချိန်မှစ၍ဖွဲ့စည်းပုံတွင်ပြောင်းလဲမှု-------- ဖြစ်နေခဲ့သည်။

၃၆။ သုံးရက်------ တစ်ကြိမ်ရေချိုးခွင့်ပေးခဲ့သည်။

၃၇။ ထိုင်းနိုင်ငံ၌ပြီးခဲ့သည့်လတွင်အာဏာသိမ်းမှုဖြစ်ပွါးပြီး-------- လုပ်လုပ်ရှားရှား ဖြစ်နေသည်။

၃၈။ လေဆိပ်မှာထူးဆန်းတာကတိုင်ကြီးတွေ------အခုံးပုံစံဆောက်ထားတာပဲ။

၃၉။ လေဆိပ်ပုံစံကအသစ်ဖြစ်နေ------လေဆိပ်အဟောင်းကဝန်ဆောင်ကပို
အဆင်ပြေတယ်။

၄၀။ အဝင်က ပတ်စပို့ကောင်တာမှာနည်းနည်းစောင့်ရတာ------အကုန်အဆင်ပြေတယ်။

4. 根据中文完成句子。

၁။ ကိုကိုတို့ သူချစ်------（依然）ဖြစ်သည်။

၂။ မေမေ့မြေးကိုဘော်ဒါဆောင်ပို့---------（才行）မယ်။

၃။ သူတို့ပြောနေသောစကားသည်သူနှင့်ပတ်သက်သောအကြောင်း---------（除了）
အခြားဘာမှမဖြစ်နိုင်။

၄။ ငါလည်း----------（无能为力）မတတ်နိုင်တော့ဘူး။

၅။ ကြိုးစားအားတင်းနေရ----------（尽管）လူကတဖြည်းဖြည်းချည့်နဲ့လာသည်။

၆။ မြင်းခွာသံက----------------（越来越响）လောင်လာလေပြီ။

5. 选词填空。

၁။ မိမိသားအရွယ်လူငယ်ကလေးတစ်ယောက်ဖြစ်------မေတ္တာသက်ဝင်ချင်စရာ
အဆင်းသဏ္ဌာန် စိုးစဉ်း------မတွေ့ရ။ （လင့်ကစား ၊ မျှ）

၂။ ခေါင်းလောင်းစာသည် ကျောက်စာ။ မင်စာများ------- စာပေလေ့လာ------
အရေးကြီးသည်။ （ရာ၌ ၊ ကဲ့သို့）

၃။ ဖေဖေသည် စောင်း------ ပတ္တလား------ တီးတတ်သည်။ (ပါ ၊ သာမက)

၄။ နှစ်၄၀ကျော်ကြာအချိန်ယူဆောက်လုပ်-----ဖွင့်လှစ်ရန်ရှည်ရွယ်----၊အစီအစဉ်ပျက်သွား
-----ဖြစ်ခဲ့ရတဲ့ထိုင်းနိုင်ငံဘန်ကောက်ကသုဝဏ္ဏဘူမိလေဆိပ်သစ်ကြီးက------လွန်ခဲ့တဲ့
လကုန်ပိုင်းကဖွင့်လှစ်ခဲ့ပါသည်။　　（ကာ ၊ လိုက် ၊ တော့ ၊ လိုက်）

၅။ ဒူးရင်းသီးကိုတစ်စားပြီး------မင်းကွက်သီးကိုလည်းတစ်စားပစ်လိုက်------ကိုယ်ထဲ
မှာအပူအအေးမျှတပါလိမ့်မည်။　(မှ ၊ ပါက)

第十三章　助词（ပစ္စည်း）

第一节　助词的定义和分类

一、助词的定义

　　在缅甸语中有一类词，它本身既没有什么实在的意义，又不能独立存在，它总是跟在句子成分或其他词后面起着重要的作用。这些词属于虚词。按其语法作用来说，有些可以作为句子成分的标志；有些可以作为组成词或词组的语法关系的标志；还有些可以表达各种不同的感情色彩和语气。这些词我们统称为助词。缅甸语助词的繁多与汉藏语系的语言有共同之处，因为印欧语系语言多通过动词的形态变化来表达语法意义，完成语法功能，而缅甸语靠添加助词来表达。因此助词在缅甸语中属于较特殊的一类词，数量多，功能强。例如：

　　　　ကျွန်တော်သည်　　ဆရာဝန်　ဖြစ်　သည်။　我是医生。
　　　　我（主助）　　　医生　　是（谓助）

　　　　ဤစာအုပ်　ကို　မောင်ဘ　အား　ပေးလိုက် ပါ။　请把这本书给貌巴吧。
　　　　这本书（宾助）貌巴（宾助）给（谓助）

　　　　သူလာ　မည်　မှာ　သေချာ　သည်။　他肯定会来。
　　　　他来（谓助）（主助）　肯定　（谓助）

　　从上述例句中，我们可以看到名词、代词、动词等分别作句子中的主语、宾语、谓语成分。在这些句子成分后，都有一个识别标志：ကာ、ကို、အား 等。有了这些标志就很容易地确定其前面的词或词组在句子中的地位或起的语法作用，也可以知道说话人所表达的语气。正是因为有了这些助词来确定句子成分，缅甸语就不像汉语那么特别强调词序的问题了。

第十三章　助词（ပစ္စည်း）

我们知道，缅甸语的口语与书面语有较大的差别，除了用词有所不同外，主要的也就是体现在助词的不同上。口语体中的助词形式与书面语中的助词有些可以找到对应的，有些却找不到对应的。书面语体的一个助词，在口语中可能要用不同的形式来表示。有时书面语中的不同形式在口语体中却用同一形式表示。因此，需要对书面语和口语体中的助词有个全面的了解。例如：书面语中的 သည်，有时是主语助词，放在主语之后；有时作谓语助词，放在句子结尾。但是口语体中，主语助词则用 က ၊ ဟာ，谓语助词用 တယ်。例如：

သူ သည် ကျွန်တော် ၏ အစ်ကို ဖြစ် သည်။ 他是我的哥哥。
他（主助）我　　的　哥哥　是（谓助）
သူ ဟာ ကျွန်တော် ရဲ့ အကို ဖြစ် တယ်။
他（主助）我　　的　哥哥　是（谓助）

相反，有时书面语中不同的两个助词在口语用同一个助词形式表示。如：သည် 和 ၏ 都可以做一般陈述句的句尾助词，但在口语体中对应同一个句尾助词 တယ်。例如：

အလွန်ကောင်း၏။
သိပ်ကောင်းတယ်။
很好。
လေတိုက်သည်။
လေတိုက်တယ်။
刮风。

二、助词的分类

关于助词的定义和分类有各种不同意见，有人认为作为句子成分的标志，应称为"介词"（ဝိဘတ်），其余的称为"助词"（ပစ္စည်း）。也有些人认为助词分类标准应是按照该词在句子中的位置而定，在名词后的称为"名词助词"（နာမ်ပိဒ်ဘတ်），放在动词后的称"动词助词"（ကြိယာဝိဘတ်）。所谓"ဝိဘတ်"，原是来源于巴利文语法体系的名称，它的含义与语法意义与缅甸语中的助词并不完全符合。将"介词"分成"名词介词"或"动词介词"也只是根据其在句子中的位置而分出来的,这样的分类,虽然都有各自的道理。但是,有许多弊病和缺陷,我们认为,缅甸语是汉藏语系藏缅甸语族的语言,与缅甸语的亲族语言比较,有着许多共同的特点,尤其是缅甸语中的虚词,与藏缅甸语族诸多语言中的虚词相近。因此按照缅甸语的实际情况还是将这些虚词归入一类,称作助词。

根据助词的语法意义和语法功能,我们将助词分成三类:成分助词、形态助词、语气助词。

(一)成分助词

成分助词是在句子的各种成分后面表示它前面的部分(这个部分可以是词、词组或句子)在句子中的作用和地位的词。缅甸语中,句子成分大致可分为主语、宾语、谓语、状语、定语、引语等几种。这些句子成分后面一般需要有助词来表示。在主语后面的助词称"主语助词",宾语后面的助词为"宾语助词",其他助词依此类推。这些助词归入一类,称"成分助词"。

1. 主语助词:表示某一个句子成分是整个句子的主语的助词。这个主语可以是一个词或一个词组,也可以由一个句子或更复杂的一个结构组成。例如:

ကိုဘုန်းကျော် သည် ကုန်သည်ကြီး တစ်ဦး ဖြစ် သည်။
哥蓬觉 (主助) 大商人 一位 是(谓助)
哥蓬觉是一位商人。(名词作主语)

သူတို့ ညီအစ်ကို သုံးဦး သည် အညာပြည် သို့ သွား နေပြီ။
他们 弟兄 三个 (主助) 上缅甸 (状助)去(谓助)
他们兄弟三个都去上缅甸了。(词组作主语)

ကျွန်တော်သည် ဘေကျင်းမြို့ သို့ ရောက် သည်မှာ သုံးလတောင်ရှိ ပြီ။
我 (主助) 北京(状助) 到 (谓助) 三个月 了。
我到北京已经有三个月了。

第十三章 助词（ပစ္စည်း）

缅甸语中常见的主语助词有下列几个（以下口语体助词带括号）：

书面语体	口语体
သည်	က ၊ ဟာ
过去发生或现在发生时的事情作为句子中主语时用 သည်မှာ	ဟာ
က	က
အနေဖြင့် ၊ အနေနှင့်	အနေနဲ့
မှာ	မှာ

သည် 在一般陈述句中，尤其是说明主语是什么或不是什么时，主语助词常用 သည်(ဟာ)。例如：

စာကြည့်တိုက်ကြီးသည်လေးထပ်တိုက်ဖြစ်ပါသည်။
大图书馆是一座四层大楼。

အောင်နက်နှင့်မိဖြူတို့သည်နေ့တိုင်းလိုလိုရန်ဖြစ်ကြပါသည်။
昂奈跟米漂几乎每天都打架。

မောင်ချမ်းသည်အစောကြီးကတည်းကကျောင်းသို့သွားသည်။
貌强很早就上学校了。

သူသည်မည်သို့မျှမတတ်နိုင်တော့ပြီ။
他无能为力了。

မှာ ① 叙述某人有什么时用 မှာ；
② 叙述一件过去发生或现在发生的事情作为句子中主语时用 သည်မှာ (ဟာ);
③ 对主语表示同情和怜悯时用。例如：

ကိုလူအေးမှာဖောင်တိန်ရှိသည်။
哥鲁埃（主助）有钢笔。

သူညှိသို့ပြောသည်မှာသင့်တော်လှပေသည်။
这样讲很恰当。

မလွတ်မြောက်ခင်ကသူတို့မှာအလွန်ဆင်းရဲရှာသည်။
解放前他们都很贫穷。

က ① 一般在叙述主语发出某种动作或者句子中有直接宾语时用 က。例如：

ကျွန်တော်ကသူ့ကိုမေးသည်။

我问他。

သူတို့ကဘောလုံးကန်နေကြသည်။

他们正在踢足球。

② 并列句子分别叙述不同的主语或列举几个主语发出不同的动作时用 က。例如：

သူကကျောင်းသူ၊ ကျွန်တော်ကကျောင်းသားပါ။

她是女学生，我是男学生。

သူကသွားချင်ပေမဲ့ကျွန်တော်ကတော့မသွားချင်ဘူး။

他想去，我却不想去。

မောင်သိန်းကလည်းသဘောမတူပါ။

貌登也不同意。

③ 叙述某人说了、想了某件事时用 က。例如：

နောင်ဒီလိုမလုပ်နဲ့လို့ကိုထိုက်ကပြောတယ်။

哥泰说："今后不要这么干了。"

စားပြီးပြီလားဟုသူတို့ကအချင်းချင်းနှုတ်ဆက်ကြလေသည်။

他们互相问候说："你吃了没有？"

ခင်ဗျားနက်ဖြန်မှလာမည်ဟုသူကထင်သည်။

他以为你要明天才来。

အနေနှင့်(အနေနဲ့)

① 表示以某种身份发出动作。

အစိုးရအနေနှင့်ဤသို့မပြုမူအပ်ပေ။

（作为）政府不应采取这种行动。

ကိုယ်ဝန်ဆောင်သူအနေနှင့်ဟင်းသီးဟင်းရွက်များများစားရသည်။

孕妇必须多吃蔬菜。

② 强调主语时用。例如：

ကျွန်တော်တို့အနေနှင့်ကြိုတင်ပြင်ဆင်မှုရှိထားရမည်။

我们应该有所准备。

ခင်များအနေနဲ့ဘယ်လိုသဘောကောရာလဲ။

你的意见如何？

2. 宾语助词：宾语是承受动作或动作涉及的对象，表示宾语的助词叫宾语助词。缅甸语中常用的宾语助词有：

书面语体	口语体
ကို	ကို
အား	ကို

ကို 表示动作涉及的对象或承受者，一般在直接宾语后用 ကို 。在句子中当宾语的可以是一个词，也可以是一个词组或句子。例如：

ကျွန်တော်ကသူကိုမြင်သည်။

我看见他了。

ခွေးကကြောင်ကိုကိုက်သည်။

狗咬猫。

ခြင်္သေ့နှင့်ခွေးကလေးတို့ကအတူတူကစားနေသည်ကိုအံ့ဩမိသည်။

对小狮子跟小狗在一起玩耍感到很惊奇。

အား: 动作行为涉及的人作为宾语时常用此助词，它是间接宾语助词。在既有直接宾语又有间接宾语的双宾语句子中，直接宾语助词常常被省略，而间接宾语助词则用"ကို"来代替，尤其是在口语中更是如此。例如：

ကိုလူအေးကသူအားစာအုပ်တစ်အုပ်ပေးသည်။

哥鲁埃给了他一本书。

ယနေ့ည ဆွေးနွေးပွဲရှိကြောင်း သူအားပြောလိုက်ပြီ။

今晚有讨论会已经告诉他了。

3. 定语助词：修饰名词或名词性词组的句子成分叫定语，定语后面的助词称定语助词。定语与被修饰语之间的关系分从属关系和修饰关系。

① 从属关系，表示一个事物属于另一事物所有，或者是表示事物从属于另一事物，是某一个整体中的一个组成部分，或是包含在某事物中的部分内容。常用的定语助词有：

书面语体	口语体
၏	ရဲ့
က	က
မှ	က
ရှိ	ရှိ
နှင့်	နဲ့

ကျွန်တော်၏ညီလေး
我的弟弟

ကျွန်တော်ရဲ့ညီလေး
我的弟弟

မောင်အေး၏ဖခင်
貌埃的父亲

မောင်အေးရဲ့အဖေ
貌埃的父亲

ဤသို့လုပ်ခြင်း၏အကျိုးဆက်
这样做的结果

ရေကန်ထဲကငါး
池中的鱼

တစ်ကမ္ဘာနိုင်ငံအသီးသီးကပြည်သူများ
全世界各国人民

ကျောင်းဝင်းထဲမှလက်ဘက်ရည်ဆိုင်
校园内的茶馆

ကန်ဘောင်ပေါ်ရှိသစ်ပင်များ
湖岸边的树木

ကျစ်ဆံမြီးနှင့်လုံမပျို
梳着辫子的姑娘

စက်ဘီးနှင့်သူ
骑着自行车的人

သေနတ်နှင့်သူ
带枪的人

② 修饰关系：一个成分说明或形容另一个成分的性状的关系称修饰关系。在缅甸语中，修饰名词或名词性词组的东西很多。有的不一定要加定语助词，如名词修饰名词时，一般不加助词。但是，大部分说明事

物性状的都用定语助词。常用的表示修饰关系的定语助词有：

书面语体	口语体
သော	တဲ့
သည်	တဲ့
ကဲ့သို့သော	လို
ရာ	ရာ
ရန်	ဖို့

သော(တဲ့)　一般在形容词修饰名词时用。例如：

书面语体　　　　　　　　　口语体

လှပသောပန်း　　　　　　　လှတဲ့ပန်း
美丽的花朵

ဝိုင်းသောစာလုံး　　　　　　ဝိုင်းတဲ့စာလုံး
圆圆的字

မြင့်မားသောတောင်တန်း　　မြင့်မားတဲ့တောင်တန်း
高耸的山岭

ထူးချွန်သောပုဂ္ဂိုလ်　　　　ထူးချွန်တဲ့ပုဂ္ဂိုလ်
优秀的人物

သည်(တဲ့)　一般在动词修饰名词时用。例如：

ဖတ်နေသည်စာအုပ်　　　　ဖတ်နေတဲ့စာအုပ်
正在看的书

ဘွားဘွားပြောသည်ပုံပြင်　　ဘွားဘွားပြောပြတဲ့ပုံပြင်
奶奶讲的故事

ရာ　表示动词或形容词所指的事物或地方。例如：

သွားချင်ရာနေရာ
想去的地方

ဝယ်လိုရာပစ္စည်း
想买的东西

မနက်၉နာရီမှာကျွန်တော်တို့တပ်ချရာနေရာကနေထွက်ကြပါသည်။
早上9点，我们从驻地出发了。

ရန်(ဖို့) 表示修饰成分是说明某种事物是为了某种作用或目的而用的。例如：

အနားယူရန်အခန်း
休息室

ကျန်းမာရေးလေ့ကျင့်ရန်ပစ္စည်း
锻炼身体用的器材（运动器材）

ကျွန်တော်တို့ထိုင်ဖို့နေရာမရှိတော့ဘူး။
没有我们坐的地方了。

ကဲ့သို့သော(လို) 表示修饰成分是被比拟的对象。例如：

သူကဲ့သို့သောသူ   သူလိုသူ
他那样的人

မောင်လွင်ကဲ့သို့သောကျောင်းသား   မောင်လွင်လိုကျောင်းသား
像貌伦那样的学生

4. 状语助词：状语是说明和修饰动词或形容词的词或词组，表示某个句子成分是状语的助词称为状语助词。说明或修饰动词或形容词的方式很多，可以说明动作的性状、时间、地点、方式、原因、从由等。

（1）表性状的状语助词

书面语体	口语体
စွာ	形容词重叠
နှင့်	နဲ့

ရှင်းလင်းစွာနားလည်ပါသည်။   （书面语体）
ရှင်းရှင်းလင်းလင်းနားလည်ပါတယ်။   （口语体）
清楚地了解。

စိတ်အားထက်သန်စွာအလုပ်လုပ်နေသည်။   （书面语体）
စိတ်အားထက်ထက်သန်သန်အလုပ်လုပ်နေတယ်။   （口语体）
正在热情地工作。

当词组作状语时，助词往往用 နှင့်(နဲ့)。例如：

ခုန်လိုက်ကလိုက်နှင့်အလွန်တရာဝမ်းသာလှပါသည်။
蹦蹦跳跳高兴得很。

第十三章　助词（ပစ္စည်း）

စာရေးမယ်ရေးမယ်နဲ့၊ ကနေ့ထက်ထိမရေးဖြစ်သေးဘူး။

总打算写信，可直到今天仍没有写成。

ဝင်လိုက်ထွက်လိုက်(နှင့်)မလုပ်နှင့်။

别进进出出的。

（2）表示时间、地点的状语助词

书面语体		口语体
时间、地点	တွင်	မှာ
时间、地点	၌	မှာ
时间、地点	ဝယ်	မှာ
地点	မယ်	မှာ
时间	က	က
时间	တုန်းက	တုန်းက
时间	ကတည်းက	ကထဲက
时间	မ...မီ	မ...ခင်
时间	လျှင်..ချင်း	动词重叠+ချင်း

တွင်၊ ၌၊ ဝယ်　表示时间、地点时用。例如：

အမေသည်အိမ်၌ရှိသည်။

母亲在家里。

သူ၏စာအုပ်ကိုစားပွဲပေါ်တွင်ထားသည်။

他的书放在桌子上。

က　表示过去时间用。例如：

၁၉၄၉ခုနှစ်ကအလယ်တန်းကျောင်းမှအောင်သည်။

1949 年从中学毕业。

မနေ့ညကဘာလုပ်ခဲ့သနည်း။

昨天晚上干了什么？

မကြာမီကသူပြောသည်။

不久之前他说的。

မှာ　有时表示将来的时间。例如：

နက်ဖြန်မှာသူလာမည်။

他明天来。

မကြာခင်မှာပြီးမြောက်တော့မယ်။

不久将完成。

ရှေ့လ (၁၅) ရက်နေ့မှာသွားမယ်။

下月 15 日去。

ကတည်းက　表示动作在过去的某一个时间便发生了，着重表示"早在……时怎么样。"例如：

အစောကြီးကတည်းကအိပ်ရာမှထလာသည်။

一清早就起床了。

သူကမနက်အစောကြီးကတည်းကဤနေရာသို့လာစောင့်ပါသည်။

他一清早就到这儿等着了。

အစကတည်းကကျွန်တော်ပြောပြီးပြီမဟုတ်လား။

一开始我就说过了哟！

အစကတည်းကသူတို့ကိုသင်ပေးရင်အခုလိုဖြစ်လိမ့်မယ်မဟုတ်။

一开始就教给他们，也不至于发生今天这种事情。

၁၉၄၉ခုနှစ်ကတည်းကမူးယစ်ဆေးဝါးများပိတ်ပင်တားမြစ်ခဲ့ပါသည်။

早在 1949 年就禁止毒品了。

…လျှင်…ချင်း　这实际上是一个惯用形式，即相同的动词插入其中，表示某一动作一旦发生，随即便发生后面的动作，口语体中一般用 တာနဲ့、ဆိုရင်ဘဲ 或动词重叠后加 ချင်း。例如：

ကျွန်တော်အလုပ်ပြီးလျှင်ပြီးချင်းခင်ဗျာဆီလာခဲ့မည်။

我一结束工作就到你那儿来。

ကြေးနန်းရလျှင်ရချင်းပြန်လာခဲ့သည်။

一接到电报便回来了。

မိုးတွင်းရောက်လာတာနဲ့မြစ်ရေတွေကလျှံတက်လာတယ်။

雨季一到河水就泛滥。

သူဆေးရုံကဆင်းလိုက်တယ်ဆိုရင်ပဲအလုပ်ဆင်းသွားပါတော့တယ်။

他一出院就上班了。

မမြင့်ကသူ့ကိုတွေ့တွေ့ချင်းဒေါသပြေသွားတယ်။

玛敏一见他气就消了。

（3）表示原因的状语助词有：ကြောင့် ၊ နှင့် ၊ ဖြင့်(နဲ့) ၊ တဲ့အတွက် ၊ တဲ့အတွက်ကြောင့် 等。例如：

ပုသိမ်မြို့သည်ဖထီးကြောင်နာမည်ကျော်ကြားသည်။

勃生市因绸伞而遐迩闻名。

မီးဘေးကြောင့်ပစ္စည်းဥစ္စာတော်တော်များမီးထဲပါသွားသည်။

由于火灾，大批财物毁于一旦。

ကျော်စိန်သည်ကင်ဆာရောဂါနှင့်ဆေးရုံတက်ခဲ့ရပါသည်။

觉盛因患癌症而住院了。

ခရီးပင်ပန်းတဲ့အတွက်နှစ်နှစ်ခြိုက်ခြိုက်အိပ်ပျော်သွားတယ်။

旅途劳累以致睡得很死。

（4）表示目的的状语助词

书面语体	口语体
အတွက်	အတွက်
အဘို့	အဖို့
ဘို့	ဖို့
ရန်	ဖို့
ငှါ	အတွက်
ခြင်းငှါ	အတွက်
ရန်အလို့ငှါ	ဖို့အတွက်

အတွက် 表示某个动作是为了某种目的而发出。例如：

အမိနိုင်ငံတော်အတွက်စာကြိုးစားသည်။

为祖国努力学习。

ဤသို့လုပ်ခြင်းသည်ကိုယ့်အကျိုးအတွက်မဟုတ်ပါ။

这样做不是为了私利。

ဒုက္ခသည်များအတွက်အလှူခံနေသည်။

正在为难民募捐。

အဖို့　表示某个动作是为了某个人而发出，或是某件事对于某人某事物来说怎么样。例如：

မမြင့်သည်ဆရာအဖို့ရေနွေးတစ်ခွက်တည်လာသည်။
玛敏给老师倒了一杯水来。

ခင်ဗျားအဖို့လွယ်နေပေမဲ့၊ ကျွန်တော့်အဘို့ဆိုလျှင်အလွန်ခက်ပေသည်။
对您来说很容易，对我来说却很难。

ဒီနေ့အဖို့အလွန်အရေးကြီးသည်။
对于今天来说很重要。

ရန်(ဖို့)　用于形容词、动词之后，表示一种目的。例如：

ဘယ်သွားဖို့ပြင်နေသလဲ။
正在准备去哪儿呀？

ခွင့်လွှတ်ရန်တောင်းပန်ပါသည်။
请求原谅。

မီးဘေးကာကွယ်ရန် လူတိုင်းတာဝန်ရှိသည်။
防止火灾，人人有责。

ညီညီတော်များလိုက်လိုက်လဲ့လဲ့ကြိုဆိုရန်ပြင်ဆင်နေကြပါသည်။
正在为热烈欢迎贵宾而做着准备。

ရန်အတွက်　表示动作的目的。例如：

ပြည်သူလူထုအများသိကြရန်အတွက်ရုပ်မြင်သံကြားမှသတင်းများထုတ်လွှင့်ပါသည်။
通过电视广播新闻以便使广大群众知道。

ထောက်ပံ့ကြေးများကိုဆက်လက်ပေးရန်အတွက်မတတ်နိုင်တော့ချေ။
再也无力继续给予资助。

စာမေးပွဲအောင်မြင်ရန်အတွက်စာများကိုကျေညက်အောင်ဖတ်ထားရသည်။
为了考试及格必须将功课念熟。

（5）表示动作凭借的工具，用什么方式发出动作，常用的有：နှင့်(နဲ့)၊ ဖြင့် 等。例如：

ကားနှင့်ကျောင်းသို့လာသည်။
乘车到学校里来。

သစ်တုံးများကိုလွှနှင့်ဖြတ်သည်။
用锯截断木材。

ကိုယ်စီနှင့်　表示各自凭借某物发出动作。例如：

သူတို့နှစ်ယောက်စက်ဘီးကိုယ်စီနှင့်ပြန်သွားကြသည်။
他们俩各骑一辆自行车回去了。

စာအုပ်ကိုယ်စီနှင့်ဖတ်နေကြ၍အချင်းချင်းစကားတောင်မပြောချေ။
各自看着书，互相不讲话。

လွယ်အိတ်ကိုယ်စီနှင့်ကျောင်းသို့သွားသည်။
一人身上背一个书包上学去。

（6）表示从由的助词，表示动作从某时某地出发向某时某地去，或者从某一时间、地点起，到某一时间或地点为止。常用的助词有：

书面语体	口语体
မှ	က
သို့	ကို
အထိ	အထိ
တိုင်	တိုင်

မှ(က)　表示动作从出发点开始。例如：

ကျောင်းကပြန်လာသည်။
从学校回来。

ဒါအိမ်ကယူလာတာပါ။
这是从家里拿来的。

ပုသိမ်သို့သွားမည့်သင်္ဘောသည်သင်္ဘောဆိပ်မှခွါသွားပြီ။
去勃生的轮船已经离开码头。

အလုပ်များနေတဲ့ကြားမှကျွန်တော်တို့အားလာကူညီကြသည်။
在百忙中来帮助我们。

သို့ (ကို)　表示动作的趋向。例如：

စာကြည့်တိုက်သို့သွားကြသည်။
到图书馆去。

ရေဝတီမြစ်ရေသည်မြောက်ဘက်မှတောင်ဘက်သို့စီးဆင်းလေသည်။

伊洛瓦底江水自北向南流着。

ဘေကျင်းမှရန်ဟဲသို့လေယာဉ်နှင့်သွားသည်။

从北京乘飞机到上海。

အထိ 表示动作延伸到某个时间、地点或达到某种程度（结果）。例如：

ညသန်းခေါင်အထိစာရေးသည်။

写信写到半夜。

နေမင်းကြီးထွက်ချိန်မှနေဝင်သည့်အထိအနားယူချိန်မရှိပါ။

从日出到日落，没有休息的时间。

နားလည်ကြသည့်အထိရှင်းပြရမည်။

必须解释到明白为止。

ခုထက်ထိနားမလည်သေးချေ။

至今尚未明白。

တိုင် 表示到达某个时间、地点。例如：

သူမရှိရင် ကျွန်တော်တို့ဟာအခုထက်တိုင်အမှောင်ထုမှာတဝဲလည်လည်ဖြစ်နေကြရအုန်းမှာပဲ။

如果没有他，我们到现在仍然处于水深火热之中。

ညည်သည်ကိုဘူတာရုံတိုင်လိုက်ပို့တယ်။

把客人一直送到火车站。

（7）表示比较的状语助词有 လောက်，ထက်。

ထက် 表示比前者有过之而无不及。例如：

သူ့ထက်အသက်ကြီးသည်။

比他年龄大。

ဒီထက်ပိုကောင်းတာရှိသလား။

还有比这个更好的吗？

ညီလေးကကျွန်တော့်ထက်အသက် １２ နှစ်ငယ်သည်။

弟弟比我小 12 岁。

လုပ်တာကပြောတာထက်ခက်သည်။

做要比说更难。

第十三章　助词（ပစ္စည်း）

လောက်　放在名词或词组后，意为"如同"。例如：

ကိုဘဖေကိုထိုက်လောက်ဝသည်။
哥巴佩差不多与哥泰一样胖。

ကျွန်တော်ရေးတာသူလောက်မဝိုင်းဘူး။
我写得不像他那样圆。

ယခုနှစ်ဘေးဒုက္ခများနှင့်ကြုံတွေ့ရသော်လည်းကောက်ပဲသီးနှံအထွက်ကတော့မနှစ်က
လောက်တော့ရှိခဲ့ပါသည်။
今年虽然遭灾，谷物产量仍赶上去年。

（8）表示方式或身份时，常用状语助词有：စီ ၊ ကျ ၊ လို့လို ၊ ယောင်ယောင် ၊ အနေနှင့် ၊ အဖြစ် ၊ တမျှ ၊ သဖွယ် ၊ အလား　等。

စီ　表示动作方式。例如：

တစ်ယောက်စီတစ်ယောက်စီပြောပါ။
一个一个地讲。

ညီအစ်ကိုမောင်နှမတို့သည်တစ်နေရာစီသွားကြပါသည်။
兄弟姐妹们各去一个地方。（朝着不同的方向上路了）

တစ်အိမ်လျှင်သကြားရှိသာစီဝယ်နိုင်ပါသည်။
每户可卖 5 斤糖。

(ကျ)စီ　表示分配到每一单位的量时用。例如：

သရက်သီး၁၂လုံးကိုတစ်ယောက်ကို၄လုံးကျစီဝေပေးသည်။
将 12 个芒果一人分 4 个。

လူဆယ်ယောက်လျှင်ရေဒီယိုတစ်လုံးကျစီခွဲဝေပေးသည်။
每十个人分给一台收音机。

ကဲ့သို့ (လို)　表示像什么一样地。例如：

သူသည်သူမကဲ့သို့ပင်ကိုယ်ချင်းစာစိတ်ရှိပါသည်။
他也跟他的姐姐一样富有同情心。

ချက်ချင်းသွားရတော့မည်ကဲ့သို့ရှိသည်။
好像立即要走似的。

ကျွန်တော်ကဲ့သို့သောသူရှိဦးမည်လောမသိ။
不知道还有没有像我这样的人了。

သူတို့နှစ်ယောက်သည်ညီအစ်ကိုကဲ့သို့ချစ်ခင်ရင်းနှီးပါသည်။

他们俩人像兄弟一样亲密。

ပမာ 表示像某一事物一样。例如：

လေယာဉ်ပမာမြန်လှပါသည်။

快如飞机。

ကိုယ့်အသက်ပမာချစ်ခင်မြတ်နိုးသောပစ္စည်း

爱之如命的东西

နတ်သြဇာပမာအရသာရှိသောအစားအစာ

味美如仙果的食物

အလား： 表示形状、环境地理相似时用。如果 အလား： 前面是一个句子，则句尾助词变成高降调。例如：

မိုးတဂျိုးဂျိုးမြည်ကာမိုးတစ်ခုလုံးပြိုကျတော့မည်အလားမြည်ဟီးနေသည်။

雷声隆隆，仿佛整个天空即将崩塌一样。

အဖြစ် 表示一事物当作另一事物用。例如：

ထိုထိုသောဝေါဟာရများကိုနာမ်အဖြစ်သုံးနိုင်သည်။

可以将那些词作名词用。

သူ့အားကိုယ်စားလှယ်အဖြစ်ရွေးကြသည်။

选他作代表。

ညည်သည်အဖြစ်သူ့အိမ်မှာနေခဲ့သည်။

作为客人住在他家里。

ဤသို့သော(ဒီလို) 这种。例如：

ဤသို့သောဆေးပင်ဆေးမြစ်ကိုဆိုးဆေးအဖြစ်အသုံးပြုနိုင်သည်။

这种药材能作染料用。

（9）表依据的状语助词有：အရ ၊ အလိုက် ၊အတိုင်း ၊ အလျောက်၊ နဲ့အညီ 等。

အရ 表示照某种模式动作或依照某一种依据动作。例如：

ဥပဒေအရအရေးယူမည်။

将依法追究。

ပြည်ထောင်စုမြန်မာနိုင်ငံအစိုးရ၏ဖိတ်ကြားချက်အရ၊ တရုတ်ပြည်နိုင်ငံခြားရေးဝန်ကြီးသည် များမကြာမီတွင်မြန်မာပြည်သို့လာရောက်လည်ပတ်ကြည့်ရှုလိမ့်မည်။

第十三章　助词（ပစ္စည်း）

应缅甸联邦政府的邀请，中国外交部长将在不久的将来访问缅甸。

အစိုးရအမိန့်တော်အရ . . .
根据政府命令……

အထက်ကညွှန်ကြားချက်အရဓာတ်ဆီများကိုဈေးသက်သာစွာရောင်းချပါမည်။
根据上级指示，将廉价出售汽油。

အတိုင်း：表示照某种模式动作或依照某一种依据作动作。例如：

ဒီအတိုင်းသွားလုပ်ပါ။
就照这样去做吧。

စီမံချက်အတိုင်းလုပ်ရမည်။
要按计划办事。

အဖြစ်ကိုအဟုတ်အတိုင်းပြောပါ။
实事求是地说吧。

မူလအတိုင်းထားပါ။
按原样放吧！

အလိုက်　表示动作按照各种具体条件分别实施。例如：

မတူသောအတန်းအလိုက်ပြိုင်ပွဲလုပ်မည်။
根据不同年级分别进行比赛。

ဌာနအလိုက်ဘောလုံးပြိုင်ပွဲကျင်းပသည်။
按系举行足球比赛。

ရာသီအလိုက်မတူသောကောက်ပဲသီးနှံများစိုက်ပျိုးရမည်။
要按季节不同种植庄稼。

အိမ်ထောင်စုအလိုက်မဟုတ်ပဲ　လူဦးရေအလိုက်ခွဲဝေသည်။
不是按户，而是按人口分配。

အလျောက်　表示随着条件不同，自然发生某种动作或变化。例如：

ရာသီဥတုအလျောက်သစ်ပင်အမျိုးမျိုးပေါက်ဖွါးလာသည်။
随着季节的不同，生长出各种树木。

လူ့လောကသည်သမိုင်းဖြစ်ပေါ်တိုးတက်ရေးဥပဒေသအလျောက်တိုးတက်နေပါသည်။
人类社会随着历史发展规律而在进步着。

နဲ့အညီ　表示"同……相一致""按照"。例如：

ကျွန်တော်တို့နှစ်နိုင်ငံဟာငြိမ်းချမ်းစွာအတူယှဉ်တွဲနေထိုင်ရေးမူကြီးငါးချက်နဲ့အညီချစ်ချစ်ခင်ခင်ရင်းရင်းနှီးနှီးကူးလူးဆက်ဆံလာခဲ့ပါတယ်။

我们两国遵照和平共处五项基本原则，进行友好交往。

စည်းကမ်းနဲ့အညီဆောင်ရွက်ရမယ်။

按规定办。

5. 补语助词：表示动作的程度、结果和趋向的都称作补语。它们后面要有补语助词。缅甸语中补语助词数量较少，常用的只有 အောင်၊ လုမတတ် 等少数几个。实际上，它与状语助词类似，也可将其归入状语助词，这样缅甸语中也可说没有补语助词。

အောင်　表示动作或性状达到某一程度或结果。例如：

အားလုံးကြားရအောင်အသံကျယ်ကျယ်ပြောပါ။

说大声点，（以便）让大家都能听到。（表示程度）

ကုန်ဈေးနှုန်းကတော့ခေါင်ခိုက်အောင်တက်သည်။

物价飞涨。（表示程度）

အားလုံးနားလည်အောင်ရှင်းပြရမည်။

必须讲得让大家都懂。（表示结果）

ထခုန်ရလောက်အောင်ဝမ်းသာပါသည်။

高兴得差点儿跳了起来。（表示性状）

သေအောင်ရိုက်ကြ။

（将它）打死。（表示结果）

အားလုံးခေါင်းကိုက်ရလောက်အောင်ရှုပ်ထွေးလှပါသည်။

复杂得几乎让所有的人都感到头疼。

လုမတတ်　表示动作或性状的程度达到了某个程度。例如：

နားကွဲလုမတတ်ဆူညံသည်။

吵死人了！

သေလုမတတ်နာသည်။

疼死人。

ထခုန်လုမတတ်ဝမ်းသာပါသည်။
高兴得差点跳了起来。

6. 引语助词：在缅甸语中，有一种句子形式专门表示引用别人的话、文章等或表示一种命名和称呼，这就是"引语句"。引语句都需要有引语助词来表示引用或命名部分。这种表达方式与汉语、英语等其他语言不同，是缅甸语中特有的表达方式。常用的引语助词有：

书面语体	口语体
ဟု	လို့
ဟူ၍	လို့ ၊ ရယ်လို့ ၊ ဆိုပြီး ၊ တဲ့
ဟုသတည်း	ဆိုပဲ

ဟု 表示引用某一内容或思想活动等时用的引语助词。有时相当于中文中的冒号或引号。例如：

အားလုံးကအဲဒီရေကန်ကိုနတ်ရေကန်လို့ခေါ်ကြတယ်။
大家将这湖称为"神湖"。

ဘယ်သွားမလဲလို့သူကမေးသည်။
他问："到哪儿去？"

ပထမဆုကိုအရယူမည်ဟုသူကသန္နိဋ္ဌာန်ချထားပါသည်။
他下决心一定争取获得一等奖。

ကျေးရွာခေတ်နောက်ကျသောအခြေအနေများကိုပြောင်းလဲပစ်လိုက်မည်ဟုတွေးပြီးညီညာ
သို့လာရောက်ခြင်းဖြစ်ပါသည်။
他是抱着一定要改变这个农村落后面貌的想法来到这里的。

ဟူ၍ ① 直接引语助词，作用与用法与 ဟု 相同。例如：

ဒီနေ့အားကစားပြိုင်ပွဲကျင်းပနေသည်ဟူ၍သူကပြောသည်။
他说今天举行运动会。

② 表示名称时用，口语中用 ဟူ၍ (ရယ်လို့)。例如：

မီးမရှိယင်မီးခိုးရယ်လို့မရှိနိုင်။
没有火就不可能有什么烟。

စစ်ပွဲမှာနှစ်မျိုးနှစ်စားရှိသည်၊ တရားသောစစ်ပွဲနှင့်မတရားသောစစ်ပွဲဟူ၍ဖြစ်သည်။
战争有两种，有正义的战争和非正义的战争。

ဤတက္ကသိုလ်တွင် အရှေ့တိုင်းဘာသာစကားဌာန၊ အနောက်တိုင်းဘာသာစကားဌာနနှင့် ရုရှားဘာသာစကားဌာနဟူ၍ ဘာသာစကားဌာနသုံးခုရှိပါသည်။

这所大学有东语、西语、俄语三个语言系。

③ 表示一种情况、想法。例如：

သူသဘောသိပ်ကောင်းတယ်၊ စိတ်ဆိုးတယ်ဟူ၍မရှိပါ။

他的脾气很好，从来不生气。

ကိုယ့်မှာအပြစ်ရှိတယ်ရယ်လို့သူကမယူဆပါ။

他不认为自己有错。

တဲ့ 表示转告别人的话，仅限在口语中用。例如：

ဆရာကဘာပြုလို့မောင်ဘမလာသလဲတဲ့။

教师问为什么貌巴不来。

ဘိုးဘိုးကဆုတောင်းတယ်၊ မြေးကလိုရာပြည့်ဝစေလို့တဲ့။

老爷爷祝愿你一切如意。

မေမေကငါတို့ကိုထမင်းလာစားကြပါတဲ့။

妈妈在叫咱们吃饭了。

ကိုကိုကငါ့ကိုမေးခိုင်းတယ်၊ နက်ဖြန်ငါတို့နဲ့လိုက်မလားတဲ့။

哥哥让我问你，明天跟我们去吗？

ဆိုပဲ 转告听来的消息时用。例如：

မောင်ဘကတက္ကသိုလ်စာမေးပွဲအောင်ပြီလို့ဆိုပဲ။

听说貌巴考上大学了。

သူ့အဒေါ်ကဒီနေ့ရောက်မယ်ဆိုပဲ။

据说他的婶婶今天到。

ဆို 用于句尾，引别人的话，表示反问。例如：

နက်ဖြန်ခင်ဗျားလည်းသွားမယ်ဆို။

听说明天你也去，是吗？

ဆိုတဲ့ 放在名词或句子后，起定语作用，意为"称为……的""叫做……的"。例如：

ခန်းဆောင်နီအိပ်မက် ဆိုတဲ့ဝတ္ထုရှည်ကိုဖတ်ဖူးသလား။

读过《红楼梦》这部长篇小说吗？

第十三章　助词（ပစ္စည်း）

သန်းသန်းဆိုတဲ့နာမည်ဟာမိန်းကလေးရဲ့နာမယ်ပါ။
"丹丹"这个名字是女孩用的。

7. 谓语助词：谓语是说明主语的行为、性质、状态的成分，是句子中最重要的部分。在缅甸语中，谓语部分必须在句子最后。句子中的其他成分往往可以忽略，谓语却不能省。但是，在缅甸语中，一个句子里仅仅有动词或形容词还不能构成谓语，还必须加上适当的助词才行。

缅甸语动词本身不像印欧语系或某些语言那样，缅甸语动词没有形态变化，要说明动作的时间、状态等都需要通过动词后面跟随着的助词来表示。因此，有时动词后出现一连串的助词或其他词，我们称之为"动词后附词"。

在缅甸语中，不同类型的句子有不同的谓语助词，这类助词位于句子最后，我们也称之为"句尾助词"。陈述句、祈使句、疑问句和感叹句等不同的句子，就是用不同的句尾助词来表示。

（1）陈述句谓语助词：陈述句所表达的内容可以是过去的事情，也可能是正在发生或将要发生的事情。其动作的时间和状态，用不同的谓语助词（其中包括句尾助词）来表达。一般情况，句尾助词表达时间，其他的谓语助词表示动作的状态。

谓语表达的时、态	书面语体	口语体
一般、现在时	သည်	တယ်
	၏	တယ်
过去时	သည်	တယ်
	ခဲ့သည်	ခဲ့တယ်
	ဖူးသည်	ဖူးတယ်
将来时	မည်	မယ်
	လိမ့်မည်	လိမ့်မယ်
	အံ့	မယ်
	လတ္တံ့	လိမ့်မယ်
完成时	ပြီးပြီ	ပြီးပြီ
进行时	လျက်	နေတုန်း

	နေ	နေ
	ဆဲ၊နေဆဲ	နေတုန်း
已然时	ပြီ	ပြီ

သည် (တယ်) 句尾助词，一般表示主语怎么样时用，除了能表达一般情况外还能表达过去情况。例如：

လယ်ယာစိုက်ပျိုးရေးသည်အလွန်အရေးကြီးသည်။
农业很重要。

သူသည်သားသမီးငါးယောက်မွေးခဲ့သည်။
她生了5个子女。

ဓာတ်ဆီသည်လောင်တတ်သည်။
汽油易燃。

ခုနကဘဲကိုသိန်းဟန်အိမ်ကိုသွားတယ်။
就是刚才去了登汉家。

မသွားနဲ့လို့ပြောတယ်၊ဒါပေမဲ့သူကနားမထောင်ဘူး။
我说了别去，可她不听。

၏ 句尾助词，与 သည် 作用相近，只是 ၏ 结尾的句子，表示意义更加肯定。例如：

ရန်ကုန်မြို့သည်မြန်မာနိုင်ငံ၏မြို့တော်ဖြစ်၏။
仰光是缅甸的首都。

ခဲသည်ဒန်ထက်လေး၏။
铅比铝重。

သူတို့နေ့တိုင်းကျန်းမာရေးလေ့ကျင့်ကြ၏။
他们每天锻炼身体。

ပြီ 句尾助词，表示现在或某一时刻处于某种状况时用。相当于汉语的"了"。例如：

မိုးရွာပြီ။
下雨了。

ဗမာစကားပြောတတ်ပြီ။
会讲缅甸语了。

第十三章　助词（ပစ္စည်း）

ကျွန်တော်တို့ရောက်သောအခါ အစည်းအဝေးစနေပြီ။
我们到达时，会议已经开始了。

ြပီ 还表示肯定动作发生了，它不管现在这个动作是否结束，因此有时称作表示"已然体"的助词。例如：

ကျွန်တော်တို့အောင်မြင်ပြီ။
我们成功了。

မိုးလည်းလင်းလုနီးပြီ။
天也即将放亮。

သွားပြီ၊ သွားပြီ။
糟了！坏了！完了！

ြပီ 有时还表示一种肯定的语气或表示决心与心愿，而往往用在否定句中，它替代了一般否定句的句尾助词。例如：

ယခုထက်ကောင်းအောင်မသင်နိုင်လျှင်၊ ကျွန်တော်နိုင်ငံတော်သို့မပြန်တော့ပြီ။
要是不学得比现在更好，我就不回国了。

သူ့အားနွားနှင့်မနှိုင်းအပ်ပြီ။
不应该将他比作牛。

သူသည်ကလေးမဟုတ်တော့ပြီ။
他已经不是一个孩子了。

ြပီ 还常与表示"结束、完成"意思的动词 ပြီး 连用，表示"结束""完成"。例如：

လုပ်ပြီးပြီ။
做完了。

ပြောပြီးပြီ။
说完了。

ပြီး 表示动作结束，不管这个动作是在过去、现在、还是原来的时间里发生。例如：

သူကမျက်နှာလည်းသစ်ပြီးပြီ။
他已经洗过脸。

သူရေးပြီးလိမ်မည်မထင်ပါ။
我想他不会写完的。

由于ြ；၊ ြ 可以是不同的组合：一是动词与句尾助词结合表示动作已经结束；另一种是两个字组合成一个助词，表示动作已经发生，它并不表示动作是否结束，因此有两种意义。例如：

စားပြီးပြီလား။
吃了吗？（关心的是动作是否发生）

စားပြီးပြီလား။
吃完了吗？（关心的是动作是否结束)

၃. 谓语助词

① 表示动作在过去时间发生。例如：

နိုင်ငံတော်အကျိုးစီးပွါးအတွက် သူကအသက်အန္တရာယ်ကို ပဂါနမထားပဲ ကြိုးကြိုးစားစား အလုပ်လုပ်ခဲ့ပါတယ်။
为了国家利益，他曾冒着生命危险，努力工作。

လွန်ခဲ့သောအနှစ်ငါးဆယ်အတွင်းတွင် သူကနိုင်ငံတော်လွတ်လပ်ရေးအတွက်
တိုက်ပွဲဆင်နွှဲခဲ့ပါတယ်။
在过去的半个世纪中，他为祖国的独立而战斗过。

တနေ့ကသူနင့်ဆွေးနွေးခဲ့ပါသည်။
前天跟他讨论过。

② 表示动作肯定发生。既可以表示动作肯定发生过，也可以表示现在肯定发生或将来肯定会发生，还可以表示说话人决心一定做某件事情。例如：

သူ့နင့်ပြောခဲ့ပြီ။
已经（跟她）讲过了。

ကိုယ့်နားနင့်ဆတ်ဆတ်ကြားခဲ့ရသည်။
亲耳所闻。

နောရီမှာခင်ဗျားဆီအရောက်လာခဲ့မယ်။
6 点一定到您那儿。

③ 有时也作祈使句中的谓语助词用，表示加强语气。例如：

လာခဲ့။
过来！

ယူလာခဲ့ပါ။
请拿来吧！

နေ 表示动作正在进行的谓语助词。例如：

သူတို့အကကနေသည်။
他们正在跳舞。

ထမင်းစားနေတယ်။
正在吃饭。

လယ်သမားများကလယ်ထွန်နေကြတယ်။
农民正在耕地。

လျက် 表示目前情况如何或动作仍在进行之中的谓语助词，它也常与 နေ၊ ရှိ 等搭配使用，လျက်ရှိသည်၊ နေတုန်းဘဲ。例如：

ကျွန်တော်ကတက္ကသိုလ်မှာစာသင်နေလျက်ရှိသည်။
我正在大学学习。

သူ၏စကားပြောပုံ၊ရယ်မောပုံတို့သည်ကျွန်တော်စိတ်ထဲတွင်စွဲလျက်ရှိသည်။
他的说话、发笑时的神情至今清晰地留在我脑海中。

ဒဏ်ရာတွင်သွေးယိုစီးနေလျက်ရှိသည်။
伤口仍流着血。

တစ်ဘက်တွင်ဆရာလုပ်လျက်၊တစ်ဘက်တွင်စာပေရေးသားရေးအလုပ်ဆက်လက်လုပ်ကိုင်လျက်ရှိပါသည်။
一方面担任教师职务，另一方面仍继续从事文学创作活动。

ဆဲ၊တုန် 口语中用，书面语体为 လျက်。表示动作发生在过去的时间而目前仍然在继续。强调动作的延续性，从过去一直到现在动作仍然在进行中。常与 နေ၊ ပင်(ဆဲ)搭配用。例如：

မိုးသည်မရပ်မနား ရွာနေလျက်ရှိသည်။
雨仍下个不停。

မိုးကမရပ်မနားရွာနေတုန်းဘဲ။
仍然在干这工作。

လိုက် 表示完成动作的谓语助词。有时相当于汉语"一下"。例如：

သူ့ကိုပြောပြလိုက်ပါ။
跟他说一下。

သူ့ကိုပြောလိုက်ပါ။
一定跟他说。（强调完成动作）

တစ်ချက်ရယ်လိုက်သည်။
笑了一下。

ခင်ဗျားသဘောအတိုင်းကျွန်တော်လုပ်လိုက်ပြီ။
你的主意我已经照办了。

ကိစ္စကိုပိုပြီးရှင်းအောင်ကျွန်တော်ကနောက်ထပ်တစ်ခေါက်ပြောလိုက်မယ်။
为了使事情更加明朗化，我将再说一遍。

မနေ့ညကရုပ်ရှင်သိပ်ကောင်းတယ်ဆိုပဲ၊ ဒါပေမဲ့ကျွန်တော်မကြည့်လိုက်ရပါ။
昨晚的电影很好，可是我没看着。

两个或几个 လိုက် 连用时，表示动作间歇地发生或交替发生。例如：

ဝင်လိုက်ထွက်လိုက်နှင့်အလုပ်သိပ်များနေပေသည်။
进进出出的很忙。

သူလက်ကိုကွေးလိုက်ဆန့်လိုက်နှင့်စမ်းနေသည်။
正在将手试着一会儿弯起来，一会儿伸直。

လိုက် 还与其他助词相结合表达各种语气，这部分内容将在语气助词中说明。

ဖူး 表示动作曾经发生过。有时也可用于叙述将要发生的事情，表示某种事情将成为经历过的事情。例如：

မော်လမြိုင်သို့ရောက်ဖူးသည်။
去过毛淡棉。

သူ့ဖေဖေသည်ရန်ကုန်မြို့တွင်အလုပ်လုပ်ခဲ့ဖူးတယ်။
他父亲曾在上海工作过。

မြင်ဖူးအောင်သွားကြည့်လိုက်မယ်။

要去看一看，也算是见过一次吧。

စားဖူးအောင်မြည်းကြည့်ကြပါအုံး။

请尝一尝，也算是吃过了吧。

မယ် ① 将来时的句尾助词，表示动作将在未来的时间里发生，书面语用 မည်。例如：

နက်ဖြန်မိုးရွာမည်။

明天将下雨。

ညနေရေသွားကူးမည်။

下午将去游泳。

၉ နာရီမှာရုပ်ရှင်ပြမည်။

9点将放映电影。

② မယ် 表示说话人的心愿与决心。例如：

ပထမရအောင်ကြိုးစားမယ်။

我要努力争取第一。

နောင်ဆိုရင်ကျွန်တော်ခင်ဗျားဆီခဏခဏလာမယ်။

今后我将常到你这儿来。

③ 表示猜测或估计。例如：

ဟိုလူဟာအသက်၅၀ရှိမယ်ထင်တယ်။

那人大约50岁。

ဤအခန်းသည်လူ၅၀ခန့်ဆံ့မည်။

这间房间大约容纳50人。

ဤနေရာနှင့်ဆိုလျှင်ကီလိုမီတာ၂၀ခန့်ဝေးမည်။

大概离这里有20里路远。

④ 表示规定与限制，常与助动词"ရ"连用。例如：

အချင်းချင်းကူညီကြရမည်။

要互相帮助。

ပျော်ပွဲရွှင်ပွဲမှာသီချင်းဆိုရမယ်။

要在联欢会上唱歌。

ပါဝင်လိုသောသူများသည်လျှောက်လွှာတင်သွင်းရမည်။

愿参加者须提交申请书。

အံ့ 与 မည် 相似，多用于古文中。例如：

နေမင်းကြီးသည်ထွက်လာတော့အံ့။
太阳快升起来了。（表将来）

ကျွန်တော်နေလိုကနေရစ်ခဲ့အံ့။
我要愿意就会留下。（表愿望）

အံ့ 有时与语气助词或助动词连用，往往简化成一个音节。例如：

ချေအံ့ ---------- ချိမ့်

စေအံ့ ---------- စိမ့်

ပေအံ့ ---------- ပိမ့်

လိမ့်မည် (လိမ့်မယ်) 表示未来时的句尾助词。它与 မည် 相似，但是"လိမ့်မည်"没有表示决心与愿望的语法功能。例如：

ညနေလေတိုက်လိမ့်မည်။
下午将起风。

နက်ဖြန်မှလာနိုင်လိမ့်မည်။
明天才能来。

လတ္တံ့ ၊ လတ်အံ့ 都是书面语中用的谓语助词，它比上述 လိမ့်မည် 的语气要强。

8. 否定句句尾助词

（1）在陈述句的否定形式中，句尾助词常用：

书面语体	口语体
ပါ	ဘူး
ပေ	ဘူး
ချေ	ဘူး

သူသဘောမတူချေ။
他不同意。

မနေ့ကသူရုပ်ရှင်မကြည့်ခဲ့ပေ။
昨天他没看电影。

နက်ဖြန်သူသွားမှာမဟုတ်ဘူး။

第十三章 助词（ပစ္စည်း）

明天他不会去。

မနှစ်ကကောက်ပဲသီးနှံအထွက်ဟာသိပ်မကောင်းပါ။
去年的农作物欠佳。

（2）疑问句句尾助词：表示疑问的句尾助词并不多，常用的有两个，一个是一般疑问句的句尾助词 " လား "，它可以放在名词、代词、数量词后，也可以放在各种时态的句子后。另一个是特指疑问句的句尾助词 " နည်း "，口语体中用 " လဲ "。特殊疑问句中，总有一个不定代词 " ဘယ် " 或 " သာ " 与句尾助词搭配使用，对句子中的主语、宾语、谓语等各种句子成分提出疑问。

书面语体	口语体
လော	လား
နည်း	လဲ
၏လော	သလား
သည်လော	သလား
မည်လော	မလား
ပြီလော	ပလား၊ ပြီလား
သည်နည်း	သလဲ
မည်နည်း	မလဲ
အံ့နည်း	မလဲ
ပြီနည်း	ပြီလဲ
	တုံး
၏၊ ပါ၏	သလား၊ ပါသလား

ဒါလေယာဉ်ပျံလား။
这是飞机吗？

ခင်ဗျားတွေ့ချင်တာသူလား။
你想见的是他吗？

သူဖြေနိုင်သလား။
他能回答吗？

သူဖြေနိုင်၏လော။（书面语体）

မိုးရွာပြီလား။
下雨了吗？

မိုးရွာပြီလော။（书面语体）

ကိုချစ်လဲသွားမလား။
哥漆也去吗？

ကိုချစ်လည်းသွားမည်လော ။（书面语体）

မည်သူနည်း။ ဘယ်သူလဲ ။
谁？（问主语）

မည်သူအားပေးရမည်နည်း ။（ဘယ်သူ့ကိုပေးရမလဲ။）
要给谁？（问宾语）

အဘယ်နှစ်ကဖြစ်ပွါးခဲ့သနည်း။（ဘယ်နှစ်ကဖြစ်ပေါ်ခဲ့သလဲ။）
发生在哪一年？（问状语）

မည်သည့်အချိန်မှာပြီးမြောက်နိုင်ပါမည်နည်း（ဘယ်အချိန်မှာပြီးနိုင်ပါ့မလဲ။）
什么时候能完成？（问时间状语）

၈၊ ပါ။ 表示疑问的句尾助词。例如：

ဟုတ်ပါ၈။
是吗？

ကျန်းမာပါ၈။
身体可安康？

ယခုတလောဘယ်နယ်ရှိပါ၈။
现在怎么样？

လိမ့် 用于疑问句句尾，一般多用于自问或表示猜测。例如：

ဘယ်သူပါလိမ့်။
会是谁呢？

ကျွန်တော့်စာအုပ်ဘယ်ပျောက်နေပါလိမ့်။
我的书哪里去了呢？

ဟာ-ကိုကိုလတ်ဘာလျှောက်ပြောနေပါလိမ့်။
哎呀，哥哥腊你在胡说什么呀？

（3）祈使句句尾助词。常用的祈使句句尾助词有：

第十三章　助词（ပစ္စည်း）

ပါ　表示请人做某件事的句尾助词，相当于汉语的"吧"。例如：

သုံးဆောင်ပါခင်ဗျား။
请用（食物）。

နက်ဖြန်ဆက်ဆက်ကြခဲ့ပါ။
请明天一定来。

စမ်းပါ　表示请人做什么事。例如：

ဒီအကျႌကိုသိမ်းလိုက်စမ်းပါ။
将这衣服收起来。

ခင်ဗျားမြည်းကြည့်စမ်းပါ။
您尝一尝！

တော့　表示允许、命令、祈使。例如：

သွားတော့၊ သွားတော့။
去吧，去吧！

တိတ်တော့။
住口！

မ　与带 တော့ 的祈使句连用时，表示劝导别人"不要再……"的意思。例如：

မသွားနဲ့တော့။
别再去了。

ကျွန်တော်တို့မရေးပါရစေနဲ့တော့။
别再让我们写了吧！

လော့　书面语体，表示号召的句尾助词。例如：

အောင်ပွဲအတွက်ချီတက်ကြလော့။
为了胜利，前进！

ရေကိုချွေတာစွာသုံးလော့။
节约用水！

ပါရစေ　请求对方允许自己做某动作时用。例如：

ကျွန်တော်ရေးပါရစေ။
请允许我写。

ခင်ဗျာ့ဖောင်တိန်ကိုခဏလောက်သုံးပါရစေ။

请允许我借你的钢笔用一会儿。

မေးစရာတစ်ခုမေးပါရစေ။

请允许我问个问题。

စို့၊ ရအောင် 表示号召对方与自己一起行动，常与表示动词复数的助词 ကြ 连用。例如：

သွားကြစို့။

咱们走吧！

အစည်းအဝေးစကြရအောင်။

咱们开会吧！

ကိုထိုက် ဒါတွေကိုမပြောကြစို့နဲ့၊မကောင်းဘူးလား။

哥泰，咱们不谈这些了好吗！

လိုင်းကား၈ကိုစီးကြရအောင်။

咱们一起乘8路汽车吧！

ကျွန်တော်တို့သံပြိုင်ဆိုကြရအောင်။

让咱们合唱吧。

စေ 表示命令、祈祷语气的助词。例如：

ဒဏ်ငွေ ၃၀၀ ခတ်စေ။

处以 300 元罚款。

သေသားသေစေ။

杀人者处死！

ပါစေ ① 祈祷时用的句尾助词。例如：

ကျန်းမာပါစေ၊ ချမ်းသာပါစေ။

祝健康、幸福！

ကြံတိုင်းအောင်၍ဆောင်တိုင်းမြောက်ပါစေ။

万事如意！

တရုတ်မြန်မာချစ်ကြည်ရေးအခွန်ရှည်ပါစေ။

中缅友谊万岁！

② 表示劝告语气的助词，有时表示第三者替人请求让事情任其自然发展。例如：

သူသွားချင်ရင်သွားပါစေ။
他想去就让他去吧！

ဒီတိုင်းဘဲနေပါစေ။
就让它这样好了！

နေပါစေ ဒုက္ခမရှာပါနဲ့တော့။
算了，别麻烦了。

③ 诅咒时也用 ပါစေ 。例如：

မြွေပွေးကိုက်လို့သေပါစေ။
但愿被毒蛇咬死！

ညာပြောယင်မိုးကြိုးပစ်သေပါစေ။
要是说假话，天打五雷轰。

ပါစေသား၊ ပါစေသော် 祈祷或诅咒时用。例如：

ဖူးစာဘက်ဖြစ်ပါစေသော်။
祝愿俩人结为连理！

ဤကုသိုလ်များဖျက်ဆီးပါကငရဲပြည်သို့လားပါစေသော်။
谁破坏此善行，愿他下地狱！

မ...နဲ့ 劝告或禁止对方不要发出动作时用。例如：

တွေ့ကရာနေရာအမှိုက်မပစ်နဲ့။
不要到处扔垃圾！

သားရဲတိရစ္ဆာန်များအားမလှန့်ကြနင့်။
请勿惊吓动物！

လင့် 书面语体。表示"命令""先"，作用与 နင့်(နဲ့) 同。例如：

နားလင့်ကုန်။
都听着

စားလင့်၏။
先吃。

မ...ရ 禁止干什么事情时用。例如：

လမ်းပေါ်မှာအမှိုက်မပစ်ရ။

不准在路上扔垃圾。

ပန်းများကိုမဆွတ်ခူးရ။

不得采摘花朵。

ဝမ်းသွားတော့နှမ်းဆီမစားရ။

泻肚时不能吃香油。

ပါလား：劝人干某事时，用语气较委婉。例如：

ငါ့စက်ဘီးစီးသွားပါလား။

你骑我的自行车去吧！

နေမကောင်းရင်ရုံးမသွားပါနဲ့လား။

身体不舒服就别上班啦！

（4）感叹句句尾助词：常用的感叹句句尾助词有 ပါလား၊ ပါကလား၊ ကိုး၊ လိုက်တာ၊ ရန်ကော၊ ဘိခြင်း 等。

ပါလား： 对事物表示惊讶，多见于否定语气中。例如：

မရှိပါလား။

没有啊！

ကျွန်တော်မပြောပါလား။

我没说过呀！

ကြော်-မကြည်တစ်ယောက်ထဲပါလား။

噢，就你（玛基）一个人哪！

မင်းတို့နှစ်ယောက်စကားပြောတာပုလဲပတ်သင့်လှပါလား။

你们谈得真投机呀！

有时与副词 သိပ်၊ တယ် 搭配使用。例如：

တယ်မြန်ပါလား။

真快呀！

တယ်လှပါလား။

真漂亮！

ပါလား：有时对人表示惊奇。例如：

ကြော်-ဆရာပါလား။

噢，是老师呀！

第十三章　助词（ပစ္စည်း）

ေမာင်တက်တင်ပါလား-ဘယ်အချိန်ပြန်လာတာလဲ။
是貌德丁呀！什么时候回来的？

ကလား： 表示惊讶、感叹之意，往往与 ပါ၊ တာ၊ ပေါ့ 等连用。例如：

ဒါကသူနဲ့မှလိုက်ဖက်ပါကလား။
这只有跟他才相配。

ဒါကတကယ်ကိုတစ်နေ့လုံးစိတ်တထိတ်ထိတ်နဲ့နေရတဲ့နေ့ပါကလား။
这真是让人整日都得提心吊胆的日子！

အရုပ်ဆိုးလှပါကလား။
脸色变得那么难看！

ပါကလား： 常与副词"တယ်"搭配使用，表示感叹。例如：

တယ်လှပါကလား။
真漂亮啊！

တယ်ဟုတ်ပါကလား။
真行呀！

တယ်လုပ်ပါကလား။
真干哪！

ပါကော　表示惊讶之意。例如：

ကိုလှချိုပါကော။
是哥拉雀呀！

ကားပေါ်မှာလူတွေကြိတ်ကြိတ်တိုးနေပါကော။
车上真是挤满了人啊！

ပကော　实际上这是"ပြီးပါကောလား။"的省略形式，在对已经发生的事情表示惊讶或肯定时用。例如：

ကျွန်တော်ပြောပြီးပကော။
我不是说了吗！

နောင်ကြီးရာ-ခင်ဗျားကတကယ်ဗိုလ်ချုပ်ကြီးတစ်ယောက်ဖြစ်နေပကော။
我的老兄，你还真成了一位将军啦！

အလို-၁၂နာရီတောင်ထိုးပါပကော။
哟，都 12 点啦！

မတွေ့ရတာကြာလှပါပေကော။

好久没见啦!

ပါတကား：表示感叹的句尾助词。例如：

ကြီးကျယ်လှပါတကား။

规模真宏大呀!

စိတ်ဆိုသည်မှာဆန်းကျယ်လှပါတကား။

人心这东西真有些奇妙。

တကယ့်လှလုပါတကား၊အသိဉာဏ်ထက်မြက်ပြီးကျွမ်းကျင်တဲ့လှလုပါတကား။

真是一位了不起的腊腊，一位思维敏捷、技术娴熟的腊腊。

ဘိ၊ ပါဘိ၊ ပါဘိ၏၊ ဘိခြင်း：用于形容词、动词后，表示感叹、赞叹，用于书面语。例如：

လှပါဘိ။

多么美!

မလှသည်ခက်ပါဘိ။

玛拉也真叫人难办!

မိဘ၏ကျေးဇူးကားအတိုင်းအဆမရှိကြီးမားလှပါဘိ။

父母的恩情重如泰山。

ညည်သည်များကားစုံပါဘိ၏။

客人中有各种各样的人。

ပေ့၊ ပါပေ့၊ ပါလေ့ 表示赞叹，与 ပါဘိ 同。例如：

အားကျစရာကောင်းပါပေ့ဗျာ။

太令人羡慕了。

သူကစကားနည်းတယ်၊ ရှက်တတ်တယ်၊ ဉာဏ်ကတော့ထက်ပါပေ့။

他沉默寡言、害羞，但却很聪明。

ကောင်းပါလေ့ခင်ဗျား၊ ကောင်းပါလေ့။

好啊，真好!

ပေစွ၊ လေစွ 书面语体用，表示赞叹。例如：

ကောင်းပေစွ။

真妙!

第十三章　助词（ပစ္စည်း）

ကောင်းကင်ယံသည်ပြာလဲ့လဲ့နှင့်ကြည်လင်လှပေစွ။
天空蓝莹莹的清澈极了。

ဤရှုခင်းကားသာယာလှပေစွ။
这风景太美了！

ကောင်းလေစွ၊ သာယာသောနွေဦးရာသီနံနက်ခင်း။
好啊！好一个优美的春天早晨。

လိုက်တာ　表示赞叹，实际上是一种省略形式。例如：

ကောင်းလိုက်တာ။
好得呀（别提了！）

စကားကြောရှည်လိုက်တာ။
真啰唆！（话没完没了）

အလို-ပြောတာနားဝင်ချိုလိုက်တာ။
唷，说得那么冠冕堂皇！

ကိုကြီးကလ နမျောတွန့်တိုလိုက်တာ။
老哥，你也真不够痛快的！

လှချည်လား：　表示感叹。例如：

ခရီးကဝေးလှချည်လား။
路程真远哪！

မိုးကလဲရွာလှချည်လား။
这雨也真是，老下个不停！

（二）形态助词：有人认为形态是指词法范围内的语法形式，实际上这个定义太窄。我们研究词类，不仅要从词本身的特点和变化、词的含义变化和发展来研究，也必须研究这个词在句子中的作用及它与其他词的搭配关系。这样才能更清楚地了解词的本质和特点。因此，我们这里讲的"形态"不仅包括词法范围内的语法形式，也包括句法范围内的语法形式。从这个意义上来讲，缅甸语中的形态助词可以包括两类：一类是改变词的形式和词性的形态助词；另一类是在句子中表示词组或句子在整个句子中的语法关系的助词。

1. 改变词的形式和词性的形态助词，常见的有：ခြင်း၊ချက်၊ရေး၊မှု 等，能将动词变成名词。例如：

动词		动名词	
စီး	骑、乘	စီးခြင်း	骑，乘
လုပ်	做、干	လုပ်ခြင်း	行为
တူညီ	相同的	တူညီချက်	共同点
ယဉ်ကျေး	文雅的	ယဉ်ကျေးမှု	文化
စား၊ဝတ်နေ	吃穿住	စား၊ဝတ်နေရေး	生活

有些前缀、后缀加在动词后，也可以改变词性，我们将它们归入"词缀"范围。比如 စရာ，书面语体为 ဘွယ်ရာ，表示"……的东西"。例如：

动词		动名词	
စား	吃	စားစရာ（စားဘွယ်ရာ）	食品
ပြော	说	ပြောစရာ（ပြောဘွယ်ရာ）	要说的话
စဉ်းစား	想	စဉ်းစားစရာ	要思考的问题
ပျော်	快乐	ပျော်စရာ	令人快乐的

还有一些构词成分，如其他的前缀、中缀、后缀 အ၊ တ၊ ရေး၊ မှု 等，也都有改变动词词性的功能，具体参见动名词部分。

2. 表示语法关系的形态助词是在句子中起作用，它常放在动词、形容词或词组后面，使该词组或词变成名词性质。在句子中充当主语或宾语。在缅甸语中，常见的有：ကာ၊ မှ 等，这类助词我们将结合名词词组的构成介绍，请参看后面名词词组部分。

（三）语气助词：语气助词是放在其他词后面，起着表达一种语气或表示某种感情色彩的词。在缅甸语中，这类词比较复杂。它的复杂性在于有许多助词常兼有多种作用。在不同场合含有不同的意义，在汉语中没有完全对应的词。要理解其基本含义及作用时，必须从上下文的语言环境、说话人的各种不同感情，以及词本身的语法意义方面考虑，才能真正深刻理解和运用。

在前面谓语助词部分，我们介绍了表示句子类型的助词。如陈述句、疑问句、祈使句、感叹句等都是由句尾助词来做标志。这些句尾标词反映了说话人的语气，从广义上来说，也应属于语气助词之列。但是这一

类助词用在句子最后,所以将其称作句尾助词,这里不再重复,常用的语气助词有:(按字符音序排列)

ကလဲ 用在名词、代词后,表示厌烦、埋怨的语气。例如:

မင်းကလဲ၊ တယ်နရန်ကော။

你也真是不开窍!

ဒီလေကလဲ တိုက်ဘဲတိုက်နိုင်ရန်ကော။

这风呀!真能刮!

ကား 用于名词、代词、动词或 ကို၊ တွင်၊ မှာ၊ 等许多助词后,表示加强语气。例如:

ဟိုလူကားငါ့ညီဘဲ။

那个人就是我弟弟。

စားကားစား၍မဝ။

吃是吃了,但没吃饱。

သူ့ကိုကားမမေးမိချေ။

他我倒是没问。

သူတို့ရပ်ရွာမှာကားပို၍ပင်လှပသာယာပါသည်။

他们村子更秀丽。

ကော ① 用于名词、代词、名词性词组后,表示进一步询问的语气。例如:

သူကော သူလည်းသဘောတူသလား။

他呢?他也同意吗?

ကိုထွန်းဝေကော၊ဘယ်သွားသဝေထိုးနေပြီလဲ။

哥吞威呢?到哪里闲逛去了?

ကျွန်တော်သွားရင်ကောမရဘူးလား။

我去呢,不行吗?

လုပ်ကောဘာဖြစ်လဲ။

做了又怎么样?

② 用于两个相同的单音节动词中，表示强调。例如：

လေ့ကျင့်ခန်းများကိုလုပ်ကောလုပ်ပြီးပြီလား။

做完这练习没有？

ငါပြောတာကိုမင်းကြားကောကြားရဲ့လား။

我说的你听得见吗？

ကို ① 用于两个相同的动词、形容词中，表示决心或表示故意跟客观要求或客观情况相左。例如：

မှားကိုမှားတယ်။

就是错了！

မေးကိုမေးမယ်။

偏要问。

ဒီတစ်ခါဘေကျင်းကိုသွားကိုသွားမယ်။

这一次非去北京不可！

အားကိုမအားဘူး။အားတယ်လို့ကိုမရှိဘူး။

根本没空。

② 有时放在动词、名词、副词后，表示加重语气。例如：

နားကိုမလည်ဘူး။

根本不懂。

ကောင်းကိုကောင်းတယ်။

太好了！

ဒီလောက်များများပြောကိုမပြောခဲ့ဖူးဘူး။

从来没有讲过这么多！

③ 用于其他助词或词组后表示强调。例如：

အခန်းထဲကကိုမထွက်ဘူး။

根本不从房间出来。

အိပ်လို့ကိုမပျော်ဘူး။

根本就睡不着。

ကိုး ① 用在名词、代词、词组或句子之后，表示惊叹、恍然大悟，相当于汉语中的"原来……呀"。例如：

ညြော်-ခင်များရေးတဲ့စာအုပ်ထုတ်နေပြီကိုး။

原来你写的书出版啦！

သူတို့ကအဲဒီအကြောင်းများကိုဆွေးနွေးနေကြတာကိုး။

原来他们就是讨论这个内容呀！

ညြော်-ဒီလိုကိုး။

噢，原来如此！

ညြော် -ခင်များကိုး။

噢，原来是你呀！

② 用在句子后，表示强调语气。在否定形式的句中，常用"ဘဲကိုး"的形式。例如：

မင်းပြေးလို့ကိုး။

就是因为你跑嘛！（所以才落得这样下场！）

စောစောကမပြောဘဲကိုး၊ အခုလိုဖြစ်နေတာ။

正因为不早说所以才落得现在的结局。

မင်းကိုပြောမပြတာကျွန်တော်တောင်မသိသေးဘဲကိုး။

（之所以不告诉你）因为连我都还不知道。

ကြီး： 用于名词或副词后，表示加重语气。例如：

ညကြီးသန်းခေါင်ဘာသွားလုပ်မလို့လဲ။

深更半夜的，要去干什么？

ပြောင်ပြောင်ကြီးဆန့်ကျင်သည်။

公开反对。

ရဲရဲကြီးလက်ခံလိုက်ပါသည်။

大胆地答应下来。

ဝမ်းနည်းစရာကြီးဗျာ။

真令人遗憾。

ကားစုတ်ကြီး။

破车！

ဒီကောင်ကြီး။

这家伙！

ကွာ ၊ ကွ   用于名词、动词或句子后,表示说话亲切随便。一般用于长辈对晚辈或同辈男性之间,ကွ 语气更强一些。例如:

မောင်ကျော်စိန်၊ခဏလာခဲ့ကွာ။
貌觉盛,你来一会儿!

အားလုံးနားထောင်ကြကွာ၊ကိစ္စကဒီလိုပါ။
请大家听着,事情是这样的。

အထူးသတိထားရမယ်ကွာ။
要特别注意。

ငါ့တို့အိမ်ကိုလာလည်ကွာ။
到我家来玩吧。

ငါမသိဘူးကွ။
我不知道。

မင်းကိုယ့်ဘာသာကိုယ်လုပ်နင့်ကွ။
你自己先做着。

ကွယ် ၊ ကွဲ့   表示亲切的情感,多用于女性长辈对晚辈或同辈之间讲话。ကွဲ့,显示说话更随便些。例如:

စကားမပြောနဲ့ကွယ်။
别讲话啦!

ညီလေး၊ညီမလေးတို့ရယ် ပုံပြင်ကိုပြောပြီးပြီကွယ်။
小弟弟小妹妹们,故事讲完了。

ဟေ့-မခင်သစ် ငွေတစ်ကျပ်ယူခဲ့ကွယ်။
喂!玛钦娣,拿一元钱来。

ဖြစ်ပုံကဒီလိုကွဲ့။ နားထောင်ကြ။
事情是这样的,你们听我讲。

ခမျာ   用在名词或代词后,表示对所指人物的同情。例如:

အဘိုးကြီးခမျာတစ်ညလုံးချောင်းဆိုးနေရှာတယ်။
可怜的老头儿一整夜都咳个不停。

သူ့ခမျာကွယ်လွန်သွားရှာပြီ။
他已经死了。

မမြင့်ခမျာအိပ်ရာဘုန်းဘုန်းလဲနေတာကြာလှပြီ။

第十三章　助词（ပစ္စည်း）

可怜的玛敏卧床不起已很久了。

ခင်ဗျား：表示文雅、敬意的语气，只限男性用，常简化为 ဗျာ 或 ဗျ。例如：

ထိုင်ပါခင်ဗျား။
请坐吧，您哪。

ညည်သည်တော်များခင်ဗျား။
各位来宾。

ကျေးဇူးတင်ပါတယ်ခင်ဗျား။
谢谢！

မဟုတ်ဘူးဗျ။
不是的！（语气更坚决、肯定）

ချေ　① 用于动词后加强语气或起和谐语气的作用，在书面语中用。例如：

ကျေနပ်စရာရှိချေသည်။
令人满意。

② 用于句尾，表示祈使、命令的语气。一般用来表示朝远离自己的那边去。例如：

မင်းမမကိုသွားခေါ်ချေ။
你去叫姐姐来！

နက်ဖြန်သူတို့ဆီကိုသွားပြီးအကူအညီပေးချေ။
明天去他们那儿帮个忙！

လွတ်လွတ်လပ်လပ်သွားနေချေတော့ဆိုပြီးနွားကိုဘေးမဲ့လွှတ်လိုက်တယ်။
"自由自在地去生活吧"说着将牛放了。

ချည်：用于名词、代词或词组之后，表示强调，相当于汉语的"尽……"。例如：

သူချည်းပြောနေသည်။
尽是他一个人讲。

ကားစုပ်ချည်းစီးနေကြသည်။
尽是乘一些破车。

ဒီလိုချည်းလုပ်နေလို့ဘယ်ဖြစ်မလဲ။
尽这么干，怎么行呢？

မသိဘူးလို့ချည်းပြောနေသည်။
老是回答"不知道"。

လူချည်းအားကိုးနေလို့မရပါ အတတ်ပညာကိုလည်းအားကိုးရပါသည်။
不能光靠人，也要靠技术。

စွ (书面语体) 多用在形容词后，表示惊叹或赞叹的语气。စွ 之前经常加表示肯定语气的助词"ပေ"，后面还可以与 တကား 连用，表示更强烈的感叹语气。例如：

ကောင်းစွ မင်းသားက။
你的儿子真棒。

သာစွညီ့နေရာကရှုခင်းတွေ။
这里的风景真优美。

ကောင်းစွ ဒီနေရာကကျေးရွာများကိုလူလောကနိဗွာန်လို့ခေါ်ထိုက်ပါပေတယ်။
好啊！这儿的农村真称得上"人间天堂"。

ကောင်းပေစွတကား။
真好呀！

တော့ ① 用于名词、代词、数量词、词组或句子后，表示转折的语气。例如：

ကျွန်တော်ကတော့သဘောတူပါတယ်။
我倒是同意的。(不知别人怎么样)

လွတ်လပ်ရေးကိုတော့အရယူခဲ့ပြီ့သို့သော်ဆင်းရဲခြင်းမှတော့လုံးဝမလွတ်မြောက်သေးချေ။
"独立"倒是争取到了，可是完全没有摆脱贫困。

ဒါတော့ဒါပေါ့ဗျာ။
这倒也是！

နောက်တော့ဘယ်လိုနေသလဲ ဆက်ပြောပါ။
后来怎么样，请说下去。

မီးရထားနဲ့တော့မရောက်နိုင်ပါဘူး။
乘火车可到不了。

သူတို့ဘာလုပ်မလို့လဲတော့မသိဘူး

不知道他们要干什么。

② တော့ 与形容词、动词连用时，常用"动（形）+ တော့ 动（形）"的形式，表示转折语气，而且前后的动词或形容词相同。例如：

ကောင်းတော့ကောင်းပါတယ်၊ဒါပေမဲ့..

好倒是好，但是……

လှတော့လှပါတယ်၊ဈေးနန်နဲ့ကြီးတယ်။

漂亮倒是漂亮，就是价钱有些贵。

အားတော့မအားဘူး၊ဒါပေမဲ့မင်းလာနိုင်ပါတယ်။

空倒是没空，但是你可以来。

ဖတ်တော့ဖတ်ပြီးပြီ ဒါပေမဲ့နားမလည်သေးဘူး။

看倒是看完了，就是不懂。

③ 表示允许，祈使、命令。例如：

အိပ်တော့၊ အိပ်တော့။

睡吧，睡吧。

နေပါစေတော့။

算了。

မလုပ်ပါနဲ့တော့။

别干了！

မရေးပါရစေနဲ့တော့။

请别再让我写了。

④ တော့ 与将来时的句尾助词 မည် (မယ်) 等连用时，表示"即将"之意。例如：

ကားလာတော့မယ်။

车快来了。

ကျွန်တော်သွားရတော့မယ်။

我得走了。

နက်ဖြန်သူတို့နင့်ခွဲခွါရတော့မည်၊ အင်မတန်စိတ်မကောင်းဖြစ်မိပါသည်။

明天即将与他分别，心中很不好受。

များမကြာမီမှာတော့နေမင်းကြီးထွက်လာပါတော့မည်။

不久太阳即将出现。

⑤ တော့ 在否定句中,用于动词后,表示动作不会再发生的意思。例如:

ထိုနေ့မှစ၍သူသည်မသွားတော့ချေ။

从那天开始,他不再去了。

မဝေသည်သူ့အမေကိုခဏခဏမလွမ်းတော့ချေ။

玛薇不再老惦念着她的母亲了。

သက်သက်သည်ကျွန်တော်ကိုမကြည့်တော့ချေ။ဘာမှလည်းမပြောတော့ချေ။

岱岱不再看我一眼,也不再吭声了。

⑥ တော့ 与句尾助词 သည် 等连用时,表示"就……""于是就……"。例如:

အနှစ်များစွာအတွင်းတွင်မဆုတ်မနစ်တိုက်ပွဲဆင်နွှဲခဲ့၍နောက်ဆုံးတွင်လွတ်လပ်ရေးရရှိတော့သည်။

经过多年不屈不挠的斗争,终于获得了独立。

ယခုမှနားလည်လာတော့သည်။

到现在才懂得了。

အခိကရုန်းများသည်တဖြေးဖြေးငြိမ်ကျသွားပါတော့သည်။

冲突逐渐平息下去。

⑦ တော့ 女性互相之间谈话时用于句尾,表示亲切、敬重的语气。例如:

ကျွန်မလည်းမသိဘူးတော့။

我也不知道。

ရော့တော့ရော့စိန်နားကပ်။

给你,给你这钻石耳坠。

တော် ① 女性谈话时表示敬重或应答时用的语气助词。例如:

ဟုတ်သားဘဲတော်။

可不是吗。

မသွားပါနဲ့တော်။

第十三章　助词（ပစ္စည်း）

別去了。

ကျွန်မမသိဘူးတော်၊သူတို့အရှုပ်အရှက်ထဲကိုလည်းမပတ်သက်ချင်ဘူးတော်။

我不知道，也不想介入他们这个混乱中去。

② 可以加在名词后，表示敬语形式。例如：

နန်းတော်　　　　宫殿

ခြေနင်းတော်　　　御用鞋

ဆံတော်　　　　　佛发

စွယ်တော်မြတ်　　　佛牙

တော်မူ　用于动词后，表示尊敬的语气，是缅甸中的一种敬语形式，一般用于同高贵者（如国王、僧侣等）对话之中。例如：

နားသောတရှင်များရှင့်၊ကျန်းမာတော်မူကြပါစေရှင်။

听众们，你们好！

ကြွတော်မူပါဘုရား။

请！（为僧侣等高贵者引路时用或请皇帝起驾时用）

မှူးကြီးမတ်ရာများအားဘွဲ့ချီးမြှောက်တော်မူပါသည်။

赐给众大臣们荣誉称号。

တောင်　口语体，表示强调的语气助词，书面语体中用 ပင်。它可以放在任何句子成分的后面，相当于汉语中的"连……""甚至"。例如：

ခင်ဗျားတောင်မသိဘူးလား။

连你都不知道吗？

ဒါကိုတောင်နားမလည်ဘူးလား။

连这个都不懂呀？

အလကားပေးတောင်မလိုချင်ဘူး။

就是白给也不要！

၂၅ ကျပ်တောင်ပေးရတယ်။

要25元钱呢！

ပြောပြဖို့တောင်ရှက်သည်။

真是难以启齿。

စကားလက်ဆုံကျနေလို့ထမင်းစားဖို့တောင်မေ့သွားတယ်။

谈得十分投机，连吃饭都忘了。

如果强调动作时，往往用"...တောင်..."的形式来表示，而前后两个动词相同（形容词也类似）。例如：

သူကြောက်၍ခေါင်းမော့တောင်မမော့ဘဲ။

他因为害怕，连头都不敢抬。

လာမမေးနဲ့။ ငါသိတောင်မသိဘူး။

别问我，我都不知道。

如果动词是主谓结构或宾动结构的合成词，则 တောင် (ပင်) 放在这个动词中间。例如：

နားပင်နားမလည်ပါ။

连懂都不懂。

ဂရုပင်မစိုက်နိုင်တော့ပေ။

连顾都顾不上了。

မျက်နှာပင်မစစ်သေးပေ။

连脸都没洗呢！

နော် 用在名词、代词、动词、词组或句子后，表示征询、嘱咐、恳求、责怪或威胁等口气。例如：

ဒီနေရာကရှုခင်းတွေတော်တော်လှတယ်နော်။

这儿挺优美的，是不是？

အိမ်း–သူလည်းသူတော်ကောင်းတစ်ယောက်ဘဲနော်။

嗯，他也是一个大好人，你说是不是。

ငါအခုဘဲပြန်လာခဲ့မယ်နော်။

我马上就回来！

လုပ်ပြီးမှပြန်လာရမယ်နော်။

只能做完了再回来，知道了吗？

ကျွန်တော်တို့ပြောထားပြီနော်။

咱们说好了，是吧？

သတိထားနော်။

你要小心！

第十三章 助词（ပစ္စည်း）

နယ် 用于名词、代词后，表示埋怨、指责的语气，与 ကွယ် 语气相似。口语体中用。例如：

မင်းနယ်၊ ဆူလိုက်တာ။
你呀，真吵人！

သန်းသန်းနယ်၊ မင်းမလာနိုင်ရင်လည်းဖုန်းဆက်ရောပေါ့။
丹丹呀，你要来不了也该打个电话给我呀！

ဒီဖောင်တိန်နယ်ဘာဖြစ်လို့မှန်းမသိရေးလို့ကိုမရဘူး။
这钢笔，也不知道怎么回事，字都写不出来！

ပ 用于句尾，表示强调、肯定。此外 ပ 也是 ပါ 的简化形式，详见 ပါ 条。例如：

ဟုတ်ပ။ 是的。

ပါ 用在动词后面，表示语气的委婉、文雅、有礼貌。例如：

တော်ပါပြီဗျာ။
够了。

တိုးတိုးဗျာ၊ကလေးတွေကအိပ်နေပါတယ်။
请不要大声讲话，孩子们在睡觉呢！

ကျွန်တော်နက်ဖြန်လာပါအုံးမယ်။
我明天还要来。

ဟုတ်ပါတယ်ဗျာ။
是的，您哪！

ကျေးဇူးတင်ပါတယ်။
谢谢！

ပါရော ၊ ပါလေရော 用于动词后，强调说明动作发展到了某种地步。一般不用在否定形式中。例如：

သူဆယ်နှစ်အရွယ်မှာသူ့မေမေကွယ်လွန်သွားပါလေရော။
当他 10 岁时，他妈妈去世了。

ကျွန်တော်တို့ကသူတို့ဆီရောက်တော့. သူတို့လည်းအလုပ်ကိုလုပ်ပြီးပါလေရော။
我们到达那儿，他们把工作也干完了。

ကျွန်တော်တလိုက်တယ်ဆိုယင်ဘဲဟိုလိုတရဇလုံကြီးပေါ်ပေါက်လာပါလေရော။

我一想，那聚宝盆就出现了。

၄． 用在动词后，表示加强语气和表示肯定语气。例如：

ရန်ကုန်ရောက်သည်မှာ၆လပင်ရှိပေပြီ။

到上海已经有6个月了。

ကံကိုပြိုင်၍မရပေဘူး။

无法与命运抗争。

ဤချိန်ကြာလျှင်မေ့သွားပေလိမ့်မည်။

时间一久就会忘了的。

ပဲ ① 用于名词、代词、词组后，作句尾助词，表示"是……""就是……"之意。例如：

သူပဲ။

就是他。

ကိုနုကလူအေးပဲ။

哥努是个文静的人。

ဒုက္ခပဲ၊စာအုပ်ကိုဟိုမှာကျကျန်ရစ်ခဲ့တယ်။

坏了！把书落在那儿了。

② 用在任何一个句子成分后表示专指或限制，书面语体用 သာ，相当于汉语的"就是……""只……""仅仅……"。例如：

ဤနေရာသာနားရတော့သည်။

只能在这儿休息了。

အခန်းထဲမှာလူနှစ်ယောက်ပဲရှိတယ်။

房间里只有两个人。

အခုပဲသွားယူပါ။

现在马上去拿。

ဒါပဲယူရသလား။

就拿这个吗？

③ သာ 用在动词后，表示强调语气时，动词要重复。这类句子中不能用 သာ。例如：

ရှိဘဲရှိသေးရဲ့လား။

第十三章　助词（ပစ္စည်း）

还有吗？

ဒါကိုပြောဘဲမပြောချင်ဘူး။

根本就不想提它。

ဆော့ဘဲဆော့နိုင်လွန်းတယ်။

真能淘气。

ပေါ့　口语体，用于名词、代词、动词、词组或句子后面，表示肯定、理所当然之意。例如：

ငါပြောတာသူပေါ့။

我讲的当然就是他啰！

ဒါတွေအားလုံးမိဘရဲ့ကျေးဇူးဘဲပေါ့။

这都是父母之恩。

ဟုတ်တော့ဟုတ်တာပေါ့။

是倒是这么一回事。

စားတော့စားတယ်၊နဲတာပေါ့။

吃倒是吃了，当然是很少啦！

ငါ့ကိုလာခေါ်ရင်လိုက်မှာပေါ့။

你来叫我的话，我当然跟你们去喽！

မင်းလုပ်တတ်ရင်လုပ်လိုက်ပေါ့။

要是你会做就做吧！

ပင်　① 书面语体，与口语体 ခဲ့ 同。例如：

မေးသောသူသည်ကိုတက်တင်ပင်ဖြစ်သည်။

问的人就是哥德丁。

သူကအေးတိအေးစက်နှင့်ပင်ဖြေလေသည်။

他慢条斯理地回答着。

သူချက်ချင်းပင်မျက်နှာထားပြောင်းပစ်လိုက်ပါသည်။

他马上变了一副脸色。

သူ့အားဆုံးမရန်ပင်ဦးနှောက်ခြောက်အာခြောက်လုပါသည်။

为教育他不知费了多少心思和口舌。

② 表示强调，与口语体中的 "တောင်" 相同。在强调动作时，

往往需要在 ပင် (တောင်) 前后用相同的动词。例如：

မေးပင်မေးခဲ့သေးသည်။
（我）还问了一下呢。

ကြည့်ပင်မကြည့်ရသေးပေ။
连看都没看呢！

ဤသည်မြင်ပင်မမြင်ဖူးသေးချေ။
这个连看都没看见过。

ဒီလူဆိုးကြီးကိုသတ်ပင်သတ်ပစ်လိုက်ချင်သည်။
甚至想把这个坏蛋杀了！

အစည်းအဝေးကိုစပင်စနေပါပြီ။
会议都已经开始了。

ဖြင့်　表示感叹、强调。相当于汉语的"呀！"。例如：

ကျွန်တော်ဖြင့်အတော်ကိုစိတ်ပျက်သွားတယ်။
我呀，真的太灰心了。

ငါ့မှာဖြင့်ပြောလိုက်ဆူလိုက်ရတာမောလို့။
我呀又得说，还得骂，真累死了。

ခင်ဗျားတို့ရဲ့အကူအညီမရှိရင်ဖြင့်ကျွန်တော်တို့အောင်နိုင်မှာမဟုတ်ဘူး။
真要是没有你们的帮助，我们不可能获胜。

ဗျ　口语体，男用，用于句尾，表示加强语气或表示说话文雅。ဗျာ 与 ဗျ 相同，只是语气稍弱。例如：

မရယ်ပါနဲ့ဗျ၊ ငါအကောင်းပြောနေတာ။
请别笑，我说的是正经的。

မဟုတ်ဘူးဗျာ။
不是的。

ကောင်းတာပေါ့ဗျာ။
当然好。

ကျွန်တော်မသိပါဘူးဗျာ။
我不知道。

ကျွန်တော်မသွားချင်ဘူးဗျာ။

第十三章　助词（ပစ္စည်း）

我不想去。

ဖို့. 用在句尾，告诉别人或向人表示招呼之意。例如：

ရပြီဖို့။
得到了！

ကြားကြားသမျှဖို့။
大家听着！

အားလုံးလာကြပါဖို့။
大家快来呀！

များ 用于名词、代词、副词、助词、词组和句子之后，加强疑问色彩，表示估计、猜测、疑问之意。也可以用在两个相同的动词中间，表示怀疑。例如：

ဘယ်များရောက်နေမှန်းမသိဘူး။
不知到哪里去了？

လမ်းမှာများကျနေသလားမသိဘူး။
不知道是否掉在路上了？

သူဘာဖြစ်လို့များမလာသလဲ။
他为什么不来呢？

ကျွန်တော်များလာတားလိမ့်မယ်လို့ခင်ဗျားအောက်မေ့နေသလား။
你以为我会来阻拦你？

သူလာများလာမလားမသိဘူး။
不知道他来不来？

ကျွန်တော့်ကိုမှတ်များမှတ်မိသေးသလားမသိ။
不知道还记得我不？

မှ 用于名词、代词、副词或词组之后，表示强调语气。例如：

အခုမှပေါ်လာတော့တယ်။
现在才出现。

ဘာမှလည်းမပြောသေးဘူး။
什么也还没有讲呢。

ဒါတောင်မှမကြိုက်ဘူးဆိုရင် ကျွန်တော်မတတ်နိုင်တော့ဘူး။

连这个都不喜欢,我就没办法了。

ခင်ဗျာမှမပြောဘဲ။

你又不说!(说的话当然就会知道啦)

မှာ　用在动词后,常与 သ 连用,表示强调、肯定的语气,也表示坚定的决心。例如:

ငါလာမှာပါ။

我一定会来的。

ဒီလိုလုပ်ရင်ဘယ်ရမှာလဲ။

这么做怎么能行呢?

မလုပ်နဲ့မောဟိုက်မှာ။

别动了,要气喘的!

ဘယ်လိုလုပ်ရမှာလဲ။

该怎么办呢?

မှဖြင့်　用在动词后,表示一种假设语气。语感要比"မှ"强。例如:

သူပြောလိုက်မှဖြင့်ဒီလိုချည်းဘဲ။

他一讲起来总是这个样子。

သူသွားမှဖြင့်．ကျွန်တော်သွားဘို့လိုသေးသလား။

既然他去了,还用得着我去吗?

ဒီလိုမလုပ်နဲ့လေ၊ကျသွားမှဖြင့်ဒုတ္ထဘဲ။

别这样,待会儿掉下去就糟糕了。

မှတ်လို့　口语体中用于词组或句子后,从反面强调语气,近似于汉语的"别以为是……"。例如:

ကျွန်တော်တို့လိုင်စင်ရတာများလွယ်တယ်မှတ်လို့။

你以为我们得到一个执照容易哪!

ဒါများခက်တာမှတ်လို့။

这有什么难哪?

ကျွန်တော်မသိဘူးမှတ်လို့လား။

你以为我不知道?

ရ　用在名词后,表示招呼或亲热的语气。例如:

မိတ်ဆွေရာ ငါ့ဘို့လဲနံနေလေးချန်ထားပါ။
朋友，也给我留点儿吧。

မောင်ဘရာ စိတ်မဆိုးပါနဲ့တော့။
貌巴，你别生气了。

အစ်ကိုကြီးရာ ဒီလိုဆို ကျွန်တော်တို့လည်းစမ်းကြည့်ကြတာပေါ့။
大哥，这么说咱们当然也试一试看。

ရေ 招呼远处的人时用。例如：

ကိုကျော်ဝင်းရေ ခဏလာပါအုံး။
哥觉温，请来一下。

ကိုကိုရေ၊ မြန်မြန်ပြန်လာခဲ့၊ ဧည့်သည်ရောက်နေပြီ။
喂，哥哥，快回来吧，客人到了。

ရဲ့ ① 在疑问句或肯定句中表示更加坚定的语气。书面语中用"၏"。例如：

ဟုတ်၏လော။ ဟုတ်ရဲ့လား။
真的吗？

နေကောင်းရဲ့နော်။
身体好吧？(打招呼时用。相当于：你好！)

သူတို့တိုင်ပင်နေကြသည်ထင်၏။ သူတို့တိုင်ပင်နေကြတယ်ထင်ပါရဲ့။
想必在商量。

ရုပ်ပြတော့ကောင်းပါရဲ့၊ ခိုင်တော့မခိုင်ဘူး။ ရုပ်ပြတော့ကောင်းပါ၏၊ ခိုင်တော့မခိုင်ချေ။
外表好看，就是不结实。

အံ့ပါရဲ့၊ ကိုဒေါင်းရယ်။
真奇怪！哥党。

ပိုက်ကိုတစ်ထည်ဘဲရပ်နိုင်တယ်၊၂ထည်တော့ကျန်ရစ်ခဲ့လေရဲ့။
一张网收了，有两张网却落在那里了。

② 招呼语中用。例如：

အိမ်ကိုလည်းအလည်လာပါအုံးကွဲ့၊ကိုကြည်ဝင်းရဲ့။
到我家来玩呀，哥基温。

ဘယ်နယ်လဲသားရဲ့၊ဒါကိုကြိုက်ရဲ့လား။

怎么样？儿子，你喜欢这个吗？

ရော့. 用于动词后，表示推测、预测、估计等。例如：

ခင်ခင်အခု၁၃နှစ်တော့ရှိရော့ပေါ့။
钦钦现在该有 13 岁了吧！

ပင်ပန်းလှရော့ပေါ့။
想必累极了吧？

ကျွန်တော့်ကိုညည်သည်အဖြစ်သဘောထားရော့သလားမသိ။
不知道他们是否把我们当客人了。

မင်းကလွမ်းနာကျလို့ ထမင်းစားလို့မဝင်အိပ်လို့လဲမပျော်ဖြစ်နေရော့သလားမသိ။
我不知道你是否得了相思病饭也吃不下，觉也睡不着了呢！

ဒီတံငါလှေကလိုင်းကြီးများနဲ့တူတူပုန်းကစားနေရော့သလားလို့အောက်မေ့ဘွယ်ရှိပါတယ်။
不禁让人以为这些小渔船是不是与大浪在玩捉迷藏游戏。

မေမေမေမော ကျွန်တော့် ကိုပြန်လာမယ်ပြန်လာမယ်လို့မျှော်တော်ဇောနှင့်နေရော့မယ်ထင်တယ်။
妈妈，您一定焦急地盼着我回来吧？

အခုသူရောက်နေရော့သလားမသိဘူး။
不知道现在他是否已经到了？

ရော ① 表示动作完成状态。例如：

သူ့နဲ့ပြောပြီးယင်ပြီးရော။
跟他讲了就行了。

ည ၁၂ နာရီလဲထိုးရော ကျွန်တော်လဲအိပ်ပျော်သွားပါလေရော။
晚上 12 点，我也就进入梦乡。

ငွေ ၂၀ နဲ့ပြီးရောလား။
花 20 元钱就了结了吗？

ငွေ၂၀နဲ့တော်ရောပေါ့။
20 元钱也就该行了呗！

② 表示进一步的询问，与 ကော 的①相似。例如：

ကိုကြိုင်ကိုရောတွေ့ခဲ့ရဲ့လား။
你见到哥姜没有？

မင်းနေ့တိုင်းမနက်ဖတ်စာကိုဖတ်ရောဖတ်ရဲ့လား။

第十三章　助词（ပစ္စည်း）

你是不是每天早上读课文？

ရော့ပေါ့၊ ရော့ပေါ့　表示责怪或不耐烦。例如：

မင်းဒါလောက်တောင်ရနေပြီဘဲတော်ရော့ပေါ့။

你得了这些也该满足了！

မင်းမလာခင်စာလေးဘာလေးရေးရော့ပေါ့။

你也该在来之前写封信来呀！

ဒါလောက်တောင်ပြောပြီးပြီဘဲ၊ နားလည်လောက်ရော့ပေါ့။

讲了这些也该知道了吧。

ရယ်　① 用于名词后，表示招呼人。例如：

မောင်ဘရယ်-ငါ့စကားကိုနားထောင်စမ်းပါ။

貌巴呀，你听听我的话吧！

တော်တော်ရှုပ်ပါတယ်ပေါ်ဦးရယ်။

波乌呀，（这事）太复杂了。

ဘွားဘွားရယ်၊ ကျွန်မကျောင်းသွားတော့မယ်။

奶奶，我要上学啦！

② 强调主语或其他带助词的句子成分时用。例如：

လူကလေးရယ်ငို၊ ခိုဖမ်းလိုပေး။

孩子哭了，我去抓只鸽子给你玩。

ရှာ　用于动词后，表示同情的语气。例如：

အရိုက်ခံရလို့ငိုနေရှာတယ်။

挨了打，正在哭。

လွန်ခဲ့တဲ့နှစ်ကကွယ်လွန်သွားရှာပြီ။

去年逝世了。

ကားတိုက်ခံရလို့ဒဏ်ရာရသွားတယ်။

因为出了车祸，受了伤。

ရှင်　妇女表示对对方的尊敬和客气时用在句尾，ရှင် 与 ရှင့် 只是在语气强弱上稍有差别。例如：

သောတရှင်များရှင် အခုဆက်လက်ပြီးပြည်တွင်းသတင်းများကိုလွှင့်ပါတော့မယ်။

听众们，现在继续播送国内新闻。

အမကြီးရှင့်၊ ကျမနားမလည်တာတစ်ခုရှိတယ်။

大姐，我有一个地方弄不懂。

စိတ်ချပါရှင်။

您放心吧！

လေ ① 放在动词后，无特殊意义只作和谐语气用，一般用于书面语体。例如：

ပျားကောင်က ပန်းများအပေါ်၌ ပျံဝဲနေကြလေသည်။

蜜蜂在花朵上空飞舞。

မောင်လှမြင့်ကသူ့အဖေနောက်လိုက်သွားလေသည်။

貌拉敏跟着他父亲走了。

ပြီးခဲ့သောဆယ်နှစ်အတွင်းတွင် ဘေကျင်းမြို့သည် အကြီးအကျယ်ပြောင်းလဲလာခဲ့လေသည်။

近十年北京起了很大变化。

② 用在句子后面，表示提醒对方或肯定语气。含有"你知道吗？就是……嘛"的意思。例如：

ဟိုအမျိုးသမီးဟာသူ့မမလေ။

那位妇女就是他的姐姐呀！

မေ့သွားမှာပေါ့၊ တူမတူဘဲလေ။

当然会忘记啦，根本不一样嘛！

ပညာရွှေအိုးလူမခိုးပြောကြတယ်လေ။

不是说"知识是个偷不走的金坛子"吗？

③ 用于句子后，表示不耐烦或无可奈何的语气。例如：

ခင်ဗျားသဘောပေါ့လေ။

随你的便好了。

မတတ်နိုင်ဘူးလေ။

没办法！

သွားခိုင်းနေလေတော့သွားရတာပေါ့လေ။

既然让去就只能去喽！

④ 用于动词后，表示督促对方的语气。例如：

ထိုင်လေ။
坐呀!

မလောန့်လေ။
别着急嘛!

ပြောလေ မင်းဘာကြိုက်သလဲ။
你说呀,你喜欢什么?

⑤ 用在各个句子成分后面,无特殊意义,只表示讲话中的间歇。例如:

ဟိုဟာလေ . . . ပြောပြောနေကြတဲ့ဟိုအတန်းကလေ။
那个……就是老说的那个班。

ကျွန်တော်လေ နက်ဖြန်စည်းဝေးပြီးရင်မြို့ထဲသွားမလို့။
我呀,明天会议结束后进城。

⑥ 表示同意。例如:

ဒါယူမလား။ယူလေ။
拿这个吗? 拿吧。

ဟုတ်တယ်လေ ဒီလိုဘဲဖြစ်ရမှာဘဲမဟုတ်လား။
是啊,肯定会这样的,是吧!

လေခြင်း: 用于动词、形容词后,表示感叹、悔悟的语气。例如:

ဖြစ်မှဖြစ်ရလေခြင်း။
唉呀,真不幸!

မှားလေခြင်း။
错啦。

မပြောအပ်၊မပြောရာသောစကားများပြောမိလေခြင်းဟုယူကျုံးမရဖြစ်လေသည်။
他为自己讲了那些不该讲的话而感到十分懊恼。

လို့ 与疑问句尾词 လား၊လဲ 结合,常常有反问或责问的意思。例如:

ဒီနေ့ဘောပွဲရှိလို့လား။
难道是因为今天有足球赛?

ငါဒီလိုပြောခဲ့ဖူးလို့လား။
难道我这么说过吗?

မင်းဘာပြောနေစရာရှိလို့လဲ။
你有什么可说的？

အဲဒီရက်ဆိုရင်ဖြင့်ဘာလိုတော့လို့လဲ။
这天离现在没多少日子了。

သတည်：书面语体，用于动词后，表示强调语气。往往用于文章的段落最后或全文的最后。例如：

ဆွေးနွေးပွဲတခုလုံးခဲ့ချစ်ကြည်ရင်းနှီးမှုဖြင့်ပြွမ်းတီးနေသတည်း။
整个讨论会充满了友好的气氛。

လိုရာပြည့်ဝစိတ်တိုင်းကျပါစေသတည်း။
祝你万事如意！

သူဝမ်းနည်းစွာဖြင့်ထွက်သွားပါသတည်း။
他伤心地走了出去。

ကျောင်းသားများကဤသို့ပင်ကြဆိုကြနင်နေကြပါသတည်း။
学生们就这样唱歌跳舞。

သာ ① 可以用于句子中各个成分后，表示强调、限定、排除等意思。口语中用 "ò"。例如：

သူသာအကောင်းဆုံး။
只有他最棒。

ကျွန်တော်ကဒီဝတ္ထုကိုသာကြိုက်သည်။
我就喜欢看这本小说。

မြန်မြန်သာသွားပါ။
快去吧！

အများအားဖြင့်စက္ကူနှင့်သာထုပ်သည်။
大部分只有纸包裹。

ကျွန်တော်ကိုယ်တွေ့မျက်မြင်ဖြစ်နေလို့သာ မယုံဘဲမနေနိုင်တော့ပါ။
只因为是亲眼目睹的事情，所以不得不信。

② 加在两个相同的动词中间，表示强调意为"尽管""只管"。例如：

အားမနာပါနဲ့၊ ပြောသာပြောပါ။

第十三章　助词（ပစ္စည်း）

別客气，尽管说吧！

ညနေခင်းများလာသာလာပါ။

下午你只管来好了。

စာအုပ်ကိုတော့ဖတ်လိုသာဖတ်တယ်၊ဒါပေမဲ့နည်းနည်းမှနားမလည်းဘူး။

书倒是看了，可惜一点儿也没有看懂。

သားဘဲ　用于动词或形容词后，表示完全肯定的语气。例如：

ကောင်းသားဘဲ။

好啊！

ခင်ဗျားပြောတာမှန်သားဘဲ။

你讲的对呀！

သတ္တိရှိတယ်လို့သာပြောသည်၊ ရင်ခုန်တာကမြန်သားဘဲ။

说是胆子大，心可跳得挺厉害。

ဟ　用于语尾，长辈对晚辈或同辈之间的提醒督促时用。例如：

နေပါဦးဟ။

喂，等一会儿！

လိုက်ဟ-လိုက်ဟ။

追呀！追呀！

သူ့ကိုမြန်မြန်သွားခေါ်ပါဟ။

快去叫他！

ဟာ　① 放句尾，加强语气，表示更加肯定。例如：

ဘယ်ခေမလဲ၊ဇာတ်လိုက်ဘဲဟာ။

怎么会差呢？人家可是演员。

အစောကြီးရှိပါသေးတယ်ဟာ။

还早着呢！

သိမှမသိဘဲဟာ၊ဘယ်ပြောပြနိုင်မှာလဲ။

我又不知道，怎么告诉你呢？

ခင်ဗျားဆီသွားမလို့ဟာ။

正打算到你那儿去呢！

② 放在句首，表示不耐烦、不满意。例如：

ဟာ-စောပါသေးတယ်။
哎呀，还早着呢！

ဟာ-မလုပ်နဲ့ဗျာ။
哎，别这样！

ဟာ-ဒုက္ခပါပဲ။
哎呀，糟糕！

ဟေ့ 放在句首或句尾的助词，平辈之间或老对少在近旁招呼或提醒对方时用。例如：

ရှာမတွေ့ဘူးဟေ့။
喂，找不到呀！

နက်ဖြန်ကျရင်တို့အိမ်ကိုလာပါအုန်းဟေ့။
喂，明天到我家里来！

ဟေ့၊ သူငယ်ချင်း မင်းဘယ်ကလာသလဲ။
喂，朋友，你从哪儿来？

ထိုင်ဟေ့ ထိုင်ပါမောင်ထွန်းဝင်း။
嘿！貌吞温，坐吧。

ဟင် ① 用于疑问句之前或之后，表示反问或进一步探询的语气。例如：

မင်းနားလည်ပြီလားဟင်။
你懂了吗？嗯？

မြင့်၊အိပ်ပျော်ပြီလားဟင်။
绵，你睡着了没有？嗯？

သူကဘာပြောတယ်ဟင်။
他说什么了？

② 用在句首，表示出乎意料而感到惊异。例如：

ဟင်-ဟုတ်လား။
啊？是吗？

ဟင်-ထမင်းဘာမှလဲမစားသေးဘဲဝသွားပလား။
嗯？你什么也没吃就饱了？

③ 用在句首，表示埋怨、不满或不同意。例如：

ဟင်-ဘယ်ဟုတ်မလဲ။

哎，怎么会呢？

ဟင်-မဟုတ်ဘူး၊ မဟုတ်ဘူး၊ ကျွန်မကအလုပ်အများဆုံး။

哎，不对不对，我最忙。

ဟယ် ① 用在句尾，同辈之间或长辈跟晚辈讲话时用，表示亲切的语气，类似 ကွယ် ၊ ကွာ 等。例如：

မနက်စောစောထဟယ်။

早晨早点儿起！

နင်သိချင်ရင်ဒီစာအုပ်သွားဖတ်ပါလားဟယ်။

你想弄懂这些，就去看这本书吧！

မိဖြူ-ငါ့ကိုခွင့်လွှတ်ပါဟယ်။

米漂，请你原谅我吧！

② 用在句尾，表示斥责，不满的语气。例如：

သွားတော့ဟယ်။

去你的吧！（扔东西时）

သေပေရော့ဟယ်။

你去死好了！

ဒီလိုဘယ်ပြောကောင်းမလဲဟယ်။

嗨！怎么能这么说呢？

အေ 用在句尾，妇女之间说话亲切的语气。例如：

မမကလဲအေ မမြကိုခေါ်လဲမခေါ်ဘူး။

姐姐也真是，也不叫我一下。

ဒီလိုစကားမျိုးပြောမနေစမ်းပါနဲ့အေ။

别说这种话！

ဥစ္စာ 用于句子之后，表示不满或不耐烦的语气。例如：

ရှိမှမရှိဘဲဥစ္စာ။

我又没有！（叫我怎么拿出来？）

နင်နဲ့ငါတာဝန်အတူတူဘဲဥစ္စာ။

你跟我任务一样嘛。(有什么可不满的)。

ငါ့ဘာသာငါ အေးအေးဆေးဆေးထိုင်နေတဲ့ဥစ္စာ။

我自己老老实实地坐在这儿。(你为什么要来挑衅呢?)

第二节　助词的特点与语法功能

缅甸语助词数量多，在句子中出现的频率很高，其重要性是可想而知的。要掌握和使用好助词，必须了解各类助词的语法特点，看它们同哪些词（包括实词、虚词、词组）发生关系，发生什么样的关系，同时还必须了解每个助词的具体用法。

缅甸语助词有下列几个方面的特点与功能：

1. 助词是一种虚词，不能单独充任句子成分，它必须与名词、代词、动词等其他词或词组结合在一起，才能充任句子成分。

2. 助词不能单独回答问题。

3. 缅甸语助词往往具有兼类性，也就是说一个形式可以表达不同的语法意义。因此，要分辨该词的语法意义和语法作用，必须联系上下文意思才行。例如：

က 可以作主语助词、状语助词、谓语助词，还可作连接词，作用与"လျှင်"同。

ကျွန်တော် ___က___ ဆရာ၊သူ ___က___ ကျောင်းသားပါ

我是老师，他是学生。(主语助词)

မန္တလေး ___က___ လာတာပါ ။

是从曼德勒来。(状语助词)

နံ___က___ နံသန့် ။

真臭！(谓语助词)

၁၉၅၆ခုနစ် ___က___ ထုတ်လုပ်တာပါ။

1956 年出品。(表过去时间的状语助词)

သူမလာ___က___ ဒုက္ခဘမဟုတ်လား ။

他要不来，不就糟了？(连词)

第十三章　助词（ပစ္စည်း）

又如：ကို，它既可作宾语助词，也可作状语助词、语气助词等。

သူ ကို ပေးပါ။
给他吧。（宾语助词）

အဒီနေရာ ကို မသွားနဲ့။
别到这个地方去。（宾语助词）

နား ကို မလည်ဘူး။
根本听不懂。（语气助词）

တစ်လ ကို ၅၀ ကျပ်ပေးရတယ်။
一个月要给 50 元。（状语助词）

可见，助词只有与它前面的词语结合，在特定的句子环境中才能发挥作用。

4. 助词虽然不能独立发挥作用，但是当它一旦与某个成分结合，在句子中起一定作用时，它们便结合成一整体，不能轻易分开。因此，说话时的间隙，朗读时的停顿，写文章或印刷中的间隔，都需要放在助词后面。（如果有语气助词，则在语气助词后面停顿）。

5. 缅甸语中的很多语气助词比较自由，它可以放在任何需要强调的成分后面。如果强调主语则可以在主语后面，要强调宾语，则可放在宾语后面等。例如：

ဒါကို ① ကျွန်တော်က ② နာရီဝက် ③ ဖတ်တယ်၊ဒါပေမဲ့တချို့နေရာကို ④ နား ⑤ မလည်သေးဘူး။

我把它读了半个小时，但是有些地方还没有读懂。

把语气助词 တောင် 分别放到上述例句的①②③④⑤处，可以产生不同的强调效果。例如：

放在①处：ဒါကိုတောင်ကျွန်တော်ကနာရီဝက်ဖတ်တယ်၊ဒါပေမဲ့တချို့နေရာကိုနားမလည်သေးဘူး။

强调宾语，表示甚至连这个我都看了半小时，而且还有不懂的地方。言下之意，如果看比这个更难的东西则更糟糕。

放在②处：ဒါကိုကျွန်တော်ကတောင်နာရီဝက်ဖတ်တယ်၊ဒါပေမဲ့တချို့နေရာကိုနားမလည်သေးဘူး။

强调主语，表示我都看了半小时，还有不懂的地方。言下之意，如果水平比我更差的其他人来看，不懂的地方一定还要多。

放在③处：ဒါကိုကျွန်တော်ကနာရီဝက်<u>တောင်</u>ဖတ်တယ်၊ဒါပေမဲ့တချို့နေရာကိုနားမလည်သေးဘူး။
强调时间，表示看了半小时都不成。言下之意，如果只看10分钟的话，那更不成了。

放在④处：ဒါကိုကျွန်တော်ကနာရီဝက်ဖတ်တယ်၊ဒါပေမဲ့တချို့နေရာကို<u>တောင်</u>နားမလည်သေးဘူး။
强调一部分，言下之意，要全部理解不太容易。

放在⑤处：ဒါကိုကျွန်တော်ကနာရီဝက်ဖတ်တယ်၊ဒါပေမဲ့တချို့နေရာကိုနား<u>တောင်</u>မလည်သေးဘူး။
强调弄懂。言下之意，有些意思尚且不懂，要想更高要求更是不可能。

6. 语气助词用在动词后面，强调动作时，往往要重复动词。例如：

ကျွန်တော်သွားတောင်မသွားချင်ဘူး။
我去都不愿意去。

ဟုတ်မဟုတ်ရဲ့လား။
真的吗？

လုပ်ကိုမလုပ်ချင်ဘူး။
根本不想做。

ပြောတော့ပြောပြီးပြီ။
说倒是说了。

ရေးသာရေးပါ။
你只管写好了。

ရောက်ကောရောက်ပြီလားမသိ။
不知是否到了？

7. 缅甸语有书面语体和口语体之分，它们之间除了用词、联句（文章体中句子较长，用词较正规、典雅等）不同而外，最大的区别在于助词的不同。有些助词书面体与口语体有对应的形式，可以转换使用。有些助词却无对应的形式，文章体变成口语体有很大的变动。

8. 助词虽然很重要，但在口语中，它们几乎都需要变音。一般变音为清音变浊，没有变成轻读的现象。

9. 助词虽然有重要的作用，但在语言中往往为了简练，在不影响相互了解、交流思想的条件下，可以省略。在下列几种情况下往往可以省

第十三章　助词（ပစ္စည်း）

略主语助词。

(1) 当主语与谓语紧接在一起时。例如：
　　သူတို့ဆီကိုကျွန်တော်တို့သွားမလို့ဘဲ။
　　我们正在准备到他们那儿去。

(2) 主语非常明显时。例如：
　　ကျွန်တော်တို့ကားနဲ့လာတာပါ။
　　我们是乘车来的。

(3) 主语后面有其他助词时。例如：
　　သူတောင်နားမလည်ဘူး၊ကျွန်တော်တော့ပိုတောင်မပြောနဲ့တော့။
　　连他都不懂，我就更不用提了。

随着历史的发展，缅甸文学由宫廷文学逐渐走向民间，走向生活，更加反映现实，语言也同样在不断发生变化。尽管变化是缓慢的，但整个趋势是向更精练、更简短的方向发展。汉语从文言文转变成白话文经历了一场革命，缅甸语也同样经历了这样一场变革，而变革的转折便是缅甸的"实验文学"运动。这个运动的积极支持者和倡导人之一德班貌瓦的作品中，我们可以明显地看到他的语言运用与古文有很大的改变，充分体现了古今缅甸语言的巨大差别，其中助词的省略也是一个明显的标志。例如：

　　--လွတ်လပ်လိုက်တဲ့ကျောင်းသားတွေ။ အကျီလုံချည်ဆို၍မကပ်ကြ။ ခေါင်းတုံးပြောင်ပြောင်၊
　　ကိုယ်ရောင်မဲမဲ၊သားရဲကလေးတွေနှင့်မခြား။ ဆေးပြင်းလိပ်တွေ ပါးစပ်ထဲခဲထားကြသေး၊
　　အရွယ်ကလေးတွေက ကိုးနှစ်ဆယ်နှစ်သာ။ (သိပ္ပံမောင်ဝ၏။ပစ္စန္တရာဇ်　မှ)

一般说来，在缅甸语中，省略助词最常见的是报纸上的文章或新闻报道的题目。有时不看文章内容甚至很难理解题目的意思。例如：

标题：ကြိုဆိုစပါးရောင်း
　　　(ဆိုလိုရင်းကား-ပြည်ထောင်စုနေ့ကိုကြိုဆိုဂုဏ်ပြုသောအားဖြင့်တောင်သူလယ်သမားများသည်
　　　စပါးများကိုစုပေါင်းရောင်းချကြသည်။)
集体出售大米迎接联邦节

标题：ခရီးစရိတ်ကြာ　(ဆိုလိုရင်းကား-အထက်တန်းစာစစ်သူများရဲ့ခရီးစရိတ်ကိုယခုထက်တိုင်မရသေး။)
　　　路费迟迟未发

另外，在缅甸语中，助词省略最明显的地方是在成语中。成语是以短小精悍、言简意赅、结构严谨为其特点的。许多成语中，助词都被省略。例如：（括号内为省略的助词）

刻舟求剑　　လှေနံ(တွင်)စား;(နှင့်)ထစ်(သည်)

班门弄斧　　တရုတ်ပြည်(သို့) အပ် (ကို) သွားရောင်း(သည်)

南辕北辙　　ယုန် (က) တောင် (ဘက်သို့) ပြေး (သော်လည်း) ခွေး (က) မြောက် (ဘက်သို့) လိုက် (သည်)

10. 缅甸语中要表达各种感情色彩，也都要靠助词，所以要想学到地道的缅甸语或深刻理解缅甸语句子，都离不开深入理解每个助词的含义和用法。

练习：

1. 在空格处填上合适的助词并将句子译成中文。

၁။ အစည်းအဝေးကို(၉)နာရီ-------စတင်ကျင်းပသည်။

၂။ ကျောင်းသား(၂၅)ယောက်-------စာမေးပွဲအောင်ကြသည်။

၃။ အဖေကသားကိုစာအုပ်တစ်ယောက်တစ်အုပ်-------ဆုပေးသည်။

၄။ လူတစ်ယောက်လျှင် ဆပ်ပြာ(၂)တောင့်-------သမဝါယမဆိုင်ကရောင်းသည်။

၅။ သားသမီး(၃)ယောက်-------ဘွဲ့ရကြပြီ။

၆။ သူသည်ကြက်သားဟင်းတစ်ပန်းကန်-------စားပစ်လိုက်သည်။

၇။ သူသည်စာမေးပွဲခြွင်တစ်ဘာသာမကျန်-------ဂုဏ်ထူးရသည်။

၈။ သီတင်းကျွတ်တွင်ကျောင်းနှစ်ရက်-------ပိတ်မည်။

၉။ သူ့အရပ်သည် ၆းပေ-------ရှိသည်။

၁၀။ ဤကားပေါ်တွင်လူ(၅)ယောက်-------ဆံ့နိုင်သည်။

၁၁။ ကျွန်တော်တစ်ယောက်-------သွားဝံ့ပါသည်။

၁၂။ ညီအကိုသုံးယောက်တွင် သူ-------အလှဆုံးဟု မိအေးကပြောသည်။

၁၃။ ထိုနေ့ကအဖေသည် သူနင့်ညီမလေးအတွက်မုန့်ဖိုးတစ်ရာ-------ပေးခဲ့သည်။

၁၄။ မြင်းကပါသည်ယွန်းပညာ-------အသက်မွေးကြသူများသည်။

၁၆။ သူ နတ်ခမ်းကိုပြုတ်-------ကိုက်ရင်းခေါင်းကိုမော့ထားလိုက်သည်။

၁၇။ သူတစ်ကိုယ်လုံးမှာရေချိုးထား-------ချွေးတွေရွှဲနစ်နေတော့သည်။

第十三章　助词（ပစ္စည်း）

၁၈။ မင်းကွန်းခေါင်းလောင်းကြီး၏အလေးချိန်ကို မင်းဖြူမှန်မှန်ပြော ------နံသင်္ဂဏန်း မှတ်သားခဲ့သည်။

၁၉။ ကျွန်တော်တို့ကော်ဖီဆိုင်တစ်ဆိုင်ဝင်ပြီးဗိုက်ဖြည့်လိုက်ကြ------။

၂၀။ ကုလသမဂ္ဂကိုထိရောက်သည့်အဖွဲ့အစည်းကြီးဖြစ်------နှင့်ပြန်လည်ရှင်သန် -------လုပ်ရမည်။

၂၁။ ဆေးတစ်ကြိမ်ထိုး ------(၃-၄)ရက်အတွင်းရောဂါပျောက်နိုင်သည်။

၂၂။ ခင်ပွန်းသည်၏လေသံသူ------ပို၍ကြင်နာနည်းနေလေသည်။

၂၃။ သူ ဒီနေ့အိမ်ကို------နဲ့။　（但愿别回来了）

၂၄။ သန်ကောင်စာရင်း------လူပေါင်းခြောက်သောင်းရှိသည်။

၂၅။ ဆရာပြောသည်------လုပ်ပါ။

2. 选择合适的词填空并将句子译成中文。

၁။ မင်းကတော့အရင်------ပါပဲလား။ မောင်ထူး------။ ဒီစာရွက်စာတမ်းတွေကြားမှာ ပဲအလုပ်ရှုပ်------။　（အတိုင်း၊ နေတုန်းကိုး၊ ရာ）

၂။ မိန်းမလည်း------မင်းနဲ့ကလေးတွေစားဖူးတယ်------ဝယ်လာတာပါကွာ။စား------စားစမ်းပါ။　（မှာသာ၊ ရအောင်၊ ကွာ）

၃။ သူကိုယ်တိုင်လည်းယခု------လေထဲသို့ထပျံသွားတော့------ပေပါးနေသည်။ (မတတ်၊ ပင်)

၄။ မနေ့ညကမင်းအဖေ------ဖုန်းလာသေးတယ်။မင်းအမေချောင်းဆိုးတာသွေးတွေအန်လာ လို့------။မင်းအိပ်နေ------မနှိုးပါနဲ့တော့တဲ့။　(တဲ့၊ ဆီက၊ လို့)

၅။ ခန္ဓာကိုယ်တစ်ခုလုံးပေါက်ကွဲ------မီးတောက်တစ်ခု------ပူပြင်းတုန်ခါသွားသည်။ (လို၊ လုမတတ်)

၆။ သူတို့ပြောနေသောစကားသည်သူ------သောအကြောင်း------အခြားဘာမှမဖြစ်နိုင်။ (မှလွဲ၍ ၊နှင့်ပတ်သက်)

၇။ နင်ကနတ်ဆရာပြောတဲ့စကား----နားမထောင်ဘဲ------။ (မှ၊ ကိုး)

၈။ ထိုအကျဉ်းသားနှစ်ဦးမှာအသံလွင့်ဟောပြောချက်များ------ဂျပန်တို့အမိန့်------ ရေးသားခဲ့သည်။ (အရ၊ ကို)

၉။ ကုလသမဂ္ဂ------ယနေ့အချိန်ခါမှာ ------မကြုံတွေ့ရသေးသည်စိန်ခေါ်မှုတွေကို ရင်ဆိုင်နေသည်။　(အနေဖြင့်၊ တစ်ခါမှ)

၁၀။ အမေရိကန်-----မြောက်ကိုးရီးယားကိုစစ်ရေး-----အရေးယူနိုင်ရန်ကုလသမဂ္ဂမှမှု
တင်သွင်းရန်တိုက်တွန်းလိမ့်မည်။ (အရ၊ အနေဖြင့်၊)

၁၁။ ကုန်သွယ်ရေးမှုဝါဒသစ်-----အီးယူ-------အာဆီယံ------အခြားအဓိကကုန်သွယ်
ရေးနိုင်ငံများနှင့်လွတ်လပ်စွာကုန်သွယ်မှုဇုန်တည်ထောင်သွားမည်။ (အနေဖြင့်၊ အပြင်၊ အရ)

၁၂။ ကြက်ကင်ဥကင်ဆာဖြစ်စေသည်ဓာတ်တွေတွေ-----ကြက်ကင်ကိုမစား-----သည်အစာ-----
သိရှိရန်လိုသည်။ (သင့်၊သဖြင့်၊ အဖြစ်)

၁၃။ ဒုတိယအကြိမ်မြောက်အရှေ့တောင်အာရှတံခွန်စိုက်မြားပစ်ပြိုင်ပွဲကိုမြန်မာနိုင်ငံ-----
အိမ်ရှင်နိုင်ငံ-----လက်ခံကျင်းပမည်။ (အဖြစ်၊ အနေဖြင့်)

၁၄။ ------ကပတ်စ်ပိုကောင်တာမှာနည်းနည်းစောင့်ရတာ-----၊-----အဆင်ပြေတယ်။
(ကလွဲလို့၊ အကုန်၊ အဝင်၊)

၁၅။ အခုနှစ်-----အိန္ဒိယနိုင်ငံကိုစာတမ်းဖတ်ပွဲ၊စကားရည်လုပွဲ-----အစီအစဉ်တွေအပြည့်နဲ့
ည်ိနိုင်ငံ-----ဆောင်ရွက်ပေးခဲ့တယ်။ (စတဲ့၊ အဖြစ်၊ အဖို့)

၁၆။ ရန်ကုန်မြို့တရုတ်တန်းရပ်ကွက်-----သစ်ပင်လေးတစ်ပင်အောက်-----ခုံပုပုလေးတစ်လုံး
နှင့်ထိုင်-----ဒူးရင်းသီးတစ်လုံးကိုကျွန်တော်အခွံခွာစားနေပါသည်။ (မှာ၊ ပြီး၊ က)

၁၇။ အပင်အို------အသီးဝင်းဝင်းတွေသီးပေး--------ပင်။ (သော်လည်း၊ နေဆဲ)

၁၈။ လပေးဝယ်ယူသူများ-----အိမ် -----ရုံးခန်းသို့-----အလျှင်အမြန်ပို့ဆောင်ပေးပါသည်။
(သို့မဟုတ်၊ ထံ၊ အရောက်)

၁၉။ ပြပွဲမလုပ်-----တဲ့၊--------တစ်ရပ်က အဆက်အသွယ်မရှိတာ-----သိရပါတယ်။
(ကြောင့်လို့၊ ဖြစ်၊ အကြောင်းရင်း)

၂၀။ ဆုငွေ-----ညဏ်ပူဇော်ခပထမဆု-----ကျပ် ၅၀၀ နှင့်နှစ်သိမ့်ဆုငါးဆုအတွက်
ကျပ်၁၀၀-----ချီးမြှင့်မည်။ (အတွက်၊ စီ၊ အဖြစ်)

၂၁။ လိုအပ်ချက်ကိုဖြည့်ဆည်း-----စေမည်-----အရည်အသွေး-----ရရှိစေနိုင်သေးသည်။
(အပြင်၊ တစ်မျိုးတစ်စားတည်း၊ ရာရောက်)

၂၂။ ငြိမ်းချမ်းရေး-----အစီအမံကို------နိုင်-----လုပ်ခဲ့ကြတယ်။
(လောက်အောင်၊ မရေမတွက်၊ အတွက်)

၂၃။ ------အမေ့မှန်းထား-----ပါ၊အဖေဧကအရက်-----ဘဝတိုက်ပွဲမှာစောစီးစွာကျဆုံး
သွားခဲ့တယ်။ (ဘာပဲဖြစ်ဖြစ်၊ ကြောင့်၊ သလို)

၂၄။ စာသင်တာ-----ဖြစ်တယ်။ကျောင်းကိုကြောက်စရာကြီး-----အောက်မေ့မသွား-----
အရေးကြီးတယ်။ (လို့၊ ဘယ်အချိန်သင်သင်၊ ဖို့)

第十三章 助词（ပစ္စည်း）

3. 将下列句子补充完整。

၁။ အဝါရောင်နှင့်အပြာရောင်ကိုရောစပ်၍--------ရောင်ကို--------သည်။

၂။ အလောင်းမင်းတရားသည် ဒဂုံမြို့ကို သိမ်းပြီးလျှင်------------ဟုအမည်ပေးတော်မူသည်။

၃။ သူသည်ဆုတောင်းမတတ်သည်--------ရဲကျလေသည်။

၄။ ဆရာသည်ကျောင်းသားများ------စာအုပ်သယ်ခဲ့သည်။

၅။ သူမှာလိုက်သည်အတိုင်း----

၆။ မိုးမရွာသည်အတွက်----

၇။ ဤစာအုပ်သည်ကျွန်တော်အဖို့----

၈။ ကျွန်တော်ကြားခဲ့သည်အရ----

၉။ ဇလေထုံးစံ----သူတို့ပြုကျင့်သည်။

၁၀။ သူသည်ဉစ္စာကြွယ်ဝသည်------ပေးကမ်းစွန့်ကြ၏။

၄။ အောက်ပါစာပိုဒ်များတွင်ရှိသောကွက်လပ်များကိုဆီလျော်သောစာလုံးများရွေးပြီးဖြည့်ပါ။

၁။ နို့တိုက်သတ္တဝါ

မှ…သို့၊ အခြား၊ ဖြင့်၊ တွင်၊ သာလျှင်၊ အ…ဆုံး၊ မှ…အထိ၊ လိုလို၊ သို့သော်၊ အပေါ်၊ သောကြောင့်၊ စေကာမူ၊ များသောအားဖြင့်၊ ရန်၊ ကဲ့သို့

နို့တိုက်သတ္တဝါဟူသည်မှာသားငယ်ကိုနို့ရည်တိုက်ကျွေးမွေးမြူသောသတ္တဝါဖြစ်သည်။ကျောရိုးရှိသတ္တဝါသည်အဆင်------မြင့်------ဖြစ်သည်။လူသည်နို့တိုက်သတ္တဝါ----ပါဝင်သည်။------နို့တိုက်သတ္တဝါတို့သည်များသောအားဖြင့်ခြေလေးချောင်းတိရစ္ဆာန်များဖြစ်ကြသည်။------ဝေလငါးသည်နို့တိုက်သတ္တဝါတွင်ပါဝင်၏။နို့တိုက်သတ္တဝါသည်နှာခေါင်း------အသက်ရှုသည်။ကိုယ်ခန္ဓာအရေခွံ၍------အမွေးပေါက်သည်။နို့တိုက်သတ္တဝါသည်သွေးနွေးသတ္တဝါဖြစ်သည်။နှလုံး------ကိုယ်ခန္ဓာအနှံ့အပြား------သွေးလည်ပတ်လျက်ရှိသည်။နို့တိုက်သတ္တဝါတိုင်း------သွားရှိသည်။နို့တိုက်သတ္တဝါများသည်ရာသီဉတုအခြေအနေအမျိုးမျိုးတွင်နေထိုင်နိုင်ကြသည်။ကမ္ဘာပေါ်တွင်အီကွေတာအပူပိုင်းဒေသ------အအေးပိုင်းဒေသများ------ထိုသတ္တဝါများကိုတွေ့ရသည်။အချို့နို့တိုက်သတ္တဝါများဉ့ရန်သူကိုခံ------သွား။အစွယ်၊ခွာတို့ပါရှိကြသည်။အချို့နို့တိုက်သတ္တဝါတို့သည်ရန်သူကိုရှောင်ရှားနိုင်ရန်လျင်မြန်ဖျတ်လတ်ကြသည်။အချို့နို့တိုက်သတ္တဝါများသည်သစ်သီးသစ်ရွက်တို့ကို------စား၏။အချို့နို့တိုက်သတ္တဝါများသည်တိရစ္ဆာန်ငယ်များကိုသတ်ဖြတ်စားကြ၏။ကြ------သောနို့တိုက်

သတ္တဝါမျိုးသည်ထီးတည်းနေတတ်ကြ၍ဆင်ကဲ့သို့သောနို့တိုက်သတ္တဝါမျိုးသည်အစုအနွံ့နေတတ်ကြသည်။ ဝေလငါးသည်ရေအောက်၌နေသော်လည်းအဆုတ်ရှိ------လေကိုတိုက်ရိုက်ရှူနိုင်သည်။ သားမွေး၍နို့တိုက်သော သတ္တဝါလည်းဖြစ်သည်။

မည်သို့ပင်စရိုက်လက္ခဏာများခြားနား------နို့တိုက်သတ္တဝါတို့၏တူညီသောလက္ခဏာမှာသားငယ်ကို ယုယတတ်သောပင်ကိုသိဉာဏ်ရှိခြင်းပင်ဖြစ်သည်။ ထိုလက္ခဏာသည်လူတို့တွင်အပေါ်လွင်ဆုံးဖြစ်၏။ ထိုအချက် ကိုသားငယ်--------၌မေတ္တာထားခြင်း၊ ဂရုတစိုက်ပြုစုစောင့်ရှောက်ခြင်း၊ မိသားစုစိတ်ဓာတ်ရှိခြင်းတို့ဖြင့် သိသာနိုင်သည်။

၂။ မြန်မာရှုခင်းအလှ

တစ်လျောက်၊ တစ်ပါး၊ အပြင်၊ လည်း၊ အနံ့၊ ရာ ၊ အဖို့၊
တစ်ရပ်၊ စသော၊ စေ၊ ဖြင့်၊ တစ်ဆုံး၊ လျက်

မြန်မာနိုင်ငံတွင်သာယာလှပသောရှုခင်းများသည်နိုင်ငံတစ်ဝန်း၌ရှိသည်။ ထိုရှုခင်းများစွာတို့ကိုလယ်ယာ ရှုခင်းနှင့်ဖန်တီးအလှရှုခင်းဟူ၍ခွဲခြားနိုင်သည်။

လယ်ယာအလှရှုခင်းသည်နိုင်ငံ၏အကျယ်အပြန့်ဆုံးသောစိုက်ခင်းပြင်ကြီးများဖြစ်သည်။ ရထား---- လည်းကောင်း၊ ကား----လည်းကောင်းခရီးသွားသောအခါလယ်ကွင်ပြင်ကြီးများကိုမျက်စိ------မြင်နိုင်သည်။ စိမ်းလန်းနေသောလယ်ကွင်းများကိုတွေ့နိုင်သည်။ ရွှေရောင်ဝင်းနေသောလယ်ကွင်းများကို------တွေ့နိုင်သည်။ သစ်တောကြီးများသည်နေရာအနံ့ထူထပ်စွာတည်ရှိသည်။ တောင်တန်းကြီးများနေရာ------မှိုင်းညို့စွာတည်ရှိနေ သည်။ တောင်ထွတ်တောင်ထိပ်တွင်ထုံးဖွေးဖွေးစေတီတို့သည်နေရာအနံ့ညို့ဖွယ်တည်ရှိနေသည်။ ဦးဒွေ စိတ်၊ ညို့နွမ်းစိတ်၊ ပင်ပန်းစိတ်များကိုပြေပျောက်------သောရှုခင်းများပင်ဖြစ်သည်။ မြန်မာနိုင်ငံလယ်ပိုင်တွင် ပဲ၊ နမ်း၊ ပြောင်း၊ ဝါ၊ နေကြာ----စားပင်စိုက်ခင်းကြီးတို့ကလည်းတစ်မျိုးတစ်ဖုံလှနေ၏။ ထိုစားပင်စိုက်ခင်းတို့ အကြား၌စီတန်းနေသောထန်းပင်ကြီးတို့ကလည်းမြန်မာ့အညာဒေသ၏ကြည်နူးဖွယ်မြင်ကွင်း----ဖြစ်သည်။

မြန်မာနိုင်ငံသည်ကျွန်းရွှေငွေတို့ပေါများ-------ဒေသဖြစ်သည်။ ရိုးမတွယ်သွယ်တို့------ရှမ်းကုန်းမြင့် နှင့်ကချင်မြေတို့တွင်သစ်တောကြီးများမည်းမှောင်အောင်ထူထပ်----ရှိသည်။ ကချင်မြေသို့မီးရထားနှင့်သွား ပါကဘေးဝဲယာ----တွင်ဖြောင့်ဖြူဖြူဖွေးနေသောကျွန်းပင်များကိုအစီအရီတွေ့မြင်နိုင်သည်။ ဤရှုခင်းသည် မြန်မာပြည်သူပြည်သားတို့၏ရတနာ----ဖြစ်သည်။ အပန်းဖြေခရီးသည်များ----အံ့ဩစရာလည်းဖြစ်ပေလိမ့် မည်။ ကြည်နူးစွာလည်းခံစားရပေလိမ့်မည်။

စဖွယ်၊ ရှု၊ အောင်၊ အလျောက်၊ သက်သို့၊ မှု၊ အတွက်၊ တသွင်သွင်၊
ဟူ၊ မှသာ၊ သာ၊ ကဲ့သို့၊ ရာရာ

第十三章　　助词（ပစ္စည်း）

ကချင်ပြည်နယ်တွင်မေခမြစ်နှင့်မလိခမြစ်တို့ကိုတွေ့ရပေမည်။ ထိုမြစ်နှစ်မွာဆုံရာမှစည်းရာမြစ်ဆုံသည် ကချင်ပြည်နယ်၏ရှားဟုဆိုရမည်။ တောင်ညိုတောင်မိုင်းကြီးများသည်မေးကိုမော့ကြည့်ရလောက်------ မြင့်မားလှသည်။ ရေခဲတောင်ထိပ်များသည်နေရောင်အောက်တွင်တဝင်းဝင်းတလက်လက်၊ မြစ်များ၊ ချောင်းများ၊ စမ်းရေများကလည်း------စီးဆင်းလျက်ရှိသည်။ ရေအောက်ကမ်းယံနှစ်တန်းနှစ်ပြင်လုံးတွင်ကျောက်တုံး၊ ကျောက်ခဲတို့သည်တစ်ဦးတစ်ယောက်ကလာ၍တမင်ခင်းထား----ရေပြင်မြေပြင်တစ်လျှောက်လုံးပြန့်ကျဲနေလေ သည်။

သဘာဝ----ဖြစ်ပေါ်နေသောရေကန်ကြီးများလည်းနေရာအနှံ့တည်ရှိနေသည်။ အင်းတော်ကြီးနှင့် အင်းလေးကန်ဒေသတို့တွင်ညီလာပြန်ပြူ၍ပြာလဲ့သောရေပြင်ကိုတောင်တန်းတို့ကဝိုင်းရံထားသည်။ ထိုတောင် ရိုးတောင်တန်းများကိုမြူခိုးများကကာရံထားသည်။ မြူခိုးများကိုမိုးတိမ်တို့ကအုပ်ဆိုင်းထားသည်။ အင်းလေး ရေပြင်တစ်လျှောက်တွင်ကျွန်းမျောများလည်းရှိသည်။ အင်းသူအင်းသားတို့သည်ရေလယ်တွင်လှေငယ်ကိုလက် ဖြင့်မလှော်၊ ခြေထောက်ကနှင့်လှော်ခတ်နေကြသည်။ ထိုအင်းလေးကန်ဒေသသည်ရေးနှစ်ပေါင်းစွာကပင်လယ် ပြင်ကြီးဖြစ်ခဲ့မည်----ဘူမိဗေဒပညာရှင်များကမိန့်ဆိုကြသည်။

အရောင်းအဝယ်ပြုလုပ်ရာတွင်ရေပြင်ပေါ်ထက်လှေပေါ်----ပြုလုပ်သည်။ ထိုရေပေါ်ဈေးကိုအင်းလေး ဒေသ၌----တမူထူးခြားစွာတွေ့မြင်နိုင်သည်။ ရေပေါ်ဈေးတွင်လူအင်္ဂါချင်း၊ လှေအချင်းချင်း၊ တံတောင်ချင်းထိ ၍ခမောက်ချင်းငြိကြသည်အဖြစ်အပျက်ကလည်းပျော်ရွှင်----တစ်ခုဖြစ်သည်။

ပလီသောင်ယံကမ်းခြေ၊ လက်ခုပ်ကုန်းကမ်းခြေ၊ မောင်မကန်ကမ်းခြေ၊ ချောင်းသာကမ်းခြေ၊ ကမ်းသာ ယာကမ်းခြေ၊ ငွေဆောင်ကမ်းခြေတို့သည်စိတ်ကြည်လင်မွေ့လျော်ဖွယ်ကောင်းသ----လွှမ်းမောဖွယ်လည်း ကောင်းလှသည်။ ထိုနေရာထိုဒေသသို့ရောက်လာကြသည်လူတိုင်းအုန်းရည်သောက်ကြသည်။ လမ်းလျှောက်ကြ သည်။ လိုင်းစီးကြသည်။ သဲပေါ်မှာအိပ်ကြသည်။ နေစာလှုံကြသည်။ ကောင်းကင်ပြင်နှင့်ပင်လယ်ပြင်ကိုငေးမော နေရင်းရောက်တတ်----အတွေးများနှင့်နေကြသည်။ သဘာဝရှုခင်းများကိုမိမိနှစ်သက်သလိုခံစားနိုင်သောကမ်း ခြေတို့သည်အပန်းဖြေ----သက်သက်မျှသာဖြစ်သည်။ သို့သော်တစ်ချို့ကမ်းခြေတို့၌----သဘာဝအလှရှုခင်း များကိုခံစားရံသာမကမိမိတို့ဆုတောင်း၊ ဆုယူ၍ရန်ရင်တော်ဗုဒ္ဓဘုရားများကိုနည်းဖူးမြော်နိုင်သည်။

မျက်မှောက်ခေတ်တွင်ခေတ်မီစက်ကိရိယာများဖြင့်ဖန်တီးထားသောအလှများကိုလည်းနိုင်ငံအနှံ့ထံတွေ့ ခံစားနိုင်ပေသည်။ ထို့ကြောင့်လူသားတို့၏ကိုယ်စိတ်ကျန်းမာရေး----ပတ်ဝန်းကျင်အလှမပျက်ယွင်းစေရန် ထိန်းသိမ်းစောင့်ရှောက်ကြရမည်။

၃။ ဆား

သာ၊ တပါး၊ တို့၊ ပေါ့၊ ခြင်း၊ ဖြင့်၊ တဖန်၊ ခံ၊ လေ့၊ စေ၊
ဖြင့်၊၊ အဖြစ်၊ ထို့အပြင်၊ ဖြစ်၊ အားဖြင့်၊ မှ

ရေနှင့်လေတို့သည်သတ္တဝါတို့အားအသက်ရှင်ရေးတွင်အရေးပါသကဲ့သို့သတ္တဝါတို့စားသောက်သည့် အစားအစာတိုင်းတွင်လည်းဆားသည်လိုအပ်သောအရာဝတ္ထုတစ်ပါးဖြစ်ပါသည်။ဆားရိုး၊ဆားပုပ်၊ဆားခါးနှင့် သိန္ဓောစသောဆားအမျိုးမျိုးရှိပါသည်။ဆားသည်ငံ၏သင်္ကေတ————သကြားနှင့်တူ၏။ဆားကိုပင်လယ်ရေငန်ရ ————ရပါသည်။မြန်မာပြည်ပင်လယ်ကမ်းခြေရှိရပ်ဒေသများ————သောတနင်္သာရီတိုင်း၊ဟံသာဝတီနယ်———— တွင်ပင်လယ်ရေကိုကမ်းခြေရှိတွင်းထဲသို့စီးဝင်————လျက် ထိုပင်လယ်ရေရရှိသောဆားပွင့်များကို ————ဆားလောင်ကန်များသို့ပြောင်းရွှေ့ထားပါသည်။ထိုနောက်ရက်အနည်းငယ်မျှနေလှမ်းပြီးလျှင်ထိုဆားပွင့် ရေကိုကြိုချက်ကြပါသည်။ဤနည်း————ပင်လယ်ရေမှဆားကိုရရှိပါ၏။အထက်မြန်မာပြည်အောက်ချင်းတွင်းနယ် ရှိမြို့ရွာများနှင့်ရွှေဘို၊စစ်ကိုင်း၊မိတ္ထီလာ၊ရမည်းသင်းစသောမြို့နယ်တို့တွင် ဆားပေါက်သောမြေကိုရေဖျော်ပြီး နောက်ထိုဆားငန်ရည်ကိုနေလှမ်းသောအခါဆားခြောက်များရရှိပါသည်။အိန္ဒိယပြည်အိန္ဒူမြစ်ဝှမ်းဒေသတွင်ရှိ သောဆားတွင်းများမှဆားကိုရရှိရန်မှာ——————ကျောက်မီးသွေးတူးဖော်သကဲ့သို့တူးဖော်ခြင်းဖြင့်ဆားများရရှိ ပါတော့၏။

ဆားပုပ်၊ဆားခါးနှင့်သိန္ဓောဆားသည်ဆေးဝါးဖော်စပ်သည့်အခါတွင်အသုံးပြုကြပါသည်။ဆားရိုးမှာမူနေ့ စဉ်လူတို့ချက်ပြုတ်စားသောက်သောဟင်းလျာများတွင်ထည့်၍ချက်ရပါသည်။ မည်သည့်အစားအစာကိုစားစား လူတို့သည်ဆားကို————အသုံးပြုရပါ၏။ ဆားမပါသောအစားအစာတို့မှာအရသာ————သည်။ဆားသည်သွေး သားသန့်ရှင်းစေသောဆေး————ဖြစ်ပါသည်။————မည်သည့်သားစိမ်းငါးစိမ်းမျိုးကိုမဆိုကြရှည်————ရန်ဆား နယ်ရပါသည်။ငါးပိ၊ငါးခြောက်များသည်ဆားနယ်ထားသောကြောင့်ပုပ်သိုး————မရှိပါ။တောလက်ကျေးရွာများ တွင်ကျွဲနွားများကိုဆေးဝါး————ဖြင့်ဆားကျွေး၏။ သားကောင်များကိုပစ်ခတ်————ရှိသောတောလိုက်မုဆိုးတို့ သည်ဆားပေါက်သောမြေမျိုးပေါများသည်အရပ်တွင်လာရောက်၍မြေကိုလျှာဖြင့်လျက်လေရှိသောသားကောင် များကိုချောင်းမြောင်းပစ်ခတ်ကြတော့သည်။

၄။ ကျွန်း

တစ်ပါး၊ တို့၊ အဖြစ်၊ လျက်၊ ခန့်၊ အလိုက်၊ မှ၊ နှင့်၊ ရန်၊ နှင့်၊ စီး၊ ရအောင် မျှ၊ ထို့ကြောင့်၊ ထက်၊ မျှသာ၊ လျှင်၊ ခံ၊ စသည့်၊ အစား၊ မရဘဲ၊ သို့သော်

ကျွန်းပင်သည်မြန်မာနိုင်ငံ၏အရေးကြီးထုတ်ကုန်ဖြစ်သည်။ မြန်မာကျွန်းသစ်သည်ကမ္ဘာတွင်ထင်ရှား သည်။ကျွန်းသစ်သည်မြန်မာ့ရတနာ————ဟုလည်းခေါ်နိုင်သည်။

ကျွန်းပင်သည်မိုးရေချိန်လက်မ(၄၀)————(၁၂၀)ရှိသောဒေသများ၌ဖြစ်ထွန်းသည်။မြေအမြင့် ပေ(၃၀၀၀)အောက်တွင်ပေါက်သည်။ခြောက်သွေ့သည်ဒေသများ————မိုးအလွန်များသည်ဒေသများ၌ကျွန်းပင် မပေါက်ချေ။မြန်မာနိုင်ငံတွင်ပဲခူးရိုးမ၊ရခိုင်ရိုးမအရှေ့ဘက်ဆင်ခြေလျှော၊မုတ္တမနယ်ရှိတောင်ကုန်းများ၊မြစ်ကြီး နားခရိုင်နှင့်ကာမိုင်းနယ်————၌ကျွန်းပင်များကိုတွေ့ရသည်။မြန်မာနိုင်ငံ၌ကျွန်းပင်စိုက်ပျိုးခြင်း၊ကျွန်းပင်ခုတ်လှဲ

第十三章　助词（ပစ္စည်း）

ခြင်းတို့ကိုအစိုးရစီကမ်းအုပ်ချုပ်သည်။

　　ကျွန်းပင်သည်ရာသီ————အစွက်ကြွေသောသစ်ပင်မျိုးဖြစ်သည်။ နွေရာသီတွင်ကျွန်းရွက်ကြွေသော သစ်ပင်မျိုးဖြစ်သည်။နွေရာသီတွင်ကျွန်းရွက်များသည်တစ်ရွက်မကျွေသောသစ်ပင်မျိုးဖြစ်သည်။ရွက်သစ် ထွက်ချိန်မှာဦးကျကျွန်ဖြစ်သည်။မိုးရာသီတွင်ကျွန်းပင်များသည်စိမ်းလန်းစိုပြည်————ရှိသည်။ကျွန်းရွက်သည် (၁)ပေမှ(၃)ပေ————အထိရှည်သည်။မျက်နာပြင်ကြမ်းသည်။ကျွန်းရွက်ကြီးများကိုပစ္စည်းထုပ်————ဖက်အဖြစ် အသုံးပြုကြသည်။ကျွန်းတော————နီးသောအချို့ကျေးရွာများတွင်ကျွန်းရွက်ကိုအိမ်မိုးကြသည်။ကျွန်းရွက်တွင် အနီရောင်ဆေးတစ်မျိုးပါရှိသဖြင့်၊တချို့လူများသည်ကျွန်းရွက်များကိုဆိုးဆေး————အသုံးပြုကြသည်။

　　ကျွန်းသားသည်မာပြီးခိုင်ခံ့သည်။ကျူးခြင်း၊ကြခြင်းမရှိ————မြန်မာ့ကျွန်းသစ်ကိုကမ္ဘာကတန်ဖိုးထား ကြခြင်းဖြစ်၏။ကမ္ဘာကျော်သစ်များသည်မြန်မာ့ကျွန်————နှစ်ဆမျှကျူးခြင်း၊ကြခြင်းရှိ၏။ခိုင်မာရာ၌လည်းလေးပုံ သုံးပုံ————ရှိသည်။ကျွန်းသားကိုအနက်စင်နှင့်ခြို့တို့မစား။ကျွန်းသားတစ်ကုဗပေသည်၄့၅ပေါင်ခန့်အလေးချိန်———— သည်။အသားသေပြီးကျွန်းသားကိုရေထဲချ————ပေါ်လောပေါ်သည်။ ကျွန်းသားကိုအခြောက်ပေါင်————ခြင်း ဖြင့်မည်းနက်သောကတ္တရာဆေးတစ်မျိုးကိုရရှိနိုင်သည်။၍ကတ္တရာစေးကိုဆေးအဖြစ်အသုံးပြုကြသည်။ကျွန်း သားကိုအိမ်ဆောက်ကြသည်။ပရိဘောဂပြုလုပ်ကြသည်။မီးရထားတွဲများ၊သဘောများတည်ဆောက်ရာ၌အသုံး ပြုသည်။ မြန်မာနိုင်ငံ၌ကျွန်းသားဖြင့်ဆောက်လုပ်ထားသောဘုန်းကြီးကျောင်း၊ ဇရပ်————အဆောက်အအုံ အများအပြားရှိသည်။အနောက်တိုင်းသူတေသီများသည်ကျွန်း————အခြားသစ်များကိုသုံးရန်သုတေသနပြုလုပ် နေကြသည်။သို့သော်ကျွန်း၏ဂုဏ်သတ္တိများနှင့်ယှဉ်ပြိုင်နိုင်သည်သစ်ကိုယနေ့အထိမတွေ့သေးပေ။

　　ကျွန်းသစ်သည်နိုင်ငံတော်ဘဏ္ဍာဖြစ်သည်။အစိုးရ၏ခွင့်ပြုချက်————ကျွန်းပင်များကိုမည်သူမျှခုတ်လှဲ ခြင်းမပြုရပေ။ ထိုင်း၊မလေးရှား၊အင်ဒိုချိုင်နားနှင့်အိန္ဒိယနိုင်ငံတို့၌လည်း ကျွန်းများထွက်သည်————မြန်မာ့ ကျွန်း၏အရည်အသွေးကိုမမီကြောင်းဆိုကြသည်။မြန်မာနိုင်ငံသစ်တောများမှနှစ်စဉ်တန်ချိန်ပေါင်းလေးသိန်း ————ထွက်သည်။သစ်တောများမပြုန်းတီး————လည်းဆောင်ရွက်လျက်ရှိသည်။ကျွန်းပင်များနှင့်အခြားသစ်ပင် များကိုနှစ်စဉ်တကျစိုက်ပျိုးလျက်ရှိသည်။

၅။ စောင်းကောက်

စသဖြင့်၊ စေ၊ ဟု၊ ပါး၊ ပင်၊ အတွက်၊ အနက်၊ ပြု၊ ရေးအကျဉ်းသော၊
မျိုး၊ မိမိယင်းချောင်း၊ ကြောင်းအနည်းဆုံး၊ ဖြင့်၊ ကဲ့သို့ ၊လက်ထက်၊
အမှတ်တနဲ၊ ဟူ၍၊ လောက်၊ သို့မဟုတ်၊ သဖြင့်၊ ထိုမှတစ်ဆင့်၊ လေ့၊

　　စောင်းကောက်သည်ကမ္ဘာပေါ်ရှိတူရိယာများ————တူရိယာဖြစ်သည်။စောင်းတူရိယာသည်ကျောက် ခေတ်တွင်စတင်ပေါ်ပေါက်ခဲ့သည်ဟုသုတေသီတို့ကအဆို————သည်။ကျောက်ခေတ်လူသားတို့သည်စားဝတ် နေရေး————သားကောင်များကိုဖမ်းကြသည်။ ထိုအခါ————အတွက်ဘေးအန္တရာယ်မဖြစ်————ရန်အဝေးမှ

ပစ်ခတ်နိုင်သောလေးမြားများကိုတီထွင်ခဲ့ကြသည်။လေးကြီးမှပစ်လိုက်သောကြိုးခတ်သံကိုနားယဉ်လာကြ
သည်။----ကိုအကြောင်းပြု၍ကြိုးတစ်ချောင်းတပ်တူရိယာ၊ကြိုးသုံး----တပ်တူရိယာ----အဆင့်ဆင့်
တီထွင်ဖြစ်ပေါ်လာသည်ဟုအဆိုရှိသည်။

မြန်မာတို့သမိုင်းဦးတူရိယာများသည်ကြေး၊ကြီး၊သားရေ၊လေ၊လက်ခုပ်ဖြစ်သည်။ ထိုတူရိယာငါး
----တွင်စောင်းတူရိယာသည်တစ်ခုအပါအဝင်ဖြစ်သည်။မြန်မာ့စောင်းသည်ခရစ်နှစ်၈၀၁ခုနှစ်ပျူ၊ခေတ်က
----ပေါ်ထွန်းခဲ့သောအမျိုးသားအမွေအနှစ်တူရိယာတစ်----ဖြစ်သည်။ခရစ်နှစ်၈၀၂ခုနှစ်တွင်ပျူမင်းသား
သုနန္ဒ၊အမတ်ကြီးတို့ခေါင်းဆောင်သောအဖွဲ့တွင်မြန်မာ့စောင်း(၇)မျိုးပါဝင်ခဲ့----သိရသည်။ထိုကြောင့်မြန်မာ့
စောင်းသည်သရေခေတ္တရာခေတ်ကပင်စတင်ပေါ်ထွန်းခဲ့သောတူရိယာတစ်မျိုးဖြစ်သည်----မှတ်တမ်းပြုနိုင်
သည်။

မြန်မာတို့.စောင်းတွင်ဗျပ်စောင်းနှင့်လက်ပိုင်စောင်း----နှစ်မျိုးရှိသည်။လက်ပိုင်စောင်း ကိုစောင်း
ကောက်ဟုလည်းခေါ်သေးသည်။ဗျပ်စောင်းသည်ဗျပ်----အဝိုင်းပြားအိုးတွင်လက်ရုံးတပ်ထားသောကြိုးတပ်
တူရိယာဖြစ်သည်။စောင်းကောက်မှာကိုယ်ထည်ပိုင်သည်လှေပုံသဏ္ဌာန်ရှိသည်။ရွက်တိုင်ကွေး----လက်ရုံးမှာ
ကွေးညွတ်သွားသည်၊လေးကိုင်းသဏ္ဌာန်ရှိသည်။

စောင်းကြိုးများကိုပိုးကောင်မှရသောပိုးချည်မျှင်အစမ်းများ----ပြုပြင်လုပ်ဆောင်ရသည်။ထိုးပိုးကြီး
များမှာအဝါရောင်ရှိခင်ဝကြီးဟုလည်းခေါ်သည်။ စောင်းကိုရေးအခါက (၇)ကြိုးဖြင့်တီးခတ်ခဲ့ကြသည်။ကုန်း
ဘောင်ခေတ်တွင်ဘကြီးတော်ဘုရား----ရွှေမြတ်မင်းကြီးဦးစကစောင်းကြိုး(၁၃)ကြိုးအထိတီထွင်ဖန်တီးနိုင်ခဲ့
သည်ဟုအချို့သုတေသီများကဆိုကြသည်။----စောင်းကြိုး၁၃ကြိုးမှာ၄ကြိုးအထိတီထွင်ခဲ့သူမှာစောင်းဆရာ
ငြိမ်းဖြစ်၍စောင်းကြိုး၁၆ကြိုးအထိတီထွင်ခဲ့သူမှာစောင်းဦးဘသန်းဖြစ်သည်။

၆၊ ကျေးဇူးသိတတ်သူ

သင်၊ အနီး၊ ...လေ...လေ၊ မ...နဲ့၊ တစ်တုံး၊ ပို့၊ က၊ ရင်၊
မ...ရ၊ သွား၊ လာ၊ ဒါကြောင့်၊ စတဲ့၊ နဲ့၊ မ...ဘဲ။

ရေးရေးတုန်းကခြသေ့တစ်ကောင်ဟာတောင်တစ်ခုရဲ့ဂူထဲမှာနေပါတယ်။အဲဒီတောင်ခြေရင်းကိုဝိုင်းထား
တဲ့ညွှန်အိုင်ကြီးတစ်အိုင်ရှိပါယ်။ အဲဒီအိုင်ရဲ့မာတဲ့ညွှန်အပြင်မှာယုန်၊မြွေခွေး၊ကြောင်၊သမင်------သတ္တဝါ
တွေလှည့်လည်နေထိုင်စားသောက်ကြပါတယ်။

တစ်နေ့မှာတော့ခြသေ့ကြီးဟာဂူထဲကထွက်လာပြီး တောင်ခြေရင်းကိုကြည့်လိုက်ပါတယ်။ တောင်
အောက်မှာမြက်နေစားနေတဲ့သမင်ကိုခြသေ့ကြီးမြင်----ပါယ်။ အဲဒီအချိန်မှာခြသေ့ကြီးဟာသမင်ကိုဖမ်း
----တောင်အောက်ကိုလျင်မြန်တဲ့အဟုန်----ပြေးဆင်းသွားပါယ်။အဲဒီအချိန်မှာပဲသမင်ကလည်းခြသေ့
ကိုမြင်သွားပါယ်။သမင်ကလေးဟာကြောက်ကြောက်ရွံ့ရွံ့နဲ့ပြေးပါယ်။ ခြသေ့လည်းလျင်မြန်တဲ့အဟုန်ကို

第十三章　助词（ပစ္စည်း）

----ထိန်းနိုင်----ညွှန်ထဲကျသွားပါတယ်။ခြသေ့ဟာညွှန်ထဲမှာလုပ်----မြုပ်----ဖြစ်နေပါတယ်။ဒါတောင် ညွှန်ထဲ----မတက်နိုင်ဘူး။ညွှန်ထဲမှာပဲခြေလေးချောင်းလုံးထောက်ပြီး ခုနစ်ရက်လုံးလုံးအစာမစားရဘဲနေရပါ တယ်။

တစ်နေ့မှာတော့အစာရှာထွက်----တဲ့မြွေခွေးတစ်ကောင်ဟာခြသေ့ကိုမြင်သွားလို့ကြောက်လန့်ကာ ထွက်ပြေးပါတယ်။ခြသေ့လည်းမြွေခွေးကိုလှမ်းခေါ်ပြီး "မြွေခွေး၊----ပြေးပါ----။ငါဟာညွှန်ထဲမှာနစ်နေတဲ့ သူပါ၊ငါ့အသက်ကိုကယ်ပါ...ကယ်ပါ" လို့ပြောတယ်။ဒီတော့မြွေခွေးလည်းခြသေ့----ကိုသွားပြီး "ခြသေ့ငါက သင့်ကို ညွှန်ကလွတ်အောင်ကယ်ချင်ပါတယ်။ ဒါပေမဲ့----ကညွှန်မှလွတ်လာတဲ့အခါ ငါ့ကိုစားမှာကြောက် တယ်" လို့ပြောလိုက်ပါတယ်။

အဲဒီအခါခြသေ့က "မြွေခွေးမကြောက်ပါနဲ့၊ငါ့ကိုက----သင့်ကိုမစားပါဘူး။ကျေးဇူးလည်းမမေ့ပါ ဘူး" လို့ပြောလိုက်ပါတယ်။မြွေခွေးလည်းခြသေ့ရဲ့ကတိစကားကိုယုံကြည်သွားပါတယ်။----ခြသေ့ကြီးကို ညွှန်ထဲမှလွတ်အောင်ကြိုးစားပြီးကယ်ခဲ့ပါတယ်။ခြသေ့ကြီးဟာခဏနားပြီးရေအိုင်ထဲမှာရေချိုးပါတယ်။

ခြသေ့ကြီးဟာအစာအစာ----စား----တာလဲကြာနေပြီဖြစ်တော့စားဖို့သားကောင်ရှာထွက်သွားပါ တယ်။မကြာမီသားကိုကိုက်ချီပြီးပြန်လာတယ်။သူဖမ်းလာတဲ့သားကောင်ကို "အသင်မြွေခွေးအရင်စားပါ" လို့ခြ သေ့ကြီးကပြောတယ်။မြွေခွေးကသူစားပြီးတဲ့အခါမှာအသားသစ်----ကိုနောက်ထပ်ကိုက်ချီလိုက်ပါတယ်။

第二部分　句法（ဝါကျဖွဲ့စည်းပုံ）

第十四章　句法、句子、词组（ဝါကျဖွဲ့စည်းပုံ၊ ဝါကျ၊ ပုဒ်）

　　语法是研究词的变化规律及连词成句的规律的科学。一般包括词法和句法两大组成部分，句法就是以研究"连词成句"的规律为内容的。我们知道，词和词组不是句子，但是词和词组都可以成为句子。在词典中我们可以找到"မီး"这个词，名词，意为"火"。同样在有人惊呼"着火啦"时，缅甸语中也出现"မီး"。这两种不同场合出现的"မီး"并不相同。前者是词，后者是句子，通常我们称之为"独词句"。可见，词和句子的区别不在形式上，而在它们的性质不同。我们理解一个句子，不但要懂得每个词所表示的意思，还要了解词和词之间所发生的关系。

　　表达词和词之间的关系，可以用各种不同的语法手段。有的靠词序来表示。缅甸语中因为有众多的助词来表明句子成分的语法作用，因此词序并不重要。但是也不能说在缅甸语中词序就一点作用都没有了。有时词序还能决定意义的。例如：

　　　　ကြည့်ပြောနော်။
　　　　你讲话要看场合。
　　　　ပြောကြည့်မယ်။
　　　　我讲讲试试看。

ကြည့်ပြော၊ ပြောကြည့် 两个词由于位置的颠倒，两个词之间的关系就发生了变化。前面的是联动关系，后一个为动词和助动词的关系。从意义上来看，

第十四章　句法、句子、词组（ဝါကျဖွဲ့စည်းပုံ၊ ဝါကျ၊ ပုဒ်）

上句是说"要看了情况，然后再说话"，下句则是"我尝试着来讲讲"。意义完全不一样。

也有的是靠虚词来表示。例如：

သူကဒီလိုလုပ်တယ်။

他这样做。

သူမို့ဒီလိုလုပ်တယ်။

只有他才这么干。

上述两个句子，由于助词的不同，产生了不同的意义。可见，词和词组结合，可以有各种不同关系，而各种关系又可以用不同的手段来表达。

我们学外语总感到词汇和句子数目很多。学会一个词有时可以按词义类推，猜出另一个词义，但绝大部分却要一个词一个词地去记。但是句子却不一样，句子的类型是有限的，我们可以用学会的词组合方式类推出另一个句子的组成。能这样类推，主要是由于我们掌握了句型，掌握了词和词组的组合规则。缅甸语所以与汉语、英语及其他各种语言不同，一方面表现在它语音、词汇与别的语言有区别，另一方面更突出地表现在连词成句的规律上。因此，通过对缅甸语句法分析，我们可以对缅甸语言的句子有更清楚、更确切的认识，可以使我们更有效地学习和研究缅甸语。

句法既然是研究连词成句的规律，自然要研究词组和句子的。然而它并不研究每个具体的词组和句子，只是从众多的语言现象中总结连词成句的规律，来研究它的语法性质、构造和类型。

第一节　词组的定义

一、词组（ပုဒ်）的定义

所谓词组，是指两个或两个以上的词，按照一定的方式组合起来，表示一个概念，可以作句子中的某一组成部分。例如："ပန်းနီ"（红花），是由 ပန်း（花）和"နီ"（红）连成一个词组 ပန်းနီ。这个词组又可按一定的规律构成更大的词组，例如："ကျွန်တော့်နှမ၏ပန်းနီ"（我妹妹的红花）。这些词组中，词与词之间是存在着一定的结构关系的。例如：နီ（红）是修饰 ပန်း（花）的，而"ကျွန်တော့်နှမ၏"，（我妹妹的）是限定"ပန်း"（花）的。这样结构关系，我们称之为句法结构关系。

从广义上来说，词和词的组合都可以叫词组，可以是实词和实词的组合，也可以是实词和虚词结合。在缅甸语的词组中实词与实词依靠一定的语法规则结合，在结合时又常常有虚词在词组中起着语法的作用。这样组成的语言单位就是词组。

第二节　词组的分类

词组可以按照不同的标准来分类。第一种分类方法是按照句法结构关系来分类，就是根据词与词之间不同的结构分类，可以分成：并列结构、偏正结构、主谓结构、宾动结构、同位结构、复杂结构等几类。

1. 并列结构：几个成分并列在一起，地位平等，不分主次，它们之间常用连接词连接。例如：

　　မောင်ဘနှင့်မောင်ခွေး
　　貌巴和貌魁（名词词组）

　　အားပေးထောက်ခံ
　　支持（动词词组）

　　များ၊မြန်၊ကောင်း၊သက်သာစွာ
　　多、快、好、省（形容词词组）

2. 偏正结构：这类词组中，各成分之间的关系不是平等而是一个附属另一个，或是一个修饰另一个成分。例如：

中心语在后：

　　ပါတီစည်းမျဉ်း　　　　党章
　　ရုပ်ချောသောလုံမပျို　　漂亮的小姑娘
　　ထမင်းစားနေသောကိုကို　正在吃饭的哥哥

中心语在前：

　　မြင်းဖြူ　　白马

第十四章　句法、句子、词组（ဝါကျဖွဲ့စည်းပုံ၊ ဝါကျ၊ ပုဒ်）

　　　　လူဆိုး
　　　　歹徒

3. 主谓结构：词组本身由主语和谓语两个部分组成。例如：

　　　　သူသွားရန်တိုက်တွန်းသည်။
　　　　建议他去。

　　　　ကျွန်တော်တို့ ဤသို့ပြောခြင်းသည် ဘာမျှအပြစ်ဆိုစရာမရှိပါ။
　　　　我们这么说是无可非议的。

4. 宾动结构：组合中的前一部分表示动作行为、判断等所涉及的对象，后一部分则表示动作行为或判断等。例如：

　　　　ဂျပန်ဖက်ဆစ်ခုခံတိုက်ခိုက်ရေး
　　　　反对日本法西斯

　　　　အပြစ်ကျူးလွန်ခြင်း
　　　　犯错误

　　　　ဒီအသံမှန်မှန်ထွက်ဘို့မလွယ်ပါ။
　　　　要发准确这个音不容易。

5. 同位结构：两个部分叠用，指同一事物。例如：

　　　　မြို့တော်ဘေကျင်း
　　　　首都北京

　　　　သူတို့နှစ်ယောက်
　　　　他们俩

　　　　အင်္ဂလိပ်ပြန်ဒေါက်တာမောင်ထင်
　　　　留学英国归来的貌廷博士

　　　　ကျွန်တော်၊ချို့ယွင်းချက်ရှိသောသူ၊မရင့်ကျက်သေးသောသူ၊ဒီလိုဟိုလိုဖြစ်သောသူသည် မျက်မှောက်ပြုနေသောခေတ်က . . .
　　　　我，一个有缺陷的我，一个不成熟的我，一个这样或那样的我，面临的时代……

6. 复杂结构：有时一个词组内，可以包含另外一个或几个词组，这就构成复杂的词组。例如：

貌丁吞和貌觉温他们的努力全都白费了。

上句中的主语部分是一个复杂的结构，包含有两个并列结构词组和由它们组成的偏正结构：

   ကိုတင်ထွန်းနှင့်မောင်ကျော်ဝင်း 并列结构
   ကြိုးပမ်းအားထုတ်မှု   并列结构
   ကိုတင်ထွန်းနှင့်မောင်ကျော်ဝင်းတို့၏ကြိုးပမ်းအားထုတ်မှု 偏正结构

第二种分类方法是根据词组在整个句子中所起的作用和性质来分，可以分成：名词词组、定语词组、状语词组等，这些词组往往由助词和别的词组成，助词就表明整个词组在句子中的语法地位，因此这些助词在缅甸语中就显得特别重要。

  1. 名词词组：它在句子中的作用，相当于一个名词，可以作句子的主语，也可以作句子的宾语或补足语。一般名词词组的组成，可以是简单的名词结合。例如：

ကျွန်တော်တို့၏ထင်မြင်ယူဆချက်နှင့်သူတို့၏ထင်မြင်ယူဆချက်သည်အတူတူပင်ဖြစ်၏။
  ↑_____↑ ↑_____↑
    偏正   偏正
  ↑_____↑
      并列结构

我们的意见跟他们的意见是一样的。

在缅甸语中，有一类名词词组是名词和名词或名词、动词与助词组成。这些助词有 ပုံ、ခြင်း、ကြောင်း、ရန်、မှန်း、သမျှ、သရွေ့、နည်း 等。例如：

（1）加 ပုံ 表示现象、形状、姿态和表情，这一类是动词加上名词 ပုံ（式样、形状）组成。例如：

第十四章　句法、句子、词组（ဝါကျဖွဲ့စည်းပုံ၊ ဝါကျ၊ ပုဒ်）

အဒေါ်ကအလွန်ပင်ပန်းနေပုံရသည်။
阿姨看起来好像非常疲倦。

သူတို့ကနားမလည်သေးပုံရသည်။
看来他们并没理解。

（2）加 ခြင်း：可以使某一动词变成动名词，也可以使整个词组或句子名词化。例如：

ရေထမ်းခြင်းကအစလုပ်သည်မှာကျွန်တော့်အဘို့အလွန်အကျိုးရှိသည်ဟုယူဆပါသည်။
我认为从挑水开始做起，对我有很多好处。

ကျွန်တော်သည်ခရီးလှည့်လည်ခြင်း၊ရေကူးခြင်း၊သီချင်းဆိုခြင်းတို့မှာဝါသနာပါသည်။
我喜欢旅游，游泳和唱歌。

အားနည်းသူများအားကူညီခြင်းနှင့်အလှူပေးခြင်းတို့သည်ကောင်းမှုတစ်မျိုးပင်ဖြစ်သည်။
　　宾动词组　　　宾动词组　　　　补足语成分
　　　　　　并列词组

帮助弱者和做布施都是一种积德的行为。

在上述例句中"အလှူပေးခြင်း""အားနည်းသူအားကူညီခြင်း"等都是宾动结构的词组在句子中起着名词的作用。

由此可见，名词词组在句子中所起的作用与一般名词相同，既可充任句子中的主语，也可作宾语，有的加上助词后，还可以作状语。

（3）加 ကြောင်း：变成名词词组，表示所叙述的一个内容。作为一个整体，在句子中可作主语、宾语、状语等用。例如：

သူကဒီအလုပ်မျိုးကိုလုပ်ခဲ့ဘူးကြောင်းထင်ရှားပါသည်။
很明显，他做过这个工作。（名词词组作主语）

ကျွန်တော်တို့နှင့်အတူခရီးသွားရာတွင်မသိန်းသိန်းခေါ်အဖော်တစ်ယောက်ရှိသေးကြောင်းစောစောကပင်ပြောထားသည်။
早就说好，跟我们一起去的旅伴，有一位名叫玛登登。（名词词组作宾语）

ကျွန်တော်တို့သည် မိတ်ဆွေကောင်းဖြစ်နေကြောင်း၊ဖျက်ဆီး၍မရနိုင်သော ချစ်ကြည်ရေးတည်ဆောက်ပြီးဉီးချစ်ကြည်ရေးရှေ့တစ်ဆင့်ခိုင်မြဲစေရန်နှင့်တိုးတက်ဖွံ့ဖြိုးစေရန်အားပြုထား

ကြောင်းစသဖြင့်သူကပြောကြားသွားပါသည်။

他说，我们已经成为好朋友，结下了牢不可破的友谊，并且决心要为进一步巩固和发展这个友谊而努力。（名词性词组作状语）

（4）မှန်：常与后面动词 သိ 相连用，表示强调该事物的确切性。例如：

ဘယ်သူယူသွားမှန်မသိ။

不知道是谁拿去的。

ဇာတ်လိုက်မင်းသမီးသည်ယောကျ်ားဇာတ်ဆောင်မှန်းပရိသတ်တို့ကလည်းသိပါသည်။

观众也知道女主角是男扮女装的。

ကောင်းမှန်းဆိုးမှန်းမသိလိုက်သောကောင်။

真是一个不知好歹的家伙。

（5）加 တာ 有两个作用：一个作用是在动词和形容词后，代替该动词或形容词所修饰的中心语，相当于汉语中的"的"。例如：

ငါရေးတာမှန်တယ်။

我写得对。

ဒါငါရေးတာပါ။

这是我写的（文章、作品等）。

မကျေနပ်တာတွေပြောပြပါ။

请将你不满的事情讲出来。

လိုတာမရ၊ ရတာမလို။

想得到的得不到，得到的却是不想要的。

တာ 另一个作用是使动词和形容词或词组名词化，常表示一件事物或已经过去的事。例如：

မောင်ကိုကိုကဘာပြုလို့ဝေဝေကိုမစောင့်တာလဲ။

貌哥哥为什么不等薇薇呢？

မင်းသေတ္တာကိုဘာလုပ်ယူလာတာလဲ။

你拿箱子来干什么？

သူဒီလိုပြောတာမမှန်ဘူး။

你这么说不对。

第十四章　句法、句子、词组（ဝါကျဖွဲ့စည်းပုံ၊ ဝါကျ၊ ပုဒ်）

သူတို့ကြိုးကြိုးစားစားအလုပ်လုပ်တာကိုအတုယူရမယ်။
要学习他们这样努力工作。

သူတို့ဒီလောက်ကြိုးကြိုးစားစားအလုပ်လုပ်တာဟာအကြောင်းမဲ့သက်သက်မဟုတ်ပါ။
他们这样努力并非无缘无故。

（6）加 သမျှ 表示"所有的一切"。例如：

ငါပြောသမျှဟာကိုယ်တွေ့မျက်မြင်တွေချည်းပါ။
我讲的都是亲眼所见的。

လိုသမျှဝေပေးပါ။
要多少就分给多少吧。

နေ့ရှိသမျှကြားနေရပါသည်။
每天都能听到。

သင်ခဲ့ရသောပညာမှန်သမျှနှင့်ပြည်သူလူထုအတွက်အလုပ်အကျွေးပြုရမည်။
要用学到的一切知识为人民服务。

（7）加 မည့် 组成名词性词组，表示将来发生的事情。在汉语中也是由"的"字结构表示，它与 တဲ့ 在语法作用是类似的，只不过表示将来的事物。例如：

ဤသို့ပြောလိုက်လျှင်သူနားလည်မှာပါ။
这么说他会理解的。

အမျိုးသမီးတစ်ယောက်အနေနှင့်လူအုပ်ထဲသို့တိုး၍ကားတက်ရမှာအလွန်တရာအရဲစွန့်ရပါကလား။
一个妇女，要挤进人群去上车，真要冒很大的险呢！

ဤတစ်ခါသူအောင်မြင်မှာပါ။
他这次一定成功。

၁၂ရက်နေ့သူပြန်မလာနိုင်ယင်သူတို့ဒီလအတွင်းပြန်လာနိုင်မှာမဟုတ်တော့ဘူး။
如果 12 日不回来，他们这个月就不可能回来了。

（8）加 ရှ：表示一种确实的情况，常与 မှန် 搭配使用，表示强调一种事实的真实性。例如：

တကယ်သာချစ်ရှိုးမှန်လျှင်၊ အရှက်ကိုပင်မေ့တတ်သည်တဲ့။
据说，如果真陷入爱河的话，就连害羞之心也会忘掉！

ရန်သူများအကြားမှအောင်မြင်စွာပင်တိုက်ခိုက်သောသတ္တိသည်ကိုခေါင်းညိတ်ရှိရိုမှန်ပါ၏။

哥党的的确确具有直捣敌巢，争取全胜的勇气。

သူသွားရိုးမှန်လျှင်တွေ့လိမ့်မည်။

如果他真的去了，就会见到的。

从上述例句来看，名词词组作为一个整体，在句子中可作主语，也可作宾语，也可作定语和状语用。在缅甸语中，名词词组大多数带有助词，就使句子的层次和关系比汉语要清楚一些，理解起来也显得容易。

2. 定语词组：这类词组在句子中起修饰和限定名词的作用，组成这类词组有下列几种方法：

（1）动词、形容词后加助词 သော၊ သည်၊ မည် 等。例如：

ခင်ဗျားကကျွန်တော့်ကိုမေးသော(တဲ့) မေးခွန်းအမြောက်အများကိုကျွန်တော်ဖြေပြီးပါပြီ။

你问我的问题，我已经回答了很多。

သူတို့ဒီနေ့နေ့လည်ရောက်မှာသေချာသောအကြောင်းသူ့အားပြောလိုက်ပါပြီ။

今天中午他们一定能到达的情况已经跟他讲过了。

ကျွန်တော့်ရဲ့ညီလေးကကျွန်တော့်ကိုလိမ်မှာမဟုတ်ပါ။

我弟弟是不会骗我的。

（2）加领属关系的助词 ၏（ရဲ့），这类词组可以是并列结构的名词词组，也可是其他结构的词组，在句子中起定语的作用。例如：

မောင်ကျော်ဝင်းနှင့်မောင်တက်တိုးတို့၏အကြံသည်အလွန်ကောင်းသောအကြံများဖြစ်သည်။

貌觉温和貌德多的意见很好。

သူပြောပြီးသည်၏အဆုံး၌ပင်ရှိုက်ကြီးတငင်ငိုပြန်ပါ၏။

他讲完后又抽泣起来。

（3）加 ရန် 等助词表示"为了什么目的的……""作……用的"。例如：

စာအုပ်ငှါးရန်ကပ်ပြား

借书卡

ကျွန်တော်တို့ထိုင်ရန်နေရာမရှိပါ။

没有我们坐的地方。

ရွာထဲ၌သောက်သုံးရန်ရေတွင်းနှစ်တွင်းသာရှိသည်။

村子里只有两口饮用井。

第十四章　句法、句子、词组（ဝါကျဖွဲ့စည်းပုံ၊ ဝါကျ၊ ပုဒ်）

တောင်ထိပ်သို့တက်ရန်ကျောက်လှေကားထစ်များရှိပါသည်။
有许多石梯可供登上山顶。

（4）不加任何其他助词，一个词组直接与名词相接，起修饰作用。例如：

အရပ်တပါးသို့မသွားဖူးသူဖြစ်၍တစ်ယောက်ထည်းခရီးမထွက်ရဲပေ။
他从未出过门，所以不敢一个人去旅行。

3. 状语词组：这类词组在句子中起的作用与副词起的作用相同。往往在后面加上状语助词 ဖြင့်၊ နှင့်(နဲ့)၊ လျက် 表明整个词组在句子中起修饰和说明谓语的作用。例如：

ဒီနေရာသို့သွားလိုက်ဟိုနေရာသို့သွားလိုက်နှင့်အလုပ်တော်တော်များပါသည်။
一会儿要到这儿，一会儿要到那儿，忙得很。

သူဖတ်ယင်းဖတ်ယင်းနှင့်အိပ်ပျော်သွားလေသည်။
他读着读着就进入了梦乡。

စာရေးမယ်ရေးမယ်နဲ့ခုထက်ထိမရေးဖြစ်သေးပါဘူး။
老说要写信要写信，到现在还没写成。

သူတစ်ယောက်တည်းကြက်သီးတဖျန်းဖျန်းထလျက်အားငယ်မိလေသည်။
他一个人感到非常绝望，全身都起了鸡皮疙瘩。

4. 谓语词组：这类词组在句子中作谓语，大部分是由动词或形容词组合而成，有些组合中没有任何连接的助词，有些则有固定的组合形式。

（1）不加任何助词的谓语词组。例如：

သူတို့စက်ရုံသို့သွားရောက် လည်ပတ် ကြည့်ရှုခဲ့ပါသည်။
曾到他们工厂去参观过。

သတင်းစာတွင်တက္ကသိုလ်မဂ္ဂဇင်းထွက်ပြီဟူ၍ရေးသားလိုက်သည်ကိုတွေ့မြင်ဖတ်ရှုသဖြင့်မဂ္ဂဇင်းကိုအမြန်ပင်ဝယ်ယူ ဖတ်ရှု ပါတော့သည်။
在报上看到大学杂志已经出版的消息，立即去买了一本。

有些谓语词组由单音节动词与其他动词或形容词组成，常见的有 သွား၊ လာ၊ ဝင်၊ ထွက်၊ ထိုင်၊ ထ၊ ဆင်း၊ လှည့်၊ လွတ်၊ နင်း၊ ဆက်၊ လှမ်း၊ ။ 等。例如：

သူထမင်းသွားစားသည်။
他去吃饭。

သူထမင်းစားသွား၏။
他吃了去的。

ငါ့ကိုကားနဲ့လာခေါ်ပါ။
你开车来接我。

ငါ့ကိုကားနဲ့ခေါ်လာသည်။
用车接我来。

ဒီခွေးကခဏခဏထွက်ကိုက်သည်။
这狗常常出来咬人。

အကြာကြီးထိုင်ရေးနေ၍မဖြစ်ပါ။
不能老坐着写字。

မခံချင်၍ထပြောလိုက်သည်။
忍不住站起来说了。

လယ်သမားတို့၏ဘဝကိုဆင်းကြည့်ပါ။
请你下去看看农民的生活吧！

သူသည်မောင်ဝင်းပြန်ခေါ်သည်။
他又回去叫貌温。

ဆရာကစမေးသည်။
老师先问。

ဟိုစာအုပ်ကိုလှမ်းပေးစမ်းပါ။
请将那本书递过来。

ကျွန်တော်ကြည့်ပြောပါမည်။
我看情况说吧。

（2）有固定的组合形式组成的谓语词组。这类词组是由一个形容词或助词连接两个相同的动词或形容词组成。例如：

မိုးရွာမြဲရွာနေလျက်ရှိသည်။
雨仍在下着。

ဝယ်မယ့်ဝယ် အကောင်းဝယ်မယ်ပေါ့

第十四章　句法、句子、词组（ဝါကျဖွဲ့စည်းပုံ၊ ဝါကျ၊ ပုဒ်）

要买就买好的。

လုပ်မယ်.လုပ်တော့ဒီအလုပ်ကိုလုပ်မပေါ့။
要干就干这个工作。

သူလာကောင်းလာလိမ်မယ်။
他可能来。

သူလာချင်မှလာမယ်။
他可能不来。

ရှာတော့ရှာတယ်မတွေ့ဘူး။
找是找了，但是没找到。

ဆရာကရှင်းတော့ရှင်းပြပြီးပြီ၊ဒါပေမဲ့ကျွန်တော်ကနားမလည်သေးပါဘူး။
老师解释过了，可我还是不懂。

သူတို့ရောက်တောင်ရောက်နေပြီ။
他们都到了。

ကျွန်တော်အိမ်ကိုပြန်တောင်ပြန်ချင်လှပါသည်။
我都想回家了。

ဒီအကြောင်းများကိုသူသိသလားမသိဘူးလား။
他知不知道这情况？

ဒီတစ်ခါစာမေးပွဲအောင်မအောင်မသိဘူး။
不知道他这次考试及格没有？

မေးသာမေး။
尽管问。

မကြောက်နဲ့.လုပ်သာလုပ်။
别怕，你尽管去好了。

练习

1. 从构词方式上指出下列词组的构成方式。

စက်လှေ၊　　　ကုန်ဈေးနှုန်း၊　　　ပြန်ပေးဆွဲ၊　　　ဝယ်ယူတင်သွင်း၊

ခမ်းနားကြီးကျယ်၊　ကောက်ကောက်ကွေ့ကွေ့၊　ရုံးခန်း၊　　ခမ်းနားကြီးကျယ်၊

ဆေးပြင်းလိပ်၊	ရွေးကောက်ပွဲ၊	ကာလပေါ်ဝတ္ထု၊	စာစီစာကုံး၊
ရုပ်မြင်သံကြား၊	ရေတိမ်နှစ်၊	ယ်ကချစ်၊	ပွဲလန့်ဖျာခင်း၊
လူနာတင်ကား၊	ပိုက်စိပ်တိုက်၊	ခြေပစ်လက်ပစ်၊	ကမ်းတက်သဘော်
ရှေးမြို့တော်မန္တလေး၊			

第十五章　句子与句子成分

（ဝါကျနှင့်ဝါကျအစိတ်အပိုင်း）

第一节　句子的定义

句子是语言交际的最小单位。它是由词或词组组成，能单独成立，表达一个完整的意思的单位。缅甸语的句子具有三个语法特征：①有语调；②有句尾助词；③有表述性。通常来说，一个句子总可以划分为两个部分，即主语部分和谓语部分，主语部分是动作的发出者或是句子陈述的对象，谓语部分是对主语的陈述。一般来说主语和谓语是句子中的主要部分，缺一不可。例如：

ကလေးကငိုနေသည်။
孩子在哭。

ကျွန်တော်တို့ကျောင်းကကျောင်းသူကျောင်းသားများသည်စာအလွန်ကြိုးစားကြပါသည်။
我们学校里的学生学习很努力。

သူတို့ပြတိုက်ကိုကြည့်ရှုကြပါသည်။
他们参观了博物馆。

在第一例句中，如果只说"ကလေးက"或"ငိုနေသည်"，在没有一定语言环境下就让人无法理解或使人觉得意思不完整。

句子除了主语、谓语外，还有其他部分，如宾语（动作涉及的对象）、定语（修饰名词或名词性词组）、状语（说明和修饰动词或形容词的）、补足语（对主语或宾语的补充）等几个部分。

第二节 句子成分

构成句子最基本的成分是主语（ကတ္တားပုဒ်）与谓语（ကြိယာပုဒ်），而缅甸语中最重要的还数谓语。一般情况下不能省略谓语。除了主语和谓语外，还有宾语（ကံပုဒ်）、定语（နာမ်အထူးပြုပုဒ်）、状语（ကြိယာအထူးပြုပုဒ်）、补足语等。现在分别加以说明。

1. 主语：它是表明说话人所要陈述的对象。例如：

သူသည်စံပြအလုပ်သမားတစ်ဦးဖြစ်သည်။

他是一位劳动模范。

ဒီကျောက်မီးသွေးတွင်းဟာပြီးခဲ့တဲ့အနှစ်၃၀ကတူးတာဖြစ်တယ်။

这座煤矿矿井是三十年前开挖的。

ကိုလှမြင့်ကရေကူးနေသည်။

哥拉绵在游泳。

ဒေါ်ဒေါ်ကဈေးသွားတယ်။

姐姐去市场了。

ဒါကကျွန်တော်ရဲ့ထင်မြင်ယူဆချက်ပါဘဲ။

这就是我的意见。

在缅甸语中，几乎所有的实词都可以充当主语，而名词和代词充当主语是最常见的。此外，数词或数量词组也可当主语。例如：

သုညလည်းဂဏန်းတစ်ခုဖြစ်သည်။

零也是一个数字。

တစ်မီတာဟာဘယ်လောက်ရှည်သလဲ။

一米有多长？

有时数量词所修饰的中心语，因有语言环境帮助，无需说出，数量词便作句子的主语了。例如：

ဒီမှာလက်မှတ်နှစ်စောင်ရှိတယ်တစ်စောင်ကပြတိုက်ကြည့်ဘို့ပါ၊ ကျွန်တစ်စောင်ကရုပ်ရှင်လက်မှတ်ပါ။

这儿有两张票，一张是展览会的，另一张是电影票。

တစ်ပုလင်းကုန်ပြီကျန်တစ်ပုလင်းလည်းတစ်ဝက်ဘဲကျန်တော့တယ်။

一瓶完了，另一瓶也只剩一半了。

第十五章　句子与句子成分（ဝါကျနှင့်ဝါကျအစိတ်အပိုင်း）

名词词组可作主语。例如：

သူတို့ကိုကူညီတာဟာကျွန်တော်တို့ရဲ့တာဝန်ဝတ္တရားပါ။
帮助他们是我们的职责。

ကျန်းမာရေးလေ့ကျင့်ခြင်းသည်အလွန်အရေးကြီးသည်။
锻炼身体很重要。

နီရဲသောနှုတ်ခမ်း၊ ဖြူဖွေးညီညာသောသွားနှင့်ပနာရလှသောမေးစေ့တို့သည်မျက်စေ့နှင့်အလှပြိုင်နေကြသကဲ့သို့ရှိသည်။
鲜红的嘴唇，洁白齐整的牙齿和长得十分和谐的下巴都与眼睛在媲美。

句子也可作为主语。这类句子在口语中常被看成为名词词组作主语。例如：

သူပြေးတာမြန်တယ်။
他跑得很快。

ကားစောင့်ရတာဘယ်လောက်ကြာရမလဲမသိဘူး။
不知道等车要花多少时间。

ကျွန်တော်သည်မြန်မာစာသင်နေသည်မှာသုံးနှစ်ကြာပြီ။
我已经学了三年缅甸语了。

有时一个名词词组作主语的句子在口语中往往产生歧义。例如：

ခင်ဗျားပြောတာမှန်တယ်။

可以理解为"你所讲的（内容）是对的"，也可以理解为"你讲（指动作）是对的"。前者指讲的内容，后者指动作本身。这就需要看具体语言环境而定。而在文章体中就不同，如果是指所讲内容则可以用：ခင်ဗျားပြောသောစကားများသည်မှန်ပါသည်။，如果是指动作本身，则写成：ခင်ဗျား၏ပြောခြင်းသည်မှန်၏။。

2. 谓语：在句子中对主语的陈述部分称为谓语，它说明主语是什么或是怎么样。在缅甸语中可作谓语的东西也很多，动词、形容词、词组等都能作谓语。例如：

ကမ္ဘာကျော်စာရေးဆရာလူရှွင်ကို ၁၈၈၁ခုနှစ်ကဆော်ရှင်းမြို့ကလေးတွင်မွေးဖွားခဲ့သည်။
世界闻名的大文豪鲁迅，1881 年出生在绍兴小镇上。

ဒီဆောင်းပါးဟာကျွန်တော်ဖတ်ပြီးသားပါ။

这文章是我看过的。

ဟိုလူသည်သီချင်းဆိုယင်းနင့်လာနေသည်။

那人唱着歌来了。

一般句子中，谓语是由一个动词或一个形容词组成。但是，有时谓语是由几个动词词组或形容词组组成，词与词之间还有各种不同的关系，这就是复杂谓语。有些复杂谓语是由动词和动词或动词和形容词连用，中间没有任何关联的词语。它们之间的关系有两种：一种为谓语的连续，一种为谓语的延伸。

谓语的连续关系是指组成复杂谓语的成分都是动词，并且都说明主语。一般是后一个动词表示前一动词的目的。在一定的上下文中，前一个动作可以为后一个动作的方式。例如：

သူမြို့ထဲသွားလည်သည်။

他进城玩了。

ရုပ်စုံမဂ္ဂဇင်းကိုလှန်လျှောကြည်နေသည်။

正在翻着画报。

မိုးပေါ်ကကြယ်များကိုမော်ကြည်နေသည်။

正抬着头看天上的星星。

ငြိမ်းချမ်းရေးကိုတိုက်ယူရမည်၊အသနားတောင်း၍ရမှာမဟုတ်ပါ။

和平是要用斗争去争取，乞求是得不到和平的。

ကျွန်တော်သည်ကဗျာဆရာမဟုတ်သော်လည်းကဗျာလက်ကာကိုတော့ချစ်ခင်မြတ်နိုးမက်မောလှ၏။

我不是诗人，然而对诗歌却十分喜爱和迷恋。

谓语的延伸是指前一个动词带宾语，后一个动词对前一个动词有所补充、说明，或者两个动词都对宾语起作用。例如：

သူ့ကိုရေးခိုင်းပါ။ (သူ့အားရေးဘို့ခိုင်းပါ။)

叫他写吧。

复杂谓语中还有许多情况是由几个动词或形容词连用而成。例如：

ဖက်ဆစ်တို့၏ကြမ်းကြုတ်ရက်စက်မှုကိုသူကိုယ်တိုင်မြင်တွေ့ ကြားသိ ကြုံကြိုက်ရပါသည်။

对法西斯的残暴他是亲眼目睹、亲身经历并有所体会的。

ရှုမဝဦးကျော်သည်ရှုမဝကိုမွေးဖွါးသန့်စင် ပြုစုစောင့်ရှောက် ကြီးပြင်းသက်ရှင် စေခဲ့လေသည်။

秀玛瓦吴觉创办了《秀玛瓦》杂志,并精心维护,使该杂志得以健康成长,不断发展。

3. 宾语:是动作或行为涉及的对象。
   ① 宾语是动作或行为的对象。例如:
   အင်္ကျီဖွပ်နေသည်။
   正在洗衣服。
   သတင်းစာဖတ်ပြီးပြီ။
   报纸看完了。
   မောင်ဘကမောင်ခွေးအားကူညီသည်။
   貌巴帮助貌魁。
   ② 宾语是动作行为的结果。例如:
   သူကပန်းချီဆွဲနေသည်။
   正在画画。
   အိမ်ဆောက်နေသည်။
   正在建造房屋。
   ထမင်းချက်နေသည်။
   正在做饭。
   ③ 宾语是动作行为所凭借的工具。例如:
   သော့ခတ်ထားပါ။
   上锁。
   ကားမောင်းနေသည်။
   正在驾驶汽车。
   သူ့သမီးကတယောထိုးနေသည်။
   他女儿正在拉小提琴。

有些句子中,谓语动词所涉及的对象不止一个,即句子中有两个宾语往往是一个宾语指人(或集体、单位),另一个指物。指事物的宾语称直接宾语,指人的宾语称间接宾语。在缅甸语书面语中,直接宾语与间接宾语后有不同的助词,直接宾语后用 ကို,间接宾语后用 အား,但在口语体中,均用 ကို。为了避免重复,往往省略一个助词,将助词 ကို 加在间接宾语后，而直接宾语紧靠动词而将助词省略。例如：

ဒီလက်ဆောင်ကလေးဆရာ့ကိုပေးစေချင်ပါတယ်။

我想请您把这个小礼物送给老师。

ကိုချစ်မြှိုင်ကိုဒီစာပေးလိုက်ပါ။

请把这封信给哥漆绵。

ကျောင်းသားများကိုသင်ခန်းစာ ၇ ဖတ်ခိုင်းသည်။

让学生们阅读第七课课文。

谓语动词与宾语之间的关系是很复杂的。除了上述的宾语是行为的对象、结果、凭借工具等之外，还有其他许多关系。以上述双宾语句中最后一句为例，句中主语没有出现，主要动词是 ခိုင်း（传唤），而 ဖတ် 虽出现在句子中的主要动词位置上，实际上这个动作不是主语发出的行为，而是宾语 ကျောင်းသား 的行为动作。宾语 သင်ခန်းစာ ၇ 也不是主要动词 ဖတ် 的涉及对象，而是宾语 ကျောင်းသား 的行为所涉及的对象。这样错综复杂的关系往往令人费解，但只要掌握基本语法知识是可以清楚地分析句子中各个成分的互相关系的。

在句子中，能够作宾语的词或词组有很多。名词、代词可以作宾语，数量词也可以作宾语，除此而外，词组、句子也可作宾语。例如：

ကားကိုဝယ်သည်။

买了车。（名词作宾语）

မေမေ့ကိုမေးသလား။

问了母亲吗？（名词作宾语）

ငါ့ကိုမမေ့နဲ့နော်။

你别忘了我。（代词做宾语）

သူတို့မနေ့ကပြန်လာမှန်းငါမသိသေးပါ။

我不知道他们昨天已经回来了。（词组做宾语）

ကလေးများကစားနေကြတာကိုသူကဘေးမှာမတ်တတ်ရပ်၍ကြည့်နေသည်။

他站着看孩子玩。（词组做宾语）

စာအုပ်တချို့ယူလာတယ်၊တစ်အုပ်ကိုစားပွဲပေါ်မှာထားပြီးကျန်နှစ်အုပ်ကိုတော့စာအုပ်စင်မှာထားလိုက်တယ်။

第十五章 句子与句子成分（ဝါကျနှင့်ဝါကျအစိတ်အပိုင်း）

拿了一些书来，一本放在桌子上，另外两本放在书架上。（数量词做宾语）

ဒီအလုပ်ဘယ်လိုလုပ်ရမှန်းကျွန်တော်မသိတော့ပါ။
我也不知道这工作要怎么干。（词组作宾语）

တိုင်းတစ်ပါးပြည်တွင်းရေးကိုဝင်ရောက်စွက်ဖက်တာကိုကျွန်တော်တို့ကဆန့်ကျင်ပါတယ်။
我们反对干涉别国内政。（词组作宾语）

ဆရာရဲ့စာအုပ်ကိုကိုကျော်စိုးယူသွားတယ်ဆိုတာကျွန်တော်မြင်တယ်။
我看见哥梭把老师的书拿去了。（句子作宾语）

ဦးလေးတို့ရောက်ပြီလားမသိဘူး။
不知道舅舅他们到了没有。（句子作宾语）

ငါ့စာအုပ်ကိုလည်းသူယူသွားပြီထင်တယ်။
说不定我的书也被他拿走了。（句子作宾语）

4. 定语。在句子中，定语是一种修饰语，专门用来修饰和限定名词。它可以是词，也可以是词组或句子。

定语可以从各个方面修饰中心语。定语与中心语之间的语义关系很复杂，为了简单明了，我们基本上将它们分成两类，即限制性定语和修饰性定语。

（1）限制性定语具有区别作用。当定语修饰某事物时，一定还有其他同类事物存在，说话者认为有必要加以区别。一般来说，表示时间、住所、领属关系的定语往往是限制性的，缅甸语中用 ၏(ရဲ့)၊ မှ(က)၊ သော(တဲ့)၊ 等定语助词。例如：

ပုလင်းထဲကရွှေငါး
瓶里的金鱼

သူရေးသည့်ဆောင်းပါး
他写的文章

သူ၏ဖခင်သည်ရှေ့နေဖြစ်ပါသည်။
他的父亲是律师。

ငါအကြိုက်ဆုံးဟာမမကပေးတဲ့လက်ဆောင်ပါ။
我最喜欢的是姐姐送我的礼物。

（2）修饰性定语着重在于描写，说话者主要是着眼于事物本身的描写。虽然，描写可以有比较，但主要并不关心是否还有其他同类事物存在，而只是指明中心语是"什么样的"。缅甸语中常用的定语助词有 သော (တဲ့)、မည် (မယ်)。例如：

ဆန်းကျယ်သောကမ္ဘာ	奇妙的世界
အဆုံးအစမရှိသောမြက်ခင်းပြင်	无垠的草原
ဖဲစနင့်ထုပ်ထားသောလက်စွပ်	用绸布包着的戒指

缅甸语中，定语与中心语之间常用助词连接，只有少数情况下，可以不用助词连接。

① 名词修饰名词：这类情况在缅甸语中可以直接连接在一起。例如：

ထမင်းဆိုင်	饭店
လက်ဖက်ရည်ဆိုင်	茶馆
သစ်သားကုလားထိုင်	木头椅子
သံဈေး	五金市场
ရွှေတိဂုံဘုရား	大金塔

② 动词或形容词修饰名词，也可以直接连接在一起。例如：

စားသောက်ဆိုင်	饮食店
လုပ်သေနတ်	土枪
နေ့စဉ်သုံးပစ္စည်း	日用品

但是，形容词或动词修饰名词时，绝大多数情况要加上定语助词。在书面语体中，形容词作定语时，用定语助词 သော。动词作定语时，用定语助词 သည် 也可以用 သော。在口语中都用 တဲ့。例如：

ကောင်းသောအကြံ	好的建议
ဝေးလံသောခရီး	遥远的路程
လှပသောအကျႌ	美丽的衣服
သာယာသောရှုခင်း	秀丽的风景
ဖတ်နေသည်သတင်းစာ	正在看的报纸
ဝယ်နေသည်ပစ္စည်း	正在买的东西

③ 词组或句子作定语时，除了很少情况外，大部分情况下一定要加表示性状或是领属关系的定语助词 သော(တဲ့)၊ ၏(ရဲ့) 等。例如：

မခင်ခင်နှင့်မလှမေတို့၏အခန်း
玛钦钦和玛拉梅她们的房间

ထိုမြို့တွင်မြင့်မားသောအဆောက်အဦများကို နေရာအနှံ့ပင်တွေ့မြင်နိုင်ပါသည်။
这座城市里到处是高大雄伟的建筑物。

သူက၁၉၅၀ပြည့်နှစ်ကရေးသောဝတ္ထုကိုလက်ဆောင်အဖြစ်ကျွန်တော့်အားပေးသည်။
他将 1950 年写的小说作为礼物赠给我。

ဒုဝန်ကြီးချုပ်နှင့်နိုင်ငံခြားရေးဝန်ကြီးဖြစ်သောသူ
副总理兼外交部长

如果定语是个句子，则句尾的助词 သည်၊ မည် 等要变成 သည့်၊ မည့် 。例如：

ဦးမြကရန်ကုန်သွားမည့်သူကိုရှာနေသည်။
吴妙正在寻找要去仰光的人。

လေ့ကျင့်ခန်းလုပ်ပြီးသောကျောင်းသားကအိမ်ပြန်လို့ရပြီ။
做完练习的学生可以回去了。

ကျွန်တော်တို့ငှားမည့်အိမ်က ၁၃ လမ်းမှာရှိပါသည်။
我们将租借的房屋在 13 条街上。

သူဖတ်နေသည့်စာအုပ်ကိုသွားလှန်ကြည့်ပါ။
你去翻翻他正在看着的书。

（3）缅甸语定语的特点

① 在形容词或数量词作定语时，定语与中心语的位置可以互换。例如：

နှစ်ယောက်သောသူ　　လူနှစ်ယောက်
二个人

နီသောပန်း　　ပန်းနီ
红花

ဝေးလံသောခရီး　　ခရီးဝေး
遥远的旅途

ကောင်းသောရုပ်ရှင်   ရုပ်ရှင်ကောင်း
好电影

修饰语与中心语虽然可以互换，但是它们表达的意义并不完全相同，修饰语在后面组成的词，结构比较紧密，所指事物比较狭窄，有限定的作用。而中心语在后，修饰语在前，中间有助词 သော 的词组，结构比较松散，所指范围比较广。

② 定语放在中心语之前，绝大部分情况要加定语助词 သော(တဲ့)၊ (ရဲ့) 等，尤其是词组或句子作定语时，都要加定语助词 သည်၊မည် 等。

5．状语：状语是修饰和说明形容词或动词的，在句子里它是谓语的修饰成分。在缅甸语中，状语一定在句子的主要谓语动词（或形容词）之前。例如：

သူကအမြဲလာမေးသည်။
他老来问。

မဝေဝေသည်မြန်မာစာကိုအလွန်ကြိုးစားသင်သည်။
玛薇薇学缅甸语很努力。

သူအကြောင်းကိုကျွန်တော်နည်းနည်းပါးပါးသိပါသည်။
他的情况我知道得很少。

သူကအလန့်တကြားအော်လေသည်။
他惊叫了起来。

状语的分类：状语可以从许多方面对动词、形容词等加以修饰。同样，有很多词、词组或句子可以作状语。根据状语的功能，可以将状语分为限制性的状语和修饰性的状语两大类。

（1） 限制性的状语没有描写作用，只是从时间、场所、范围、对象、目的等方面对句子中的谓语动词或形容词加以限制。限止性状语按其意义可分成下列几类：

① 表示时间：带有状语助词或词组：မှာ၊၌၊တွင်၊ဝယ်၊က၊တုန်းက၊ကတည်းက၊အထိ၊တိုင်၊တိုင်အောင်၊တော့၊ခိုက်၊စဉ်၊သမျှ၊သမျှကာလပတ်လုံး၊ရာမှ．．မီ(မ．．ခင်) 等。

② 表示场所：带状语助词 ၌၊တွင်၊မှာ၊ဝယ်၊က၊အထ 等。

③ 表原因：带有状语助词 ကြောင့်၊မို့၊အတွက်၊လို့၊သဖြင့်၊နှင့် 等。

第十五章 句子与句子成分 （ဝါကျနှင့်ဝါကျအစိတ်အပိုင်း）

④ 表目的：带有状语助词 ရန်(ဖို့) ၊အတွက်၊ခြင်း၊ငှါ 等。
⑤ 表工具、对象：带有状语助词 ဖြင့်၊နှင့်(နဲ့)၊အဖို့ 等。
⑥ 表从由：带状语助词 မှ(က)၊သို့(ကို) ၊အထိ၊အရောက် 等。
⑦ 表比较：带有 ထက်၊လောက် 等。
⑧ 表程度：带 လောက်၊အောင်၊လုမတတ် 等。
⑨ 表示方式：带 စီ၊ကျ၊လိုလို၊အဖြစ်၊အနေနှင့်၊ဖြင့် 等助词的句子组成部分。
⑩ 表依据：带助词 အရ၊အတိုင်း၊အလိုက်၊အလျောက် 等。

（2）修饰性状语往往由下列各种词语充任：

① 形容词（包括词组）做状语，可以加状语助词 စွာ，也可以重叠后使用，尤其是单音节形容词重叠后作状语用。例如：

ကောင်းစွာ   ကောင်းကောင်း
နေးစွာ   နေးနေး
သေချာစွာ   သေသေချာချာ

② 拟声词做状语分两种情况：一是在后面加后缀"ကနဲ၊ခနဲ"表示动作的突然出现（形容词作状语也有这种表达方式）；二是拟声词常常重叠后加前缀"တ"，表示动作的情状激烈或重复出现。例如：

ဝုန်းကနဲ   ခွေးကနဲ
ဒိုင်းကနဲ   ပူကနဲ
ဝေါကနဲ   ဝင်းကနဲ

မိုးတဝေါဝေါရွာချနေသည်။
雨哗哗在下。

သေနတ်သံတဒိုင်းဒိုင်းနဲ့မပြတ်ပါ။
枪声不断。

ခွေးကတဝုတ်ဝုတ်နှင့်မပြတ်ဟောင်နေ၏။
狗汪汪地叫个不停。

လှည်းဘီးသံတအီအီနှင့်။
只听见车轮吱吱嘎嘎地转响。

③ 动词作状语时有下列各种情况：

a. 直接连在一起，中间不加任何其他附加成分，前一个动词为修饰性的（我们也可以将其视为复杂谓语）。

ထိုင်ပြောပါ။
坐着说。

လက်တွေ့သင်သည်။
实践中去学习。

အညောင်းဖြေလမ်းလျှောက်သည်။
散步解除疲劳。

မျက်နှာချင်းဆိုင်တည်ဆောက်သည်။
相向而建。

b. 加助词 လျက် ，表示正以某种姿态发生动作。

ထိုင်လျက်စကားပြောနေသည်။
正坐着讲话。

အားလုံးကပြုံးလျက်ကြည့်ကြသည်။
大家正笑眯眯地看着。

သူတို့အချို့ကအထုပ်များထမ်းလျက်၊အချို့ကကလေးများချီလျက်၊အချို့ကခေါင်းပေါ်ကြေးဇလုံရွက်လျက်အအုပ်လိုက်အအုပ်လိုက်သွားနေကြသည်။
他们有的挑着行李，有的抱着孩子，有的顶着铜盆，成群结队地走着。

c. 动词或形容词加前缀"အ"后作状语用。例如：

အရမ်းပြောသည်။
乱说

အကုန်ဝယ်သည်။
全买

အသာရိုက်သည်။
轻轻地打。

အတင်းလုပ်ခိုင်းသည်။
逼着做。

အပြတ်အသတ်ကွာသည်။
相差悬殊。

第十五章 句子与句子成分（ဝါကျနှင့်ဝါကျအစိတ်အပိုင်း）

（4）副词做状语。副词本身的功能就是修饰和限制动词或形容词的，因此在句子中理所当然起状语作用。构成副词有多种形式（见副词部分），这些形式组成后的副词在句子中均可作为状语。

① 名词：部分名词或动词（形容词）加词头"အ"而形成的动名词，在句子中可作状语。动名词作状语往往表示动作的结果或程度。例如：

အစိမ်းလိုက်ဝါးမျှပစ်လိုက်ချင်သည်။
真想生吞了它。

ဆန်ကို(အ)အိတ်လိုက်ရောင်းသည်။
米是成袋出售的。

သူကသေတ္တာလိုက်နို့ဆီဗူးကိုဝယ်သွားသည်။
他成箱成箱地将炼乳买去。

ပြည်နယ်အလိုက်ရောင်းချပါသည်။
按省发售。

ရနာရီမှာအရောက်လာမည်။
将于7点到达。

အဝစား။
吃个饱。

အသေရိုက်။
打死。

② 数量词

တစ်ခါလျှင်၅ကျပ်စီပေးသည်။
一次给5元。

သုံးခေါက်တိုင်တိုင်ရှင်းပြသည်။
整整解释了三遍。

သူကတစ်ခါတည်းအကုန်မပေးဘူးတစ်အုပ်တစ်အုပ်စီပေးတယ်။
他不一下子都给，而是一本一本地给。

ဒီကောင်ကိုတစ်ချက်ပိတ်ကန်လိုက်တယ်။
狠狠地给了这家伙一脚！

③ 并列结构、宾动结构和主谓结构的词组可作状语。例如：

ကြက်တူရွေးစကားသင်ပေးသလိုသင်ပေးသည်။
像教鹦鹉学舌一样地教。

ဘယ်ပြန်ညာပြန်ရိုက်သည်။
左右开弓地打。

တစ်နေကုန်ဟိုပြေးဒီပြေးအလုပ်ရှာရသည်။
整天得东奔西跑去找工作。

ဂျပန်ဖက်ဆစ်တို့ကဖမ်းမိသူများကိုရေပူလောင်း၊လက်သည်းခွာနှင့်ညှင်းပန်းနှိပ်စက်ကြသည်။
日本法西斯用开水浇、剥指甲等酷刑来折磨他们抓到的人。

④ 句子也可作状语。例如：

စာရေးမယ်စာရေးမယ်နဲ့အခုထက်ထိမရေးဖြစ်သေးဘူး။
要写信要写信的直到现在还没写成。

မင်းမီးခြစ်ခြစ်လိုက်လေဟုကိုနုကအိပ်ရာကထယင်ရယ်ပြောလိုက်သည်။
（哥努）从床上爬起来大笑，说："你划一根火柴！"

6. 补语：它是补充说明的成分。在汉语中一般认为是对动词或形容词补充的成分，可分为：结果、趋向、程度等。而在缅甸语中一般采用两种方式，一种是用助词来表示，另一种用助动词的形式来表示。例如：

ရောဂါသက်သာလာပြီ။
病好起来了。（助动词表示趋向）

သူတို့၏တိုက်ခိုက်ရေးစိတ်ဓာတ်တစ်နေ့ထက်တစ်နေ့ကျဆင်းသွားပါသည်။
他们的士气日益低落。（助动词表示趋向）

ရေးမှားသွားသည်။
写错了。（形容词作结果补语）

စားပွဲကိုပြောင်အောင်တိုက်သည်။
把桌子擦得锃亮。（形容词加助词作状语）

သူတို့နားလည်အောင်ရှင်းပြသည်။
讲到他们懂了为止。（动词加助词作状语）

သေလုမတတ်နာသည်။
疼死了。（状语表示程度）

第十五章　句子与句子成分（ဝါကျနှင့်ဝါကျအစိတ်အပိုင်း）

缅甸语的补语从位置上分有两种：由助动词（或形容词）充当的补语在谓语之后，由动词、形容词加补语助词充当的补语在谓语之前，而后者是最常见的补语形式。为了简便，我们也可以将谓语之前的补语归入状语之列。例如：

မီအောင်လိုက်။
追上他。

ဝိုင်းအောင်ရေး။
写得圆些。

အားလုံးမြင်ရအောင်ရေးပါ။
写得让大家都能看见。

7. 补足语：缅甸语中，还有一种补充说明主语与宾语的成分，我们称它为"主语补足语"和"宾语补足语"，这种补足语一般是由名词组成。如果没有主语补足语或宾语补足语，往往使句子显得不完整。例如：

ထိုတောင်ကြီးသည်ပေ ၅၄၀၀ မြင့်သည်။
那座高山有 5400 英尺高。

ဒါမြွေပွေးဘဲ။
这就是眼镜蛇。

လူထုကဦးလှအားဥက္ကဋ္ဌအဖြစ်ရွေးသည်။
群众推选吴拉为主席。

သူ့ကိုကိုကရွှေကိုလက်ကောက်လုပ်လိုက်သည်။
他哥哥将金子打成手镯。

အိမ်နီးနားချင်းတို့ကသူ့အားဆရာဝန်တစ်ယောက်မှတ်သည်။
左邻右舍都以为他是一位医生。

သူတို့ကဆားငံရေကိုဆားအဖြစ်ချက်ကြသည်။
他们将咸水煮成盐。

သူ့မိဘကသူ့အားမောင်မောင်ဟုနာမည်မှည့်သည်။
他父母给他起了个名字叫"貌貌"。

说明：

① 有些动词或形容词需要主语补足语或宾语补足语。缅甸语中，需

要主语补足语的动词（形容词）有 ဖြစ်၊ရှိ ；表示度量衡的 လေး၊ဆံ့၊ဝင်၊စီး၊ရှည် ；表示范围的 ကျယ်၊ရှည်၊မြင့်၊နက်၊ဝေး၊ကြီး 等。

② 有些动词必须带宾语补足语的。例如：သင်သည်၊ ပြသည်၊ ဝယ်ပေးသည်၊ ရွေးကောက်တင်မြှောက်သည်၊ ခန့်သည်၊ ပေးသည် 等。

第三节　几种特殊成分

缅甸语句子中，除了有主语、宾语、谓语、定语、状语、补语外，还有几种特殊成分：复说、插说、呼语。

1. 复说：这是句子中一种特殊成分，在句子中有两个或两个以上的词或词组，都是指同一人，同一事物，并在句法结构中具有同等地位，属同一语法成分。这就是复说成分。句子的各种成分都可以用复说法来表示，主要用处是进一步说明补充或强调句子中的某一成分。例如：

① 主语复说

အလုပ်သမားကိုဆင်သည်နေ့တိုင်းမနက်နောရီရုံးတက်ပြီး ညနေ၉နာရီမှအလုပ်ဆင်းသည်။
工人哥新每天早上6点上班，到晚上9点才能下班。

ယောက္ခထီး၊ယောက္ခမဆရာခန့်နှင့်အဒေါ်ကြီးစုံတို့သည်မောင်ညီအားကိုယ့်သားအရင်းလိုသဘောထားကြသည်။
老丈人、丈母娘萨耶康和宋婶对貌纽就像自己亲生儿子一样。

② 宾语复说

ပြည်သူလူထုတို့သည်မြန်မာနိုင်ငံကိုတည်ထောင်သူဗိုလ်ချုပ်အောင်ဆန်းအားချစ်မြတ်နိုးကြပါသည်။
人民都热爱缅甸联邦的缔造者昂山将军。

③ 谓语复说

စက်မှုလုပ်ငန်းသည်တစ်နေ့ထက်တစ်နေ့တိုးတက်ဖွံ့ဖြိုးကြီးထွားလာနေပါသည်။
工业在日益发展和壮大。

④ 补语复说

အခန်းကိုသန့်ရှင်းစင်ကြယ်အောင်သုတ်သင်ရှင်းလင်းရမည်။
要把房间打扫得又干净又漂亮。

第十五章 句子与句子成分（ဝါကျနှင့်ဝါကျအစိတ်အပိုင်း）

⑤ 定语复说

သတ္တိလည်းရှိ လုံ့လဝီရိယလည်းရှိသော တရုတ်ပြည်သူလူထုသည် မိမိတို့အမိနိုင်ငံတော်ကို ကိုယ့် အားကိုယ်ကိုးပြီးထူထောင်နေကြပါသည်။

勤劳勇敢的中国人民正在自力更生地建设自己的祖国。

⑥ 状语复说

ကျွန်တော်တို့သည်တာဝန်သိသိသစ္စာရှိရှိအလုပ်လုပ်နေကြပါသည်။

我们都在认真负责、忠心耿耿地工作。

တောင်ပေါ်တွင်သစ်ခုတ်သံ၊ သစ်ပင်များဘုန်းဘုန်းလဲကျသံတို့သည်သစ်တောတစ်ခုလုံးတွင် မြည်ဟီန်းနေပါသည်။

山上伐木声、树木倒地的声音响彻林间。

2. 插说：在句子中，加上一个词或词组，它不起整个句子的主语、谓语等作用，也不起连接作用。它可以放在句子的开头，中间或最后，不与另一个成分发生结构关系。这是一种插说的表示法。这种成分叫独立成分。常见的插说有：

① 引起对方注意。

ဒီမှာကြည့် ဒီနှစ်စပါးကဘယ်လောက်ကောင်းလိုက်မလဲလို့။

你看，今年的庄稼多好呀！

ခင်ဗျားစဉ်းစားကြည့်၊ဟိုတုန်းကဘယ်လောက်ဆင်းရဲခက်ခဲသလဲလို့။

你想想看，那时候有多艰苦。

② 表示对情况的推测。

ကြည့်ရပုံကသူအသက်၂၀လောက်ရှိမည်ထင်သည်။

看样子，他有 20 岁了。

③ 表示对事物的肯定，目的是使对方对自己的话坚信不疑。

တကယ်ပါ၊မယုံလျှင်ခင်ဗျားကိုယ်တိုင်သွားကြည့်ပေတော့။

真的，你要不信自己去看看。

ဘုရားစူးရစေရဲ့၊ငါပြောတာအဟုတ်ပါ။

向老天发誓，我说的是实话。

အမှန်စင်စစ် ကျွန်တော်တို့လည်းသိပ်နားမလည်ဘူး။

其实，我们也不太懂。

④ 表示对程度的估计。

ယုတ်စွအဆုံး(အောက်ထစ်) ၃ မိုင်လောက်တော့ကွာလိမ့်မယ်။

最少也得相距 3 英里。

မသကာသူ့အဆဲခံရရုံဘဲ။

最多就给他骂一顿。

⑤ 表示说话人的感情。

ဝမ်းနည်းစရာဘဲ ငါနက်ဖြန်သွားရတော့မယ်။

可惜，我明天要走了。

သူတို့ကသေချာပေါက်အောင်နိုင်လိမ့်မယ်လို့မှတ်သလား။ဝေးလိုက်လေ၊သူတို့အနိုင်မရနိုင်အောင် ဒို့ကြိုးစားကြဟေ့။

他们以为一定会赢吗？差远着呢！咱们努把力让他们赢不了。

⑥ 表示事物的理由或次序。

ဤပန်းသည်အရောင်အမျိုးမျိုးရှိသည် ၁။ အနီရောင် ၂။ အဝါရောင် ၃။ အပြာရောင်

这种花有各种颜色，a. 红的，b. 黄的，c. 蓝的。

⑦ 表示包括、排除或突出。

တစ်ပြည်လုံးပြည်သူပြည်သားအထူးသဖြင့် လူငယ်အလုပ်သမားများဟာအတတ်ပညာ ပြုပြင်ရေးလှုပ်ရှားမှုတွင်တက်တက်ကြွကြွပါဝင်ကြပါသည်။

全国人民，特别是青年工人都积极参加了技术革新运动。

⑧ 表示解释或更正的。

ဟိုအကန်း(ဩော် ဆောရီး ဗျာ)ဟိုမျက်မှန်နဲ့သူဘဲ။

就是那个瞎子，（噢，错了）那个戴眼镜的人。

⑨ 表示补充。

အိမ်သူအိမ်သားကလည်းများ၊ရှာရတဲ့ပိုက်ဆံကလဲမများ၊နာဖျားလူမကျန်းမာသူကလဲတိုးပြန်၊အဲဒါ ကြောင့်နေ့တိုင်းလိုလိုပင်အငတ်ခံလိုက်ရပါတယ်။

他家里人很多，再加上赚的钱又不多，又有生病的，所以几乎每天都得挨饿。

⑩ 表示举例。

ဒုတိယကမ္ဘာစစ်ပြီးသည်နောက်လွတ်လပ်သောနိုင်ငံတော်တော်များများပေါ်ပေါက်လာပါသည်။ ဥပမာ မြန်မာပြည်၊အိန္ဒိယပြည်စသည်နိုင်ငံများဖြစ်ပါသည်။

第十五章　句子与句子成分（ဝါကျနှင့်ဝါကျအစိတ်အပိုင်း）

　　　　第二次世界大战后出现了许多独立国家，如缅甸、印度等。
⑪　表示总结。
　　　ကဲ၊ ကုန်ကုန်ပြောမယ် ငါမသွားဆိုသွားမှာမဟုတ်ပါ။
　　　好了，说到底，我说不去，就不会去的。

　3. 呼语：呼语是说话人称呼人物的语辞，离开句子的组织而独立存在，可以在句首、句中或句尾出现，不过无论在哪儿出现都要在语音上停顿。例如：

　　　ချစ်လှစွာသောမိတ်ဆွေအပေါင်းတို့ခင်ဗျား
　　　亲爱的朋友们！

　　　မောင်ဘရေ၊ ခဏလာပါအုန်း။
　　　貌巴，你来一会儿。

　　　မလုပ်ပါနဲ့ဗျာ မောင်ရွှေရာ။
　　　你别这样，貌瑞。

　4. 词序：是句子中词的排列顺序。每种语言由于结构规律不同，句子中词的排列顺序也有所不同。在汉语中词序要求较严格。例如："我叫他""他叫我"。词的位置决定了谁是主语，谁是宾语。动作的发出者和动作的承受者很清楚。动词前面的是主语，动词后面的是宾语，词序不能随便颠倒，如果词的顺序颠倒后意思便完全变了。在缅甸语中，因为每个句子成分后面几乎都跟着助词，一看就明白这个词在句子中的语法作用和地位。因此主语与宾语，主语、宾语与状语位置互相倒换，并不影响句子意思。例如：

　　　ကျွန်တော်ကသူ့ကိုစာအုပ်တစ်အုပ်ပေးသည်။
　　　我给他一本书。

　其中主语与宾语位置如果互相颠倒，写成 သူ့ကို ကျွန်တော်က စာအုပ်တစ်အုပ်ပေးသည်။ 也不会产生别的意思。又如：

　　　သူကအခန်းထဲမှာစက္ကူရှပ်ညှပ်နေတယ်။
　　　အခန်းထဲမှာသူက စက္ကူရှပ်ညှပ်နေတယ်။
　　　他在房间里剪纸。

　但是，也不能说缅甸语就没有词序，可以随便乱放了。按照缅甸语句子组成规则，谓语必须放在最后，并带有句尾助词。定语和状语尽量靠近被修饰的词语。

缅甸语语序按习惯排列一般有下列几种。当然，这些并不是固定的，有时为了强调往往将强调部分放在最前面，有时也要看具体语言环境才能决定。

① 主语——宾语——谓语。例如：

မောင်ညိုကဆေးကျမ်းကိုလေ့လာနေတယ်။

貌纽正在学习药物学。

နေလူမျိုးတို့ဟာအာလူးကိုစိုက်ကြတယ်။

德努人都种植马铃薯。

② 主语——时间状语——宾语——谓语。例如：

ဦးမာသည်မနက်တိုင်းသံတူကြီးနှင့်ထုရသည်။

吴玛每天早晨都得用大铁锤打铁。

မောင်သန်းမြင့်ကညဥ့်တိုင်းလွမ်းဆွတ်တသစေနိုင်သောလပြည့်ဝန်းကိုသော်၎င်းလခမ်းပုံဖြစ်သောလစန္ဒာကိုသော်၎င်းကြည့်နေရပေသည်။

貌丹敏每天晚上看着那阴晴圆缺都会让人产生怀恋之情的月亮。

③ 时间、地点、原因——主语——谓语。例如：

ဒီနှစ်နှစ်အတွင်းမှာသူကဒီတိုက်ကြီးထဲရှိလှေကားများကိုတက်လိုက်ဆင်းလိုက်နှင့်ယခုဆိုလျှင်လက်ရှိအလုပ်ကိုပင်ငြီးစီးဖြစ်လာသည်။

这两年来，他在大楼里上上下下地爬楼梯，开始对现有的工作产生了厌倦情绪。

ယခုနှစ်တွင်ထိုအဖွဲ့အစည်းမှာအမှုဆောင်တစ်ယောက်လိုနေသဖြင့်ကိုထွန်းလင်းလာလုပ်ရန်ဖိတ်ကြသည်။

今年该组织缺一名理事，大家都请哥通林来担任。

④ 原因、时间——主语——宾语——谓语。例如：

ဒီနေ့စနေနေ့မို့ ညနေ ၅ နာရီမထိုးခင်ကဘဲဘီယာလာသောက်ကြတဲ့လူလာနေကြပါပြီ။

因为是星期六，下午不到 5 点就有人来喝啤酒了。

မီးမရှိလို့သူတို့ညီအစ်ကိုမောင်နှမတို့ (၇)နာရီထိုးသည်ဆိုလျှင်ပင်ဖယောင်းတိုင်ထွန်းပြီး

第十五章　句子与句子成分（ဝါကျနှင့်ဝါကျအစိတ်အပိုင်း）

စာဖတ်ကြလေသည်။

因为没有电灯，他们兄妹俩一到 7 点钟就点起蜡烛看书。

第四节　缅甸语句子的特点

1. 缅甸语句子的基本词序为主－宾－谓，句子的重心在后面谓语部分。

2. 句子中每个成分后面通常都有助词相随，助词成为这个句子成分在句子中的语法作用的标志，它表明前面的部分在句子中的地位、作用及与其他成分之间的关系。

3. 由于句子成分一般都有助词作标志，所以在句子中词序就不像汉语那样严格。

4. 缅甸语句子中，谓语一定要在句子的最后，并加上助词表示动作的时、态或体的范畴。

5. 缅甸语句子的语气，如陈述语气、疑问语气、祈使语气等都由句尾助词表示。

6. 中心语和修饰语之间，一般来说，修饰语在前，中心语在后，但有时也可倒置，只是修饰语在前时一般均需加定语助词。

练习

1. 分析下列句子的句子成分。

၁။ ဤအသီးသည်နဂါးမောက်သီးဖြစ်သည်။

၂။ အောင်နက်သည် အမဲရိုးကို ဈေးမှ ဝယ်လာသည်။

၃။ ကျွန်ုပ်တို့သည် မီးသတီပေး ပိုစတာကြီးကိုလမ်းထိပ်၌ စိုက်ထူကြသည်။

၄။ ဤငါးကြင်းကြီးသည် ငါးပိဿာ အချိန်စီးသည်။

၅။ အဖေက သားတို့ကို စာအုပ် တစ်ယောက်တစ်အုပ်စီ ပေးသည်။

၆။ ရွက်သင်္ဘောတစ်ခု သီဟိုဠ်လမ်း သွားသည်ကို မြင်၏။

၇။ ကလေးတွေကတော့ အမေ့ရှင်ထံကသောကကို မမြင်။

၈။ ကျွန်မက မြေဖြူခဲတစ်ချောင်းဖြင့် တာလီ ရေးမှတ်ရသည်။

၉။ အမေသည် အထိတ်တလန့် အမြန်ပင် မီးခြစ်၊ဖယောင်းတိုင်ရှာပါသည်။

၁၀။ တိုက်ပုံအကျီနှင့် ဖြတ်ပိုင်းစအုပ်တွေဘာတွေနှင့် သားသားနားနားပါပဲ။

၁၁။ မြန်မာနိုင်ငံ၏အကျယ်အဝန်းမှာ စတုရန်းမိုင်ပေါင်း ၂၆၁၂၂၈ မိုင် ရှိသည်။

၁၂။ ယခုအခါ လူသားတို့၏လုပ်ရပ်အမျိုးမျိုးသည် သက်ရှိကွန်ရက်ကြီးကို ပျက်စီးစေရန် ဖန်တီးလျက်ရှိသည်။

၁၃။ အာဆီယံကို ၁၉၆၇ခုနှစ်ဩဂုတ်လ(၈)ရက်နေ့က ထိုင်းနိုင်ငံဗန်ကောက်မြို့တော်တွင် တည်ထောင်ခဲ့သည်။

၁၄။ သည်ကနေ့ နှစ်အတန်ကြာ ရင်မှာအောင့်အည်းထားရသောအလိုဆန္ဒကိုထုတ်ဖော်ပြမည် ဟုဆုံးဖြတ်သည်။

၁၅။ အမေဟာ လောကမှာ စိတ်ချမ်းသာအောင် နေတတ်သည်။

၁၆။ ယမန်နှစ်ကအာရှငွေကြေးကပ်ကိုတရုတ်ကခိုင်မာစွာရပ်တည်ပြီးခံနိုင်ရည်ရှိခဲ့ပြီ။

၁၇။ ပြည်သူတွေဟာ ဝန်ကြီးချုပ်ကို လက်တွေ့ဝါဒသမားနဲ့ပြုပြင်ပြောင်းလဲရေးသမားလို့ ခေါ်လေရှိတယ်။

၁၈။ လယ်ယာသီးနှံစိုက်ပျိုးထုတ်လုပ်မှုတွင်ရေသည်ပဓာနကျသောအရင်းအမြစ်ဖြစ်သည်။

၁၉။ နိုင်ငံပိုင်လုပ်ငန်းတွေ အဓိကကြုံနေရတဲ့ပြဿနာဟာ ဝန်ထမ်းပိုလျှံခြင်းပဲ ဖြစ်ပါတယ်။

၂၀။ အဖေကသူ့စွပ်ည်းတွေကို ကားတစ်စင်းတည်းဖြင့် သယ်ခြင်းမဟုတ်ပါ။

第十六章　句子结构(ဝါကျဖွဲ့စည်းပုံ)

句子可以从不同的角度进行分析。按照句子的结构和格局，可以分成单句和复句，一般称之为句型（ဝါကျပုံစံ）。按照句子的语气，可以将句子分成：陈述句（ပြောဆိုဝါကျ）、疑问句（မေးခွန်းဝါကျ）、祈使句（ခွင့်ပန်စေခိုင်းဝါကျ）以及感叹句（အာမေဋိတ်ဝါကျ）四类，我们称之为句类（ဝါကျအမျိုးအစား）。句型和句类是不同的概念，同一个句型的句子可以是不同的句类。例如：

　　ကျွန်တော်ကကျောင်းသားပါ။
（陈述句）我是学生。

　　သူကအလယ်တန်းကျောင်းကကျောင်းသားလား။
（疑问句）他是中学生吗？

　　ခင်ဗျားအရင်ပြောပါ။
（祈使句）你先说吧。

　　ဒီကဗျာကဘယ်လောက်ကောင်းလိုက်သလဲနော်။
（感叹句）这诗多好啊！

以上几个例子从句型来看都是单句，却分属不同的句类。同样，同一个句类中也可以是不同的句型。例如，陈述句中有单句和复句等句型。

第一节　单句

一、单句的定义

所谓单句（ဝါကျရှိး），就是指能表达一个相对完整的意思，有句尾助词及完整的句调的语言单位。

二、单句的分类

单句包括主谓句、非主谓句和几种特殊句子。

1. 主谓句。句子中包括主语（ကတ္တား）和谓语（ပါဝကာ）两个组成部分，这类句子叫主谓句。主谓句包括完全主谓句和不完全主谓句两种。

（1）完全主谓句：句子中主语和谓语都有，这类句子有下列几种形式。

① 动词谓语句。这类句子以动词为谓语，主要是用来叙述人或事物的行为动作和心理活动，发展变化等。例如：

မောင်ခွေးကစားနေသည်။
貌魁正在玩。（说明行为动作）

သူကသိပ်နောင်တရနေပြီ။
他已经很后悔了。（说明心理活动）

စားနပ်ရိက္ခာအထွက်တိုးလာသည်။
粮食生产提高了。（说明变化）

动词谓语句有以下几种形式：

a. 包括主谓语的句子。例如：

ကျွန်တော်ကသွားမည်။
我将去。

ကိုကျော်မောင်ငိုလေပြီ။
哥觉貌哭了。

b. 包括主、宾、谓的句子。例如：

အရှေ့လေကအနောက်လေကိုဖိတိုက်သည်။
东风压倒西风。

ကျောင်းသားများကမြန်မာစာသင်နေကြသည်။
学生们正在学习缅甸语。

အနိုင်နိုင်ငံကလာကြတဲ့ကိုယ်စားလှယ်အဖွဲ့သည်ဘေကျင်းရှေးဟောင်းနန်းတော်သို့
သွားရောက်လည်ပတ်ကြည့်ရှုကြသည်။
来自各国的代表团参观了北京故宫。

c. 包括主、宾、谓、定、状语的句子。例如：

第十六章 句子结构(ဝါကျဖွဲ့စည်းပုံ)

ထိုမျက်မှန်နှင့်ဆရာသည်စာသင်ခန်းထဲသို့ခပ်သွက်သွက်ဝင်သွားလေသည်။
那位戴眼镜的先生迅速地走进了教室。

နားကွဲလုမတတ်မြည်ဟီးနေသော ဩဘာသံကြားမှာ သူကပထမဦးဆုံး အမှုဆောင်အဖွဲ့ဝင်အဖြစ် အရွေးခံလိုက်ရပါသည်။
在震耳欲聋的掌声中他首先被选为执行委员。

ပင်လယ်ရပ်ခြားတရုတ်အမျိုးသားတို့သည် မိမိတို့အမိနိုင်ငံကို ချစ်မြတ်နိုးကြသည်။
海外华侨都热爱自己的祖国。

② 形容词谓语句。指以形容词为谓语的句子。在缅甸语中形容词的语法作用和性质与动词很相似。所以也有人认为缅甸语中不存在形容词，只有表示性状的动词。但是形容词与动词终究还是有不少不同的特点，我们将形容词与动词划分成两类不同的词。形容词作谓语的句子主要是对人或物的性状加以描写，有时说明事物的变化。例如：

ဒီကလေးကသိပ်လိမ္မာပါတယ်။
这孩子真乖。

ရာသီဥတုအလွန်ချမ်းအေးလှပါသည်။
天气十分寒冷。

မင်းမင်းကအလွန်ချောမောပါသည်။
明明长得很漂亮。

ခရမ်းချဉ်သီးကနီလာပြီ။
西红柿变红了。

ပတ်ဝန်းကျင်တွင်တိတ်ဆိတ်လှပါသည်။
周围变得万籁俱寂。

③ 主谓谓语句。由主谓结构的词组作谓语的句子叫主谓谓语句。这种句子是汉藏语系许多语言的一种特殊句子类型。这类主谓谓语句的谓语主要是说明或者描写主语的。

သူအာခေါင်နာသည်။
他嗓子痛。

ကိုဘမောင်စာတော်သည်။
哥巴貌学习很好。

④ 名词谓语句。名词、名词性词组、代词、数量词作谓语的句子。这类句子常用句尾助词 ပါ၊ သ 连接,有时没有句尾助词。例如:

မနေ့ကတနင်္ဂနွေနေ့ပါ။
昨天是星期天。

မင်းဘယ်သူလဲ။
你是谁?

သူကရိုးသားသောသူ၊ဖြောင့်မတ်သောသူ
他是一个老实人,一个正直的人。

名词谓语句中,谓语是单个名词的现象较少,一般是由名词加名词,形容词加名词或代词、数量词加名词组成。这一类句子的名词谓语后往往可以加上动词 ဖြစ် 变成带 ဖြစ် 的句。例如:

သူကပျော်တတ်သောသူဖြစ်သည်။
他是一个乐天派。

加 ဖြစ် 后,句子就变成一般的谓语句子,前面的名词、名词性词组、代词、数量词等变为主语补足语。但是这类句子在口语体中绝大部分都不加动词 ဖြစ် ,而是在名词后加上句尾助词 သ 或在疑问句中加句尾助词 လား 等,或者干脆将句尾助词省略。

名词谓语句的用途:

a. 说明时间、年龄、长度、重量等。例如:

သားအကြီးက၁၅နှစ် ၊ အလတ်က၁၄နှစ်။
大儿子 15 岁,二儿子 14 岁。

နွားတစ်ကောင်ကျပ်၁၅၀၊ဆိတ်တစ်ကောင်ကျပ်၂၀။
一头牛 150 块,一只羊 20 块。

b. 说明等价关系,这类句子的主语、谓语都包含数量词,并可以互换。例如:

တစ်လုံးငါးကျပ်
一个 5 元。

ငါးကျပ်တစ်လုံး
5 元一个。

第十六章 句子结构(ဝါကျဖွဲ့စည်းပုံ)

တစ်ပိဿာ ၁၅ ကျပ်

每斤 15 元。

၁၅ ကျပ်တစ်ပိဿာ

15 元一斤。

အခန်းတစ်ခန်းကိုတိုင်ဘယ်နှစ်တိုင်ရှိပါသနည်း။

一般房间有几根柱子？

c. 描写主语状况、特征或属性，谓语多为名词性词组。例如：

သူကငါခေါ်လာတာ။

他是我叫来的（人）。

ဒါကငါဖတ်ဖူးတာ။

这是我读过的。

မောင်ငွေးသည်ဦးလူရှင်၏သား၊ဒေါ်မြ၏သားမက်။

貌泰是吴鲁信的儿子，杜妙的女婿。

名词谓语句的形式大量用于口语中，是一种口语常用形式，它很简洁。在书面语体或正式场合中用得较少。

（2）不完全主谓句：在句子中，主语由于语言环境，或上下文中都已指明，常常被省略。这种句子称不完全主谓句。例如：

ဒီနေ့ဘောလုံးပြိုင်ပွဲတော်တော်ကောင်းတယ်၊ဝင်ပြိုင်မဲ့အသင်းကလည်းနာမည်ကျော်အသင်းချည်းဘဲ၊သွားကြည့်မလား။

今天的足球赛很好，听说都是有名的代表队，去看吗？

အလုပ်ကများနေလို့မသွားချင်ဘူး။

（我）工作很忙，不想去了。

သူငယ်ငယ်ကတည်းကလယ်ဆင်းလုပ်ခဲ့ဖူးတယ်။ ဒီနေ့လယ်လုပ်ခွင့်ရပြန်တော့ဝမ်းမသာဘဲနေပါ့မလား။

他小时候下地劳动过，今天又有机会参加农业劳动，能不高兴吗？

2. 非主谓句：这类句子没有主语，它的主语并不是省略，而是句子本身并不需要，所以不能把主语加上去，如果要人为地补上一个主语，这个主语也是不确定的。有的无主句则根本无法补出主语来。这类句子又分为无主句和独词句。

（1）无主句：只有谓语部分，没有主语的句子叫无主句，常见的有下列几种：

① 说明情况的。例如：

ကျောင်းဖွင့်ပြီ။

开学了。

အစည်းအဝေးလုပ်နေသည်။

正在开会。

② 打招呼。例如：

နေကောင်းရဲ့နော်။

你好啊！

စားပြီးပြီလား။

吃过了没有？

မင်္ဂလာပါ။

吉祥！（您好！）

③ 说明事物的存在、出现或消失。例如：

အခန်းထဲမှာစားပွဲတော်တော်များများရှိပါသည်။

房子里有许多桌子。

အားကစားကွင်းတွင်လူရှင်းသွားပြီ။

操场上的人都走光了。

④ 成语、格言、谚语中，常常没有主语。例如：

မီးလောင်ရာလေပင့်

火上加油

တစ်ချက်ခုတ်နှစ်ချက်ပြတ်

一举两得

ရေနစ်ရာဝါးကူထိုး

落井下石

⑤ 表示祈使或禁止。例如：

တံတွေးမထွေးရ။

第十六章 句子结构(ဝါကျဖွဲ့စည်းပုံ)   305

不准吐痰！

ဟိုအခန်းကိုမသွားနဲ့။
别到那个房间去！

⑥ 表示祝愿。例如：

ကျန်းမာချမ်းသာပါစေ။
祝（你）健康、幸福。

ညည်သည်တော်များအားလှိုက်လှိုက်လှဲလှဲကြိုဆိုပါသည်။
热烈欢迎贵宾到来。

တရုတ်မြန်မာနှစ်နိုင်ငံပြည်သူများချစ်ကြည်ရေးအတွက်ဆုတောင်းဌာပနာပြုကြပါစို့။
为中缅两国人民的友谊干杯！

（2）独词句：只有一个词或一个词组构成的句子叫独词句。它是在一定的环境里，用一个词来表达完整的意思。不完全主谓句如果离开了上下文或特定的语言环境，则往往不能表达完整的意思。而独词句则不依赖于上下文或问答等语言环境就可以表达完整、确定的意思。独词句与无主句一样，并不是省略了什么，也补不出确定的主语或谓语。独词句所表达的意思比较单一，只出现在一定场合。这种句子可以在下列情况下出现：

① 以事物为对象的

   a. 咏叹事物的性状的。例如：

ကောင်းလိုက်တဲ့အကြံ။
多么好的主意！

လူဆိုးကြီး။
坏家伙！

တယ်လှတဲ့ပန်း။
真漂亮的花呀！

   b. 表示事物的呈现，发现和提醒对方出现某种情况。这类句子表达强烈的感情色彩，表示人们对呈现出来的事物的惊叹和注意。例如：

လေယာဉ်ပျံ။

飞机!

သူခိုး၊ သူခိုး။

小偷!小偷!

လိုက်၊ လိုက်။

追呀!

c. 说明事情发生的时间、地点，往往用在剧本或叙事的开头。

例如：

တစ်ခုသောည

一天夜里

၁၉၅၄ခုနှစ်စက်တင်ဘာလကနေ့တစ်နေ့

1954 年 9 月一天。

② 不以事物为说明对象的

a. 称呼语。例如：

ဖိုးတုတ်၊မင်းသွားပါလား။

老窦，你去吧！

ကိုလှမြိုင်၊ ခဏလာပါအုန်း။

哥拉绵，你来一会儿。

ဦးလေး၊နေကောင်းရဲ့နော်။

舅舅，您身体好吗？

b. 应对语，表示同意、反对或疑问的。例如：

ဟုတ်ကဲ့။

是。

မှန်ပါတယ်။

对。

တော်ပြီ။

够了。

ဘာ။

什么？

ဟုတ်လား။

是吗?

ဘာပြောတယ်ခင်ဗျား။
您说什么?

ရပါတယ်။
行,可以。

c. 感叹语,表示感情和感叹。例如

ဘုရား၊ဘုရား။
天哪!

ကောင်းစွ။
好哇!

ဒါဖြင့်သွားစို့။
那么好,走吧!

အမယ်လေး။
哎哟!

အလို။
呀!哟!

d. 敬语。例如:

ကြွပါ၊ ကြွပါ။
请进,请进。

သုံးဆောင်ပါ ၊သုံးဆောင်ပါ။
请用!请用!

အလေးပြု။
敬礼!

ကျေးဇူးတင်ပါတယ်။
谢谢!

e. 用名词来表示祈使语气。例如:

ရော့-လက်မှတ်။
给你,票!

စာ၊ စာ။

信！信！

  f. 斥责语。例如：

သေခြင်းဆိုးလေး။

不得好死的家伙！

ထွက်သွား။

滚！

ခွေးမသား။

狗崽子！

 3. 几种特殊的句子

 （1）带 ဖြစ် 的动词谓语句。

 ဖြစ် 是一个动词，基本意思有表示"肯定的"，相当于汉语中的"是"；有表示"出现、发生"的。例如：

သူကဆရာဝန်တစ်ယောက်ဖြစ်တယ်။

他是一位医生。

ယခုအချိန်ကာလသည်အသက်ကိုပခါမနေထားဘဲမြန်မာနိုင်ငံတော်နှင့်အမျိုးသားများအတွက်အလုပ်လုပ်သင့်သောကာလဖြစ်သည်။

现在这个时期正是不怕牺牲，要为缅甸国家和民族而工作的时期。

တရုတ်ပြည်သည်သယံဇာတပစ္စည်းပေါကြလှသောနိုင်ငံတစ်နိုင်ငံဖြစ်သည်။

中国是一个资源丰富的国家。

 ဖြစ် 作为"肯定"意思，起判断作用时有下列几个特点：

 ① "ဖြစ်"一般只用在肯定的句子中。它不能用 မ（不）来否定。"是"的否定形式是 မဟုတ် ，而不是 ဖြစ် 。例如：

သူကဆရာဖြစ်သည်။

他是老师。

သူကဆရာမဟုတ်ဘူး။

他不是老师。

နက်ဖြန်သောကြာနေ့ဖြစ်ပါတယ်။

明天是星期五。

နက်ဖြန်သောကြာနေ့မဟုတ်ဘူး။
明天不是星期五。

ဦးလွင်ကအင်ဂျင်နီယာဖြစ်ပါတယ်။
吴伦是工程师。

ဦးလွင်ကအင်ဂျင်နီယာမဟုတ်ဘူး။
吴伦不是工程师。

② 带 ဖြစ် 的判断句中，ဖြစ် 虽然是谓语动词，但在语义上不是句子的重点，重点是在 ဖြစ် 所肯定的那部分上。而这部分句子成分，我们叫它为"主语补足语"（参见补足语部分）。其他绝大多数动词都可单独充当谓语，而 ဖြစ် 如果没有补足语时，则句子不能成立。例如：သူဟာဖြစ်တယ်။ သူမဖြစ်ဘူး။ 都不能算句子，因为它不能表示一个完整的意思。

③ 正因为 ဖြစ် 在语义上不是句子的重点，所以在口语中常常省略，尤其是问句中更是如此。例如：

သူသည်ကျောင်းသူတစ်ဦးဖြစ်သည်။
她是一个大学生。（书面语体）

သူကကျောင်းသူပါ။
（口语体，一般说明）

သူကကျောင်းသူဘဲ။
（口语体，强调说明）

သူကဆရာဝန်လား။
他是医生吗？

ဒါဝယ်လာတာလား။
这是你买来的吗？

④ 带 ဖြစ် 句子的主语和补足语是多种多样的，几乎一切实词和短语都可以。例如：

a. 名词及名词短语

လူရှင်သည်နာမည်ကျော်စာရေးဆရာတစ်ဦးဖြစ်ပါသည်။
鲁迅是一位著名作家。

စာအတော်ဆုံးကျောင်းသားကကိုငွေးဖြစ်ပါတယ်။
学习最好的学生是哥泰。

သူမြို့ထဲသွားတာစာအုပ်ဝယ်ဖို့ပါ။
他到城里去是为了买书。

ဒါငါဝယ်လာတာပါ။
这是我买来的。

ကျွန်တော်တို့ရန်ကုန်ကိုရောက်လာတာ ကျောက်မျက်ရတနာပြပွဲပါဝင်ဖို့ဘဲ။
我们到仰光来是参加珠宝展销会的。

b. 代词

ကျွန်တော်၏ဆရာသည်သူဖြစ်၏။
我的老师就是他。

c. 数词或数量词

၁၅သည်၃၏၅ငါးဆဖြစ်သည်။
15 是 3 的 5 倍。

ငါ့ကိုကိုနေတာက ၃၁၅ ပါ။
我的哥哥住在 315。

ဒီတိုင်နှစ်လုံး၏အကွာဟာ၃ဝမီတာဖြစ်ပါသည်။
这两棵柱子之间的距离是 30 多米。

d. 主谓结构、宾动结构的词组

သူတို့ဒီလိုပြောတာဟာစေတနာနဲ့တနာဖြစ်ပါတယ်။
他们这样说全是出于好意。

သူမလာနိုင်သည်အကြောင်းရင်းကားသူကိုကိုလိုက်ပို့ရမည်ဖြစ်၏။
他不能来的原因是他要去送他哥哥。

e. 句子：句子本身就能表示独立的意思，如果在句子后边加 ဖြစ် ，表示判断更加肯定的意思。例如：

သူလည်းမုချလာမည်ဖြစ်၏။
他也一定会来的。

သူတို့ကအလုပ်ကိုလုပ်ပြီးဖြစ်၏။
他们把工作全干完了。

ကျွန်တော်ကကြောင်သွားသည်ဖြစ်၍၊မည်သို့ဆက်သွားရမည်မှန်းမသိတော့ချေ။
我愣在那里，不知道怎么接下去。

မီးရထားသည်နံပတ် ၁ စကြီတွင်ကပ်ဆိုက်နေပြီဖြစ်၏။
火车已经停在第一站台上了。

ဒီတစ်ခါဒါကျွန်တော်တို့ကပုဂံကိုသွားမည်ဖြစ်သည်။
这次我们将去蒲甘。

⑤ 带 ဖြစ် 的谓语句中，主语与补足语之间的关系有几种类型：

a. 表示等同关系，在名词性词组当补足语时，有时表示说明质地、来源、用途等。例如：

ဇာတ်ညွှန်းရေးသူသည်ကိုသိန်းဖြစ်သည်။
写剧本的人是哥登。

သမိုင်းကိုပြသောဆရာသည်ဆရာဦးလှအေးဖြစ်သည်။
教历史的老师是吴鲁埃先生。

ဒီဘုရားသည်ကျောက်စိမ်းနှင့်ထွင်းထားတာဖြစ်သည်။
这座佛像是用翡翠雕成的。

b. 补足语从某个方面对主语说明。例如：

ကိုဘမြှင့်သည်အရပ်မြင့်သူဖြစ်သည်။
哥巴绵是个高个子。

နက်ဖြန်သူတို့က ၇ နာရီခွဲလာမည်ဖြစ်၏။
明天他们是7点半来。

c. 表示说明、解释或含有申辩的意味的一般补足语多由动名词或词组充任。例如：

ဤစက်ကြီးသည်သံမဏိပိုက်လုံးများဖြတ်ရန်ဖြစ်သည်။
这台大机器是为了切割钢管用的。

သူဒီလိုလုပ်တာဟာသူမတတ်နိုင်တော့ပြီဖြစ်၏။
他这么做一定是因为他没办法了。

လေကပြင်းပြင်းထန်ထန်တိုက်နေလို့တံခါးလည်းပွင့်သွားသည်ဖြစ်၏။
是风刮得很大，把门也刮开了。

⑥ ဖြစ် 作为动词谓语句中的主要动词用时，除表示"肯定"外，还

有时在状语后出现,单纯为了语法的需要,意义上只表示某种情况的存在与出现。例如:

ပွဲတော်နေ့တွင်အလွန်ပင်စည်ကားလှ၍ဆူဆူညံညံပင်ဖြစ်သည်။
节日十分热闹,熙熙攘攘的。

သူကနေမထထိုင်မထိဖြစ်နေပါသည်။
他坐立不安。

သူစိတ်ထဲတွင်တထိတ်ထိတ်ဖြစ်နေသည်။
他心中忐忑不安。

အံ့ဩလို့မဆုံးဖြစ်နေပါသည်။
惊诧不已。

ဒီသတင်းကြားရတော့ဝမ်းသာလို့မဆုံးဖြစ်မိခဲ့ပါသည်။
听到这个消息,高兴得不得了。

⑦ ဖြစ် 作为动词谓语句中的主要动词用时,有时表示"发生""变成"的意思,经常与 သွား、လာ 等词搭配使用。例如:

ခင်ဗျားဘာဖြစ်တာလဲ။
您怎么啦?

အခြေအနေကဆိုးဝါးသထက်ဆိုးဝါးစွာဖြစ်သွားလေသည်။
形势变得越来越恶化了。

ဒီတိုင်းဘဲဖြစ်သွားယင်ဒုက္ခဘဲ။
如果照这样下去就糟了。

⑧ 带 ဖြစ် 的谓语句中主要动词 ဖြစ် 还有表示"允许、可能"的意思。在这类句子中,ဖြစ် 包含"成、可以、行"的意思,这时否定副词 မ 后仍然用 ဖြစ် ,而不用 ဟုတ် 。例如:

ကျွန်တော်ကရုပ်ရှင်သိပ်မကြိုက်ဘူး၊မသွားယင်မဖြစ်ဘူးလား။
我不太爱看电影,不去行不行?

ဒီလိုလုပ်ရင်ဘယ်ဖြစ်မလဲ။
这么干怎么行呢?

ဘာလို့မဖြစ်ရတာတုန်း။
为什么不成?!

第十六章 句子结构(ဝါကျဖွဲ့စည်းပုံ)

（2）带 ရှိ 的动词谓语句

ရှိ 是一个非动作动词，它不表示动作行为，基本意思是"领有"和"存在"。ရှိ 的意义和用法主要有：

① "ရှိ"作为"有"的意思，表示"领有"关系时，动词谓语句中，一般要带补足语表示"谁有什么"或"那儿有什么"。也可看作为宾语，但是不能带宾语助词 ကို၊ အား 等。例如：

သူမှာစာအုပ်အများကြီး ရှိတယ်။
他有很多书。

သူမှာသာလွန်တဲ့အချက်များ ရှိတယ်။
他有优势。

ဓာတ်ဗူးထဲမှာရေမ ရှိတော့ဘူး။
暖壶中已经没水了。

ကျွန်တော်တို့ရွာမှာလူဦးရေ သုံးထောင်လောက် ရှိပါတယ်။
我们村子里有3千多人。

② 带 ရှိ 的动词谓语句一般要求固定搭配条件，就是带 ရှိ 的句子中，都要有表示主语的助词 မှာ 或表示处所的状语助词 တွင် (မှာ)。有些句子变成无主句，在语义上的逻辑主语，往往也都变成状语。所以缅甸语中带 ရှိ 的句子与汉语的"我有一双手""北京有许多外国朋友"等的语法构造并不相同。汉语中的"我""北京"都以主语身份参与句子。而"外国朋友""一双手"等成为"宾语"，而缅甸语中"我""北京"可算是主语也可算作表示处所的状语。

③ 在带 ရှိ 的句中的宾语可以表示一种"属性"，这种大多为抽象名词。例如：

ဒီလိုလုပ်တာဘာမှအဓိပ္ပါယ်မရှိ။
这么做毫无意义。

ဒီအလုပ်မျိုးလုပ်ရင်သတ္တိနဲ့ဇွဲလုံ့လဝီရိယ ရှိရမယ်။
干这种事，要有勇气和毅力。

④ 在带 ရှိ 的谓语句中，ရှိ 还表示"存在"的意思。例如：

ကိုသောင်းအိမ်မှာ ရှိလား။

哥当在家吗?

သူတို့ရွာနားမှာဘုရားကျောင်း ရှိတယ်။

他们村旁有寺庙。

ရေကန်ထဲမှာဘေးမဲ့လွှတ်ထားတဲ့လိပ်တော်တော်များများ ရှိတယ်။

池中有许多放生的乌龟。

ကောင်းကင်မှာတိမ်မ ရှိပါ။

天空无云。

လမ်းအကွေ့တွင်ဓာတ်တိုင်တစ်တိုင် ရှိသည်။

拐弯处有一电杆。

⑤ ရှိ 另一意思是表示达到一定的程度。一般补足语为数词或数量词。例如:

သူသည်အသက်၅၀ရှိပြီ။

他有 50 岁了。

အခန်းထဲမှာရေဒီယိုတစ်လုံးရှိသည်။

房间里有一台收音机。

ဒီသေတ္တာဟာ ၇၅ ပိဿာရှိတယ်။

这箱大约有 75 缅斤重。

⑥ ရှိ 还可用在"表示比较"的场合中。例如:

ကျွန်တော်တို့စိုက်ခဲ့တဲ့သစ်ပင်ဟာလူတစ်ရပ်လောက်ရှိနေပြီ။

我们种的树快有一人高了。

နွားမျက်စေ့ဟာစည်လောက်ရှိတယ်။

牛的眼睛大如铃。

အဒီကျောက်တုံးကြီးဟာတိုက်တစ်လုံးလောက်ကြီးတယ်။

那块大石头有一幢楼房那么大。

⑦ ရှိ 表示现状或状态的持续存在。在这个意义上,与 ဖြစ် 表示"存在"有相近之处,它也可以直接跟在副词后面。例如:

စည်ကားလျက်ရှိသည်။

真热闹。

ဆူဆူညံရှိလေသည်။

吵吵嚷嚷的。

အရင်ကလိုစည်းစည်းလုံးလုံးမရှိတော့ချေ။
再也不像从前那样团结一致了。

သူတို့နှစ်ယောက်ချစ်ချစ်ခင်ခင်ရှိကြပေသည်။
他们俩十分亲密友好。

当 ရှိ 在带 လျက် 组后，表示一种现状和持续存在的情况。例如：

ပင်လယ်ရေလှိုင်းကြီးသည်မြည်ဟိန်းလျက်ရှိသည်။
海浪正在咆哮。

သူကချွေးတဒီးဒီးနှင့်တစ်ကိုယ်လုံးစွဲလျက်ရှိသည်။
他汗淋淋的，全身都湿透了。

မြို့၏အနောက်ဘက်တွင်တောင်ကြီးနှစ်လုံးမားမားမတ်မတ်ရပ်လျက်၏။
城市的西边矗立着两座大山。

第二节 复句

一、复句的定义

复句（ပေါင်းစပ်ဝါကျ）是两个或两个以上的分句或词组联合起来构成的比较复杂的句子。但绝不是说，任何两个单句只要放在一起就能成为复句的。

二、构成复句必须具备的条件

1. 分句之间，在意义上有一定的联系，但是分句在结构上是互相独立、互不包含的，充当复句的分句不做另外分句的句法成分。例如：

ကျွန်တော်ထမင်းစားသည်။
我吃饭。

ကျွန်တော်မြို့ထဲသွားသည်။
我将去城里。

本来这两个句子之间没有必然联系，是分别表示一个独立的完整意思的单句。一般将这两句放在一起，也很难成为复句。但是，把这两个句子用连接词或助词连起来，使这两个句子的意思串连成一个意思比较复杂的长句，这就是复句，组成这个复句的两个单句叫分句。这两个分句经过不同的词连接后，产生不同的意思，但是这两个分句是各自独立的，并不成为另一分句的句法成分。例如：

ကျွန်တော်မြို့ထဲသွားပြီးထမင်းစားမည်။
我进城去吃饭。

ကျွန်တော်ထမင်းစားပြီးမြို့ထဲသွားမည်။
我吃完饭将去城里。

ကျွန်တော်ထမင်းသွားစားရမှာနဲ့မြို့ထဲသွားရမှာနဲ့အချိန်မလောက်တော့ဘူး။
我又要去吃饭，又要去城里，时间就不够了。

2. 一般情况下，分句与分句之间往往有连词、副词或助词连接。因此要特别注意各种连接词的用法。

缅甸语中，连接两个分句的连接词有两类：一类是放在第二分句头上，第一分句为完整的句子。另一类是即前头的分句句尾助词省略，由动词直接接上连接词，与后面的分句结合构成复句。在复句中，各分句之间，一般有停顿。书面中就用"၊"隔开，在口语中就要停顿。如果连接词是在第一分句句尾，则停顿在连接词后，连接词在第二分句句首，则在第一分句结束时停顿。例如：

ဒီနေ့ကျွန်တော်နေမကောင်းလို့ သင်တန်းသွားမတက်နိုင်တော့ဘူး။
今天我身体不舒服，所以上不了课了。

လူချင်းမတွေ့ရပေမဲ့ အချိန်မရွေးလွမ်းဆွတ်တသနေလျက်ရှိတယ်။
虽然见不着面但却无时无刻不想念着。

မတွေ့ရသည်မှာကြာပြီ၊ သို့သော်လည်းခင်ဗျားကိုတော့အမြဲမပြတ်သတိရနေလျက်ရှိသည်။
好久没见了，不过无时无刻不在想念着（你）。

သူသဘောတူသော်လည်း၊ ကျွန်တော်ကတော့သဘောမတူပါ။
虽然他同意，我可不同意。

သူကသဘောတူသည်၊ သို့သော်လည်းကျွန်တော်ကမူသဘောမတူပါ။
他同意，我可不同意。

မမကခေါင်းကိုက်နေသည်၊ ထို့ကြောင့်အိပ်နေလျက်ရှိသည်။

第十六章 句子结构(ဝါကျဖွဲ့စည်းပုံ)

姐姐因为头疼，正睡着呢。

မမကခေါင်းကိုက်နေ၍ အိပ်နေလျက်ရှိသည်။

姐姐因为头疼正睡着呢。

3. 有些连接词和助词不易划分，有的词是兼类词，也就是说它既能作连接词，又能作助词用。如果用连接词把两个分句或几个分句连接起来，那么这个长句可称为复句。有些句子不是用连接词，而是用助词将句子或词组与句子中的成分连接起来，这种句子虽然也可能很长，但它仍是一种单句。例如：

သူကဖျားနေပြီ၊ထို့ကြောင့်မလာနိုင်တော့ပြီ။

他因为病了，来不了了。（复句）

သူကယနေ့ထိဆရာဝန်များကုသ၍မရနိုင်သောကင်ဆာရောဂါဖြင့်ကွယ်လွန်သွားပါပြီ။

他因为染上至今医生都无法治愈的癌症而去世了。（单句）

三、复句中的主语特点

由于复句表达的意义比较复杂，各分句中间的主语有相同的，也有不同的。有的写出来，有的不写出来。这些都决定于说话人的感情或者强调的重点不同。

1. 主语的异同

（1）各分句之间主语不同。例如：

မဖေါ်သည်ယခုသုံးဆယ့်ခုနစ်နှစ်တွင်းသို့ဝင်ပြီးကိုဆင်သည်မဖေါ်ထက်ခြောက်နှစ်မျှကြီးသည်။

现在玛珀已经 37 岁了，哥森比她大 6 岁。

（2）分句之间主语相同，但有下列几种情况：

① 每句中都出现相同的主语

ကျောင်းသားအချို့က လမ်းလျှောက်၊ အချို့က ရေကူး၊ အချို့က လှေလှော်၊တင်းနစ်ရိုက်၊ အချို့က မူ_ကျောင်းတော်ဒါနား ခြင်းလုံးခတ်၊ အချို့က မြို့ထဲသွားလည်ကြ၊ အချို့ကမူကား အင်းယားထမင်းဆိုင်သို့သွားကြလေသည်။

有的学生散步，有的游泳、划船、打网球，有的学生在宿舍旁踢藤球，有的进城玩了，有的则去茵雅餐厅了。

② 主语出现在第一分句里

ကိုဘဖေသည် ပက်လက်ကုလားထိုင်တွင်ထိုင်လျက်၊ ဆေးပေါ့လိပ်တစ်လိပ်ဖြင့် ဇိမ်ယူလျက်ရှိသည်။
哥巴佩坐在躺椅上，正叼着一支土雪茄在过着瘾。

သောင်းဖေနှင့်ညိုထွန်းသည် ကျောင်းနေဘက်ဖြစ်ရာ အလွန်ခင်ကြသောမိတ်ဆွေဖြစ်သည်၊ မနှစ်က မန္တလေးတက္ကသိုလ်မှကျောင်းအောင်ပြီးသည်နောက် ရန်ကုန်သွား၍ မဟာဝိဇ္ဇာဘွဲ့ယူကြပေပြီ။
当佩和纽通是同学，是一对很要好的朋友。去年从曼德勒大学毕业后都到仰光读硕士学位了。

ကျွန်တော်တို့နေ့တိုင်းမြန်မာစာလေ့လာသည့်အပြင် နေ့တိုင်းလည်းကျန်းမာရေးလေ့ကျင့်ကြပါသည်။
我们每天学习缅甸语，也每天参加体育锻炼。

ညိုထွန်းက ခြေထောက်နှင့်လှေကားကိုစမ်းကာ၊ လက်ရမ်းကိုတင်းတင်းကျပ်ကျပ်ကိုင်ပြီး အပေါ် ဆုံးထပ်သို့တက်သွားလေသည်။
纽通用脚试探着楼梯，手紧紧地握着扶手，登上了楼的最高层。

③ 主语出现在中间分句

နယ်ချဲ့သမားတို့၏ကျူးကျော်မှုဆန့်ကျင်မှုကျွန်တော်တို့သည်စစ်မှန်သောလွတ်လပ်ရေးကို ရရှိနိုင်ကာကမ္ဘာငြိမ်းချမ်းရေးကိုလည်းကာကွယ်ထိန်းသိမ်းနိုင်မည်။
只有反对帝国主义侵略，我们才能获得真正的独立，才能维护世界和平。

④ 主语在最后分句中出现

စာကောင်းကောင်းကြိုးစားရမည်၊ကျန်းမာရေးကိုလည်းကောင်းကောင်းလေ့ကျင့်ကြရမည်၊ သို့မှသာကျွန်တော်တို့အမိနိုင်ငံတော်အတွက် ကောင်းကောင်းအလုပ်အကျွေးပြုနိုင်မည်။
我们必须努力学习，好好锻炼身体，才能为祖国更好地服务。

⑤ 前一分句的宾语，正好是后一分句的主语

နာမည်အကျော်ဆုံးဆရာဝန်များပင်၍ သူ့ကိုကုပေးသော်လည်း ဘာမျှသက်သာမလာပါ။ ဆဋ္ဌမနေ့တွင် ကွယ်လွန်သွားရှာသည်။
虽然请了最有名的医生来给他医治，但是没见起色，第六天就去世了。

အားလုံးက သူ့အားပြင်းပြင်းထန်ထန်ဝေဖန်လိုက်ကြသော်လည်း ဇွတ်အတင်းပေတေကာ မပြင်ချေ။
大家严厉地批评了他，可他却死不改正。

2. 主语的省略，主语的省略是使语言更加简练、避免繁冗的办法之

一。但是省略必须注意句子表意的明确，否则会让人不知所云或造成误解。有下列几种情况：

(1) 各分句都无主语，有时看上下文就可以知道主语是谁，所以就无需指出。例如：

အမှန်တရားကိုမယုံရင် အောင်မြင်မှုရနိုင်လိမ့်မည်မဟုတ်ပါ။

如果（谁）不相信真理，（谁）就不会取得成功。

နားလည်ပြီဆိုရင်လက်ညှိုးထောင်ပြပါ။

（谁）懂了就请举手！

另外在紧缩句中，主语全部省略。例如：

မေးသော်လည်းမဖြေပေ။

虽然问了(他)可是(他)不回答。

全句应该是：

သူ့အားမေးသော်လည်းသူကမဖြေချေ။

(2) 省略一个主语

မင်းကဘယ်နေရာကိုဘဲပြေးပြေး၊ မင်းကို ရအောင်ဖမ်းမယ်။

不管你跑到那儿，一定要抓住你。

四、复句的分类

按句子之间的关系来分，可分成并列复句、主从复句和多重复句。

1. 并列复句中又有下列几种关系：联合、对比、连锁。

(1) 联合复句。这类复合句中各分句之间主要表示以下各种关系：

① 并列关系：句子中每个分句，各表示一件事情，它们之间没有什么特殊的关系，只是几层意思的并列。在缅甸语中常用 ပြီး၊၍၊ကာ၊လည်း၊လျက်ရင် 等连接词来连接。例如：

သူကပုလွေလဲမှုတ်တတ်၊ လက်ဆွဲဘာဂျာလဲဆွဲတတ်၊ သိပ်တော်တဲ့လူဘဲ။

他又会吹笛，又会拉手风琴，真是能干的人。

စက်များကို ပိုမိုထုတ်လုပ်၍ လယ်ယာစိုက်ပျိုးရေးကို ထောက်ခံပါသည်။

生产更多的机器，支持农业。

ကိုအောင်မြင့်က သီချင်းညည်းယင်း အကျီဖွပ်နေသည်။

哥昂敏一边哼着歌，一边在洗衣服。

လုံမပျိုတို့၏လက်ထဲ လတ်ဆတ်သောပန်းများကိုင်ပြီး ကြိုရောက်လာကြသော ည့်သည်တော်များအားကြိုဆိုနေကြပါသည်။

姑娘们手里捧着鲜花，在欢迎来宾。

还有一些并列复句，分句之间不是用连接词连接，而是用各种助词来衔接。例如：

ကိုကျော်ဝင်းကအလုပ်သမား၊ ကိုဘက<u>တော့</u>ဆရာ။

哥觉温是学生，哥巴却是老师。

② 选择关系：表示"或此或彼"或是"非此即彼"的意思。通常用 ဖြစ်စေ--ဖြစ်စေ၊ သို့မဟုတ် 等连接词。例如：

ယူနီဖောင်းဝတ်သည်ဖြစ်စေ၊ အမျိုးသားဝတ်စုံဝတ်သည်ဖြစ်စေ၊ မည်သူကမျှ လာကဲ့ရဲ့လိမ့်မည်မဟုတ်ပါ။

不管你是穿制服，还是穿民族服装谁也不会来嘲笑你。

သူနိုးသည်ဖြစ်စေ အိပ်ပျော်နေသည်ဖြစ်စေ သွားမခေါ်နှင့်။

不管他是醒着，还是睡着，都不要去叫他。

③ 递进关系：这类复句中的分句间有一层进一层的意思。一般来说总是后面一个分句的意义，比前句意义进了一层。常用 သေး၊မကဘဲ/ရုံမကဘဲ/ရုံမျှမက၊ အပြင်၊သည့်အပြင်၊ဘဲ 等连接，例如：

သူတို့က ကျွန်တော့်အား စာနာရမည့်အစား ကဲ့ရဲ့ကြသေးသည်။

他们非但不同情我，反而嘲笑我。

ကျွန်တော်တို့သည် မြန်မာစာအပြင် နိုင်ငံရေးဘောဂဗေဒလည်း သင်ရသေးသည်။

我们不但学习缅文，还要学习政治经济学。

ထမင်းစားပွဲကိုပါဝင်ကြသူများတွင်၊ယဉ်ကျေးမှုဝန်ကြီးဌာနဝန်ကြီး၊ ဒုဝန်ကြီးအပြင်၊ ယဉ်ကျေးမှုလောကမှသက်ဆိုင်ရာပုဂ္ဂိုလ်များနှင့် အစိုးရအရာရှိများလည်း ပါဝင်ကြပါသည်။

参加宴会的有文化部长和副部长，还有文化界有关人士及政府官员。

သူကအင်္ဂလိပ်စကားအပြင် အရှေ့တိုင်းဘာသာစကား၂မျိုး၃မျိုးကိုပင် ပြောတတ်ပါသေးသည်။

他不仅会讲英语，还会讲两三种东方语言。

④ 连贯关系：表示连贯发生一系列的事情。这类句子通常用 ပြီး၊ နောက်၊

ပြီးတော့ 等连接。例如：

ကျွန်တော်တို့ယီဟိုရွှမ်းခေါ် နွေရာသီဥယျာဉ်လည်ပတ်ကြည့်ရှုပြီး တရုတ်ပြည်သူတို့၏ဉာဏ်ပညာနှင့်
လက်စွမ်းရည်များကိုပိုသိကြပါသည်။

我们参观过颐和园后，更了解了中国人民的智慧和技能。

စက်ရုံအခြေအနေကို မိတ်ဆက်ပြောပြီး စက်ခန်းအသီးသီးသို့ကြည့်ရှုရန် ခေါ်သွားကြလေသည်။

介绍了工厂的情况之后，就又领着我们去参观了车间。

⑤ 分合关系：先总括，后分述，或先分述后总结。例如：

သူမှာသားသမီးနှစ်ယောက်ရှိရာ တစ်ယောက်က တက္ကသိုလ်ကျောင်းသားဖြစ်၍ ကျန်တစ်ယောက်ကတော့
သမီး၊ အလယ်တန်းကျောင်းသူတစ်ယောက်ဖြစ်သည်။

他有两个子女，一个儿子是大学生，另一个是女儿，是中学生。

စိတ်ဝါဒနှစ်မျိုးနှစ်စားရှိရာတစ်မျိုးကသမားရိုးကျဝါဒဖြစ်ပြီးနောက်တစ်မျိုးကတော့ အတွေ့အကြုံဝါဒ
ဖြစ်ပါသည်။

有两种唯心主义：一种是教条主义，另一种是经验主义。

ကျားကြီးကိုသတ်ယင်သတ်၊သို့မဟုတ်ကျားစာဖြစ်ယင်ဖြစ်၊နှစ်ခုထဲကတစ်ခုဖြစ်နေရမည်။

或者是把老虎杀死，或者是被老虎吃掉，二者必居其一。

（2）对比复句。各分句之间的关系是对比的关系，可以分下列几种情况：

① 对照关系：各个分句之间的意义相反，互相对比形成对照或表示一种转折关系。用 တော့ ၊ သည်တိုင် ၊ သလောက် 等连接。例如：

ကျွန်တော်တို့သိကျွမ်းသောဗဟုသုတများ ဘေးမှာခေါက်ထားရသလောက် ကျွန်တော်တို့မသိကျွမ်း
သောဗဟုသုတများကို အသုံးချသွားရမည်။

我熟悉的知识不得不搁起来，而我不熟悉的知识却不得不去运用。

သူကြိုးစားခဲ့သည်တိုင် အောင်မှတ်မရခဲ့ချေ။

尽管他做了努力，却没有及格。

မောင်သောင်း ကျောင်းသွားရမည်အစား ရုပ်ရှင်သွားကြည့်သည်။

貌当没去学校，而去看电影了。

ကျွန်တော်တို့ တစ်နေ့တစ်ခြားကောင်းလာသလောက် ရန်သူတို့ကမူ တစ်နေ့ထက်တစ်နေ့
ဆုတ်ယုတ်ကျဆင်းသွားပါသည်။

我们一天天好起来，敌人则一天天烂下去。

② 衬托关系：分句之间意义上有所侧重。一般主要意义在后，前面句子衬托后面的意义，这种句子主要是使主句有个对比，更显得有力。例如：

အပြောလွယ်သလောက် လုပ်ဖို့က ခက်သည်။

说倒容易，做起来可不易。

နီးတကျက်ကျက်၊ ဝေးတသက်သက်။

在一起老吵架，一远离又想念。

③ 比较关系：常用连接词有：သလောက်၊ လည်း。例如：

ဒီနှစ်ရာသီဥတုကောင်းသလောက် ကောက်ပဲသီးနှံလည်းအောင်ပါသည်။

今年气候好，庄稼也丰收了。

တစ်တက်စားလည်းကြက်သွန်၊ နှစ်တက်စားလည်းကြက်သွန်။

吃一头蒜也是吃，吃两头蒜也是吃了。

④ 比例关系：有时两件事都在变化，而又互相影响。一般用 လေ ... လေ 等连接词。例如：

ကြာလေကောင်းလေဘဲ။

越久越好。

ပြောလေလေသူကဒေါပွလေလေဘဲ။

越说他的气越大。

⑤ 比拟关系：表示事物之间的类似关系。常用的连接词有：ကဲ့သို့(လို)၊ အတိုင်း 等。例如：

သူကမြွေပွေးအကိုက်ခံရသလိုနန့်အော်လိုက်တယ်။

他好像被毒蛇咬了似的惊叫了起来。

ငါ့ကိုသူလွမ်းသလို၊သူ့ကိုလဲငါလွမ်းနေတယ်။

正如他想念我一样，我也在想念着他。

သူကကျွန်တော့်ကိုသိသလို ကျွန်တော်နဲ့နှုတ်ဆက်လိုက်တယ်။

他好像认识我似的和我打招呼。

သူတို့ကပုရွက်ဆိတ်လိုဘဲ အစားအစာများကိုသွားရှာရတယ်။

他们像蚂蚁一样要去寻找食物。

ဆရာမှာထားသည်အတိုင်း သွားလုပ်ကြပါ။
请按老师吩咐的那样去做。

သူကဘာမှမသိယောင်ဆောင်နေတယ်။
他装得好像什么也不知道似的。

ကောင်းကင်တွင် လျှပ်ပြက်မိုးခြိမ်းလိုက်သည်မှာ မိုးတစ်ခုလုံးပြိုကျတော့မလို ဖြစ်နေသည်။
天空中电闪雷鸣，就好像天要崩塌一样。

ကလေးတို့က ထမင်းမစားဖူးသကဲ့သို့ ပလုတ်ပလောင်းစားနေကြသည်။
孩子们就像从未吃过饭一样，狼吞虎咽地吃着。

စီးပွါးရေးတိုးတက်လာသည်နှင့်အညီ ပညာရေးလည်းတိုးတက်လာမည်ဖြစ်၏။
随着经济的发展，教育也将会发展。

သလိုလို 和 သယောင်ယောင် 都表示"似乎""有点儿像"，但 သလိုလို 表示像某一个实际情况，而 သယောင်ယောင် 则表示像一个虚假的情况。例如：

ဆက်တိုက်လှုပ်ရှားလိုက်လျှင်မူးချင်သလိုလိုဖြစ်လာတတ်သည်။
连续不断摇动的话头会有点儿晕的。

ညီမလေးနှာခေါင်းထဲမှာတစ်ခုခုမွှေးသလိုလိုပဲ။
妹妹的鼻子似乎闻到了香味儿。

သူဘာမှမသိသယောင်ယောင်ဟန်ဆောင်နေတယ်။
他装出一副似乎什么都不知道的样子。

ပွသယောင်ယောင်ရှိနေသောသူ့ဆံပင်ကိုလက်ဖြင့်ဖိသပ်လိုက်သည်။
他用手压了一下他那似乎隆起的头发。

（3）连锁复句。这类复句特点在于两个分句都有共同的词语。例如：

အချိန်ရှိရင် ရှိသလောက်လာကူညီမယ်။
我有多少时间，就来帮助你多少时间。

အချိန်ဘယ်လောက်ဘဲကုန်ကုန် ကုန်ရကျိုးနပ်ပါတယ်လို့ဆိုရမှာဘဲ။
不管花多少时间，应该说是花得值得的。

2. 主从复句。分句之间有主有次，表示主要意义的分句叫主句，表示次要意义的叫从句。主从复句主要有下列几种关系。

（1）转折关系：主句与从句意义相反，通常用 သော်လည်း 连接。例如：

ဒီနေ့ညနေ ကျွန်တော်အားသော်လည်း သူကမအားချေ။
今天下午虽然我有空，他却没有空。

အလွတ်တော့ ရနေပြီ၊ သဘောပေါက်မပေါက်တော့ မသိဘူး။
明白不明白我可不知道，不过背倒是背出来了。

မင်းအလကားထိုင်နေမဲ့အစား အလုပ်တစ်ခုခုကိုသွားလုပ်ရင် ပိုကောင်းလိမ့်မယ်ထင်တယ်။
我想你与其闲坐着，倒不如去干一件事情好。

သူကကျွန်တော်ကို ဘာမှမပြောဘဲ ကိုယ့်ဘာသာတစ်ယောက်တည်း ကြိတ်လုပ်နေတယ်။
他也不跟我说一下，自己一个人闷着头在干。

သူတို့ကကြိုတင်သိလျက်နှင့် ကျွန်တော့်ကိုမပြောဘူး။
他们事先明明知道，就是不告诉我。

ခင်ဗျားဆရာဝန်လုပ်မဲ့အတူတူ စာရေးဆရာလုပ်ပါ။
你与其当医生，不如当一个作家。

（2）因果关系：说明一件事物的前因后果，通常用 လို့ ၊ ကြောင့် ၊ တဲ့အတွက် 等连接词。例如：

ညက သူတစ်ညလုံးအိပ်မပျော်ခဲ့လို့ ဒီနေ့ခေါင်းနဲနဲကိုက်နေတယ်။
他昨天晚上没睡着，所以今天有点头疼。

သူ့ကြောင့် ကျွန်တော်တစ်နေ့လုံး အနားမယူလိုက်ရပေ။
因为他的缘故，我一整天都没休息。

ဦးစိန် နေ့တိုင်းလမ်းလျှောက်သည့်အတွက် ကျန်းမာရေးအခြေနေ သိပ်ကောင်းပါသည်။
吴盛每天散步，所以很健康。

ကိုမောင်မောင်က လုံ့လရှိရှိကြိုးစားအားထုတ်၍ ထူးချွန်သူအဖြစ်အရွေးခံရသည်။
哥貌貌因为勤奋而被选为优秀生。

（3）假设关系：它表明在复句中的从句是主句的条件和假设，一般用"လျှင်"（口语中用 ရင်）来连接。例如：

ဒီလိုလုပ်ရင် အောင်မြင်မှာဘဲ။
这样做的话一定会成功。

ဤကဲ့သို့ပြောခဲ့လျှင် သူဒေါသထွက်လိမ့်မည်သေချာသည်။
如果这样讲的话，他一定会生气的。

မိုးမရွာရင်လာခဲ့မယ်။

第十六章 句子结构(ဝါကျဖွဲ့စည်းပုံ)

如果不下雨就来。

假设句在时态上有两种：一种如上例表示事态没有发生前的估计、假设。另一种是主句表示肯定，从句是主句的条件。例如：

ဒီတစ်ခါမသွားယင်သူနင့်တွေ့မှာမဟုတ်ပါ။

如果这次不去的话，就见不着他了。

需要注意的是有些假设句结构相似，但表达的意思不同。例如：

နက်ဖြန်မိုးမရွာရင်ပွဲသွားကြည့်မယ်။

① 要是明天不下雨，将去看戏。

ညကမိုးမရွာခဲ့,ယင်ကျန်တော်တို့ပွဲသွားကြည့်ခဲ့ပြီ။

② 要不是昨天晚上下雨，我们就去看戏了。

例句①是可能实现的假设，例句②则是不可能实现的假设。第二句的意思是强调原来准备去看戏的，只是因为下雨了才没去。可见，假设条件有时用于推断事物的发展，举出假设的情况，推断结果；有时是用已知的结果来证明事情不像假设的那样。

（4）表目的：说明采取行动的目的，常用：ရန်(ဖို့)、အတွက်、သည်အတွက်、ခြင်းငှါ、အလို့ငှါ、ရအောင် 等，例如：

အထိမ်းအမှတ်ပွဲတော်နေ့အစည်းအဝေးနှင့်ပတ်သက်၍ တိုင်ပင်ရန်သူတို့ကစည်းဝေးနေကြသည်။

他们正在开会，商量开纪念会事宜。

သိပ္ပံပညာများသင်ယူရန် နိုင်ငံခြားသို့ ပညာတော်သင်တော်တော်များများ စေလွှတ်ခဲ့ပါတယ်။

为了学习科学，曾派了很多留学生出国。

ဆွေမျိုးအားလုံးနှင့်တွေ့ရအောင် သူ့အား ရွာသို့ခေါ်ခဲ့သည်။

为了让（她）见到所有的亲戚，所以把（她）领回村里。

လူသားတို့သည် အစားအစာများရရန် အလုပ်လုပ်ရန်ကိရိယာများကို တီထွင်လိုက်ခဲ့ကြပါသည်။

人类为了得到食物，就创造了劳动工具。

မြန်မာစာမှန်မှန်ရေးနိုင်ရန်အတွက် လေ့ကျင့်ခန်းများကို နေ့တိုင်းလုပ်ပေးရသည်။

为了正确地写缅文，必须每天做练习。

နတ်ပူဇော်ရန်အတွက် တိရစ္ဆာန်များကိုသတ်ကြသည်။

为了敬神而宰杀牲口。

ကမ္ဘာငြိမ်းချမ်းရေးကာကွယ်ထိန်းသိမ်းရန်အတွက်တစ်ကမ္ဘာလုံးပြည်သူပြည်သားများက သွေးစည်း

ညီညွတ်ကြရမည်။

全世界人民为了保卫世界和平，必须团结起来。

ရေမြောင်းတူးကြရန်ကိစ္စများအတွက် ငြင်းခုံနေကြပါသည်။

（他们）正在为挖水渠而争论着。

（5）表时间：在单句中，表示时间是用名词或时间状语表示动作发生的时间。在复句中，则往往用一个句子或词组来表示时间，这个表示时间的分句实际上也可以说是时间状语从句。在缅甸语中常用：ပြီး၊ နောက်၊ နှင့်တပြိုင်နက်၊ တိုင်အောင်၊ ကတည်းက၊ သမျှ၊ သမျှကာလပတ်လုံး၊ တော့၊ ရာ၊ သကာလ၊ တိုင်း၊ 等连接词。还有一些用固定的词组形式来表示，常见的有 မ...ခီ၊ လျှင်...ချင်း၊ မ...မချင်း 等。例如：

သူကဖိနာရီမထိုးခင် ပြန်လာမှာဘဲ။

他一定会在 6 点以前回来。

အစည်းအဝေးပြီးတော့ သူကစာတိုက်ကိုတစ်ခေါက်သွားခဲ့သေးတယ်။

会完了他还去了一趟邮局。

ကိုကျော်မြင့်က ကြေးနန်းရရချင်း ဘူတာရုံသို့သွားလေသည်။

哥觉敏一接到电报便到火车站去了。

သူတို့မပြန်မချင်း ကျွန်တော်တို့မသွားဘူး။

他们要是不回来，我们决不走。

ကျွန်တော်တို့စာဖတ်နေတုန်း သူကအခန်းထဲပြန်ပြီးအော်ကြီးဟစ်ကျယ်လုပ်သည်။

正当我们在看书时，他回到房间里大喊大叫。

သူတို့လမ်းလျှောက်ရင်း အတူတူစိတ်ဝင်စားကြတဲ့ကိစ္စရပ်များကို ဆွေးနွေးနေကြတယ်။

他们一边散步，一边讨论着共同感兴趣的问题。

ရန်ကုန်ရောက်တိုင်းရွှေတိဂုံဘုရားကိုသွားဖူးလေသည်။

每当他到仰光，就去朝拜大金塔。

အသက်ရှိသမျှကာလပတ်လုံး ကြိုးပမ်းအားထုတ်ပြီး တိုက်ပွဲဝင်ရမည်။

只要生命尚存，还需奋力搏击。

မိဘတို့အား ကန်တော့ပြီး လှည်းပေါ်တက်ထိုင်လိုက်သည်။

朝父母叩了头后，坐上了牛车。

ကျွန်တော်တို့ရဟတ်လေယာဉ်သည် ကောင်းကင်တွင်ပျံဝဲနေသောအခါ မီးပုံသုံးပုံမြင်ရပါသည်။

当我们的直升飞机在上空盘旋时，见到了三个火堆。

ကျီးကန်းပါးစပ်က ဟလိုက်တယ်ဆိုရင်ဘဲ ချီထားသောအသားက မြေကြီးသို့ကျသွားလေသည်။
乌鸦张嘴一叫，叼着的肉便掉到地上。

သူက အိမ်ရောက်တယ်ဆိုယင်ဘဲ မိုးရွာချတော့တယ်။
他刚回到家，雨也就下起来了。

ကျွန်တော်တို့ဟာ ကျောင်းမှာရှိနေသမျှကာလပတ်လုံး စာများကို ကောင်းကောင်းသင်ယူရမယ်။
只要我们还在学校，就要好好学习。

（6）**条件关系**：表示条件与结果的关系。常用 လျှင်(ရင်၊ယင်)၊ က၊ မှ၊ မှသာ၊ အကယ်၍ (တကယ်လို့) . . . လျှင်(ရင်) 连接。例如：

ကိုယ်စိတ်နှစ်ဖြာပျော်ရွှင်ချမ်းသာမှ အမြဲနုပျိုပါလိမ့်မည်။
身心愉快，才能永葆青春。

ခင်များသိချင်ယင် ပြောပြမယ်လေ။
你如果想知道，我就告诉你。

ကြိုးစားပါက ဘုရားတောင်ဖြစ်နိုင်တယ်။
如果你努力，就能修行成佛。

သမီးပေးမှသမက်ရ။
嫁了女儿才能得到女婿。

သူလာကယ်ပေလို့သာ ကျွန်တော်တို့ရေနစ်ပြီးမသေတာ။
亏得他来救了我们，我们才不致被淹死。

还有一种条件句，表示"无条件"的，这种复句表示在任何条件下，都会产生主句所说的结果。例如：

အဘိုးကြေးငွေရရမရရ သူကဆက်လက်ပြီး လုပ်သွားမှာပါ။
无论他能不能得到报酬，他一定会继续干他的事情。

မည်သို့ပင်ရေးရေး၊ စကားလုံး၏အနက်က ပြောင်းမှာမဟုတ်ပါ။
不管怎么写，词汇的意义是改变不了的。

လုပ်လုပ်မလုပ်လုပ် အသင့်တော့ပြင်ဆင်ထားရမယ်။
不管干不干，都要做好准备。

条件句与假设句有相通的地方，条件句的从句包含的条件往往与假设句中的从句包含的假设近似。不同的是，一个侧重条件，不管这种条件是否真实存在。而另一个是侧重强调假设。这就肯定这种条件并不是事实，而是一种假设。例如：

ပင်လယ်ရေခန်းသွားပါက လူသားတို့ကဆက်လက်တည်မြဲနိုင်အုန်းမည်လော။

如果海水枯竭，人类还可能生存吗？

အကယ်၍မိုးပြိုပါက မခက်ပေဘူးလား။

要是天塌下来，不就糟了吗？

မင်းကနေမင်းကြီးကိုလိုချင်တောင် ကျွန်တော်ကကောင်းကင်ယံတက်ပြီးခူးပေးမယ်။

要是你要太阳，我也上天摘下来给你。

ခင်များသဘောတူပါက ကျွန်တော်သွားလုပ်လိုက်မည်။

你同意的话，我就去做。

（7）让步关系：主句与从句处于相反的地位，从句先做让步，主句转入正题。它分事实的让步和假定的让步两种。

① 表示事实的让步时，从句是事实，先承认，然后转入正题。通常用 သော်လည်း၊ စေကာမူ၊ သည်တိုင်အောင်၊ အုန်းတော့ 等连接。例如：

လူချင်းကွဲကွာနေတာ ဆယ်နှစ်တောင်ရှိသည်တိုင် သူ့အသံကိုတော့ ကျွမ်းဘုန်းပင်ဖြစ်၏။

尽管离别已达十年，对他的声音还是很熟悉的。

ကျွန်တော်တို့မှာအခက်အခဲတော်တော်များများရှိသည်တိုင်တော် လှန်ရေးလုပ်စက တွေ့ကြုံရသော အခက်အခဲနှင့်စာကြည့်လျှင် အများကြီးကွာခြားသေးသည်။

尽管说我们有不少困难，可是跟革命初期所遇到的困难相比还差得很远。

② 假定的让步：从句是一个假设，先承认这个假设，然后转入正题。常用的连接词或句型有 အကယ်၍ . . လျှင် ၊ ဖြစ်စေ၊ သည်တိုင်အောင် 。例如：

ပြည်သူလူထုတို့၏အကျိုးစီးပွါးအတွက် ဒီလိုလုပ်ရပါမယ် ကျွန်တော်တို့အသက်စတေးပေး ရသည်တိုင်အောင် တွန့်တိုလိမ့်မည်မဟုတ်ပါ။

为了人民的利益我一定要这么做，哪怕因此而牺牲我也在所不惜。

ကျွန်တော်တစ်ယောက်တည်းကျန်သည်တိုင်ဤကြီးလေးသောတာဝန်ကို ထမ်းဆောင်မြဲထမ်းဆောင် သွားပါလိမ့်မည်။

即使只剩下我一个人，我仍将担负起这个重任。

第十六章 句子结构(ဝါကျဖွဲ့စည်းပုံ)

တပါး သူကကျွန်တော်တို့အား မဝေဖန်တောင် ကျွန်တော်တို့ကိုယ့်ဘာသာကိုယ်ကိုဝေဖန်သွား ရပါမယ်။

别人不批评我们，我们自己也要做自我批评。

主从复句的主句与从句之间有时表示因果关系，有时表示条件关系，有时也表示转折关系，这种关系包含退一步着想的意思。它们之间各有区别，但也有一定的联系。这种区别和联系，可以用下表来说明。我们用一种情况，就是对"他"到"北京""认识路"这一情况用不同的复句形式来说明"他"的情况，就有不同的说法和产生不同的意思。

与预期相合	与预期不合
因果	条件
① သူကဘေကျင်းသို့ရောက်ခဲ့ဖူး ၍လမ်းသိသည်။ 他到过北京，所以认识路。	② သူကဘေကျင်းသို့ရောက်ခဲ့ဖူး ယင်လမ်းသိမည်။ 如果他到过北京，他将认识路。
转折	纵予（让步）
③ သူကဘေကျင်းသို့ရောက်ခဲ့ဖူး သော်လည်းလမ်းမသိပါ။ 虽然他到过北京，但是不认识路。	④ သူကဘေကျင်းသို့ရောက်ခဲ့ဖူး သည်တိုင် လမ်းသိမည်မဟုတ်ပါ။ 即使他到过北京，也不会认识路。

（8）取舍关系：两个分句表示不同的事物，说话者决定取舍其中之一，常用连接词有：မည့်အတူတူ၊ မည့်အစား၊ . . . ဖြစ်စေ၊ မ . . . ဘဲ 等。

စကားများများပြောရမဲ့အတူတူ အသုံးကျတဲ့စကားကိုဘဲ များများပြောမှာပေါ့။

既然话要说得多，倒不如多说一些有用的。

ကျောက်စရစ်ခဲထည့်ထားသော အိတ်ကိုရေထဲပစ်ချရမည့်အစားပိုက်ဆံအိတ်ကို မှားပြီးရေထဲသို့ ပစ်ချလိုက်သည်။

没有将装着石头的口袋扔进河里，反而错把钱袋扔进了水里。

အားကစားကွင်း၌လူတွေကများနေလို့ကျွန်တော်တို့ဘတ်စကက်ဘောကစားမဲ့အစား တာရှည်သွား ပြေးကြတော့တယ်။

运动场上很挤，我们就不打篮球而去跑长跑了。

ရုပ်ရှင်သွားကြည့်မည့်အတူတူ ဝတ္ထုကိုသာဖတ်မည်။

与其去看电影还不如看小说。

ကျွန်တော်ပြဇာတ်သွားကြည့်မဲ့အစား ပီကင်းအော်ပရာကိုပဲသွားကြည့်မယ်။

我不去看话剧，而将去看京戏。

တဲ့အိမ်မှာပဲနေရနေရ၊ ဖွဲကိုပဲစားရစားရ မြေရှင်နဲ့အရင်းရှင်တို့ကိုတော့သွားမဖါးချင်ဘူး။

我宁愿住茅屋，吃糠皮，也不愿向地主、资本家去讨好。

3. 多重复句。上述例句中，大多数只有两个分句，可分为联合与主从复句。但是有些复句是由两个以上的分句组成，它们之间的关系，又有联合，又有主从的关系。我们把这类复句称为多重复句。例如：

အာဏာရှိသူကပါမစ်ပေး၊ပါမစ်ရသူကသူဌေးကြီးတွေဖြစ်ကြသလို့ဌာနဆိုင်ရာတွေမှာလည်းအခွန်အကောက်ကောက်ခံရာမှရရှိသိုင်နှုန်းဘယ်လောက်ကနိုင်ငံတော်အတွက်၊ ဘယ်လောက်ကတာဝန်ရှိသူ၊ ဘယ်လောက်ကပွဲစားစည်စည်ပြင်ဖြစ်ပေါ်ပြီးအကျင့်ပျက်ခြစားမှုတွေဟာကြီးသည်ထက်ကြီးမားနေပါတော့တယ်။

有权在手的人发放许可证，拿到许可证的人变成大富翁。政府收上来的税，多少进了国库，多少又进了官员和掮客的腰包呢？这样的贪腐现象真是越来越严重了。

这是一个三重复句，第一重在 ဖြစ်ပေါ်ပြီး 处断句，为分合关系；第二重在 သလို့ 处断句，为对照关系；第三重有两处，一处在 ပါမစ်ပေး 处断句，为并列关系，另一处在 ရာမှ 处断句，为表时间的分句。

五、复句的变化

复句从结构来看有倒置、紧缩、重复等变化。

1. 倒置。通常，主从复句的结构总是从句在前，主句在后。但是，有时也可以将其位置颠倒过来。例如：

ကျွန်တော်တို့ကသူ့ကိုကောင်းကောင်းကူညီရမယ်၊ဘာဖြစ်လို့လဲဆိုတော့သူနေမကောင်းလို့ပါ။

我们应该好好地帮助他，因为他身体不好。

မင်းကကောင်းကောင်းစဉ်းစားကြည့်စမ်းပါ၊ဒါဘယ်လောက်အရေးကြီးသလဲလို့။

你好好的考虑一下吧，这有多么重要。

复句倒置的主要原因：一是说话比较急促，一句话说完，又想起一些什么要补充说明，只好搁在后头；二是为了某种修辞的目的，强调某一事物，就把要强调的内容搬到头上，表达较强的语气。

倒装句的特点：①能还原；②意思一样，语气不一；③倒装部分要

第十六章 句子结构(ဝါကျဖွဲ့စည်းပုံ)

重读；④在文章中，它是一种修辞作用的特殊格式。

2. 复句的紧缩：用类似单句的形式，表示复句的内容，这种句子很像单句，实际上是复句的紧缩。例如：

အဒီနေရာကိုမရောက်နိုင်ဘဲ လမ်းခုလတ်မှာသေချင်သေပါစေ။
哪怕到不了那儿死在半路上，我也不管。

သွားချင်သွား၊ မသွားချင်နေ။
要去就去，不去就算了。

လာမစနဲ့၊ မီးပွင့်သွားမယ်။
别来惹我，不然要你好看！

上列第一个例句中前一分句就省略了宾语和主语，如果要说完整，应该是 <u>ကျွန်တော်သွား</u> <u>လိုသောနေရာကိုမရောက်နိုင်ဘဲ</u>၊<u>ကျွန်တော်</u>လမ်းခုလတ်မှာ<u>သေ</u>သွား<u>ရင်</u>သေ သွားပါစေ။而句子中画线部分全部省略。同样又如第三个例句中，省略了主语和宾语。如果要说完整则应该说成：မင်းကငါ့ကိုလာမစနဲ့၊နို့မဟုတ်ရင်မီးပွင့်သွားမယ်။ 可见，大多数的紧缩句都可以将省略部分恢复，形成完整的复句。我们可以从复句的语法关系对句子进行理解和解释。

3. 重复句：在句子中，完全相同地重复某一部分，这是一种内部重复，就是在句子中有相同的词语，充当着相同的成分。如果句子成分形式上并不相同，可是所指的是同一事物，那么这不能称"重复"而只能称句子中的"复指"成分。重复句往往是修辞的需要，这种形式，表达的感情色彩比较浓厚和强烈。例如：

နယ်တွေမှာပေါ့ခင်ဗျာ–နယ်တွေမှာပေါ့။နယ်ကနေ ပေးလိုက်တဲ့စာတွေကို ဖတ်လိုက်ရဖတ်လိုက်ရ၊ ရန်ကုန်တက်လာတဲ့လူတွေကိုဘဲမေးကြည်မေးကြည်။ ဒါမှမဟုတ် နယ်တွေကိုဘဲ ကိုယ်တိုင်ရောက်သွား ရောက်သွား အဖြစ်တွေကတော့ဒီအတိုင်းချည်းတထေရာထဲလိုလိုပါဘဲ။ မလိုလားအပ်သောဤအဖြစ်မျိုးမှတစ်မျိုး၊တစ်ဖုံအဆင်ပြေအောင်ဖန်တီးနိုင်သူမှာ မြို့တော်သန့်ရှင်းရေးပါရဂူများလေလား။ကုန်သွယ်စီးပွါးရေးပါရဂူများလေလား၊အမြတ်ကြီးစားကာကွယ်ရေးစသုံးလုံးပါရဂူများလေလား၊လေလား၊ လေလား၊လေလား။

就是在地方上，这种情况无论翻阅那个地方的来信，还是访问那儿来仰光的人或者是亲自到该地方去调查，都会得到同样的印象。我不知道要改变这种令人厌恶的现象，应该由谁来负责？是由首都环保专家？商业经济专家？还是消除高利贷的"三 S"委员会成员？抑或是其他的专家、学者们……？

第三节　引语句

一、引语句的定义

引语句(တစ်ဆင့်ပြောဝါကျ)主要是对事物冠以名称，或引用别人的说话，或表述某一种思想、概念、打算的句子，这种句子中都用引语助词 ဟု(လို့)、ဟူ၍(ရယ်လို့)、တဲ့、ဆိုဘဲ 等，从句子结构来看，有些应归入单句中，有些则应归入复句中。例如：

ဒါကိုစပယ်ပန်းလို့ခေါ်တယ်။
这叫茉莉花。

အားလုံးကသူ့ကိုကိုသောင်းကျော်ဟုခေါ်သည်။
大家都叫他哥当乔。

ဘေးပတ်လည်တွင်ရေဖြင့်ဝိုင်းထားသောကုန်းကိုကျွန်းလို့ခေါ်ပါတယ်။
四周有水围绕的陆地称为岛屿。

上述例句都是一种命名，一般表示"把××称作××"。这类句子往往是无主句，而被称谓的"名称"在句子中作宾语补足语。

二、引语句的分类

1. 直接引语句：直接引语是表示直接引用某人的话。句子结构形式是："（话）+ ဟု + 主 + 谓语"，这里的"话"可以是说的话，也可以是一种想法、念头、抱着某种目的、期望等思想活动。直接引语句常常是一种复句形式，常用引语助词连接，句子由"分句+ ဟု(လို့)、ဟူ၍(ရယ်လို့) + 分句"组成。前面的分句可以是简单句，也可能是复句或复合句。例如：

အိမ်ပြန်ပြီးမှတ်စုများကိုပြန်ကျက်ကြပါဟုဆရာကမှာလိုက်သည်။
老师吩咐：回家后复习一下笔记。

မင်းခဏလာခဲ့ဟုဖေဖေကခေါ်လေသည်။
爸爸叫道："你来一下。"

第十六章 句子结构(ဝါကျဖွဲ့စည်းပုံ)   333

ရုပ်ရှင်ရုံသို့သွားသောအခါသူ့အိမ်သို့ခဏဝင်နားပါလို့မပုကမှာလိုက်သည်။
玛布叮咛道:"去电影院时到她家休息一会儿。"

နံရံပေါ်၌ဆေးလိပ်မသောက်ရဟု ရေးထားသည်။
墙上写着:"不准吸烟"。

ကျေးရွာမှာရှိတဲ့ဦးလေးအိမ်သွားလည်ဘို့ခွင့်ပြုရန်စိုးစိုးကဆာနေသည်။
梭梭吵着要答应她到乡下的舅舅家去玩。

မင်းထမင်းစားပြီးမှပြန်မယ်မဟုတ်လားလို့မေမေကမေးတယ်။
妈妈问,你是不是要吃完饭才回家?

ကျောင်းကဘယ်နေ့မှာစပိတ်မလဲလို့ကျောင်းသားများကမေးကြတယ်။
学生们问学校哪天开始放假?

သူဘယ်သူလဲလို့မေမေကမေးတယ်။
母亲问他是谁?

ပထမဆုကိုအရယူမယ်လို့သူကသန္နိဋ္ဌာန်ချထားပါတယ်။
他下决心一定要争取第一名。

ဟိုအခန်းကိုဝင်သွားလျှင် မိမိကပြတိုက်ကြီးထဲရောက်နေပြီလားလို့ အောက်မေ့ရလိမ့်မည်။
进入那个房间你将会想到自己仿佛走进一座博物馆。

ဒီနေ့ကျောင်းပိတ်မယ်လို့ဆရာကကြေညာတယ်။
老师宣布今天放假。

မိမိမှာအမှားရှိတယ်လို့မယူဆပါဘူး။
他不认为自己有错。

အကြီးအကျယ်တိုက်ပွဲဝင်မယ်လို့လာတာဘဲ။
他准备来大打出手的。

上述例句中,有的引语是一条标语,有的引语是表示一种决心、愿望,有的引语表示带着某种心情、目的的意思。引语有陈述句、有疑问句。有时援引报刊文章、经典语录等也都用引语句的形式。可见引语在平时用语中还是使用频率较高的一种形式。例如:

တက်ညီလက်ညီလုပ်ကြသည်ဟုရေးရင်ပိုကောင်းလိမ့်မည်။
如果写成"齐心协力干工作"可能更好些。

သူကပါရစ်သို့သွား၍ကျန်းမာရေးစစ်ဆေးမည်ဟုသတင်းစာများတွင်ထည့်သွင်းဖော်ပြထားသည်။

各报纸都刊登了"他将去巴黎检查身体"。

အရှေ့လေကအနောက်လေကိုဖိယင်၊ဲ့သို့တည်းမဟုတ်အနောက်လေကအရှေ့လေကိုဖိမည်ဟုတရုတ်ရှေးဟောင်းဝတ္ထု၊"ခန်းဆောင်နီအိပ်မက်"ထဲတွင်ရေးထားပါသည်။

中国古典小说《红楼梦》中写道:"不是东风压倒西风,就是西风压倒东风。"

2. 间接引语句:表示转述别人的话。它只是转述别人的话,而不关心原话是谁说的,因此这类句子常常没有主语,当然这类句子也能添上主语。它是由原话加引语助词 တဲ့ 组成。原话可以是各种形式与内容的句子,也可以是一个词、一个词组或是各类句子,其中包括复杂句。例如:

ကိုငွေးကပြန်လာပြီတဲ့။

据说哥泰已经回来了。

သူလဲဒီနေရာကိုလာမယ်လို့တဲ့။

(他)说他也将到这儿来。

ဟိုးရှေးရှေးတုန်းက ယုန်တစ်ကောင်ရှိသတဲ့ . .

从前,有一只兔子……

ကောင်းပြီ၊ကျမကငွေရင်းကိုထုတ်ပြီ၊မင်းဘာတွေလုပ်မလို့လဲ။

好,那么就算我拿出资金,你将搞什么呢?

ဒါကတက္ကသိုလ်မှာဘွဲ့ယူနေတဲ့မောင်တင်ထွန်းတဲ့။

这就是在大学读学位的貌丁吞。

မြို့သစ်ကဒီနဲ့မဝေးဘူးတဲ့။

说是新城离这儿不远。

ပြောတာကတော့ဘာညာကိစ္စရှိတယ်တဲ့၊အမှန်ကတော့ညာတာဘဲ။

说是有这事情,那事情,其实都是骗人。

သူကမေးတယ်။သူနဲ့အတူမန္တလေးကိုသွားမလားတဲ့။

他问(你)是否跟他一起去曼德勒。

如果要指明是谁说的话,一般要在前面加上主谓句,直接说明"××说了""××这么想到"等,然后再说出转达的句子。例如:

第十六章 句子结构(ဝါကျဖွဲ့စည်းပုံ)

ဆရာကပြောတယ်၊လေ့ကျင့်ခန်းတစ်ကိုလုပ်ကြပါတဲ့။
老师说了，请大家做练习一。

ဘိုးဘိုးကဆုတောင်းတယ်၊မြေးကအားလုံးစိတ်တိုင်းကျပါစေတဲ့။
爷爷祝福说，愿你一切如意。

ဖေဖေကပြောပြီးပြီ၊နက်ဖြန်အပြင်သွားထမင်းစားကြစို့တဲ့။
爸爸说了，明天出去吃饭。

မမကမေးခိုင်းတယ်၊မေမေဘယ်အချိန်မှာရန်ကုန်လာမလဲတဲ့။
姐姐让问一下，妈什么时候到仰光来。

မင်းကိုကိုကမေးနေတယ်၊မင်းပန်းတွေကိုရေလောင်းပြီးပြီလားတဲ့။
你哥哥在问，你浇完花没有？

အတန်းမှူးကလာအကြောင်းကြားတယ်၊ညနေအစည်းအဝေးရှိတယ်တဲ့။
班长来通知下午有会。

မင်းဦးလေးကပြောတယ်၊ မင်းရေးတာမမှန်ဘူးတဲ့။
你舅舅说了，你写得不对。

上述例句可以看出，将直接引语句中的引语部分与引语后面的句子部分倒置，就形成上述的间接引语句。例如：

老师嘱咐大家做练习一。

ဆရာကပြောတယ်၊လေ့ကျင့်ခန်းတစ်ကိုလုပ်ကြပါတဲ့။

လေ့ကျင့်ခန်းတစ်ကိုလုပ်ကြပါလို့ဆရာကပြောတယ်။

爷爷也为（孙子）祝福，愿他万事如意。

ဘိုးဘိုးကဆုတောင်းတယ်၊မြေးကအားလုံးစိတ်တိုင်းကျပါစေတဲ့။

ငါ့မြေးအားလုံးစိတ်တိုင်းကျပါစေလို့ဘိုးဘိုးကဆုတောင်းတယ်။

3．还有一种间接引语句是在句子（引语）后加上 ဆိုဘဲ 。它表示向听话对象转告某人听说的情况。这一类引语句，主要强调消息的本身，并不关心这条消息的来源，因此无主语，而且也无法添加主语。例如：

ဆရာတို့ကမရောက်သေးဘူးဆိုဘဲ။
据说老师们尚未到达。

ဦးခိုင်ကွယ်လွန်သွားပြီဆိုဘဲ။
听说吴开已经去世。

အဲဒီနေရာမှာရှင်ပြုလှည့်လည်ပွဲမှာလည်းလှေနဲ့၊ အရောင်းအဝယ်မှာလည်းလှေနဲ့ဆိုဘဲ။
据说该地举行剃度前游行仪式时乘的是船，而买卖东西时也乘船。

ကျွန်တော်တို့အတန်းရှိကျောင်းသားဦးရေလည်း ၅၀ အထိတိုးလာမည်ဆိုဘဲ။
听说咱们班的人数也将增加到 50 人。

အဲဒီကျောင်းကမြို့နဲ့သိပ်မဝေးလှဘူးဆိုဘဲ။
据说这座学校离开城市不太远。

练习

1. 指出复句类型。

၁။ သူကကျောင်းသားများအတွက်တော်တော်များများလုပ်ပေးလို့ကျောင်းသားသမဂ္ဂဥက္ကဋ္ဌအဖြစ်အရွေးခံရတယ်။

၂။ ကလေးများသည်မိသားစုသို့မဟုတ် အုပ်စုနှင့်အတူလိုက်ပါရင်း သားကောင်ကြီးငယ်များရှာဖွေဖမ်းဆီးသောအတတ်၊ စားကောင်းသောသစ်ဥစစ်ဖုတို့ကိုရွေးချယ်ရှာဖွေတူးဆွသောအတတ်တို့ကိုသင်မှန်းမသိသင်ယူတတ်မြောက်ကြသည်။

၃။ ဟိုတယ်လုပ်ငန်းဆိုင်ရာများတွင်ဝန်ဆောင်မှုကောင်းရန်လိုအပ်သကဲ့သို့ ခရီးသွားလုပ်ငန်းများအတွက်ဝန်ဆောင်မှုကောင်းရန်လည်း လိုအပ်သည်။

၄။ နိုင်ငံတစ်နိုင်ငံ၊ အနာဂတ်ဖွံ့ဖြိုးတိုးတက်ခိုင်မာရေးသည် ထူးဆန်းထက်မြက်ပြီးမျိုးချစ်စိတ်ဓာတ်ထက်သန်သည့်လူငယ်၊ လူကောင်း၊ လူတော်များ၊ ပခုံးထက်တွင် တည်ရှိနေသောကြောင့်နိုင်ငံတော်အစိုးရသည် အမျိုးသားပညာရည်မြင့်မားရေးနှင့်၊ လူ့စွမ်းအားအရင်းအမြစ် ဖွံ့ဖြိုးတိုးတက်ရေးအစီအစဉ်များကို ချမှတ်ဆောင်ရွက်လျက်ရှိသည်။

၅။ ကျွန်မလက်ထဲက ဖတ်ချင်ယောင်ဆောင်ထားသောစာအုပ်ကို စာရွက်မလှန်တာကြာပြီဟု သတိရသွားပြီး စာရွက်တစ်ရွက် လှန်လိုက်သည်။

၆။ အသိပညာဖြစ်စေ၊ အတတ်ပညာဖြစ်စေ အကျိုးအကြောင်းခွဲခြမ်းစိတ်ဖြာသိမြင်နိုင်သောဉာဏ်ကို အခြေပြုပါသည်။

၇။ ခါးပေါ်ထိမရောက်ဘဲ တင်ပါးပေါ်တင်ရှိရှိသောချင်းဘောင်းဘီကိုဝတ်မိလို့ မေမေက ဘာမှမပြောပေမယ့် မမယ်မုံကကျန်မကိုဆူသည်။

၈။ သို့သော် သူက ၂ နှစ်နှင့်မတူဘဲ ၃ ဖန်စပ်ပုံစံပေါက်နေသည်။

၉။ ဘုရားဖြစ်သည့်အဆင့်အထိမရောက်တိုင် အဂ္ဂသာဝက၊ မဟာသာဝက၊ ရဟန္တာကြီးများအဆင့်ထိ

第十六章 句子结构(ဝါကျဖွဲ့စည်းပုံ)

ရောက်အောင် အားထုတ်နိုင်ခွင့်ရှိပါသည်။

၁၀။ အမေ၏ညင်သာအေးချမ်းသောလုပ်ရပ်မှုများကိုကြည့်ပြီး သားသမီးတွေကအမေကိစိတ်မာတယ်၊ မာနကြီးတယ်ဟုဂုဏ်ယူဝင့်ကြွားကြတယ်။

2. 将下述句子译为汉语并分析句子各成分之间的关系。

၁။ တယ်လီဖုန်းတစ်လုံးနှင့်မိတ်ဟောင်းဆွေဟောင်းများနှင့်စကားပြောနေသည်အခါ အမေက တဟဲဟဲ တဟက်ဟက်ရယ်နေတတ်သည်။

၂။ ညတိုင်းကျလျှင် အဖေပေးသောတယ်လီဗီးရှင်ရှေ့မှာ ဒရင်းဘက်ပေါ်အခန့်သားထိုင်ပြီး ရွှေကိုင်းမျက်မှန်နှင့် အမေရုပ်ရှင်ကြည့်သည်။

၃။ ကျွန်မတို့ဖြင့် တစ်နေ့တစ်နေ့ ပြေးလွှားနေရတာ အသက်တောင်မှန်မှန်မရှူနိုင်ဘူး။

၄။ အလုပ်သမားတစ်ယောက်ကို ဆန်အိတ်နှစ်အိတ်နှန့်ထမ်းခိုင်းပြီး အခေါင်ရေကို မှတ်သည်။

၅။ အမေက ကျွန်မသိလျက်နှင့်မပြောဘဲနေသည်ကို လုံးဝခွင့်လွှတ်မည်မဟုတ်။

၇။ ကျွန်မတို့မိသားစု နေရာသစ်ကိုပြောင်းရွှေ့လာပြီးမကြာခင် အလှူခံသမားတစ်ယောက်လာပါသည်။

၈။ ရေလက်ကြားဖြတ်ကျော်ကုန်သွယ်မှုနှင့်ပတ်သက်ပြီးကျနော်ရဲ့စာရင်းဇယားအရပြောရရင်ထိုင်ဝမ်ကအားသာချက် ရတာဟာများလွန်ပါတယ်။

၉။ တရုတ်လူမျိုးတွေဟာ ဉာဏ်ရည်ထက်မြက်ပြီးအရမ်းကြီးစားတဲ့အတွက် ဒီအချက်ကို တရုတ်ရော အမေရိကန်ပါသက်သေတွေပြီးဖြစ်ပါတယ်။

၁၀။ မြန်မာနိုင်ငံသည်စိုက်ပျိုးရေးကိုအခြေခံသောနိုင်ငံဖြစ်သည်အားလျော်စွာ လယ်ယာကဣ္ဈာဖွံ့ဖြိုးတိုးတက်ရေး အတွက် ဘက်ပေါင်းစုံမှ အလေးထားအားပေးဆောင်ရွက်လျက်ရှိပေသည်။

၁၁။ ဒီနိုင်ငံရောက်ပြီးရက်ပိုင်းအတွင်းအမေရိကန်ပြည်သူတွေရဲ့နားလည်မှုနှင့်ထောက်ခံမှုကိုသွားလေရာမှာတွေ့ခဲ့ပါတယ်။

၁၂။ ဆေးဝါးရောင်းချခွင့်လိုင်စင်ရှိသောဆိုင်များသည် ဆေးဝါးများကိုရောင်းချရာတွင် ဆေးဝါးစစ်မှန်မှုအာမခံချက် ရှိရမည်။

၁၃။ ကိုယ်ပိုင်ဆက်သွယ်ရေးကြိုးတုမရှိသော နိုင်ငံများသည် သူတစ်ပါးပိုင်ကြိုးတုများကို ငှားရမ်းအသုံးပြု ကြရလေသည်။

၁၄။ တရုတ်နဲ့အာဆီယံကြားပူးပေါင်းဆောင်ရွက်ရေးမှာ စင်ကာပူကိုကြီးတဲ့အခန်းက ပါဝင်ဆောင်ရွက်ပေးမယ်လို့မျှော် လင့်ပါတယ်။

၁၅။ ပတ်ဝန်းကျင်ထိန်းသိမ်းစောင့်ရှောက်ရေးနဲ့ပတ်သက်တဲ့အစည်းအဝေးအမျိုးမျိုးကိုလုပ်ကိုင်ဖို့ ကျုပ်တို့မှာရှိပါတယ်။

၁၆။ တိရိစ္ဆာန်နဲ့အပင်များစစ်ဆေးရေးနဲ့ရောဂါကာကွယ်ရေးအာဏာပိုင်တွေက နှစ်ဘက်စလုံးအနေနဲ့ စိတ်ရှည်တဲ့တိုင်ပင်မှုပြုလုပ်ခဲ့တယ်။

၁၇။ တရုတ်ပြည်ဟာ စီးပွါးရေးပြုပြင်ပြောင်းလဲမှုကိုအတိုင်းအတာတစ်ခုအထိရောက်ပြီးတဲ့အခါ လျှော်ကန်ကိုက်ညီတဲ့ နိုင်ငံရေးပြုပြင်ပြောင်းလဲမှုကိုလည်း လုပ်ဖို့လိုတယ်။

၁၈။ သမိုင်းအရ အမြင့်ဆုံးငွေကြေးဖောင်းပွမှုပြဿနာမှာ ၁၉၈၄-၈၅ကတစ်ကြိမ်၊ ၁၉၉၃-၉၄ကတစ်ကြိမ် ဖြစ်ခဲ့ပြီး ဖောင်းပွမှု ရာခိုင်နှုန်း ၂၀ ကျော်ရှိခဲ့တယ်။

၁၉။ ပြီးခဲ့တဲ့သုံးနှစ်အတွင်း ပြည်ပတိုက်ရိုက်ရင်းနှီးမြှုပ်နှံမှုဟာ နှစ်စဉ်ဒေါ်လာ ၃၀ ဘီလီယံ လောက်ရှိခဲ့တယ်။

၂၀။ တစ်ဦးချင်းအကျင့်ပျက်မှုနဲ့ ပါတီနဲ့အစိုးရအတွင်းအကျင့်ပျက်မှု လက္ခဏာတွေ ပေါ်ပေါက်တာမျိုးလည်းရှိပါတယ်။

第十七章　句子的类型（ဝါကျအမျိုးအစား）

句子可以从结构上来分析，划分成单句和复句等。但是单从结构上来分析是不够的。因为结构相同的句子，可以有不同的意思。例如：下列几句都是单句，可是却表达不同的意思。

သူဉာဏ်သိပ်ကောင်းတယ်။
他很聪明。
သူဉာဏ်သိပ်ကောင်းသလား။
他很聪明？
သူဉာဏ်သိပ်ကောင်းတယ်လို့မပြောနဲ့။
你别说他很聪明！
သူဉာဏ်သိပ်ကောင်းပါကလား။
他真聪明呀！

上列四个例句，都是单句形式，但是从意义、语气、语调上来说却大不相同。因此仅仅分析句子结构还不能很好地理解句子，还需要从句子本身意义来分析。这就是我们在前面提到的，句子从语气来划分，可分成：陈述句、疑问句、祈使句、感叹句等四类。

第一节　陈述句

一、陈述句的定义

陈述事实的句子，叫陈述句。它是用来叙述和说明事物的运动、性状、类属关系的句子，是思维最一般的表现形式，也是使用最广泛的句子类型。在书面语中，这类句子后一定要加句号"။"。一个完整的句子，句尾都要有句尾助词。这些助词说明动作或性状的时间和状态。例如：

ဒီနေ့နေသာတယ်။
今天天晴。

၁၂ နာရီထိုးပြီ။
12 点了。

သူ့မမကနေဒါပြည်ကိုသွားမယ်။
他姐姐将去加拿大。

ကောင်းကင်ပေါ်ကကြယ်လေးများ အရောင်တလက်လက်တောက်ပနေတယ်။
天上的星星闪闪发光。

二、肯定、否定、双重否定

陈述句是表示说话人对客观事实的描述，所以陈述句有肯定形式和否定形式的分别。

1. 肯定形式

（1）加语气助词。例如：

မောင်ဘလို့ခေါ်တဲ့လူဟာသူဘဲ။
叫做貌巴的人就是他。

ဒီတစ်ခါတော့ကျွန်တော်သွားကိုသွားမယ်။
这次我非去不可。

（2）句子后面加表示肯定的动词或形容词，组成较固定的句型，表示对事物的肯定。例如：

သူနက်ဖြန်ဒီနေရာကိုလာမယ်။
他明天将来这儿。（一般陈述）

သူနက်ဖြန်လာမှာဘဲ။
他明天一定会来。（强调）

အလာကောင်းသော်လည်းအချိန်နောင်းသွားပြီ။
来了虽然好，可惜为时已晚。（一般叙述）

အလာကောင်းသော်လည်းအချိန်နောင်းသွားပါတကား။
来了固然好，可惜为时晚矣！（感叹）

（3）加表示肯定语气的副词。例如：

ကိုကိုက ၇ နာရီမှာလာမယ်။

哥哥 7 点来。

၇နာရီမှာကိုကိုကကွန်မချလာမယ်။

7 点哥哥一定来。

ဒါကိုသူလုပ်မှာဘဲ။

这个他会做的。

ဒါကိုသူကျိန်းသေလုပ်မှာဘဲ။

这个他肯定会做的。

2. 否定形式

在缅甸语中，否定句（မဟုတ်ဝါကျ）与汉语有着许多不同的地方。例如汉语中表示否定的词有"不""没""没有"等。在缅甸语中，却只有一个"မ"来表示。然而，要表示"不、没、没有"等意思，则还要靠与"မ"搭配的各种助词来表示。例如：

သူမဖတ်ဘူး။

他不看（书）。

သူမဖတ်ခဲ့ဘူး။

他没看。

သူမဖတ်သေးဘူး။

他还不看呢。

သူကမဖတ်လိုက်ရသေးဘူး။

他还没看呢。

သူကမဖတ်တော့ဘူး။

他不看了。

သူကမဖတ်ချင်ဘူး။

他不想看。

从上述例句可以看出，否定形式还有各种区别。"不"表示说话者或叙述对象不发出动作，或是否定一种性质，这时否定形式不仅要有否定副词 မ ，而且句尾助词还要与 မ 相配，要用 ဘူး（书面语中还用 ချေ၊ လေ 等)。

其次，缅甸语中根据否定对象的不同，否定词 မ 的位置有变化。

① 当否定谓语动词时，否定词放在动词前面。可是如果动词是宾动或主谓结构，则"မ"应在主要动词词根之前。例如：

听	နားထောင်	不听	နားမထောင်
插秧	ကောက်စိုက်	不插秧	ကောက်မစိုက်
写信	စာရေး	不写信	စာမရေး
懂	နားလည်	不懂	နားမလည်

② 当谓语是两个或两个以上的动词结合而成时，否定词必须放在最后一个动词之前。例如：

ကျွန်တော်စာအုပ်သွားငှါးသည်။
我去借书。

ကျွန်တော်စာအုပ်သွားမငှါးဘူး။
我不去借书。

မင်းမုန့်ကိုသွားဝယ်စားပါ။
你去买糕点吃吧。

မင်းမုန့်သွားဝယ်မစားနဲ့။
你别去买糕点吃。

③ 当谓语动词后面有助动词时，否定词必须放在动词前。只有动词后面有表示趋向的助动词 သွား၊ လာ 时，否定词才能而且也必须放在助动词前。例如：

ဂျပန်စကားမပြောတတ်ပါဘူး။
不会讲日语。

ဒီအလုပ်ငါမလုပ်နိုင်ပါဘူး။
我不能做这事。

အလုပ်ကများနေလို့သူ့ဆီထက်ထိမသွားဖြစ်သေးဘူး။
因为忙，一直没能去他那儿。

ဈေးမတက်ခဲ့ဘူး။
苹果还没有红。

စီးပွါးရေးအခြေအနေကောင်းမွန်မလာသေးဘူး။

第十七章 句子的类型（ဝါကျအမျိုးအစား）

经济形势尚未好转。

④ 动词前有副词时，否定词必须放在动词前，而不能像汉语那样放在副词前。例如：

ဂရုတစိုက်နားမထောင်ခဲ့ဘူး။
没有认真地听。

မြန်မြန်မပြင်ယင်မရတော့ဘူး။
要不赶快修理就不行了。

ကြိုးစားပြီးမလုပ်ယင်အောင်မြင်မှုမရနိုင်ပါ။
如果不努力干就不可能取得成功。

⑤ 要否定过去发生的事情或将来发生的事情时，否定成分放在句子或名词性词组后面，否定整个句子或词组。表示一件事物非常肯定，或自己表示决心不干什么时，常用此类句子。例如：

သူလာလိမ့်မယ်မထင်ဘူး။
我想他不会来了。

ဒီလိုဖြစ်လိမ့်မယ်မဟုတ်။
不可能会这样。

ကျွန်တော်တို့ကတစ်ပါးနိုင်ငံကိုဝင်ရောက်ကျူးကျော်လိမ့်မည်မဟုတ်ပါ။
我们不会侵略别的国家。

သူတို့ကဒါတွေကိုနားလည်လိမ့်မယ်မဟုတ်ပါ။
他们是不会懂得这些的。

⑥ 要否定正在进行的动作时，မ 不能直接放在动词之前，只能放在表示正在进行的全句之后。例如：

ခုသူတို့စာဖတ်နေတယ်။
现在他们正在看书。

ခုသူတို့စာဖတ်နေတာမဟုတ်ဘူး။။
现在他们不是在看书。

ကျောင်းသားတို့ကရုပ်ရှင်ကြည့်နေကြတယ်။
学生们正在看电影。

ကျောင်းသားတို့ကရုပ်ရှင်ကြည့်နေကြတာမဟုတ်ဘူး။

学生们不是在看电影。

သူမိမိဘာသာမိမိကြည်နူးနေတယ်။

他正在自我赞赏。

သူ့ဘာသာသူကြည်နူးနေတာမဟုတ်ဘူး။

他并不是在自我欣赏。

⑦ 一般情况下，与 မ 搭配使用的否定句句尾 ဘူး，在祈使句中用 နှင့် (နဲ့)၊ ရ。例如：

တံတွေးမထွေးရ။

不准吐痰！

သူပြောတာကိုမယုံနဲ့။

你别相信他说的。

但是，有些否定句中的句尾助词不是通常的 ပါ၊ ဘူး၊ ချေ 等，而是仍然用肯定句句尾 တယ်၊ ပြီ၊ မယ် 等。不过这种情况比较少。例如：

တစ်ခုခုတော့တစ်ခုခုဘဲ၊ဘာတစ်ခုခုသာမသိတယ်။

肯定发生了一件事，只不过不知道是什么事罢了。

ဘာဆွေမျိုးမှမတော်တာ၊သို့သော်လည်းဆွေမျိုးလိုဘဲခင်ကြတယ်။

虽然毫无亲戚关系，但就像亲戚一样亲热。

ဒီအတိုင်းသာလုပ်သွားရင်မသက်သာမယ်။

照此下去将不会有好日子过。

အခုမသွားတော့ပြီ။

现在已经不去了。

မိုးမရွာတော့ပြီ။

不再下雨了。

သူကကလေးမှမဟုတ်တော့တာ။

他也不是孩子了。

⑧ 要否定现在完成体的句子时，有固定的形式，由 မ 与句尾助词 သေးဘူး 或 လိုက်ရသေးဘူး 构成。前者表示"动作根本未进行"、后者表示"动作已进行，尚未结束"。例如：

မေး။မင်းစာရေးပြီးပြီလား။

第十七章 句子的类型（ဝါကျအမျိုးအစား）

问：你的信写完了吗？

ဖြေ။ ရေးမပြီးသေးဘူး။
答：信还没写完（已经开始写，尚未完）

မရေးလိုက်ရသေးဘူး။
还没写呢！（动作尚未开始）

မေး။ ဒီဝတ္ထုကိုခင်ဗျားဖတ်ပြီးပြီလား။
问：这部小说你看完了吗？

ဖြေ။ ဖတ်လို့မပြီးသေးပါဘူး ။
答：还没看完。

မဖတ်လိုက်ရသေးဘူး။
还没（开始）看呢！

⑨ 有时将否定词 မ 放在动词和 နေ 中间，表示强调，或描述一种客观情况。例如：

သူကအခန်းထဲမှာအေးအေးဆေးဆေးစာဖတ်မနေဘူး။
他不老老实实地在房间里看书。

သူကအဒီနေရာမှာလုပ်မနေတော့ဘူး။
（他）不在这个地方工作了。

လယ်တွင်းမှာလဲအရင်ကလိုဖွေးဖွေးဖြူဖြူဖြစ်မနေတော့ဘူး။
农田里不再像原先那样白茫茫的一片了。

ရေကန်ထဲကရေလည်းကြည်လင်မနေတော့ဘဲညစ်ပတ်လိုက်တာမပြောနဲ့တော့။
池中的水不再清澈，早已肮脏不堪了。

有时祈使句中也用这种形式，以表示语气的委婉。例如：

မသွားနဲ့။
别去！

သွားမနေနဲ့တော့။
别去了！

မင်းဒီလိုမပြောနဲ့။
你别这么说！

ခင်ဗျားဒီလိုပြောမနေနဲ့နော်။

你可别这么说！

3. 双重否定。双重否定是指在一句话内，有两个相互呼应（或抵消）的否定词套在一起，表示肯定的意思。常用句子形式有 မ...မ...၊ မ...မရှိ...၊ မ...မဖြစ်...။ 例如：

မတီးမမြည်၊ မပြောမပြီး
（钟）不敲不响，（话）不讲不明。

မယုံမရှိနဲ့။
别不信。

ကျွန်တော်ကသူအားကျေးဇူးမတင်ဘဲမနေနိုင်ပါ။
我不能不向他表示感谢。

ငြိမ်းချမ်းရေးကိုအသနားခံလို့ရလိမ့်မယ်မဟုတ်မှန်းမသိလို့မဟုတ်ပါ။
并不是不知道，和平是不能乞求的。

မသင်မနေရဘာသာသုံးမျိုးရှိသည်။
有三门必修课。

လူတွေကသူ့အပေါ်အထင်လွဲမှာစိုးလို့မပြောလို့မဖြစ်တော့ဘူး။
为了怕别人对他产生误会，不得不说了。

有些句子，在特定的语言环境里，原来是肯定句，带上语调和感情却表示讥讽，实际上表示否定的意思。例如：

တော်တော်လိမ္မာတဲ့ကလေးပေါ့။
原义：真是个好孩子。　　转义：好一个好孩子！

ကျေနပ်လိမ့်မယ်၊ ကျေနပ်လိမ့်မယ်။
原义：是的，会满意的。　　转义：会满意？（休想！）

တယ်ကောင်း။
原义：真好！　　转义：好啊！真有你的。

ဟုတ်လိမ့်မယ်။
原义：可能是对的。　　转义：你别以为对了。（谁相信？）

有些特殊疑问句，从句子形式来看是疑问句，但其含义却是肯定的意思。这类句子实际上是用反问的句子形式表达强烈的肯定作用。例如：

အခန်းထဲမှာလူငါးယောက်ဘယ်ကမလဲ။

第十七章　句子的类型（ဝါကျအမျိုးအစား）

房间里何止五个人？（不止五人）

ကျွန်တော်ဘယ်လိုလုပ်သိနိုင်ပါ့မလဲ။

我怎么知道呢？（我不知道）

ဘာတတ်နိုင်မလဲ။

有什么办法呢？（没办法了）

ကျွန်တော်ရေငုံနှုတ်ပိတ်လို့ဘယ်ရမလဲ။

我怎么能缄口不言呢？（我不能说）

စာမကျက်ယင်စာမေးပွဲဘယ်အောင်နိုင်ပါ့မလဲ။

不复习考试怎能通过？（不复习肯定不及格）

第二节　疑问句

一、疑问句的定义

向别人提出疑问或对自己提出疑问的句子，都属于疑问句。缅甸语疑问句一般需要有表示疑问的句尾助词来表示疑问语气。

我们可以对任何事物提出疑问，但是对不同的内容提出疑问时需要有不同的疑问代词或疑问副词。对句子中的主语、宾语、谓语等提出疑问就需用不同的疑问词与句尾助词 လား၊ လဲ 搭配构成疑问句句型。例如：

ကျွန်တော်က①နက်ဖြန်ခါ②ဦးလေး⑥နှင့်တိုင်ပင်ရန်⑦ မန္တလေး③သို့ရထား④⑤နှင့်သွားမည် ⑧။

对①提问：谁明天到曼德勒去？　　ဘယ်သူကနက်ဖြန်ခါမန္တလေးကိုသွားမလဲ။

对②提问：您什么时候去曼德勒？　　ခင်ဗျားကမန္တလေးကိုဘယ်အချိန်မှာ
　　　　　　　　　　　　　　　　　　(ဘယ်နေ့)သွားမလဲ။

对③提问：你明天要到哪儿去？　　ခင်ဗျားနက်ဖြန်ဘယ်သွားမလို့လဲ။

对④提问：你乘什么去曼德勒？　　ခင်ဗျားမန္တလေးကိုဘာ့သွားမလဲ။

对⑤提问：明天是乘飞机去吗？　　ခင်ဗျားနက်ဖြန်လေယာဉ်နဲ့သွားမလား။

对⑥提问：到曼德勒去跟谁商量？　　ဘယ်သူနဲ့တိုင်ပင်ဘို့မန္တလေးကိုသွားရမှာလဲ။

对⑦提问：为什么要去曼德勒？　　ဘာဖြစ်လို့မန္တလေးကိုသွားရမှာလဲ။

对⑧提问：你明天早上将乘飞机去曼德勒跟您舅舅商量，是吗？
ခင်ဗျာနက်ဖြန်ခါဦးလေးနဲ့တိုင်ပင်ဖို့မန္တလေးကိုရထားနဲ့သွားမယ်ဟုတ်လား။

上述例句中，①是对主语提出问题；⑤是对谓语提出问题；⑧是对整个句子提出问题。除此而外，都是对状语提出问题，例如②是表时间；③表示趋向；④表示凭借的工具；⑥表示说话的对象。这些在句子中，都作为状语出现。这些都是从结构上，也就是对句子每个成分提出问题。

二、疑问句的类型

提出疑问的情况有各种各样。有的是真不知道某一事物，用疑惑的语气提出问题。有的是自己不能肯定，用估计、猜想的语气提问。有的则是提问人自己明明知道，但为了某种效果而故意提问。因此，根据提问的方式，我们可把疑问句分成下列几种：是非问、特指问、选择问、正反问、猜想问、反问、自问、强调问。

1. 是非问句

（1）缅甸语是非问句的句尾要用语气助词 လား ၊ လေ，并有明显的上升语调。最简单的是非问句，只要在名词或代词后加 လေ（လား）即成。这类疑问句，一般是提问人对一件事情提出认为有可能是事实，又不肯定，故而提问。回答这类句子，只要用 ဟုတ်ကဲ့ ၊ ဟုတ်ပါတယ်（是）或 မဟုတ်ဘူး（不是）即可。例如：

သူပဲလား။
就是他吗？

သူကတရုတ်လား။
他是中国人吗？

在动词或形容词、词组后面则要加 တာ 。例如：

ဒါသူရေးတာလား။
这是他写的吗？

ဒီကားကြီးကသူမောင်းလာတာလား။
这大汽车是他开来的吗？

（2）在句子后加 လား，表示疑问。在疑问句中，当将句子最后的

第十七章　句子的类型（ဝါကျအမျိုးအစား）

句尾助词简化为 သ，再加 လား 表示疑问。例如：

现在或过去　　　　သူ့လက်ပတ်နာရီကမှန်တယ်။
　　　　　　　　　他的手表走得准。

　　　　　　　　　သူ့လက်ပတ်နာရီမှန်သလား။
　　　　　　　　　他的手表准吗？

一般时　　　　　　ကြောင်က ငါးစားတယ်။
　　　　　　　　　猫吃鱼。

　　　　　　　　　ကြောင်ကငါးစားသလား။
　　　　　　　　　猫吃鱼吗？

将来时　　　　　　ကျွန်တော်တို့နက်ဖြန်ခရီးထွက်တော့မည်။
　　　　　　　　　我将于明天动身。

　　　　　　　　　ခင်ဗျားနက်ဖြန်ခရီးထွက်တော့မလား။
　　　　　　　　　你明天动身吗？

　　　　　　　　　ရုပ်ရှင်ကိုရနာရီမှပြမည်။
　　　　　　　　　电影要 7 点才放映。

　　　　　　　　　ရုပ်ရှင်ကိုနောရီခွဲပြမည်လော။
　　　　　　　　　电影 6 点半放映吗？

已然态　　　　　　ထမင်းစားပြီးပြီ။
　　　　　　　　　吃完饭了。

　　　　　　　　　ထမင်းစားပြီးပြီလား။
　　　　　　　　　吃过饭了吗？

　　　　　　　　　ဦးဘသောင်းလာပြီ။
　　　　　　　　　吴巴东来了。

　　　　　　　　　ဦးဘသောင်းလာပြီလား။
　　　　　　　　　吴巴东来了吗？

在回答上述问句时，不论是肯定形式或否定形式，只要是答话人同意问话人的意思，就用 တယ်၊ မယ် 来回答。如不同意则用 မ...ဘူး（不）或 မ...သေးဘူး 来回答。例如：

① သူ့လက်ပတ်နာရီမှန်သလား။
他的表准吗？

သူ့လက်ပတ်နာရီကမှန်တယ်။
他的表走得准。

ဟုတ်ကဲ့-မှန်ပါတယ်။
▲ 是的，很准。

ဟင့်အင်း-သူ့လက်ပတ်နာရီကမမှန်ဘူး။
不，他的表不对。

ဟင့်အင်း-မမှန်ဘူး။
▲ 不，不对。

② ခင်ဗျားနက်ဖြန်ပဲခူးသွားမလား။
你明天去勃固吗？

ဟုတ်ကဲ့-ကျွန်တော်နက်ဖြန်ပဲခူးသွားမယ်။
是的，我明天去勃固。

ဟုတ်ကဲ့-သွားမယ်။
▲ 是的，去。

ဟင့်အင်း-ကျွန်တော်နက်ဖြန်ပဲခူးမသွားဘူး။
不，我明天不去勃固。

ဟင့်အင်း-မသွားဘူး။
▲ 不，不去。

③ စာကြည့်တိုက်မဖွင့်သေးဘူးလား။
图书馆还没开吗？

ဟုတ်ပါတယ်-စာကြည့်တိုက်မဖွင့်သေးပါဘူး။
是的，图书馆还没开。

ဟုတ်ပါတယ်-မဖွင့်သေးပါဘူး။
▲ 是的，还没开。

ဟင့်အင်း-ဖွင့်လိုက်ပြီ။
▲ 不，开了。

从上述例句可以看出，会话时的答句中，ဟုတ်ကဲ့ 或 ဟင့်အင်း 不一定要

第十七章　句子的类型（ဝါကျအမျိုးအစား）

与后面句子的肯定与否定相一致，并且在有语言环境的情况下，往往只要回答主要谓语部分，而不需重复前面的其他句子成分。如上列带"▲"的例句。

有时说话人先提出自己的意见、估计、要求等，征求对方意见时，可以用 မကောင်းဘူးလား：（可以吗？不好吗？）。这类疑问句与汉语的句子结构有差别。汉语的提问部分，常是正面问说"好吗？""行吗？"。而缅甸语句部分则常用反问形式：မကောင်းဘူးလား။ မရဘူးလား။ 例如：

ဒီနေရာကိုနက်ဖြန်သွားမယ်မကောင်းဘူးလား။
这个地方明天去，好吗？

ယီဟိုယွမ်းခေါ်နေရာသီနန်းတော်ကိုအတူတူသွားကြရအောင်မကောင်းဘူးလား။
咱们一起去颐和园，好吗？

（3）用语调来表示疑问意思：在口语中，有时用一般陈述句的形式来作是非问句，主要是将陈述句的句尾部分语调提高，表示疑问。例如：

သူလဲသွားမယ်။
他也去？

အခုမှ၅နာရီရှိသေးတယ်၊ခင်များထမင်းစားပြီးပြီ။
现在才5点，你就吃完饭了？

2. 特指问：是指用疑问代词（或疑问副词）代替未知部分的疑问句。说话者希望对方就不知道的部分作答复。疑问代词或疑问副词有很多：如 မည်သူ(ဘယ်သူ)၊ မည်သည့်နေရာ(ဘယ်နေရာ)၊ မည်သည့်အချိန်(ဘယ်အချိန်)၊မည်သို့(ဘယ်လို)၊ မည်မျှ(ဘယ်လောက်)၊ မည်ကဲ့သို့(ဘယ်လို)等。这类特指疑问句不仅需要疑问代词，而且在句尾语气助词也要用 နည်း(လဲ)၊ သနည်း(သလဲ) 等搭配使用，这种疑问句的词序与陈述句相同，对句子哪个部分都可以提问，而疑问代词（或副词）就放在那个成分的位置上。例如：

သူကဘယ်သူလဲ။
他是谁？

ဘယ်သူကဒီလိုပြောသလဲ။
谁这么说？

သူကဘယ်လိုပြောသလဲ။

他怎么说？

မခင်အေးကဘယ်အတန်းကလဲ။

玛钦埃是哪一班的？

ဒီကြိုးကဘယ်လောက်ရှည်သလဲ။

这绳子有多长？

သူရေးတာဘယ်နယ်နေသလဲ။

他写得怎么样？

ခင်ဗျားတို့ဘယ်နှစ်ရက်နေ့မှာသွားမလဲ။

你们几号去？

ကိုအောင်မြင့်ဘယ်သွားမလဲ။

哥昂敏去哪儿？

သူဘယ်လောက်ကြိုးစားသလဲ။

他有多么努力？

这类句子有时用语气助词"ကော"来表示特指问。例如：

မင်းတို့ကပြန်ကုန်ကြတော့သူကော။

你们全都回去了，他呢？（到哪儿去了？）

သူတို့အားလုံးကျောင်းသားဖြစ်တယ်၊မင်းကော။

他们都是学生，你呢？

ငါတို့စာအုပ်ဒီမှာရှိတယ်၊ခင်ဗျားဟာကော။

我们的书在这里，你的呢？

သူတို့တွေကောဘယ်လိုနေထိုင်ကြတာလဲ။

他们一伙呢，是怎样生活的呢？

မြို့ထဲသွားတော့စက်ဘီးနှင့်ကောမစီးဘူးလား။

进城时不骑自行车吗？

3. 选择问：提问人对事物有两种（或几种）看法，但不敢肯定哪一种看法正确。于是在提问题时，把两种看法都说出来，希望对方选择其中一种来回答。这种疑问句叫选择问。例如：

ခင်ဗျားကထမင်းစားမလား၊ခေါက်ဆွဲစားမလား။

（你）是吃饭还是吃面条？

第十七章　句子的类型（ဝါကျအမျိုးအစား）

နတ်ကိုကိုးကွယ်မလား၊လူအင်အားကိုအားကိုးမလား။
信神呢？还是信人的力量？

သွားရကောင်းမလား၊မသွားဘဲနေရကောင်းမလား။
是去好呢？还是不去好？

မင်းကသွားချင်တာလား၊ငါကသွားချင်တာလား။
是你要去？还是我要去？

这类疑问句，在汉语里是用"呢"来表示疑问。而缅甸语中却用两个"လား"（书面体中用 လော），而不用"လဲ"，因此在翻译这类句子时要注意它们的区别。

4. 正反问：说话人将事物可能有的正反两个方面都列出来，让听的人选择。这类句子有一个比较固定的形式，那就是"သလား...မ..ဘူးလား"例如：

တော်ကြာမင်းသွားမလားမသွားဘူးလား။
等一会儿你去不去？

ဒီထိုင်ခုံကခိုင်သလားမခိုင်ဘူးလား။
这凳子结实不结实？

ဒီလိုပြောရင်ကောင်းသလားမကောင်းဘူးလား။
这么说好不好？

ခင်ဗျားကြည့်ချင်သလားမကြည့်ချင်ဘူးလား။
你想不想看？

သူသွားပြီလား၊မသွားသေးဘူးလား။
他是去了？还是没去？

当这类正反问疑问作为另一个句子的句子成分时，有时可以缩略成"动词 + မ + 动词"形式。例如：

သူသွားမသွားတော့မသိဘူး။(သူသွားမလားမသွားဘူးလားတော့မသိဘူး)
不知道他去还是不去。

ဒီထိုင်ခုံခိုင်မခိုင်တော့မသိဘူး။
不知道这凳子结实不结实？

သူသဘောတူမတူအရေးမကြီးဘူး။

他同意不同意无所谓。

还有一类正反疑问句，是提问人对某一事物或情况已有比较肯定的估计，为了进一步得到证实，就可以用"ဟုတ်သလားမဟုတ်ဘူးလား"作疑问句的疑问部分。例如：

မနှစ်ကလဲခင်ဗျားဒီလိုပြောတာဘဲ၊ဟုတ်သလားမဟုတ်ဘူးလား။

去年你也这么说的，是不是？

ဒါခင်ဗျားပြောတာဘဲ၊ဟုတ်သလားမဟုတ်ဘူးလား။

这是你说的，对不对？

5. 猜想问：这种问句表示问的人对事情已有初步看法，但是还不能肯定。如果用陈述句说出来，恐怕太武断；如果用一般疑问句，又嫌不能表达略有所知的语气。因此就宜于用猜想的语气说出来，希望对方证实自己的看法。在缅甸语中这类句子的结构是一个陈述句再加上 ထင်ပါရဲ့ 表面来看并不是问别人，只是表明有这种想法。实际上，它还是希望对方作进一步证实。例如：

အခန်းမှာလူရှိပါတယ်ထင်ပါရဲ့။

屋子里有人吧。

ပြူတင်းပေါက်ပိတ်မထားလို့ထင်ပါရဲ့။

大概是因为没关窗吧。

အဖွဲ့ခေါင်းဆောင်ဦးဘဖေထင်ပါရဲ့။

（我想）您是吴巴佩团长吧？

6. 反问句：有一种疑问句是明知故问，无疑而问。从效果来看，反问语气更加肯定、坚决。因此，反问句表面上是提问，实际上是一种加强肯定的陈述说法，并不需要人家答复。因而反问句表示的意思复杂，有表示质问、责难的，有表示怀疑不信的。例如：

မင်းလဲသွားတာဘဲမဟုတ်လား။

你不是也去的吗？（质问）

အလို-လူနှစ်ယောက်သွားတယ်၊ဘယ်နှဒီလောက်နဲ့ပဲယူလာတာလဲ။

哟，去了两个人怎么就拿这么点儿回来呀？（责怪）

သူကအစောကြီးကထည်းကထွက်သွားတယ်၊ကျောင်းကိုမရောက်သေးဘူးလား။

第十七章 句子的类型（ဝါကျအမျိုးအစား）

他一早就出去了，还没到学校吗？（疑问）

သူကငါ့ကိုဘယ်နှယ်မမြင်ဘဲနေပါ့မလဲ။

他怎能没看见我？（不信）

一般用的反问句有下列几种形式：

① 在整个陈述后面加上 မဟုတ်လား 。例如：

သူလဲသဘောတူတယ် မဟုတ်လား။

他不是也同意嘛？

ခင်ဗျားတို့ကိုယ့်ဘာသာကိုယ်လဲ "သိပ်အတာဘဲ" ၊ "သနားစရာသိပ်ကောင်းပါတယ်" လို့ယူဆကြတယ်မဟုတ်လား။

你们不是已经觉得自己"太愚蠢""太可悲"了吗？

② 在动词后面用 (ရှိ၊ ဖြစ်၊ နေ)ပါ့မလား 表示反问。例如：

ဒီအကြောင်းသူတို့မပြောဘဲရှိ (နေ)ပါ့မလား။

这情况他们能不讲吗？（不可能不讲）

ငါမလာယင်ဖြစ်ပါ့မလား။

我要不来行吗？（不行）

အားလုံးကတိုးတက်နေတယ်မင်းတစ်ယောက်ထဲကျန်ရစ်ခဲ့ရင်ဖြစ်ပါ့မလား။

大家都在前进剩下你一个人，成吗？

သူမသွားဘဲနေနိုင်ပါ့မလား။

他怎么能不去呢？

这类句子也可以变成特指问形式来表示反问。例如：

ဒီကိစ္စမျိုးကိုသူတို့မပြောဘဲဘယ်နေနိုင်ကြမလဲ။

这种事情他们怎么能不说呢？

ကျွန်တော်မလာယင်ဘယ်ရမလဲ။

我要是不来的话，怎么成呢？

မင်းတစ်ယောက်ထဲနောက်ကနေကျန်ရစ်ခဲ့ရင်ဘယ်ဖြစ်မလဲ။

你一个人落在后头怎么成呢？

③ 为了表示已经肯定的事情，有时也利用否定其他现象来反证说话者所说的必然性。例如：

တခြားဟုတ်ပါရိုးလား။

会是别的吗？

上句意思肯定表明不可能是别的事情，但是表达形式却又是疑问句的形式。又例如：

တခြားလူဟုတ်ပါ့ရိုးလား၊ကိုထွန်းမြပေါ့။

会是别人吗？还不就是哥吞妙嘛？

အားလုံးကဝိုင်းကန့်ကွက်ကြရင်သူနေနိုင်ရိုးလား။

全都起来抗议，他还能坐得住吗？

④ 利用疑问词来表示，语气比一般疑问句强烈。例如：

ဤမင်း၏အဖြစ်မှမဆန်းလျှင် လောက၌ဘယ်သူ့အဖြစ်သည်ဆန်းတော့အံ့နည်း။

这位皇帝的事迹还不算稀奇的话，那世界上还有谁的事迹是称得上稀奇的呢？

ဘယ်ရမလဲ။

怎么能行呢？

ဘယ်ဖြစ်မလဲ။

怎么行呢？

⑤ 在句子后面加 ဆို，表示原本要发生（或以为要发生）的事，后来没有发生，因而用反问的形式提出质疑。例如：

သူကခုနာရီဒီကိုပြန်လာမယ်ဆို။

不是说他9点会回到这里吗？（怎么没来呢？）

မင်းနေမကောင်းလို့မလာနိုင်တော့ဘူးတဲ့ဆို။

不是说你身体不好，不能来了吗？（怎么你又来了呢？）

မင်းကသူနဲ့သိပ်ခင်တယ်ဆို။

不是说你跟他很要好的吗？（怎么现在说不认识他了呢？）

⑥ 在主要谓语动词（或形容词）后加上 လို့လား 或 မှတ်လို့ 表示较强烈的反问语气。例如：

ကျောင်းစည်းကမ်းရှိသေရမယ်လို့မင်းမသိလို့လား။

难道你不知道要遵守校纪校规吗？（应该知道）

မင်းကိုဘယ်သူကခေါ်လို့လဲ။

谁叫你来着！（根本没有人叫）

第十七章　句子的类型（ဝါကျအမျိုးအစား）

ငါမသိတာမှတ်လို့။
你难道以为我不知道吗？

从上述许多例句的句子形式来看，都是一般疑问句，可是说话人本人的意思并不是发出疑问，因此，我们就不能单从形式来理解意义，还要联系上下文及讲话的语言环境来确定这句话是疑问句还是反问句。

反问是一种特殊的修辞手段，在一定的语言环境中，采用反问句要比采用陈述句表述有力得多。因此正确地理解和学会运动缅甸语的反问句对提高缅甸语水平有重要的作用。

7. 自问：自己弄不明白，或自言自语时表示疑问的。在缅甸语中一般用 လိမ့် 来做句尾。有时这种自问疑问句，也可以要求别人回答。例如：

ဘယ်သူပါလိမ့်။
会是谁呢？

ဒါကဘာအဆောက်အဦးပါလိမ့်။
这建筑是什么？

ငါကဘာလုပ်နေပါလိမ့်။
我这是干什么呢？

8. 强调问：这类句子一般在强调部分加上 ကော 等助词，表示疑问语气更强烈。例如：

သူကော။
他呢？

ဒါကောယူသွားရသလား။
这东西也要拿去吗？

လုပ်ကောဘာဖြစ်လဲ။
做了又怎么样？

第三节　祈使句

一、祈使句的定义

祈使句是表示要别人做什么或不做什么的句子。

二、祈使句的分类

祈使句可分为两类：一类是要别人发出某种动作的，这类包括命令和请求等；另一类是要别人停止或不发出某种动作，这类包括禁止、劝阻。一般说来前一类不用否定词，后一类用否定词。

1. 命令、请示：表示命令的祈使句，一般带有强制性，言词肯定、坚决。这种结构经常不用主语，结构简短，可以省略结尾。例如：

ဒီမှာဘဲထိုင်။
就坐在这儿。

ယူသွား၊ယူသွား။
拿去，拿去。

ထွက်သွား။
滚！

သားငါးကိုပေး၊ငါ့ကိုလွှတ်။
给你鱼肉，放我走。

命令句中还有一类表示号召别人做什么或号召别人与自己一起作某些动作。在缅甸语中一般用表示号召的句尾助词 ရအောင်၊လော့（书）၊(ကြ)စို့ 等。例如：

သူ့ကိုမြန်မြန်ပေးလော့။
快给他。

ထလော့-အဖိနှိပ်ခံရသောလူထုအပေါင်းတို့လေ။
起来，受压迫的人民！

ဟေ့-ခဏစောင့်၊အုန်း၊ဒို့အတူတူသွားကြရအောင်။
喂，等一下，咱们一块儿走。

表示请求的祈使句，包括请求、敦促、商请、建议等。这种句子语调缓和，常用的助词有：ပါ ၊ စမ်းပါ ၊ ပါရစေ 等。例如：

တံခါးပိတ်လိုက်ပါ။
请你把门关上。

ကျွန်တော်ကြည့်ပါရစေ။

第十七章　句子的类型（ဝါကျအမျိုးအစား）

ဒီကိစ္စကိုမပြောပါရစေနဲ့။
请允许我看一看。

请允许我不讲这件事情。

表示请求的句子中，常常使用助动词 စမ်း 表示语气委婉、恳切、请求或敦促别人做事，问题有商量的余地。例如：

အခြေအနေပြောစမ်းပါ။
你讲讲情况怎么样。

ခင်ဗျားလုပ်စမ်းပါ။
你做一下吧。

祈使句还有表示祝愿、发誓、祈祷、诅咒的。例如：

ကျန်းမာချမ်းသာပါစေ။
祝你健康、幸福。

သူမြန်မြန်လာပါစေ။
但愿他快来。

ချောချောမောမောရှိပါစေ။
愿你一切顺利。

ဆုတောင်းပြည့်ပါစေ။
祝你能如愿以偿。

ဒီတစ်ခါစာမေးပွဲအောင်ပါစေ။
但愿这次能考及格。

အမြဲမကွာ၊အိုအောင်မင်းအောင်ပေါင်းရပါစေ။
愿作比翼鸟，永世不分离。

တကယ်လို့ . . . ဘုရားစူးရပါစေ။
如若……则五雷轰顶。

မြွေပွေးကိုက်သေပါစေ။
但愿被蛇咬死！

ကျားကြီးကိုက်သေပါစေ။
愿你被虎咬死！

သေခြင်းဆိုးသေပါစေ။

不得好死！

这些句子都有表示祈使语气的句尾助词 ပါစေ၊ ပါစေသား၊ ပါစေသော် 等。

（2）禁止、劝阻：命令别人或请求对方不做某动作或禁止做某动作，就是禁止和劝阻句。这类句子与上面所说的命令句不同，主要区别在有没有否定副词"မ"上。禁止与劝阻别人时，缅甸语采用比较固定的句型"မ...နှင့်(နဲ့)"或"မ...ရ"。例如：

လမ်းပေါ်မှာအမှိုက်မပစ်ရ။

别在路上乱扔垃圾。

ခရီးတော်တော်ဝေးတယ်၊စက်ဘီးနဲ့မသွားနဲ့။

路较远，别骑自行车去。

ဆေးလိပ်မသောက်ရ။

不准抽烟。

ဆေးလိပ်သောက်သည်းခံပါ။

请勿吸烟。

တိတ်တိတ်နေ။

请安静。

တိုင်းတစ်ပါး၏ပြည်တွင်းရေးကိုဝင်မစွက်ရ။

不许干涉别国内政。

在某种场合下，会出现兼有劝阻和请求的祈使句。

① 先劝阻，后请求。例如：

မပြောနဲ့တော့၊မြန်မြန်ပြန်ပါ။

别说了，快回去吧！

② 先请求，后劝阻。例如：

သွားပါ၊မင်းဒီမှာတစ်နေ့လုံးထိုင်ပြီးရလိမ့်မယ်လို့မအောက်မေ့နဲ့။

走吧！你甭想在这儿坐一天就能得到。

第四节 感叹句

一、感叹句的定义

人们有喜、怒、哀、乐、厌恶、恐惧等各种思想感情，表示这种感情的句子称为感叹句。

二、感叹句的分类

1. 在句子中或句子结尾加上语气助词来表示。例如：

   တယ်များပါလား။
   真多啊！

   ဒီကလေးကချစ်စရာကောင်းလိုက်တာ။
   这小孩真惹人喜爱啊！

   တယ်လှပါကလား။
   真美啊！

   有的感叹句由叹词构成。当人们激动的时候，往往不可抑制地发出一些表示情绪的声音。表示这种声音的词称感叹词。例如："ထွီ"表示鄙夷，"တောက်"表示愤怒，"ကျွတ်．．ကျွတ်"表示惋惜。例如：

   ထွီ-ထွက်သွား။
   呸，你给我滚！（表示愤怒、鄙视）

   အလို-တယ်ရက်စက်ပါကလား။
   哼，这些家伙真残忍呀！

2. 独词句往往也归入感叹句中。因为人们在惊慌或兴奋时，常把心中最紧要的一两个词说出来。实际上的内容要比这一两个词丰富得多。例如：သူခိုး။ သူခိုး။ 不是说"小偷……小偷"，而是说"他是小偷，抓小偷啊！"的意思。

   有的感叹句，只是一句口号。在游行、开会等场合高呼口号时，总带有强调的感情。例如：

   တရုတ်မြန်မာချစ်ကြည်ရေးတည်မြဲပါစေ။
   中缅友谊万岁！

ကမ္ဘာငြိမ်းချမ်းရေးအခွန့်ရှည်ပါစေ။

世界和平万岁!

3. 有时感叹句只有一个名词，这个名词往往已经失去了原义，而表示特定的意义。例如：

ဘုရား၊ဘုရား

天哪，老天爷哪。（原意为"佛"）

အမျှ - အမျှ

愿（芸芸众生）与我同享善果。（原意为"平均"）

သာဓု - သာဓု

好啊！善哉！善哉！（原意为"好事"）

အမယ်လေး၊လန့်လိုက်တာ။

妈呀，吓死我了！（原意为"母亲"）

အနိစ္စ-အနိစ္စ

世事真无常啊！（原意为"无常"）

4. 有时感叹句是用疑问句的形式出现，但它并不是疑问，而是表示一种感叹。例如：

ကြည့်စမ်း၊ ဘယ်လောက်ချစ်စရာကောင်းလိုက်မလဲ။

你瞧瞧，有多么可爱啊！

ကျွန်တော်တို့လဲသွားနိုင်မယ်ဆိုရင်ဘယ်လောက်ကောင်းလိုက်မလဲ။

要是我们也能去的话，那有多好啊！

တယ်များပါလား။

真多啊！

练习

1. 从作用和语气上指出下列句子属于哪一种。

၁၊ ရေလိုအေးပြီးပန်းလိုလှပါစေ။

၂၊ ကြိုးစားကဘုရားပင်ဖြစ်နိုင်သည်။

၃၊ နွေရာသီကျောင်းပိတ်ရက်မှာဘယ်ကိုသွားဖို့စိတ်ကူးထားသလဲ။

၄၊ သူ့လက်ထဲမှာဆယ်လူလာဖုန်းတစ်လုံးကိုင်ထားတယ်။

第十七章　句子的类型 （ဝါကျအမျိုးအစား）

၅၊ ငါ့ကိုမုန်းသွားပြီလား။

၆၊ ရဲဘော်တို့၊ ချီတက်ကြလော့။

၇၊ သူကအပြင်မှာနေချင်ရင်နေပါစေ။

၈၊ စာသင်ခန်းထဲတွင်ဆေးလိပ်မသောက်ရ။

၉၊ မိုးရွာပြီ၊ အပြင်မထွက်နဲ့တော့။

၁၀၊ လိုက်လဲ့စွာကြိုဆိုပါ၏။

၁၁၊ နောက်ဆုံးစာမေးပွဲအောင်ဖို့စာကြိုးကြိုးစားစားသင်ပါမယ်။

၁၂၊ ကိုယ်ချင်းစာတရားထားပါ။

၁၃၊ ချောင်းကိုပစ်၍မြစ်ကိုရှာ၊ ရေသာများရှိငါမတွေ့။

၁၄၊ ကွန်ပျူတာကိမ်စ်မစွဲနဲ့။

၁၅၊ အမေလေ၊ ရှည်လှချည်လား။

၁၆၊ ကမ္ဘာလှည့်ခရီးသွားလုပ်ငန်းသည်ယနေ့အချိန်တွင်နိုင်ငံတကာ၌ရေပန်းစားနေသည့်စီးပွားရေး လုပ်ငန်းတစ်ခုဖြစ်လာသည်။

၁၇၊ အစည်းအဝေးရှိလို့ ဆိုတာက အများဆုံးပေါ့။

၁၈၊ မြန်မာချည်ထည်တွေကိုပဲ မြန်မာအကျီပုံစံ ရင်ဖုံးဒီဇိုင်းအမျိုးမျိုး ၊ လက်တိုလည်း မဟုတ်၊ လက်ရှည်လည်း မဟုတ်သည် တံတောင်ဆစ်ဖုံး လက်စကတွေကို ဝတ်လေရှိသည်။

၁၉၊ သူသည်ရန်ကုန်မြို့မှနေပြည်တော်သို့ရထားဖြင့်နက်ကသွား၍ညပြန်လာလေသည်။

၂၀။ အင်တာနက်ဆိုင်သည် ကျွန်မအိမ်နှင့် မျက်စောင်းထိုးလောက်က ခြောက်ထပ်တိုက်၊ အောက်ဆုံးထပ် မြေညီထပ်မို့ တော်တော်နီးနေသည်။

附录　标点符号

标点符号是书面语不可缺少的组成部分，它可以帮助读者了解句子结构，辨明语气，正确地了解句子的语意。

缅文的标点符号并不多。以前的经文中沿用了婆罗米文中的标点符号"။"与"၊"，后来在贡榜王朝时期，缅文的标点符号才变为三种，有句号即双杠号（ပုဒ်မ）"။"、分号即单杠（ပုဒ်ကလေး）"၊"，段落号即对双杠（ပုဒ်မကြီး）"။။"。这三种符号，使用方便、简单明了。只要是动词加句尾助词后，句子结束就要用句号"။"，不是句子结束，中间需要使读者做停顿或需要隔开句子成分处，使用分号"၊"。

句号

在更古一些文字记载中，缅文的句号，并不放在每句的结尾，而是在每个段落之后才用一个"။"，有些碑文甚至一个标点符号也不用。到蒲甘碑文时期，句号"။"和分号"၊"使用比较混乱，可见当时对符号并无明确规定。

后来，为使用的方便，逐步形成了不成文的规定，决定在①句子结束②每一段落序号后③诗歌的下阕后④法律条文的每条款最后，都用双杠号"။"。有时在表格中，汉语有"同上"字样处，缅文就用"双杠"表示。例如：

编号（အမှတ်စဉ်）	姓名（အမည်）	职务（ရာထူး）
၁	ဦးမောင်	ဌာနမှူး
၂	။ ရွှေသိုက်	ဒုဌာနမှူး
၃	။ တင်အုန်း	။

对双杠号（॥）

在文章或段落的末尾，用对双杠号表示文章或段落的结束。另外在题头之后也可以用对双杠号将题头与内容隔开。例如：

မှတ်ချက် ॥ ॥ မောင်မယ်သစ်လွင်လက်ခံရန်ဆုံးဖြတ်ချက်ချထားပါသည်။

အကြောင်းအရာ ॥ ॥ လူရည်ချွန်ကျောင်းသား၅ယောက်လက်ခံရန်တင်ပြကြောင်း

单杠号（।）

① 词组或需要隔开之处使用。例如：

မိမိတို့ကာယ၊ ဉာဏ၊ ဝီရိယစွမ်းအားအလိုက်အစုခွဲထား၏။

လွတ်လပ်ခွင့်၊ လုပ်ပိုင်ခွင့်၊ ခံစားခွင့်ရှိစေရမည်။

② 在连接词的前后。缅甸语的连接词有的是在第一分句的结尾，这时单杠符号在连接词之后，有些连接词在第二分句头上则单杠符号放在连接词之前。例如：

မောင်ဘဖြစ်စေ၊မောင်သောင်းဖြစ်စေလာခဲ့ပါ။

သူနေမကောင်းပေ၊ထို့ကြောင့်မလာနိုင်တော့ချေ။

သူကနားလည်သဘောပေါက်နေပေမဲ့၊သူများနားလည်အောင်တော့ရှင်းမပြတတ်ပါ။

③ ပါဝင်ယှဉ်ပြိုင်မည်သူ၊သို့မဟုတ်ဒိုင်လူကြီးများနှင့်၊တိုင်ပင်ရအုန်းမည်။

ကျန်းမာရေးဌာန၊သို့မဟုတ်ကြက်ခြေနီသင်းကတာဝန်ယူရမည်။

④ 在法律条款中的每一款之后。

⑤ 年、月、日，时间、地名、地址等处。例如：

2010ခုနှစ်၊ဇူလိုင်လ၊၁၃ရက်၊တနင်္ဂနွေနေ့နေ

၁၃၊ပြည်လမ်း၊ရန်ကုန်မြို့။

⑥ 名字与冠称之间。例如：

ဦးမြင့်ဆွေ၊လက်ထောက်ညွှန်ကြားရေးမှူး

后来，西方文化传入缅甸，缅文从英文的标点符号中有选择地借入了部分符号，这些符号逐渐在缅文中广泛使用。

横杠（—）

① 在分说之前用，相当于汉语的冒号。例如：

တောင်ပိုင်းမှာရှိသောတိုင်းများမှာ-

(၁) ရန်ကုန်တိုင်း

(၂) တနသ်္သာရီတိုင်း

နိုင်ငံသားတိုင်းသည်ခံစားရရှိသောအခွင့်အရေးသည်-

(၁) အခြေခံပညာသင်ကြားခွင့်

(၂) အလုပ်ရယူခွင့်

② 在引用文章段落、诗歌等时用。例如：

ယင်းအလှမျိုးကိုကဗျာဆရာကဤသို့ဖွဲ့ဆိုသီကုံးခဲ့ပါသည်-

③ 在 "例如" 后面用。例如：ဥပမာ-

短横杠（-）

① 用在指导读者参阅某页某项时用。

② 在时间或页数等数字中间用短横杠或斜杠。例如：

စာမျက်နှာ၁၅-၇၄၊ ၂၀၁၀-၁၅ခုနစ်

③ 关联词语连接时用。例如：

ရန်ကုန်-မန္တလေးအမြန်　　仰光—曼德勒快车

ရန်ကုန်ဝိဇ္ဇာ-သိပ္ပံတက္ကသိုလ်　　仰光文理科大学

မြန်မာ-တရုတ်အဘိဓာန်　　缅汉词典

ဦးကျင်-ဒေါ်သန်း ကောင်းမှု　　吴敬—杜丹布施

逗号（,）

① 在数目字中三个位数用一逗点 ","。例如：

ဘေကျင်းမြို့၏လူဦးရေးမှာ ၁၅,၀၀၀,၀၀၀(ဆယ့်ငါးသန်း) ရှိ၏။

北京城的人口有 2200 万。

အာရှတိုက်သည်ကမ္ဘာ့ကုန်းမြေအားလုံး၏သုံးပုံတစ်ပုံ(၁၉,၁၄၀,၈၅၄စတုရန်းမိုင်) ကျယ်ဝန်းသည်။

亚洲面积占世界陆地面积的三分之一（19,140,854 平方英里）

② 在两个易混淆的字中加逗点，表示隔开。例如：

မ, မနိုင်ဘူး။

举不起来。

圆括号（ ）

① 在圆括号内注出相同的内容。例如：

ဟံသာဝတီ (ပဲခူး)၊

ခရစ်နှစ်၁၉၉၈နှစ် (၁၃၆ဝပြည့်နှစ်)၊

ရဲဖေကာရက်(စ၃ရာတီ၊၁၂ဘီဇ္ဇာ)ရှိသောစိန်ကြီးတစ်လုံး

② 在圆括号内填写某人的工作单位。例如：

ဒေါ်တင်ကြည်(ဝန်ကြီးရုံး)၊

ဒေါက်တာတင်မြင့်(ရန်ကုန်တက္ကသိုလ်)

③ 圆括号内填注释。例如：

ရခိုင်တိုင်းမှာထိုစဉ်ကအင်္ဂလိပ်လက်အောက်သို့ကျရောက်ခဲ့လေသည်။(အင်္ဂလိပ်မြန်မာစစ်ပွဲ–၅)

ရန်ကုန်မြို့(ဖုန်း၊၉၂၈၄)သို့ဆက်သွယ်၍ကိုယ်တိုင်ဖြစ်စေစာတိုက်မှဖြစ်စေပေးပို့လှူဒါန်းနိုင်ပါသည်။

ကမ္ဘာကျော်ဝတ္ထုတိုဆရာကြီးအိုဟင်နရီ(O.Hennery)

④ 在分项编号上用圆括号。例如：

အကြောင်းမှာအောက်ပါအတိုင်းဖြစ်ပါသည်-

(က) - - - - -

(ခ) - - - - -

အမှတ်(၁) (၂) (၃)

⑤ 在表示换一说法时，在圆号内加（သို့）、（၏）等。例如：

မုတ်သုန်တော(သို့)အပူပိုင်းရွက်ဖြန့်တော

⑥ 文中数字放在圆括弧内。例如：

လူ(၁၀)ဦးနှင့်ကား(၉)စီး

မဂ္ဂဇင်းအတွဲ(၂)အမှတ်(၃)

注：有时数字与文字之间用小短杠或前后空一小格隔开。例如：

လူ၁၀ဦးနှင့်ကား၅-စီး

မဂ္ဂဇင်းအတွဲ-၂ အမှတ်- ၃

斜线（/）

① 提供选择其中之一时，用斜线。例如：

သက်ဆိုင်ရာရပ်ကွက်/ကျေးရွာအုပ်စု 相关区/村组

ပြည်နယ်/တိုင်းသမဝါယမများ	省/邦合作社
ပေးပို့သည့်ဌာန/ရုံးအမည်	送达的单位/办公室
ဦး/ဒေါ် ထံသို့	吴/杜……
ကျောင်းသူ/သားများသို့	男/女学生
ပေးသွင်းသူ/ထုတ်ယူသူ	存/取
ကျား/မ	男/女

② 在钱币单位、分之间用斜线隔开。例如：၉၃၈/၄၅ပြား၊စာအုပ်များအတွက်ရှိ၍၅၀ပြားတံဆိပ်ခေါင်းကပ်ရမည်။

③ 文件、指令、编号时也用斜线。例如：

နိုင်ငံတော်အစိုးရ၏ကြေညာချက်အမှတ်၅/၉၉အရ

ဝန်ကြီးအဖွဲ့၏အမိန့်ကြော်ငြာစာအမှတ်ရ/၉၈

④ 简写副职职称时用。例如：

လက်ထောက်- - - လ/ထ ၊ လ/ထညွှန်ကြားရေး မှူး၊ လ/ထ စာတည်း

⑤ 分数号用斜线。例如：

၃/၈(ရှစ်ပိုင်းသုံးပိုင်း)မီတာကွာသည်။ 相差八分之三公尺。

၁/၃(သုံးပုံတစ်ပုံ)ရှိသည်။ 有三分之一。

引号 " "

引用别人的话或摘录参考著作中的部分内容时用。引用有两种：一种是引用个别句子，并用在整个段落中，这时要用引号。另一种引用是整段引用别人的文章内容，这时需在句子尾部加横杠，表示下列段落为引用的内容，并将所引的内容另起段落。这时就不必在引文前后加引号了。

有时为了强调某一人名，或名词时，往往在文中用单引号' '。例如：

"ကရှိမီယံ"ဟူသည်မှာဂရိစကား 'ကရှိမ' မှဆင်းသက်လာ၍အရောင်ဟုအဓိပ္ပါယ်ရ၏။

ထိုအချိန်မှစ၍ 'ရှမဝ' ဟူသောကျာနယ်သည်လူကြိုက်များလာတော့သည်။

问号（？）

在缅甸语中的疑问句后，一般有表示疑问的句尾助词，因此不必再加其他符号来表示疑问之意,但是当英语传入缅甸后,缅文也用起问号来。不过一般不直接用在所有的疑问句后,而常用在下列几种情况下:

① 在描写和记录口语体中用语调来表示疑问的陈述句时,在口语中可以靠语调的提高来表示疑问,但在书面语中,无法用语调来表示,只能在这陈述句形式的疑问句后加问号表示。例如:

မင်းဘာပြောတယ်?

ငွေဘယ်လောက်ရတယ်?

② 对文中某一内容有疑问时用。例如:

သူသည်၁၉၈၅ခုနှစ်? ကွယ်လွန်သွားသည်။

指引线……

表示引导视线用的连续的点或短杠。一般用于目录中的文章题目和页数中间,或其他图表、说明需要读书参阅的地方、页数时用。

有时连续的点是表格中需要填写的地方。例如:

အမည် . . . .

ခုံအမှတ် . . . .

အတန်း . . . .

ကျောင်းဝင်ကြေး   ကျပ် . . . .

အလွတ်မှတ်ပုံကြေး   ကျပ် . . . .

စာမေးပွဲဝင်ကြေး   ကျပ် . . . .

စုစုပေါင်း   ကျပ် . . . .

နေ့စွဲ . . . . ငွေကိုင် . . . .

删节号…

删节号在缅文中只有三个点,表示以下部分省略,有时也代替未知部分。例如:

ကြည်လင်စွာသောနှလုံးဖြင့်သာသနာတော်ကို . . .

. . . အာကာသ(စိုး) . .

惊叹号！

表示心情的激动和恐惧，以及喜怒哀乐的感情时，常用感叹句，后面也用惊叹号。例如：

မီးလောင်-မီး! မီး!
着火了！救火啊！

သူခိုး! သူခိုး!
抓小偷！抓小偷！

ဖြစ်မှဖြစ်ရလေဟယ်!
嗨！怎么会这样！